Learning
Public Administration

행정학 학습

김준현 · 김창수 · 서재호 · 윤성일 · 이민호

DY DAE YOUNG CO. 도서출판 대영문화사

머리말

『행정학 학습』의 가장 큰 특징은 2022년에 출간된 『새행정학3.0』의 장별 체계와 내용에 맞춰 이 책의 목차와 내용을 구성한 것이다. 『새행정학3.0』의 머리말에서 밝힌 바와 같이 『새행정학3.0』의 구성체계는 '행정의 맥락과 행정학'에서 출발하여 '행정의 구조와 수단', '행정관리와 지원체계', '행정의 성과와 미래'로 이어지는 네 개의 영역을 단계별로 구분한 후 각 영역별로 장별 체계와 내용을 구성하였다. 특히 제2편 '행정의 구조와 수단'은 거버넌스 관점에 입각하여 전통적인 행정의 주체인 중앙정부와 지방정부뿐 아니라 정부부문과 공공기관 간의 관계를 체계적으로 설명하기 위해 '공공기관'을 새로 집필하여 추가하였고, 거버넌스 관점에서 정부부문과 시민사회 및 시민단체 간이 상호 관계를 설명하기 위해 '시민사회와 시민단체'에 관한 내용을 추가하였다.

그러나 구슬이 서말이라도 꿰어야 보배라는 말이 있듯이, 공무원 공개경쟁 채용시험을 준비하는 수험생 입장에서는 이론과 제도 설명에 충실한 『새행정학3.0』이 중요한 수험서임이 분명하지만, 『새행정학3.0』에서 소개된 다양한 이론과 제도가 공무원 채용시험에 어떤 식으로 반영되어 출제되는지 대비할 수 있는 수험서 역시 필요로 한다.

이 책은 『새행정학3.0』을 기본서로 삼아 전공 공부와 공무원 채용시험 준비를 하는 수험생들이 『새행정학3.0』의 내용을 이해하고, 최근의 공무원 시험 출제 경향의 변화에 대응할 수 있는 능력을 배양하는 것을 목적으로 삼고 있다. 이를 위해 이 책은 『새행정학3.0』의 장별 체계에 맞춰 기본 문제를 마련했다. 아울러 최근 10년 간 국가공무원 및 지방공무원 7 · 9급 행정학 · 행정학개론 기출 문제를 선별해 제시했고, 마지막으로 『새행정학3.0』에 충분히 소개되지 않았거나 미처 다루지 못한 내용을 다룬 심화 · 응용 문제를 마련해 행정학(개론)을 선택한 수험생들의 시험 준비에 만전을 기할 수 있도록 했다.

이번 『행정학 학습』의 집필 작업에는 『새행정학3.0』 집필에 참여한 김준현(국립부경대)과 이민호(한국행정연구원)를 포함하여 김창수(국립부경대)와 서재호(국립부경대), 그리고 윤성일(강원대) 등 다섯 분이 수고해 주셨다. 마지막으로 이 책의 출간을 위해 적극 후원해 주신 도서출판 대영문화사의 임춘환 사장님과 임직원분들께도 감사를 드린다.

2025년 1월
『행정학 학습』 필자들을 대신해서
대표 저자 김준현

차례

차례

차례

차례

CHAPTER

01

행정과 정부

제1절 행정의 개념과 행정학
제2절 정부를 이해하는 관점
제3절 행정가치

객관식으로 행정학 학습

제1절 행정의 개념과 행정학

01 행정에 대한 설명 중 잘못된 것은?

① 행정의 개념은 적용 범위와 관련해 넓은 의미와 좁은 의미로 정의할 수 있다.
② 넓은 의미의 행정은 정부의 활동을 의미한다.
③ 행정은 고도의 합리성을 수반한 협동적 인간 노력의 한 형태로 볼 수 있다.
④ 시대와 학자에 따라 행정의 개념은 다양하게 규정할 수 있다.
⑤ 최근의 행정의 범주는 개방된 네트워크의 거버넌스로 확장되었다.

해설 넓은 의미의 행정은 조직 일반에 적용할 수 있는 인간 협동에 대한 것이다(새행정학$_{3.0}$, p.29).

02 행정학에 대한 다음의 설명 중 적절하지 못한 것은?

① 1880년대 당시 미국은 정치와 구분해 정부가 합리적으로 일하는 기준과 방식이 필요한 시대였다.
② 윌슨은 새로운 기관을 형성하는 일보다 그것을 효과적으로 운영·관리하는 것이 더 힘들다는 문제를 제기했다.
③ 미국의 초기 행정학은 정부활동의 논리 기반과 수단에 대한 지식을 정치학에서 도입했다.
④ 정치·행정이원론은 정치는 의사결정의 영역이고 행정은 정치에서 결정된 내용을 집행한다고 보았다.
⑤ 제2차 세계대전 이전까지 자유주의가 미국 행정학의 지배 이념이었다.

해설 정부활동의 논리 기반과 수단에 대한 지식을 경영학에서 도입했다(새행정학$_{3.0}$, p.30).

정답 01 ② 02 ③

03 **1980년대 후반 이후 행정과 행정학에 관한 설명 중 올바른 것은?**

① 시장실패가 반복되어 정부 개입이 유일한 대안으로 받아들여졌다.
② 새로운 거버넌스 체제와 활동이 도입되었다.
③ 공공과 민간의 경계가 분명해졌다.
④ 정부의 행정활동 영역은 대폭 축소되었다.
⑤ 정부의 의사결정이 미치는 영향이 커지면서 행정학에서의 학제적 연구는 위축되었다.

해설 ① 시장실패와 정부실패가 반복되었다. ③ 공공과 민간의 경계가 희미해졌다. ④ 정부의 행정활동 영역이 대폭 확대되었다. ⑤ 행정학에서의 학제적 연구는 활발해졌다(새행정학3.0, p.31).

04 **행정과 경영의 차이점에 대한 설명 중 가장 잘못된 것은?**

① 행정은 공익을 추구하지만 경영은 이윤의 극대화를 목적으로 삼는다.
② 행정에는 모든 국민에 대해 법 앞에 평등이라는 규범이 강하게 적용되나 경영에서는 고객들 간 차별 대우가 용인된다.
③ 행정은 본질적으로 정치적 성격을 가지나 경영은 특별한 경우를 제외하고는 정치로부터 분리된다.
④ 행정은 경영보다 엄격한 법적 규제를 받는다. 다만, 경영도 법적 테두리 안에서 활동이 이뤄져야 하므로 조직 변동이나 인력 충원에서는 직접적인 법적 규제를 받는다.
⑤ 행정은 공공서비스를 제공하는 과정에서 독점성을 갖는 반면, 기업은 자유로운 시장 진입이 보장되는 한 경쟁관계에 있게 된다.

해설 경영도 법적 테두리 안에서 활동이 이뤄지기는 하지만, 행정과 같은 직접적인 법적 규제는 받지 않는다(새행정학3.0, p.34).

제2절 정부를 이해하는 관점

05 **다음 중 진보주의 정부관에 대한 설명 중 맞지 않는 것은?**

① 인간의 비현실적인 냉혹함과 계산 방식 때문에 경제인의 인간관을 수용한다.
② 시장은 결함이 있으며 시장실패는 정부의 개입으로 해결할 수 있다고 본다.
③ 경제에 대한 더 많은 정부규제를 선호한다.
④ 소득재분배 정책을 선호한다.
⑤ 자유를 옹호하지만, 평등을 증진시키기 위해 실질적인 정부의 개입을 허용한다.

해설 진보주의는 인간의 비현실적인 냉혹함과 계산 방식 때문에 경제인(homo economicus)의 인간관을 부정한다(새행정학$_{3.0}$, pp.36-37).

06 다음 중 보수주의 정부관에 대한 설명 중 맞지 않는 것은?

① 개인의 자유 의지를 왜곡시킬 수 있는 '기회의 평등'보다는 중립적인 '결과의 평등'을 선호한다.

② 기본적으로 자유시장을 신봉하고 정부를 불신한다는 것이다.

③ 기업 성장을 저해하는 조세제도를 선호하지 않는다.

④ 경제문제에 대한 정부 개입을 지속적으로 반대하며 자유방임적 자본주의를 옹호한다.

⑤ 합리적인 경제인의 인간관을 갖는다.

해설 개인의 자유 의지를 왜곡시킬 수 있는 '결과의 평등'보다는 중립적인 '기회의 평등'을 선호한다(새행정학$_{3.0}$, p.37).

07 다음 중 큰 정부와 작은 정부에 대한 설명 중 맞지 않는 것은?

① 정부가 적극적으로 사회경제 문제에 개입해야 한다는 주장들은 진보주의 관점에서 제기된다.

② 민주주의 국가에서 진보적 정치집단이 집권을 하면 복지정책의 확대, 정부 지출 및 조세 증대, 그리고 공공부문의 확대 정책을 추진한다.

③ 미국의 경우 1930년대 제정된 사회보장법에 기초한 각종 복지 프로그램이 1960년대에 더욱 확충되면서 복지 지출이 재정의 절반 정도를 차지했다.

④ 작은 정부를 실천하는 수단의 기초는 공공서비스의 생산과 공급을 통합하고 민간화와 민간위탁을 활성화하는 것이었다.

⑤ 방만한 정부 재정의 낭비와 비효율성 문제에 대한 사회적 비판과 신자유주의 정책 주장이 결합하면서 1980년대부터 작은 정부는 당연히 추구해야 할 정책 지향이 되었다.

해설 작은 정부를 실천하는 수단의 기초는 공공서비스의 생산과 공급을 분리하고 민간화와 민간위탁을 활성화하는 것이었다(새행정학$_{3.0}$, p.43).

정답 03 ② 04 ④ 05 ① 06 ① 07 ④

08 다음 중 시장실패에 대한 정부 대응 방식으로 맞지 않는 것은?

① 공공재의 존재: 공적 공급
② 자연독점: 공적 공급 또는 정부규제
③ 외부효과: 공적 공급
④ 불완전 경쟁: 정부규제
⑤ 정보의 비대칭성: 공적 유도 또는 정부규제

해설 외부효과를 교정하기 위해서는 공적 유도 및 정부규제로 대응할 수 있다(새행정학$_{3.0}$, p.44).

09 다음 중 정부실패의 요인에 대한 설명 중 맞는 것은?

① 공공조직의 내부성: 조직에서 공식적 목표가 비공식적 목표까지 장악하는 현상
② X-효율성: 조직 내부의 이유로 인해 생산가능성 곡선에 도달하지 못하는 경우
③ 외부효과: 정부가 개입하지만 의도하지 않게 초래한 부작용, 문제
④ 지대추구행위: 정부 개입에 의해 발생하는 인위적 지대를 억제하기 위해 자원을 낭비하는 활동
⑤ 분배의 불공평: 정부 개입은 권력을 통해 자원을 배분하기 때문에 공익을 명분으로 분배의 불공평 문제가 발생

해설 ① 내부성이란 조직에서 비공식적 목표가 공식적 조직목표를 대체하는 현상. ② X-비효율성. ③ 정부 개입에 의한 의도하지 않은 부작용은 파생적 외부효과라 한다. ④ 지대추구행위란 정부 개입에 의해 발생하는 인위적 지대를 획득하기 위해 자원을 낭비하는 활동을 의미한다(새행정학$_{3.0}$, p.45).

제3절 행정가치

10 본질적 행정가치에 대한 설명으로 옳지 않은 것은?

① 공익 실체설은 공익을 사익을 초월한 실체적·규범적·도덕적 개념으로 파악한다.
② 공익 과정설은 사익을 초월한 별도의 공익은 존재할 수 없다고 보며, 공익이란 사익 간의 타협 또는 집단 간 상호작용의 산물이라고 본다.
③ 롤스의 사회정의론에서는 기본적 자유의 평등 원리보다 차등 조정의 원리가 우선한다.
④ 사회적 형평성은 신행정론의 등장과 함께 강조된 가치로 공공서비스의 평등성, 의사결정과 사업 수행에서 행정기관의 책임성 및 시민의 요구에 대한 대응성의 확보를 의미한다.

⑤ 평등의 원리는 부당한 불평등의 시정을 요청하는 개념으로, 형식적 의미의 평등과 결과적 의미의 평등으로 구분한다.

해설 ③ 롤스(J. Rawls)는 기본적 자유의 평등 원리가 차등 조정의 원리보다 우선되어야 한다고 주장한다(새행정학$_{3.0}$, p.51).

11 수단적 행정 가치에 대한 설명으로 옳지 않은 것은?

① 궁극적 목표로서의 본질적 가치를 실현하는 것을 가능하게 하는 가치들이다.
② 사이먼은 실질적 합리성은 목표에 비추어 적합한 행동이 선택되는 정도라고 한다.
③ 파레토 최적 상태는 자원배분의 효율성을 의미하지만, 그것이 분배의 형평성을 확보해 주는 것은 아니라는 한계를 지닌다.
④ 능률성은 1960년대 이후 발전 행정적 사고가 지배적일 때 중요시된 개념이다.
⑤ 의사결정이 투명하게 이루어졌다고 해서, 행정 결과의 정당성이나 공정성이 확보되는 것은 아니다.

해설 1960년대 이후 발전행정적 사고가 지배적일 때 행정의 발전 목표를 사전적·계획적·의도적으로 계획하여 이러한 목표를 달성하려는 데 최대 관심을 두면서 중요시된 개념은 효과성이다(새행정학$_{3.0}$, pp.54-57).

12 사회적 가치에 대한 설명으로 가장 옳은 것은?

① 사회적 가치는 헌법적 가치와 동일하거나 매우 유사한 것으로 이해되기도 한다.
② 민주성, 인권, 형평성 등과는 달리 효율성이나 생산성은 사회적 가치로 인정되지 않는다.
③ 사회적 가치의 구현은 공동체로서 사회의 질에 대한 변화를 의미하므로, 정부가 추구해야 할 본질적 가치와는 구분된다.
④ 안전과 인권을 강조하는 사회적 가치는 중장기적으로 경제적 효율성을 저해한다는 한계가 있다.
⑤ 우리나라에서는 「공공서비스법」을 제정하여 사회적 가치와 관련된 정부의 역할을 제도적으로 추진하고 있다.

해설 사회적 가치는 사회구성원들이 기본적으로 갖추고 있어야 할 보편적인 것들로서 이를 가장 높은 수준에서 규범화된 것으로 「헌법」을 들 수 있다. 때문에 사회적 가치는 헌법적 가치와 동일하거나 매우 유사한 것으로 이해되기도 한다(새행정학$_{3.0}$, p.58).

정답 08 ③ 09 ⑤ 10 ③ 11 ④ 12 ①

기출 문제를 통한 **감각 익히기**

01 행정의 본질에 대한 잘못된 설명은? (경기7, 2005)

① 행정은 사회환경과 밀접한 관계를 가진다.
② 공익은 추상적이고 모호하지만 행정의 본질적 가치다.
③ 국민의 권리를 제한하고 의무를 부과하는 것은 행정의 본질에 어긋난다.
④ 행정에서 의사결정은 가치 체계와 밀접한 관계를 가진다.

해설 공익을 위해 불가피한 경우에는 행정을 통한 권리 제한과 의무 부과가 가능하다.

02 정치 · 행정이원론에 대한 설명으로 옳지 않은 것은? (국가7, 2022)

① 행정과 경영이 차이가 없음을 강조하는 공사행정일원론의 입장을 취한다.
② 의사결정 역할을 하는 정치와 결정된 의사를 집행하는 행정의 역할을 엄격하게 구분할 것을 주장하였다.
③ 윌슨(W. Wilson)은 행정을 전문적 · 기술적 영역으로 규정하고, 정부는 효율성과 전문성을 갖추어야 한다고 주장하였다.
④ 대공황 이후 각종 사회문제를 해결하기 위해서 행정의 정책결정 · 형성 및 준입법적 기능수행을 정당화하였다.

해설 대공황 이후 각종 사회문제를 해결하기 위해 행정의 정책결정, 형성, 준입법적 기능수행을 정당화한 것은 정치 · 행정일원론이다.

03 윌슨(W. Wilson)의 「행정연구(The Study of Administration, 1887)」에 대한 설명으로 옳지 않은 것은? (지방7, 2016)

① 정부개혁을 통해 특정지역 및 계층 중심의 관료파벌을 해제하고자 했다.
② 행정과 경영의 유사성을 강조했다.
③ 정치와 행정을 분리하고자 했다.
④ 효율적 정부 운영에 관심을 두었다.

해설 윌슨은 새로운 기관을 형성하는 일보다 그것을 효율적으로 운영·관리하는 것이 더 힘들다는 문제를 제기하였다. 관료파벌 해체를 위한 정부개혁은 잭슨 대통령 시절 엽관주의 도입에 관한 것이다.

04 행정에 대한 설명으로 옳지 않은 것은? (지방9, 2015)

① 행정은 정부의 단독행위가 아니라 사회의 다양한 주체들이 함께 참여하는 협력행위로 변해가고 있다.

② 행정은 사회의 공공가치 실현을 목적으로 한다.

③ 행정은 민주주의의 원칙에 따라 재원의 확보와 사용에 있어서 국회의 통제를 받는다.

④ 행정의 본질적 가치로는 능률성, 책임성 등이 있으며, 수단적 가치로는 정의, 형평성 등을 들 수 있다.

해설 본질적 행정가치로는 공익, 정의, 형평성, 자유, 평등이 있고, 수단적 행정가치로는 합리성, 능률성과 효과성, 민주성, 책임성, 합법성 등이 있다.

05 경영과 구분되는 행정의 속성이라고 보기 어려운 것은? (국가9, 2014)

① 행정은 사익이 아닌 공익을 우선적으로 추구한다.

② 행정은 모든 시민을 평등하게 대우해야 한다.

③ 행정조직 구성원은 원칙상 법령에 의해 신분이 보장된다.

④ 행정은 효과적인 업무 수행을 위해 관리성이 강조된다.

해설 효과적인 업무 수행을 위해 관리성을 강조하는 것은 행정과 경영의 공통된 속성이다.

06 행정과 경영의 유사성에 대한 설명으로 옳지 않은 것은? (국가7, 2008)

① 인적·물적 자원을 동원하며 기획, 조직화, 통제 방법, 관리기법, 사무자동화 등 제반 관리기술을 활용한다.

② 엄격한 법적 규제를 받으므로 환경 변화에 따른 조직의 대응 능력이나 인력의 충원 과정에서 탄력성이 떨어진다.

③ 관료제의 순기능적 측면과 아울러 역기능적인 측면도 내포하고 있다.

④ 조직 내 의사결정 과정에서 가능한 한 많은 대안 중에서 최선의 대안을 선택·결정하고자 하는 협동 행위가 나타난다.

해설 행정이 경영에 비해 경직적인 이유에 대한 설명으로 유사성이 아닌 차이점에 해당한다.

정답 01 ③ 02 ④ 03 ① 04 ④ 05 ④ 06 ②

07 행정과 경영의 관계에 대한 설명 중 차이점이 아닌 것은? (충북9, 2003)

① 권력 수단 ② 관료제
③ 공개 ④ 평등

해설 관료제는 대규모 조직에서 나타나는 보편적 특성으로 차이점이 아니라 유사점에 해당한다.

08 정부관의 변천에 대한 설명으로 옳지 않은 것은? (국가9, 2022)

① 19세기 근대 자유주의 국가는 '야경국가'를 지향하였다.
② 대공황 이후 케인스주의, 루스벨트 대통령의 뉴딜정책은 큰 정부관을 강조하였다.
③ 영국의 대처리즘, 미국의 레이거노믹스는 작은 정부를 지향하였다.
④ 하이에크(F. A. von Hayek)는 『노예의 길』에서 시장실패를 비판하고 큰 정부를 강조하였다.

해설 하이에크는 대표적인 자유주의 이론가로 『노예의 길』에서 정부의 계획과 정부실패를 비판하였으며, 작은 정부를 선호하였다.

09 큰 정부론과 작은 정부론의 논쟁에 대한 설명으로 옳지 않은 것은? (지방9, 2014)

① 작은 정부론은 민영화의 확대를 주장하지만, 또 다른 시장실패를 유발할 수 있다는 점에서 네트워크 거버넌스의 필요성이 제기되기도 한다.
② 공공재는 시장에서 적절하게 제공되지 못하므로 정부가 제공해야 한다는 주장은 시장에 대한 정부의 개입을 강조한다.
③ 작은 정부론은 정부의 개입이 초래하는 대표적 정부실패의 사례로 독점으로 인해 발생하는 X-비효율성을 제시한다.
④ 큰 정부론자는 "비용과 편익이 괴리되어 시장실패가 발생하는 경우, 정부가 시장에 개입해야 한다"라고 주장한다.

해설 비용과 편익의 괴리는 시장실패가 아니라 정부실패의 원인이다.

10 작은 정부를 적극적으로 옹호하는 것은? (지방9, 2020)

① 행정권 우월화를 인정하는 정치·행정일원론
② 경제공황 극복을 위한 뉴딜정책
③ 사회복지 프로그램의 확대
④ 신공공관리론

해설 신공공관리론은 시장주의와 신관리주의를 결합해 전통적인 관료제 패러다임의 한계를 극복하고 작은 정부를 구현하기 위해 개발된 정부 운영 및 개혁에 관한 이론이다.

11 시장실패 및 정부실패에 대한 설명으로 옳지 않은 것은? (국가9, 2016)

① 시장실패를 초래하는 요인은 공공재의 존재, 외부효과의 발생, 불완전한 경쟁, 정보의 비대칭성 등이다.

② 시장실패를 교정하기 위한 정부 역할은 공적 공급, 공적 유도, 정부규제 등이다.

③ 정부 개입에 의해 초래된 의도하지 않은 결과 때문에 자원배분 상태가 정부 개입이 있기 전보다 오히려 더 악화될 수 있다.

④ 정부실패는 관료나 정치인들의 개인적 요인 때문에 발생하며, 정부라는 공공조직에 내재하는 구조적 요인 때문에 발생하는 것은 아니다.

해설 정부실패는 관료나 정치인들의 이기심이라는 개인적 요인뿐 아니라, X-비효율성과 같은 정부라는 공공조직에 내재하는 독점구조적 요인 때문에 발생한다.

12 시장실패와 정부실패에 대한 설명으로 적절하지 않은 것은? (지방9, 2016)

① 시장실패는 시장기구를 통해 자원배분의 효율성을 달성할 수 없는 경우를 의미한다.

② 비배제성과 비경합성을 가진 공공재의 존재는 시장실패의 주요 원인 중 하나이다.

③ X-비효율성으로 인해 시장실패가 야기되어 정부의 시장 개입 정당성이 약화된다.

④ 정부실패는 시장실패에 대응하는 개념으로 행정서비스의 비효율성을 야기한다.

해설 X-비효율성으로 인해 정부실패가 야기되므로 X-비효율성은 정부의 시장개입을 줄여야 하는 요인이 된다.

13 정부 개입의 근거가 되는 시장실패의 원인으로 옳지 않은 것은? (국가9, 2021)

① 외부효과 발생
② 시장의 독점 상태
③ X-비효율성 발생
④ 시장이 담당하기 어려운 공공재의 존재

해설 X-비효율성은 정부실패의 요인에 해당한다.

14 정부실패의 요인에 대한 설명으로 옳지 않은 것은? (국가7, 2022)

① 'X-비효율성'은 정부가 가진 권력을 통해 불평등한 분배가 이루어지는 현상이다.

② '지대추구'는 정부 개입에 따라 발생하는 인위적 지대를 획득하기 위해 자원을 낭비하는 활동이다.

③ '파생적 외부효과'는 시장실패를 해결하기 위해 정부가 개입하지만 의도하지 않은

정답 07 ② 08 ④ 09 ④ 10 ④ 11 ④ 12 ③ 13 ③ 14 ①

부작용을 초래하는 것이다.

④ '내부성(internalities)'은 공공조직이 공익적 목표보다는 관료 개인이나 소속기관의 이익을 우선적으로 고려하는 것이다.

해설 X-비효율성은 정부의 독점적 지위로 인해 생산 요소를 최적으로 활용하지 못하여 생산가능성 곡선에 도달하지 못하는 현상을 말한다.

15 **정부의 개입활동 중에서 외부효과, 자연독점, 불완전 경쟁, 정보의 비대칭 등의 상황에 모두 적절한 대응 방식은?** (국가9, 2010)

① 공적 공급
② 공적 유도
③ 정부규제
④ 민영화

해설 정부규제는 정부의 대표적인 개입활동으로 활용 범위가 가장 넓다.

16 **행정이 추구하는 가치에 대한 설명으로 옳지 않은 것은?** (지방9, 2019)

① 합리성은 어떤 행위가 궁극적인 목표달성을 위한 최적의 수단이 되느냐를 가리키는 개념이다.

② 효과성은 투입 대비 산출의 비율을, 능률성은 목표의 달성도를 나타내는 개념이다.

③ 행정의 민주성은 대외적으로 국민 의사의 존중·수렴과 대내적으로 행정조직의 민주적 운영이라는 두 가지 측면이 있다.

④ 수평적 형평성이란 동등한 것을 동등하게 취급하는 것, 수직적 형평성이란 동등하지 않은 것을 서로 다르게 취급하는 것을 의미한다.

해설 능률성은 투입 대비 산출의 비율을, 효과성은 목표의 달성도를 나타내는 개념이다. 지문은 반대로 설명하고 있다.

17 **행정가치에 대한 설명으로 옳지 않은 것은?** (지방7, 2019)

① 디목(M. E. Dimock)은 과학적 관리론에 입각한 기계적 효율관을 비판하며 사회적 효율성을 강조했다.

② 프레데릭슨(G. Frederickson)과 왈도(D. Waldo) 등 신행정학의 학자들은 사회적 형평성이 행정가치로 주목받는 데 크게 기여하였다.

③ 롤스(J. Rawls)가 제시한 정의론의 차등 조정의 원리는 다시 차등 원리와 기회 균등의 원리로 나뉜다.

④ 슈버트(G. Schubert)는 공익실체설의 입장에서 공익이 민주적 정부 이론의 중심에 놓여 있다고 주장했다.

해설 슈버트(G. Schubert)는 공익의 과정설적 입장을 취한 학자이다.

18 **공익에 대한 설명으로 옳은 것만을 모두 고르면?** (지방9, 2022)

ㄱ. 실체설에 의하면 공익은 사익을 초월한 것이다.
ㄴ. 과정설에 의하면 공익은 사익 간 갈등을 조정·타협하는 과정에서 산출되는 것이다.
ㄷ. 실체설은 다원적 민주주의에 도움을 준다.
ㄹ. 플라톤(Plato)과 루소(J. J. Rousseau) 모두 공익 실체설을 주장하였다.

① ㄱ, ㄴ ② ㄴ, ㄷ ③ ㄱ, ㄴ, ㄹ ④ ㄱ, ㄷ, ㄹ

해설 다원적 민주주의에 부합하는 공익 개념은 과정설이다.

19 **행정가치에 대한 설명으로 옳지 않은 것은?** (국가7, 2014)

① 공익 과정설은 현실주의적이고 개인주의적인 공익개념이다.
② 공익 실체설은 개인의 사익을 모두 합한 것이 공익이라고 보지 않는다.
③ 행정 이념으로서 사회적 형평성은 신행정론의 등장과 함께 강조되었다.
④ 롤스(J. Rawls)가 정의론에서 제시한 '기본적 자유의 평등 원리'는 개개인의 권리가 다른 사람의 유사한 자유와 상충 되더라도 최대한의 기본적 자유가 인정되어야 한다는 것이다.

해설 '기본적 자유의 평등 원리'는 개개인의 권리가 다른 사람의 유사한 자유와 상충되지 않는 한도 내에서 최대한의 기본적 자유에 대한 평등한 권리가 인정되어야 한다는 의미이다.

20 **공익에 대한 설명으로 옳은 것은?** (국가9, 2019)

① 「국가공무원법」은 제1조에서 공무원은 국민 전체의 봉사자로서 공익을 추구해야 함을 명시하고 있다.
② 「공무원 헌장」은 공무원이 실천해야 하는 가치로 공익을 명시하고 있다.
③ 신공공서비스론에서는 공익을 행정의 목적이 아닌 부산물로 보아야 한다는 점을 강조한다.
④ 공익에 대한 실체설에서는 공익을 사익 간 타협 또는 집단 간 상호작용의 산물로 본다.

해설 ① 「국가공무원법」 제1조에서 공무원은 국민 전체의 봉사자로서 행정의 민주적이며 능률적인 운영을 추구해야 함을 명시하고 있다. 공익을 명시하고 있지는 않다. ③ 신공공관리론에서는

정답 15 ③ 16 ② 17 ④ 18 ③ 19 ④ 20 ②

공익을 행정의 목적으로 보아야 한다는 점을 강조한다. ④ 공익을 사익 간 타협 또는 집단 간 상호작용의 산물로 보는 것은 과정설이다.

21 **다음 설명에 해당하는 것은?** (국가9, 2016)

> 이것은 불확실한 상황에서의 오류 발생 가능성을 최소화하고 체제의 신뢰성을 높이기 위해 강조되는 행정가치이며, 여러 기관에 한 가지 기능이 혼합되는 중첩성(overlapping)과 동일 기능이 여러 기관에서 독립적으로 수행되는 중복성(duplication) 등을 포괄하는 개념이다.

① 가외성(redundancy)
② 합리성(rationality)
③ 효율성(efficiency)
④ 책무성(accountability)

해설 제시문은 가외성에 관한 설명이다.

22 **형평성에 대한 설명으로 옳은 것은?** (지방9, 2008)

① 대표관료제는 수평적 형평성을 확보하기 위함이다.
② 롤스(J. Rawls)는 원초적 상태 하에서 합리적 인간은 최대 극소화 원리에 따른다고 한다.
③ 정부의 환경보존사업에 필요한 비용을 공채 발행으로 조달하여 다음 세대에게 그 부담을 전가하는 것은 수직적 형평성을 저해하는 것이다.
④ 형평성은 총체적 효용 개념을 강조한다.

해설 수직적 형평성이란 '다른 것은 다르게 취급하는 것이 공평하다'는 개념이다. 현세대의 부담을 미래세대로 전가하는 것은 세대 간의 형평성, 즉 수직적 형평성을 저해하는 것이다.

23 **사회적 평등의 가치를 가장 바르게 설명하고 있는 것은?** (인천9, 2001)

① 간섭과 제약이 없이 무엇이든 할 수 있는 가치를 의미한다.
② 똑같은 원칙에 따르거나 같은 처지의 사람을 똑같이 대접하는 것을 의미한다.
③ 동일한 것은 동일하게, 다른 것은 다르게 취급하는 것을 말한다.
④ 수량적으로 명시하는 금전적 효율성을 극대화하는 가치를 말한다.
⑤ 어떤 행위가 궁극적 목표달성을 위한 최적 수단이 되느냐를 말한다.

해설 형평은 수직적 공평과 수평적 공평이 조화되어야 한다. ②는 수평적 공평을, ④는 능률성을, ⑤는 합리성을 의미한다.

24 롤스(J. Rawls)의 정의론에 대한 설명 중 가장 옳지 않은 것은? (지방직9, 2009)

① 타고난 차이 때문에 사회적 가치의 획득에서 불평등이 생겨나는 것은 사회적 정의에 어긋난다.

② 형평성이 확보되려면 우선적으로 결과의 평등이 전제되어야만 한다.

③ 원초적 상태에서 구성원들이 합의하는 규칙 또는 원칙이 공정할 것이라고 전제하고 있다.

④ 전통적 자유주의와 사회주의의 양극단을 지양하고 자유와 평등의 조화를 추구하는 중도적 입장을 취하고 있다.

해설 기본적 자유가 평등하게 먼저 보장되어야 하며, 그 다음으로 결과의 평등을 고려할 수 있다.

정답 21 ① 22 ③ 23 ③ 24 ②

응용을 통한 심화 학습

01 현대 행정의 특성에 대한 설명 중 적절하지 못한 것은?

① 분권 정도는 행정의 거버넌스 구조에 핵심적인 위치를 차지한다.
② 전략경영의 도입으로 조직진단과 구조조정을 외부 전문가에 위탁하기도 한다.
③ 행정가치가 다원화되고 있어 통합화를 위한 노력은 더욱 강화된다.
④ 공공선택론에서 정부는 권력 주체에서 서비스 공급의 기능 주체로 전환된다.
⑤ 새로운 집권화 경향이 있지만 분권 가치를 존중하면서 양립하고 있다.

해설 조직진단은 외부 전문가에게 위탁할 수 있지만 조직 개편과 같은 구조조정은 법률의 개정을 통해 추진해야 하기 때문에 외부 위탁이 불가능하다.

02 거버넌스로서의 행정과 관련성이 적은 것은? (경남9, 2003)

① 공공성
② 공공서비스 공급
③ 명확한 공사(公私) 구분
④ 협력
⑤ 네트워크

해설 거버넌스로서 행정 개념에서는 공공과 민간의 일에 대한 구분이 모호한 경우가 많다.

03 행정국가에 대한 논의 중 올바르지 않은 것은?

① 시장실패에 대한 행정의 적극적 역할 때문에 행정국가가 등장했다.
② 서구에서는 복지국가가 형성되던 제2차 세계대전 이후의 현상이다.
③ 발전도상 국가에서는 경제 발전을 행정부가 주도하면서 시작되었다.
④ 입법부나 사법부보다 행정부가 중심이 되는 국가를 의미한다.
⑤ 정치・행정일원론의 시각에서 해석이 가능하다.

해설 행정국가는 국민국가 형성 이후 단계인 경제 발전과 복지국가 단계에서 발견된다.

04 다음 중 정부관의 시대적 변천에 대한 설명 중 맞지 않는 것은?

① 19세기 자유주의 국가에서 정부는 소극적으로 질서 유지만을 담당하고 나머지 국민생활 부문에서는 최대한으로 개인의 자유를 인정해야 한다고 봤다.

② 20세기 들어 정부는 공공복지를 증진하며 경제·사회·문화면에서 실질적인 자유와 평등을 보장하는 등 적극적으로 국민생활에 개입해야 한다고 인식되었다.

③ 1980년대 이후 국가 재정이 문제되면서 신보수주의(신자유주의) 사상의 흐름을 타고 민영화, 규제 완화 등의 방향을 갖는 '작은 정부론'에 대한 요청이 강했다.

④ 미국에서는 레이건 행정부에서 시작된 작은 정부의 정책 이념이 클린턴 행정부의 1990년대에 꽃을 피우면서 신공공서비스주의가 국가 운영의 글로벌 표준이 되었다.

⑤ 지식정보화, 세계화, 시민사회화가 진행되는 21세기의 정부관은 단순히 큰 정부냐 작은 정부냐의 관점이 아니라, '더 나은 정부'의 관점이 되어야 한다.

해설 미국에서는 레이건 행정부에서 시작된 작은 정부의 정책 이념이 클린턴 행정부의 1990년대에 꽃을 피우면서 신공공관리주의가 국가 운영의 글로벌 표준이 되었다.

05 행정의 경영화와 관련성이 적은 개념은?

① 사용자 부담 원칙　② 집행재량　③ 시장 책임
④ 책임운영기관　⑤ 거버넌스와 시민참여

해설 참여는 행정의 민주화와 관련된 개념이다. 경영화는 공공성을 추구하는 행정 과정에 시장 요소(즉, 경쟁, 수익, 이윤, 경영, 성과 등)를 도입하는 것이다.

06 정부실패 가운데 정부 낭비에 대한 설명으로 가장 잘못된 것은?

① 기술적 비효율성: 최적의 기술을 적용하지 않아 비용 최소화를 달성하지 못한 것
② X-비효율성: 최적 자원배분의 실패로 생산 가능성 곡선에 도달하지 못하는 것
③ 내부성: 공공 목적과 무관한 관료조직의 사적 목표를 편익 계산에 반영하는 것
④ 관료의 예산 극대화: 총비용이 총편익을 초과하는 지점에서 공공서비스 공급
⑤ 도덕적 해이: 시민의 정보 부족을 이용해 과다하게 공공재를 생산하는 것

해설 니스카넨의 관료 예산 극대화 모형에서는 공공서비스를 생산할 때 총비용과 총편익이 '일치'하는 지점까지 공공서비스의 공급량을 증대시켜 공공서비스를 과다하게 생산한다는 것을 설명한다.

정답 01 ② 02 ③ 03 ② 04 ④ 05 ⑤ 06 ④

07 정부 팽창과 관련된 모형이 아닌 것은? (부산9, 2004)

① 티부 가설 ② 점증모형

③ 니스카넨의 예산극대화 ④ 생산에 관한 보몰병

해설 티부 가설은 주민들의 자유로운 이주를 통한 지방정부의 공공서비스 선택을 설명한 이론이다.

08 정부 규모 팽창에 대한 이론의 설명으로 옳은 것을 모두 고르면? (국가7급, 2009)

ㄱ. 전위효과: 사회혼란기에 공공 지출이 상향 조정되며 민간 지출이 공공 지출을 대체하는 현상
ㄴ. 와그너 법칙(Wagner's law): 1인당 국민소득이 증가할 때, 국민경제에서 차지하는 공공부문의 상대적 크기가 증대되는 현상
ㄷ. 예산극대화 가설: 관료들이 권력의 극대화를 위해 자기 부서의 예산극대화를 추구하는 현상
ㄹ. 파킨슨 법칙: 공무원의 수가 해야 할 업무의 경중이나 그 유무에 관계없이 일정 비율로 증가하는 현상
ㅁ. 보몰효과(Baumol's effect): 정부가 생산 공급하는 서비스의 생산비용이 상대적으로 빨리 하락해 정부 지출이 감소하는 현상

① ㄱ, ㄴ, ㄷ ② ㄱ, ㄴ, ㄹ, ㅁ

③ ㄴ, ㄷ, ㄹ ④ ㄱ, ㄷ, ㄹ, ㅁ

해설 전위효과는 전시와 같은 국가의 위기 국면에서 정부 지출이 민간 지출을 대신하면서 발생하는 재정팽창 현상을 의미한다. 보몰효과는 정부가 담당하는 공공서비스 공급은 노동집약적 서비스 부문인데, 사회경제적 생산성과 관계없이 상대적으로 관련 생산 비용이 빨리 증대해 정부 지출이 자동적으로 증가하게 되는 현상을 의미한다.

09 다음 상황을 설명하는 데 가장 적합한 용어는? (지방7급, 2020)

정부는 특정 지역의 주택가격이 과도하게 상승하자 이를 해결하기 위해 투기과열지구로 지정하였다. 그러나 투기과열지구로 지정된 이후 주택가격은 오히려 급등하였다. 이는 주택 수요자들이 정부의 의도와는 달리 투기과열지구의 지정으로 인해 그 지역의 주택가격이 더 오를 것이라고 예상하였기 때문이었다.

① X-비효율성 ② 공공조직의 내부성

③ 비경합성 ④ 파생적 외부효과

해설 제시문은 정부실패 요인 중 파생적 외부효과에 대한 사례이다. 파생적 외부효과는 시장실패를 해결하기 위해 정부가 개입하지만 의도하지 않은 부작용을 초래하게 되는 현상을 말한다.

10 **행정 이념을 설명한 것으로 옳지 않은 것은?**

① 능률성은 투입과 산출 간의 합리적 비율을 의미한다.
② 민주성은 행정책임이 확보되는 상태를 의미한다.
③ 사회적 형평성은 비용과 편익의 비율을 의미한다.
④ 효과성은 목표의 달성 정도를 의미한다.
⑤ 가외성은 능률성을 저해하는 측면이 있다.

해설 사회적 형평성은 복지행정의 이념으로서 소외계층에 대한 배려와 관련이 된다. 비용과 편익의 비율은 능률성과 관련된다.

11 **행정 이념으로서의 민주성과 가장 양립되기 어려운 것은?**

① 지방자치제도 ② 행정에의 시민참여
③ 행정의 공개성 ④ 신중앙집권화
⑤ 관할권의 중첩

해설 교통과 통신 수단의 발달에 따른 신중앙집권화는 행정의 능률성과 관련이 있다.

12 **행정의 책임성을 나타내는 내용 중에서 성격이 다른 것은?**

① 타율적인 행정책임 ② 전문가로서의 직업윤리
③ 파이너(H. Finer)의 행정책임론 ④ 법적 책임
⑤ 문책자의 외재성

해설 전문가로서의 직업윤리는 자율적 책임성(responsibility)을, 나머지는 제도적 책임성(accountability)을 설명하는 내용이다.

13 **행정의 예측 가능성 제고와 시민의 기본권 보장과 관련이 있는 행정 이념은?**

① 합법성 ② 민주성 ③ 형평성
④ 가외성 ⑤ 능률성

해설 법률에 조세의 근거를 두는 중요한 이유도 여기에 있다.

정답 07 ① 08 ③ 09 ④ 10 ③ 11 ④ 12 ② 13 ①

14 **디목(M. E. Dimock)의 사회적 능률성과 가장 관련이 깊은 행정이론은?**

① 신제도론 ② 뉴거버넌스론 ③ 과학적 관리론
④ 공공선택론 ⑤ 인간관계론

해설 사회적 능률성(social efficiency)은 디목(M. E. Dimock)이 강조한 가치 개념으로, 이는 과학적 관리론에 입각한 기계적·금전적 능률관을 비판하고 행정의 사회 목적 실현, 다원적인 이익들 간의 통합 조정 및 행정조직 내부에서의 구성원의 인간적 가치의 실현 등을 내용으로 하는 능률관이다. 따라서 사회적 능률은 민주성의 개념으로 이해되기도 하는데, 1930년대 중반 이후의 인간관계론의 등장과 더불어 강조되었다.

15 **다음과 관련 있는 행정가치에 대한 설명으로 옳은 것은?** (국가7급, 2019)

• 안전을 위하여 자동차의 제동장치를 이중으로 설계하였다.
• 정전에 대비하여 건물 자체적으로 자가발전시설을 갖추도록 하였다.

① 창의성이 제고될 수 있다.
② 수단적 가치보다는 행정의 본질적 가치로서의 성격이 더 강하다.
③ 행정체제의 신뢰성과 안정성을 저하시킨다.
④ 형평성과 상충관계에 있다.

해설 제시문은 가외성에 관한 사례이다. ② 가외성은 수단적 가치로서의 성격이 더 강하다. ③ 가외성은 행정체제의 신뢰성과 안전성을 제고한다. ④ 가외성은 능률성이나 경제성과 상충관계에 있다.

16 **합리성의 개념과 유형에 대한 설명으로 옳지 않은 것은?** (지방7급, 2019)

① 사이먼(H. A. Simon)의 실질적(substantive) 합리성은 행위자가 합리적인 선택을 할 수 있는 모든 지식과 능력을 소유하고 있다고 가정한다.
② 디징(P. Diesing)은 합리성을 기술적 합리성, 경제적 합리성, 사회적 합리성, 법적 합리성, 진화론적 합리성으로 나누어 설명한다.
③ 기술적 합리성은 일정한 수단이 목표를 얼마만큼 잘 달성 시키는가, 즉 목표와 수단 사이에 존재하는 인과관계의 적절성을 의미한다.
④ 사이먼(H. A. Simon)은 인간이 실질적 합리성을 사실상 포기하고, 만족할 만한 대안을 선택하려는 절차적 합리성을 추구한다고 주장한다.

해설 디징(P. Diesing)은 합리성을 기술적 합리성, 경제적 합리성, 사회적 합리성, 법적 합리성, 정치적 합리성으로 나누어 설명한다.

정답 14 ⑤ 15 ① 16 ②

MEMO

CHAPTER

02

행정의 환경과 제도적 맥락

객관식으로 행정학 학습

제1절 행정과 환경

01 개방체제로서의 행정에 대한 설명 중 올바른 것은?

① 행정체제는 환경과 상호작용을 통해 항구적으로 고정되어 있는 개방체제다.
② 정치적 환경의 변화는 행정이 추구하는 가치와 이념을 변화시키지 못한다.
③ 행정에 의해 변화된 환경은 행정체제로 환류되지 않는다.
④ 행정은 다양한 정부활동과 정책을 통해 환경에 영향을 미친다.
⑤ 행정과 환경은 어느 하나가 다른 것에 일방적으로 영향을 미친다.

해설 ① 행정체제는 환경과 상호작용을 통해 지속적으로 변화하는 개방체제다. ② 정치적 환경의 변화는 행정이 추구하는 가치와 이념을 변화시킨다. ③ 행정에 의해 변화된 환경은 행정체제로 환류된다. ⑤ 행정과 환경은 상호작용을 통해 역동적으로 변화한다(새행정학$_{3.0}$, p.67).

02 행정과 환경에 대한 설명으로 틀린 것은?

① 행정체제는 환경 변화에 대응하지 못하면 경쟁력을 갖기 어렵다.
② 저출산 · 고령화라는 변화는 장기적으로 국가 재정건전성에 큰 도전이 된다.
③ 정보통신기술의 발달은 행정정보 제공에 획기적 전환을 가져오고 있다.
④ 정보통신기술의 발달은 시민 의견 수렴에서도 획기적 전환을 가져오고 있다.
⑤ 기후 변화와 같은 국제적 이슈에 대한 대응성은 국가(행정)경쟁력과 무관하다.

해설 기후 변화나 국제 개발원조와 같은 국제적 이슈에 얼마나 잘 대응하느냐에 따라 국가경쟁력이 달라지기도 한다(새행정학$_{3.0}$, pp.72-82).

정답 01 ④ 02 ⑤

03 다음 중 행정과 정책과정에 영향력을 행사하는 공식적 행위자가 아닌 행위자는?

① 대통령 ② 언론 ③ 법원
④ 국회 ⑤ 정부기관

해설 언론은 비공식적 행위자다(새행정학3.0, p.69).

04 다음 중 행정과 환경의 상호작용에 관한 설명으로 가장 옳은 것은?

① 환경의 변화를 투입 단계에서 적응하는 방법으로 가외성(redundancy) 혹은 슬랙(slack) 확보 전략이 있다.
② 행정조직의 안정과 생존의 위협을 피하기 위해 의사결정의 지위에 외부환경의 유력인사를 참여시키는 것을 적응적 흡수(cooptation)라 한다.
③ 처리(전환) 단계에서 환경의 변화에 적응하는 방법으로 적응적 흡수가 있다.
④ 산출 단계에서 환경의 변화에 적응하는 방법으로는 조직재설계가 있다.
⑤ 행정이 환경 변화를 주도하는 전형적인 방법은 변혁적 조직(transformation organization)을 들 수 있다.

해설 환경의 변화를 투입 단계에서 적응하는 방법으로는 자원 확보 방법의 변경, 지지의 증대와 압력의 감소가 있으며, 구체적으로는 적응적 흡수가 있다. 처리 단계에서 환경의 변화에 적응하는 방법으로는 가외성 혹은 슬랙 확보 전략이 있다. 행정이 환경 변화를 주도하는 전형적인 방법은 정책창안이고, 이를 추진하기 위해 개발된 전략으로 발전행정과 기관형성이 있다(새행정학3.0, pp.70-72).

05 다음 중 행정과 제도적 환경의 상호작용에 관한 설명으로 옳지 않은 것은?

① 행정은 공공기관이라는 조직을 통해 구체화되며, 행정조직들과 관계를 갖는 다양한 조직들로 행정환경이 구성된다.
② 행정이 환경을 구성하고 있는 조직들과 관계를 맺는 이유는 자원의존이론(resource dependency theory)을 통해 설명할 수 있다.
③ 자원의존이란 특정 조직이 유지·관리, 성장·발전하기 위해 인력, 자금, 정보, 서비스 등 여러 자원들을 다른 조직들에 의존하고 있다는 의미이다.
④ 행정조직은 자율성을 높이기 위해 조직의 환경 의존성을 낮추고자 노력하며, 민간 조직에 비해 높은 자유성과 교섭력을 갖는다.
⑤ 환경에 대한 의존과 자율성 확보 사이에서 행정이 생존 및 목표달성과 환경과의 공존을 위해 사용하는 전략으로 협상, 흡수, 독점 등이 있다.

해설 환경에 대한 의존과 자율성 확보 사이에서 행정이 생존 및 목표달성과 환경과의 공존을 위해 사용하는 전략으로 협상, 흡수, 그리고 연합이 있다(새행정학3.0, pp.72-73).

제2절 행정의 일반적 환경

06 우리나라 인구구조의 변화와 행정의 대응 과제에 대한 설명으로 올바르지 못한 것은?

① 우리나라는 급격한 저출산 · 고령화로 일본보다 고령화된 사회가 되었다.
② 압축적인 고령화로 인해 2018년에 '고령사회'로 전환될 것으로 예측되고 있다.
③ 우리나라 사회복지 지출 수준은 OECD 회원국 가운데 매우 낮은 수준이다.
④ 우리나라에서 복지국가의 전통적인 해결 방식은 재정적으로 지속가능성이 낮다.
⑤ 생애맞춤형 보편적 사회서비스를 통한 사회기반 확충 대안이 검토되고 있으나 사회적 합의 형성이 쉽지 않은 측면이 있다.

해설 우리나라는 일본 다음으로 가장 고령화된 사회로 전환되고 있다(새행정학3.0, pp.78-79).

07 시장기구가 완전경쟁 조건에서도 자원배분의 효율성을 달성하지 못하는 경우는?

① 외부불경제 ② 시장 한계 ③ 독점시장
④ 자유방임시장 ⑤ 보이는 손

해설 시장경제가 효율성 측면에서 최적의 결과를 보장하지 못하는 경우로는 공공재, 외부불경제 등이 있다(새행정학3.0, p.80).

08 행정과 글로벌 환경의 관계에 대한 설명 중 적절하지 않은 것은?

① 행정을 둘러싼 환경은 국가적 경계를 기준으로 국내적 환경과 국제적 환경으로 분류할 수 있다.
② 개방화된 사회에서 글로벌 환경은 국내 행정에 다층적, 복합적 영향을 미친다.
③ 조약과 달리 협정은 국내 행정적 의사결정에 영향을 미치지 않는다.
④ 기후 변화, 지적 재산권 문제와 같은 국제적 이슈에 효과적으로 대응하지 못할 경우 국제사회의 책임 있는 구성원으로 인정받기 어렵게 된다.
⑤ 각종 국제규범은 회원국이나 비준국에 규범 준수의 의무를 부과한다.

해설 자유무역협정을 비롯한 국제협약은 당사국에 규범 준수의 의무를 부과하므로 정치 · 행정적 의사결정에 지대한 영향을 미친다(새행정학3.0, p.81).

정답 03 ② 04 ② 05 ⑤ 06 ① 07 ① 08 ③

09 **저출산 고령화의 진전과 행정의 대응 과제에 대한 설명으로 적절하지 않은 것은?**

① OECD 주요 국가들과 비교할 때 한국은 저출산 고령화 속도가 가장 빠르다.
② 여성의 사회참여와 가족 해체가 저출산 현상의 원인으로 부각되고 있다.
③ 사회 고령화 문제의 핵심은 사회적 생산성 저하이다.
④ 고령화의 급진전으로 세대 간 사회적 통합이 급진전되고 있다.
⑤ 저출산 문제는 개인의 선택이지만 출산과 보육에서 사회적 책임이 중요하다.

해설 고령사회가 진전되면 노인 부양비가 급증함에 따라 세대 간 일자리, 자원배분에서 갈등이 심화될 수 있다(새행정학3.0, p.79).

10 **기술적 환경의 변화와 행정의 대응 과제에 대한 설명으로 적절하지 않은 것은?**

① 기술은 행정이 정책과 관리라는 일정한 결과물을 산출하고 이를 실제로 수행해 나가는 방식에 직접적인 변화를 야기한다.
② 스튜어트(J. Stewart)는 정부를 지배한 세 가지 조직원리로 기능주의, 획일성(표준화), 계층제를 지적하였으며, 이 가운데 기술은 획일성(표준화)과 관련된다.
③ 데이터의 축적과 지능정보기술의 발전이 정책결정에 있어 의사결정 지원을 강화할 것이며, 단순 반복적인 기계적 결정 업무를 대체하고 있다.
④ 제4차 산업혁명의 핵심은 정보통신기술과 디지털 기술을 중심으로 한 초연결사회의 구현이라 할 수 있다.
⑤ 빅데이터 활용과 관련해서는 개인정보보호보다는 부가가치를 창출한 수준의 정보량 확보와 개방이 중요한 이슈로 주목받고 있다.

해설 빅데이터 활용과 관련해서는 개인정보보호가 중요한 이슈로 주목받고 있다. 부가가치를 창출할 수준의 정보량은 유지하면서, 개인정보는 보호할 수 있는 기술적, 제도적 장치를 마련하는 것이 중요한 과제이다(새행정학3.0, pp.76-77).

제3절 행정의 제도적 환경

11 **행정부와 입법부의 관계에 대한 설명으로 적절하지 못한 것은?**

① 미국식 대통령제 국가에서는 입법부의 행정부에 대한 권한은 비교적 소극적이다.
② 입법부의 핵심 기능은 입법권과 행정부에 대한 정책통제 기능이다.
③ 행정국가화 이후 위임입법이 확대되고 정부의 입법 주도가 강화되고 있다.
④ 1988년 이후 우리나라에서는 의원입법이 대폭 증가해 왔다.
⑤ 대통령제 국가들은 통상 정부가 법률안을 국회에 제출할 수 있다.

해설 우리나라와 같이 정부가 법률안을 국회에 제출할 수 있도록 「헌법」에 규정되어 있는 것은 대통령제 국가로서는 이례적인 것이다(새행정학3.0, p.85).

12 정당의 정책 기능에 대한 설명으로 적절하지 못한 것은?

① 정당은 능동적인 입장에서 국민의 의견을 수렴하는 창구다.
② 정당은 국민 의견을 조직화하고 요구 사항을 정책과정에 반영시키려 노력한다.
③ 대통령을 당선시킨 집권 정당은 공식적인 정책과정을 주도한다.
④ 여당이 다수당이 되면 대통령 중심의 단일 정치체제로 운영되는 경향이 있다.
⑤ 여소 야대의 분할된 정부에서는 정치적 책임 소재가 불분명하게 될 수 있다.

해설 정당은 행정부 조직이 아니기 때문에 공식적인 정책과정을 주도할 수 없다(새행정학3.0, p.87).

13 우리나라에서 국회가 행정부를 통제할 수 있는 헌법적 제도 장치가 아닌 것은?

① 조세법률주의 ② 국무위원 해임 의결
③ 정부조직 입법권 ④ 국정감사권
⑤ 행정의 적법절차의 원칙

해설 국무위원의 해임을 대통령에게 '건의'할 수 있다(새행정학3.0, p.86).

14 행정의 헌법적 기초에 관한 내용이 집약되는 입헌주의의 핵심이 아닌 것은?

① 기본권 보장 ② 권력 분립
③ 법치주의 ④ 사회집단으로서 개인 공권
⑤ 견제와 균형

해설 대의민주주의 국가에서는 사회집단이 아닌, 독립적 인격자로서 개인적 공권(公權)이 인정되어야 한다(새행정학3.0, pp.82-83).

15 법치행정의 원리로서 적절한 것은?

① 법치행정의 원리는 행정국가화 진전으로 규범성이 약화되고 있다.
② 행정권은 입법권에 의한 수권(授權) 없이는 법규를 창조할 수 없다.
③ 모든 행정행위에 대한 수권은 법률에 유보되어야 한다.
④ 행정절차법은 행정에 대한 사후적 통제장치로서 국민의 권리를 보장하는 기능을 수행한다.

정답 09 ④ 10 ⑤ 11 ⑤ 12 ③ 13 ② 14 ④ 15 ②

⑤ 법치주의는 행정의 자의적 영역은 최대한 늘리되, 국민의 권리를 보장하는 것을 목표로 한다.

해설 ① 행정국가화의 진전과 상관없이 법치행정의 원리는 모든 민주주의 국가의 최고 규범으로 설정되어 있다. ③ 국민의 자유와 권리를 제한하거나 의무를 부과하는 행정행위는 법률에 근거해야 한다. ④ 행정절차법은 행정에 대한 사전적 통제장치다. ⑤ 법치주의는 행정의 자의적 영역을 줄이고 국민의 권리를 보장하는 것을 목표로 삼는다(새행정학$_{3.0}$, p.83).

16 행정부와 사법부의 관계에 대한 설명으로 잘못된 것은?

① 사법심사제도는 행정실패를 사후적으로 교정해 공익을 보호하는 장치다.
② 사법부는 행정작용의 조정자로서 미래 지향적 역할을 수행하기도 한다.
③ 우리나라 사법심사는 사후심사가 원칙이고 구체적 규범통제에 국한하고 있다.
④ 사법심사 기능은 정책형성과 집행에서 공무원과 동반자적 역할을 수행한다.
⑤ 행정이 전문화・복잡화되면서 행정에 대한 사법심사의 기능이 더욱 강화된다.

해설 행정작용에 대한 사법심사는 행정의 전문성으로 인해 한계를 가지게 된다(새행정학$_{3.0}$, p.89).

17 헌법재판과 행정의 관계에 대한 설명으로 적절한 것은?

① 헌법재판소의 위헌 결정으로도 법률로 표현된 정책결정을 뒤집을 수는 없다.
② 헌법재판소는 헌법의 실효성을 확보하기 위한 사법부의 핵심 기관이다.
③ 헌법재판소는 공무원들에게 인간의 존엄성과 기본권을 확산시키는 역할을 한다.
④ 헌법재판소는 2005년 수도 이전을 반대하는 헌법소원에서 합헌 결정을 내려 세종특별자치시 건설이 계획대로 추진될 수 있게 되었다.
⑤ 2005년 수도이전 관련 헌법소원에 대한 판결은 헌법재판소는 사법소극주의에 편승하고 있다는 비판을 초래했다.

해설 ① 헌재의 위헌 결정은 법률로 표현된 정책결정을 무효화시킨다. ② 헌법재판소는 사법 기능을 수행하지만 사법부 소속은 아니다 ④ 2005년 헌법소원에서 헌법재판소는 위헌 결정을 내려 수도 이전을 무산시킨 바 있다. ⑤ 2005년 수도 이전 관련 헌법소원에 대한 판결은 사법적극주의가 발휘된 것으로, 이에 대한 옹호와 비판 입장이 대립했다(새행정학$_{3.0}$, pp.89-90).

정답 16 ⑤ 17 ③

기출 문제를 통한 **감각 익히기**

01 행정과 환경의 관계에 관한 설명으로 어색한 것은? (울산9, 2005)

① 세계화라는 환경 변화에 따라 행정국가화 성격이 강화되었다.
② 행정은 환경에 영향을 받고 또한 환경을 변화시킨다.
③ 개방체제의 행정에서는 행정과 환경의 상호작용이 중요하다.
④ 환경 변화에 대한 새로운 정부 역할을 조명하면서 뉴거버넌스가 등장했다.
⑤ 최근의 행정개혁은 신공공관리주의 물결 속에서 진행되고 있다.

해설 세계화(globalization)는 자유시장주의에 기초한 것으로 정부규제 완화를 기본 전제로 하고 있어 기존의 행정국가화 성격에 반대되는 특성이 있다.

02 정책환경의 불확실성을 극복하는 대처방안 중 소극적인 방법에 해당하는 것은? (지방9, 2019)

① 상황에 대한 정보의 획득 ② 정책실험의 수행
③ 협상이나 타협 ④ 지연이나 회피

해설 상황에 대한 정보의 획득, 정책실험의 수행, 협상이나 타협은 환경에 대한 의존과 자율성 확보 사이에서 환경의 불확실성을 극복하는 행정의 적극적인 전략에 해당한다.

03 제4차 산업혁명에 관한 설명으로 옳지 않은 것은? (지방9, 2021)

① 초연결성, 초지능성 등의 특징이 있다.
② 대량 생산 및 규모의 경제 확산이 핵심이다.
③ 사물인터넷은 스마트도시 구현에 도움이 된다.
④ 빅데이터를 활용한 맞춤형 공공서비스 제공이 가능하다.

해설 대량 생산 및 규모의 경제는 20세기 경제적 풍요로움을 가져다 준 대표적인 생산양식이다. 제4차 산업혁명에서의 생산양식은 맞춤형 생산, 네트워크 경제의 확산으로 볼 수 있다.

정답 01 ① 02 ④ 03 ②

04 행정의 정치적 성격에 관한 설명 중 잘못된 것은? (경남9, 2001)

① 행정은 정치적 환경 속에서 이뤄진다.
② 행정은 합리적 관리와 가치 지향을 가진다.
③ 행정은 규칙적으로 사무를 집행한다.
④ 행정인도 정치적 역할과 가치판단을 담당한다.

해설 행정의 정치적 성격이란 행정 과정에서 조정과 타협이 불가피하다는 입장이다. 규칙적 사무처리는 정치성과는 거리가 있다.

05 정치와 행정의 관계에 대한 설명 중 적절하지 않은 것은? (경북9, 2001)

① 정치는 결정 과정이고 행정은 집행 과정이다.
② 정치와 행정의 관계는 정무관과 행정관의 관계와 비슷하다.
③ 삼권분립에 따라 정치와 행정은 대등한 관계를 가진다.
④ 정치는 가치 지향적이고 행정은 가치 중립적이다.

해설 현대 행정국가에서는 행정이 상대적으로 우위를 차지한다. 이러한 견해는 행정학의 관점에서 정립된 것으로 사회과학 일반에서 합의할 수 있는 보편적인 내용은 아니다. 대신, 정치와 행정은 서로의 역할이 다른 것으로 해석하는 것이 적절하다. 따라서 어느 한쪽이 다른 쪽보다 우월하다거나 대등하다는 식의 관계 표현은 적합하지 않다.

06 환경문제를 경고한 최초의 주장은? (충남9, 2007)

① 공유재의 비극 ② 성장의 한계
③ 침묵의 봄 ④ 우리의 일반적인 미래

해설 생태주의자 레이첼 카슨이 1962년 『침묵의 봄(*The Silent Spring*)』에서 처음 제기했다.

07 행정과 법의 관계에 대한 설명으로 옳지 않은 것은? (지방9, 2011)

① 법규는 행정에 합리적·합법적 권위를 부여하는 원천이다.
② 법은 행정활동을 정당화하는 기능을 수행한다.
③ 정부가 행정을 수행하는 과정에서 국민의 권리구제를 위한 사법적 결정을 하는 경우도 있다.
④ 경직적인 법규의 적용은 행정 과정에서 목표와 수단이 전도되는 상황을 유발시킬 수 있다.

해설 행정부는 신속한 국민의 권리구제나 공무원의 권익 보호를 위해 행정심판 기능을 수행하나, 이는 준사법적 결정에 불과하며, 이에 불복하면 정식 사법기관에 판단을 받을 수 있도록 법적으로 보장되어 있다.

08 **우리나라의 통치 체제에 대한 설명으로 옳지 않은 것은?** (국가9, 2011)

① 위임입법의 확대는 행정국가화 경향과 밀접한 관련이 있다.

② 사법부는 행정처분에 대한 행정재판권을 통해 부당하게 권리를 침해받은 국민을 구제하는 역할을 한다.

③ 행정부는 감사원의 국정감사권을 통해 행정행위에 대한 내부통제를 행한다.

④ 입법부는 국정에 관한 다양한 법률제정권을 활용해 행정부를 견제한다.

해설 국정감사권은 입법부의 권한이며, 감사원은 회계감사, 결산검사, 직무감찰 등을 통해 행정행위에 대한 내부통제를 행한다.

09 **행정부에 대한 외부통제에 해당하는 것만을 모두 고르면?** (국가9, 2021)

ㄱ. 행정안전부의 각 중앙행정기관 조직과 정원 통제
ㄴ. 국회의 국정조사
ㄷ. 기획재정부의 각 부처 예산안 검토 및 조정
ㄹ. 국민의 조세부과 처분에 대한 취소소송
ㅁ. 국무총리의 중앙행정기관에 대한 기관평가
ㅂ. 환경운동연합의 정부정책에 대한 반대
ㅅ. 중앙행정기관장의 당해 기관에 대한 자체평가
ㅇ. 언론의 공무원 부패 보도

① ㄱ, ㄷ, ㅁ, ㅅ　　② ㄴ, ㄷ, ㄹ, ㅁ

③ ㄴ, ㄹ, ㅁ, ㅇ　　④ ㄴ, ㄹ, ㅂ, ㅇ

해설 입법부, 사법부에 의한 통제는 공식적 외부통제에 히당하고, 국민, 언론, 이익집단, 정당에 의한 통제는 비공식적 외부통제에 해당한다.

10 **행정통제에 대한 설명으로 옳지 않은 것은?** (지방9, 2017)

① 감사원에 의한 통제는 회계검사, 직무감찰, 성과감사 등이 있다.

② 사법통제는 행정이 이미 이루어진 후의 소극적 사후조치라는 한계가 있다.

③ 입법통제는 행정명령·처분·규칙의 위법 여부를 심사하는 외부통제 방법이다.

④ 언론은 행정부의 과오를 감시하고 비판하며 공개하는 역할을 수행함으로써 행정에 영향을 미친다.

해설 행정명령·처분·규칙의 위법여부를 심사하는 외부통제는 사법통제에 해당한다.

정답 04 ③ 05 ③ 06 ③ 07 ③ 08 ③ 09 ④ 10 ③

응용을 통한 심화 학습

01 행정은 사회의 지배적 형태와 특성에 의해 영향을 받는 '사회적 구성물'이다. 행정에 영향을 미치는 최근의 요인들이 아닌 것은?

① 세계화　② 분권화　③ 행정국가화
④ 거버넌스　⑤ 네트워크

해설 행정국가화는 (비록 여전히 유효한 요인이지만) 복지국가 시대에 등장한 과거의 요인이다.

02 가우스(J. M. Gaus)가 지적한 행정에 영향을 미치는 환경 요인에 포함되지 않는 것은? (국가9, 2012)

① 국민(people)　② 장소(place)
③ 대화(communication)　④ 재난(catastrophe)

해설 가우스(J. M. Gaus)는 1947년 『행정에 대한 성찰(*Reflections of the Administration*)』에서 정치학 및 문화인류학에서 발전된 생태론적 접근방법을 행정학에 도입했다. 그는 여기서 행정의 특성을 결정짓는 환경적 요인으로 주민(국민), 인물(개인), 장소, 사상(이념), 재난, 과학적(물리적)·사회적 기술 등 일곱 가지를 제시했다.

03 고령사회의 진전에 따른 행정의 역할이 강화되어야 할 직접적인 분야가 아닌 것은?

① 출산 장려　② 여성 능력 개발　③ 노인 부양
④ 사회적 일자리 확대　⑤ 보육시설 투자

해설 고령사회에 대응하기 위해서는 출산 장려와 노인 부양 서비스가 우선적으로 공급되어야 한다. 다른 한편으로는 생산 가능 연령층의 규모가 축소되는 문제를 극복하기 위해 여성들의 경제적 참여를 적극적으로 장려해야 한다. 이를 위해 여성 능력 개발과 보육 부담을 대폭 경감시켜야 하는 정책 과제가 부각된다. 사회적 일자리는 양극화 해소를 위한 일반적인 복지정책의 일환으로 고령화사회 정책과의 직접적인 관련성은 적다. 대신, 중고령자 및 노인 일자리 확대정책이 중요하다.

04 **최근 급속히 확산되고 있는 신사회위기 현상이 아닌 것은?**

① 고령화 ② 저출산 ③ 근로 빈곤
④ 계층고착화 ⑤ 빈곤

해설 빈곤과 질병은 전통적인 사회위기에 해당한다. 지식기반 사회경제 체제로의 이행과 함께 전통적인 복지국가의 사회문제 이외에 등장하는 새로운 사회위기를 신사회위기라고 한다.

05 **신사회위기 대응정책과 직접적인 관련성이 가장 약한 것은?**

① 청년실업 해소 ② 노인 일자리 확대 ③ 기초생활 보장
④ 출산 장려 ⑤ 다문화가족 지원

해설 기초생활 보장은 빈곤과 질병에 대응하는 전통적인 사회위기 극복정책이다. 소득 보장과 관련해서 신사회위기에서는 일반적인 '빈곤'이 아닌 88만 원 세대로 표현되는 '근로빈곤' 대응정책이 새로운 정책과제로 부각되고 있다.

06 **양극화와 행정의 대응 과제에 대한 설명으로 적절한 것은?**

① 우리나라는 2008년 금융위기 이후부터 양극화 현상이 두드러지고 있다.
② 양극화 현상은 제조업과 건설업 간에 경쟁력 차이 확대로도 나타나고 있다.
③ 임시직과 비정규직의 증가는 임금 격차를 확대해 소득 양극화를 가져오고 있다.
④ 지니계수는 2005년 이후 정체된 상태를 보이고 있다.
⑤ 사회 전반의 양극화와 불평등의 심화는 살인 등 강력범죄의 증가를 가져왔다.

해설 ① 양극화 현상이 두드러지기 시작한 것은 1997년 외환위기 이후다. ② 제조업과 서비스업 간에 경쟁력 차이가 확대되고 있다. ④ 지니계수는 2000년대 중반부터 지속적으로 악화되어 왔다. ⑤ 강력범죄의 증가보다는 자살(률)의 증대가 두드러진 특징으로 나타났다.

07 **오늘날 정부가 수행해야 할 기본적인 경제적 역할이 아닌 것은?**

① 사회간접자본 투자
② 최저 소비 유지를 위한 복지정책
③ 국가 소유의 공공재 생산 기업 확대
④ 천연자원 개발의 적정 유지와 환경관리
⑤ 물가관리를 통한 경제 안정

해설 공공서비스를 생산하는 공기업의 경우, 정부실패에 대한 비판에 따라 정부의 역할이 축소되면서 민영화를 추진하는 것이 오늘날의 기본 추세다.

정답 01 ③ 02 ③ 03 ④ 04 ⑤ 05 ③ 06 ③ 07 ③

08 국제기구와 국제회의가 행정에 미치는 영향에 대한 설명으로 잘못된 것은?

① 국제기구와 각종 국제회의는 국내 정치 · 행정에 상당한 영향력을 행사한다.
② 세계경제포럼(WEF)은 세계 각국의 정부효율성을 비교해 공표한다.
③ 우리나라는 WEF의 정부효율성 평가에서 2012년 상위 10%에 들지 못했다.
④ 2012년 WEF 정부효율성 평가에서 우리나라는 정부 지출 낭비, 공무원 의사결정의 편파성 등의 항목에서 매우 낮은 순위를 보였다.
⑤ WEF 정부효율성 평가는 회원국들에게 행정제도 개선 의무를 부과한다.

해설 WEF의 정부효율성 평가는 제도 개선 의무를 부과하지 않고 있다.

09 현대 행정국가에서 위임입법이 증대되는 원인으로 가장 적합한 것은?

① 행정관료의 전문성이 입법부보다 뛰어나기 때문이다.
② 국민들이 입법부보다 행정부를 상대적으로 더 신뢰하기 때문이다.
③ 일선관료가 판단해야 할 전문 재량 사항이 확대되기 때문이다.
④ 입법부가 행정부에 대한 사후 통제 기능을 강화하기 때문이다.
⑤ 입법부는 정책보다는 정치적 쟁점 사항들에 집중하기 때문이다.

해설 행정 및 정책 현상들이 복잡해지고 이에 대한 전문적 대응이 요구될수록 입법부가 제정하는 법률에서는 기본 원칙과 주요 내용만 규정하고 행정부의 재량을 확대하게 된다.

10 사법적 판결이 행정부의 정책과정에 직접 영향을 미친 사례가 아닌 것은?

① 토지초과이득세
② 신행정수도 건설을 위한 특별조치법
③ 새만금간척사업
④ 경부고속철도 천성산 구간
⑤ 수도권 외곽순환도로 사패산 구간

해설 ① 헌법 불합치 판결로 인해 폐지되었다. ② 헌법재판소에서 위헌 결정되었다. ③ 환경단체에서 소송을 제기하면서 공사가 일시 중단되었다. ④ 시민단체의 행정소송으로 공사 일정이 변경되었다. ⑤의 사례는 행정소송 단계까지 가지는 않았으며 불교계와 정부의 협의로 해결되었다.

정답 08 ⑤ 09 ③ 10 ⑤

MEMO

CHAPTER

03

행정학의 접근방법과 이론

객관식으로 행정학 학습

제1절 행정학의 유래와 발달 과정

01 현대 행정학의 기원과 발전에 대한 설명으로 가장 잘못된 것은?

① 독일 행정학은 17세기 프러시아에서 등장한 행정법학을 거쳐 현대 행정학으로 정립되었다.

② 독일 행정학은 국가학과 행정법학적 전통이 강하게 남아 있는 특징을 띤다.

③ 미국은 유럽에 비해 국가 형성도 늦었고, 행정 발전도 뒤졌다.

④ 미국에서는 19세기에 정치학을 모태로 하나의 독립된 분과 학문으로 행정학이 탄생해 정치학 · 경영학과의 삼각 구도 속에서 성장 · 발전해 왔다.

⑤ 독일 행정학이 19세기 후반에 행정법학에 그 패권을 넘기고 쇠퇴하게 됨에 따라 미국 행정학이 현대 행정학의 본류를 형성하고 있다.

해설 독일 행정학은 17세기 프러시아에서 등장한 관방학에서 시작해 경찰학으로 분화된 후 행정법학을 거쳐 현대 행정학으로 정립되었다(새행정학3.0, p.95).

02 미국 행정학의 태동기에 대한 기술 중 잘못된 것은?

① 1789년 건국 후 자유주의와 민주주의 이념의 제퍼슨-잭슨철학이 지배했다.

② 19세기 중엽, 엽관제 비효율과 부패를 혁신하기 위해 진보주의운동이 전개되었다.

③ 1883년 펜들턴법(Pendleton Act)의 제정으로 행정의 정치적 중립이 천명되었으며, 실적주의 인사제도와 공무원시험제도를 통한 공개채용제도가 도입되었다.

④ 윌슨(W. Wilson)은 행정의 정치화는 불가피함을 강조했다.

⑤ 굿노(F. J. Goodnow)는 정치는 국가의 의지를 표명하고 정책을 구현하는 것이며, 행정은 이를 실천하는 것으로 양자를 구별했다.

해설 진보주의개혁운동에 참여했던 윌슨은 1887년에 발표한 「행정연구」라는 논문을 통해 정책집행

정답 01 ① 02 ④

업무를 담당하는 행정에 대한 체계적이고 적극적인 연구의 필요성을 제기하는 가운데 행정의 탈정치화를 통해 정당정치의 개입으로부터 자유로운 행정 영역을 확립하는 것을 이론적으로 뒷받침하고자 정치 · 행정이원론을 주창했다(새행정학3.0, pp.98-100).

03 **미국에서 정통 행정학이 성립하고 발전하는 시기에 대한 기술 중 잘못된 것은?**

① 미국 행정학은 1920년대에서 1930년대에 걸쳐 능률에 기초한 관리를 주장하는 '관리과학'으로 특징지어지는 정통 행정학으로 그 모습을 갖추게 되었다.

② 정치 · 행정이원론을 토대로 하여 1910년대 이후 행정 고유 영역의 활동을 규율하는 과학적 원리와 합리적인 관리 기법의 탐구가 본격화되었다.

③ 민주성은 정통 행정학에서 행정관리의 성과를 평가하는 가치 기준이 되었다.

④ 조직관리론에서 능률적인 관리활동의 내용은 귤릭(L. Gulick)이 제시한 POS-DCoRB다.

⑤ 정통 행정학의 토대로 '정치 · 행정이원론'과 '행정의 원리'가 정립되었다.

해설 태프트(R. A. Taft) 대통령이 1912년에 설치한 '절약과 능률에 관한 대통령위원회'에서 사용한 '절약과 능률(economy & efficiency)'이라는 개념은 정통 행정학에서 행정관리의 성과를 평가하는 가치 기준으로 자리잡게 되었다(새행정학3.0, pp.100-101).

04 **1950~1960년대 미국 행정과 행정학에 대한 기술 중 잘못된 것은?**

① 뉴딜정책의 시행으로 팽창된 연방관료제는 제2차 세계대전을 거치면서 국방 관련 관료제의 급속한 팽창을 가져왔다.

② 1963년 존슨 대통령이 제창한 '위대한 사회(the Great Society)' 건설을 위한 각종 복지 프로그램의 시행으로 연방정부의 역할과 규모는 괄목할 만하게 증대했다.

③ 1950년대에 행정학은 다양한 인접 학문으로부터 영향을 받아 다원화되었다.

④ 1950년대에는 관리주의 혁명이 사회과학을 지배했다.

⑤ 관료제와 민주주의의 관계에 대한 논의가 재연되어 미국 행정학의 주제는 행정권의 우월화 시대에서 행정기구 · 공무원에 대한 책임의 문제로 이동해 갔다.

해설 1950년대에는 행태주의(behavioralism) 혁명이 사회과학을 지배했다(새행정학3.0, pp.103-104).

05 **1950년대 행태주의 행정학에 대한 기술 중 잘못된 것은?**

① 행정학은 제2차 세계대전 이후부터 본격적으로 행태주의의 영향을 받게 되었다.

② 행태론은 관리 기술이 아닌 조직 내 개인 간 행태, 즉 행정 행태를 경험적 조사 방법을 통해 분석하는 것을 연구의 중심 주제로 삼았다.

③ 행정인의 행태에 관심을 집중했기 때문에 심리적 동기에 대한 연구는 미약했다.

④ 사이먼은 행정 과정은 결정 과정이라는 기본 명제를 제시하면서 의사결정을 행정 연구의 핵심으로 삼아야 한다고 주장했다.
⑤ 사이먼은 절약과 능률보다 합리적 결정을 더 중요한 것으로 생각했다.

해설 분석의 초점은 행정인의 사회적 · 심리적 동기에 대한 연구로까지 확대되었다(새행정학3.0, p.104).

06 **1960년대 미국의 신행정학 운동에 대한 기술 중 잘못된 것은?**

① 미노브룩 회의에서 적실성, 참여, 변화, 형평성에 기초한 학문 주체성을 강조했다.
② 민주적 가치에 따라 분권화, 고객에 의한 통제, 가치에 대한 합의 등을 강조했다.
③ 행정인의 적극적인 역할을 강조했다.
④ 탈관료제 조직설계 대안을 제시했으며, 논리실증주의와 행태주의를 비판하고 현상학적 접근방법을 제시했다.
⑤ 신행정학은 1980년대를 전후해서 등장한 신공공관리론으로 이어지고 있다.

해설 신행정학의 지적 전통이 1980년대를 전후해서 등장한 비판행정학이나 행위이론(action theory)으로 이어지고 있다(새행정학3.0, p.104).

07 **1970년대 미국 행정학 동향에 대한 기술 중 잘못된 것은?**

① 1970년대 석유 파동을 거치면서 정부의 한계에 대한 인식이 형성되기 시작했다.
② 재정위기와 신보수주의의 영향으로 '작은 정부' 이념이 강화되었다.
③ 정부가 안고 있는 문제를 해결하기 위해 응용연구방법을 접목하기 시작했다.
④ 성과에 대한 관심이 높지 않아 민간부문의 기법을 적용하려는 시도는 없었다.
⑤ 공공선택론에서는 정부를 공공재의 생산 · 공급자로 규정한다.

해설 행정 성과에 대한 관심이 높아지면서 민간부문의 관리 기법을 공공부문에 적용하는 것이 주요 과제로 부활되었다(새행정학3.0, p.105).

08 **1980년대 미국 행정학의 동향에 대한 기술 중 가장 잘못된 것은?**

① 신보수주의가 부활해 '작은 정부'를 구현하기 위한 공무원 인력 감축, 정부 지출 삭감, 규제 완화, 민영화 등에 대한 이론적 논의가 활발히 전개되었다.
② 신연방주의 노선에 따라 주정부와 지방정부의 역할과 책임이 축소되었다.
③ 공무원 불신으로 행정 책임성에 관심이 집중되어 미국행정학회에서는 1985년에 공무원 윤리장전을 제정했다.

정답 03 ③ 04 ④ 05 ③ 06 ⑤ 07 ④ 08 ②

④ 신공공관리론은 정부와 민간부문의 협력적 활동을 강조하는 접근방법이다.

⑤ 레이건 행정부는 민간부문에 비해 정부가 지나치게 비효율적이라고 평가했다.

해설 1980년대 초반 레이건 대통령의 신연방주의 노선에 따라 연방정부의 역할을 축소하는 대신에 상대적으로 주정부와 지방정부의 역할과 책임을 증대시키게 되었다(새행정학3.0, pp.105-106).

제2절 행정학의 주요 접근방법

09 행정에 대한 역사적 접근방법에 대한 설명이 아닌 것은?

① 정치 · 행정적 사건에 대한 자세한 묘사

② 자연과학의 조사 방법을 사회 현상에 적용

③ 사건 · 기관 · 제도 · 정책의 기원과 발전 과정을 파악

④ 발생론적 설명 방식

⑤ 사회 제도나 혹은 제도의 개혁과 관련한 정책 연구

해설 일종의 사례 연구방법을 취한다. 자연과학의 조사 방법을 사회 현상에 적용하는 것은 행태주의 방법론이다(새행정학3.0, p.109).

10 신제도론적 접근방법에 대한 기술 중 틀린 것은?

① 제도란 일단의 규칙을 의미한다.

② 인간을 자신의 이익을 극대화시키는 합리적인 행위자라고 가정하고 있다.

③ 공유자원을 공동으로 이용하는 개인들에 대한 유인의 문제를 다루는 데 적합하다.

④ 제도란 개인의 행태를 제약하기 위해서 고안된 일단의 규칙이라고 보고 있다.

⑤ 1940년대 행태주의 이전부터 행정학 분야의 전통적인 접근방법들 중의 하나였다.

해설 1980년대부터 미국의 행정학 분야에서 오스트롬 부부를 비롯한 여러 학자에 의해 수행되어 온 제도에 대한 연구가 새롭게 관심을 끌고 있다. 새롭게 제기되고 있는 제도론적 접근방법은 이러한 전통적인 제도적 접근방법과는 연구 대상과 방법에서 큰 차이가 있다(새행정학3.0, pp. 111-112).

11 공공선택론적 접근방법의 특징이 아닌 것은?

① 경제적 · 합리적 개인의 가정

② 정부는 탐욕적인 공공재의 소비자

③ 방법론적 개체주의

④ 제도적 장치의 경시

⑤ 민주행정의 패러다임

해설 공공재의 효율적인 공급과 생산은 제도적 장치를 통해 가능하다고 전제한다(새행정학3.0, pp.

112-113). 오스트롬은 사회 모든 구성원은 이기주의자로서 관료도 더 이상 윤리적인 판단자가 아니며 다른 사람과 마찬가지로 부패할 수 있다고 보았다. 따라서 이러한 문제점을 단일의 의사결정 중추에 의한 계층제적 통제가 아닌 관할구역의 중첩이나 의사결정 권한의 분산 및 다원적 참여로 대표되는 민주행정의 패러다임을 통해 해결하려고 했다.

12 행태론적 접근방법에 대한 설명 중 틀린 것은?

① 사회 현상도 자연과학과 마찬가지로 엄밀한 과학적 연구가 가능하다고 본다.
② 인식론적 근거로서 논리실증주의를 신봉하고 있다.
③ 명백한 자극과 반응으로 볼 수 있는 행위 또는 행동만을 연구 대상으로 삼는다.
④ 행태의 규칙성, 상관성 및 인과성을 경험적으로 입증하고 설명할 수 있다고 본다.
⑤ 집단의 고유한 특성을 인정하지 않은 방법론적 개체주의의 입장을 취한다.

해설 행태주의는 명백한 자극과 반응으로 볼 수 있는 행위 또는 행동만을 연구 대상으로 삼는 심리학적 행동주의(psychological behaviorism)와는 달리 특정 질문에 따른 반응을 통해 파악해 볼 수 있는 태도, 의견, 개성 등도 행태에 포함시키고 있다(새행정학$_{3.0}$, pp.113-114).

13 행정에 대한 생태론적 접근방법에 대한 설명으로 부적절한 것은?

① 거시적 분석의 성격
② 행정 체제의 개방성을 강조
③ 분석의 수준을 집합적 행위에 맞춤
④ 서구 제도의 후진국 접합 노력
⑤ 행정환경에 대한 행정의 역할 제시

해설 중범위이론의 구축과 서구 행정제도가 후진국에서 잘 작동되지 않는 이유를 설명하는 데 기여했다(새행정학$_{3.0}$, pp.114-115).

14 후기행태주의에 대한 기술 중 잘못된 것은?

① 1960년대 미국 사회의 혼란기를 배경으로 탄생한 학문 사조다.
② '적실성의 신조'와 '실천'을 강조했다.
③ 후기행태주의자들은 과학적 연구는 적실성이 없다고 하여 전적으로 반대했다.
④ 가치중립적인 과학적 연구보다는 가치평가적인 정책연구를 지향하고 있다.
⑤ 새로운 행정 이념으로서의 사회적 형평성 등의 문제에 많은 관심을 갖게 되었다.

해설 후기행태주의자들이 과학적 연구를 반대한 것은 아니며, 오히려 그들은 통계학과 컴퓨터 분석 등 계량적 분석 방법에 매우 뛰어난 능력을 갖추고 있었다(새행정학$_{3.0}$, pp.116-117).

정답 09 ② 10 ⑤ 11 ④ 12 ③ 13 ④ 14 ③

15 현상학적 접근방법과 관련이 적은 것은?

① 인간의 능동성
② 행위이론(action theory)
③ 인간의 주관적 관념에 대한 이해
④ 실증주의적 행정학의 연구방법
⑤ 가치평가적 연구

해설 현상학적 접근방법은 사회과학 연구의 좀 더 본질적인 문제를 둘러싸고 실증주의와 행태주의가 내세우는 과학적인 연구방법에 대해 반기를 들었다. 즉, 1960년대 말 이후 도구적·기술적 이성에 바탕을 둔 실증주의적 행정학의 연구방법에 대한 비판적인 패러다임이다(새행정학$_{3.0}$, pp. 116-117).

16 포스트모더니즘 행정이론에 대한 설명 중 틀린 것은?

① 우리가 발견할 수 있는 객관적 사실이 있다고 보는 객관주의를 배척한다.
② 포스트모더니즘의 세계관은 상대주의적이며 다원주의적인 것이다.
③ 포스트모더니즘은 해방주의적인 성향을 지닌다.
④ 타자성의 개념을 통해 타인을 하나의 대상으로서가 아니라 도덕적 타인으로 인정하고 개방적인 태도를 가져야 한다는 점을 강조하고 있다.
⑤ 탈영역화의 개념은 행정조직에서 일하는 공무원에게 공동체 권력에 기초한 시민참여이론을 수용하게 하는 것을 의미한다.

해설 탈영역화(영역해체) 개념은 행정조직에서 일하는 공무원에게 공동체 권력에 기초한 시민참여이론을 수용하게 하는 것을 의미한다(새행정학$_{3.0}$, pp.117-118).

제3절 현대 행정학의 주요 이론

17 신공공관리론과 관련이 가장 적은 것은?

① 고객주의
② 신관리주의
③ 정치·행정일원론
④ 정부재창조론
⑤ 경쟁 원리

해설 신공공관리론은 기업의 경영 원리와 관리기법들을 행정에 도입·접목해서 정부의 성과 향상과 관리의 효율성을 제고하는 것을 강조하기 때문에 정치·행정이원론에 가깝다(새행정학$_{3.0}$, pp.118-122).

18 탈신공공관리론과 관련이 가장 적은 것은?

① 구조적 통합을 통해 분절화의 축소를 추구한다.
② 민간·공공부문의 파트너십을 강조한다.

③ 분권화와 역량 및 조정의 증대를 강조한다.
④ 중앙의 정치 · 행정적 역량을 강화한다.
⑤ 총체적 정부 또는 합체된 정부의 주도를 강조한다.

해설 집권화와 역량 및 조정의 증대를 강조한다(새행정학3.0, pp.122-124).

19 신공공관리론과 뉴거버넌스론의 관계에 대한 설명 중 틀린 것은?

① 1980년대 이후부터 점차 계층제 외에 시장과 네트워크를 적절히 조합한 방식을 활용해 공공문제를 해결하려고 하는 뉴거버넌스의 경향이 나타나고 있다.
② 신공공관리는 과정을 강조하지만 뉴거버넌스는 결과에 초점을 맞추고 있다.
③ 신공공관리는 부문 간 경쟁을 강조하고, 뉴거버넌스는 부문 간 협력을 중시한다.
④ 공공서비스 전달 또는 공공문제를 해결하는 과정에서 정부라는 제도적 장치에 전적으로 의존하지는 않는다.
⑤ 신공공관리와 뉴거버넌스는 서비스 전달이라는 노젓기(rowing)보다는 정책결정이라는 방향잡기(steering)를 위한 도구와 기법의 개발을 중시한다.

해설 신공공관리가 결과에 초점을 두고 있는 데 비해 뉴거버넌스는 과정에 초점을 맞추고 있다(새행정학3.0, p.127).

20 신공공서비스이론의 7대 원칙과 가장 거리가 먼 것은?

① 고객이 아닌 시민에 대해 봉사하라.
② 공익을 찾으려고 노력하라.
③ 기업주의 정신을 받아들여라.
④ 전략적으로 생각하고 민주적으로 행동하라.
⑤ 방향잡기보다는 봉사하라.

해설 기업주의 정신보다는 시민의식(citizenship)의 가치를 받아들여라(새행정학3.0, pp.130-132).

21 다음 중 공공가치관리론에 대한 설명으로 부적절한 것은?

① 행정의 공공성 약화를 극복하기 위한 대안적인 패러다임으로 등장한 것이다.
② 시민과 이해관계자의 관여(engagement)와 이들과 공무원 간 숙의민주주의 과정을 통한 공공가치의 결정과 창출, 그리고 그 결과에 대한 평가를 중시한다.
③ 민주적으로 선출되어 정당성을 부여받은 정부의 관리자들은 공공자산(국가 권위,

정답 15 ④ 16 ⑤ 17 ③ 18 ③ 19 ② 20 ③ 21 ④

국가재정)을 활용하여 시민을 위한 공공가치를 창출해야 한다.

④ 시장 메커니즘이 효율적으로 작동하고 있음에도 불구하고 본질적 가치를 제공하지 못하는 실패 현상이 발생하는 경우를 '시장가치실패'라는 개념으로 정의한다.

⑤ 시장 행위자 혹은 공공부문의 행위자가 공공가치에 부합한 재화나 서비스를 제공하지 못하는 경우를 공공실패가 발생한 것으로 간주한다.

해설 ④ 보우즈만(Bozeman, 2002)은 시장 메커니즘이 효율적으로 작동하고 있음에도 불구하고 본질적 가치를 제공하지 못하는 실패 현상이 발생하는 경우를 '공공가치실패'라는 개념으로 정의한다(새행정학3.0, pp.132-135).

22 다음 중 넛지이론에 설명으로 부절적한 것은?

① 인지적 오류(cognitive error)와 행동 편향(behavior bias)으로 인한 비합리적 의사결정을 '행동적 시장실패(behavioral market failure)'라고 정의한다.

② 정부는 선택설계자(choice architect)로서의 역할을 수행해야 하고, 이를 위해 법률과 규제, 경제적 유인 수단(조세, 보조금)을 활용해야 한다.

③ 어떤 선택을 금지하거나 경제적 유인(economic incentive)을 크게 변화시키지 않으면서 선택설계를 시도한다.

④ OECD(2019)는 BASIC(Behaviour-Analysis-Strategy-Intervention-Change) 모델을 제시하였다.

⑤ 넛지 정책의 효과는 단기간에 소멸되어 장기적이고 지속가능한 행동 변화를 보장하지 못한다는 비판을 받는다.

해설 ② 정부는 선택설계자(choice architect)로서의 역할을 수행해야 하고, 이를 위해 전통적인 정책 수단인 법률과 규제, 경제적 유인 수단(조세, 보조금) 등과 구별되는 새로운 정책 수단인 넛지(nudge)를 활용해야 한다는 점을 강조한다(새행정학3.0, pp.136-145).

23 딜레마이론에 대한 설명과 가장 거리가 먼 것은?

① 대안들의 표면화된 가치를 비교할 수 없기 때문에 선택이 어려운 상황과 관련이 있다.

② 의사결정을 해야 할 정책결정자가 선택을 하지 못하고 있는 곤란한 상황과 관련이 있다.

③ 거의 동등한 가치를 갖고 있거나 하나의 가치를 포기하는 비용이 너무 큰 두 개의 대안 중 하나를 선택해야만 하는 상황과 관련이 있다.

④ 딜레마이론은 정책결정 상황에 대한 이론적 기여는 인정되지만, 현실 정책 상황에 대한 처방을 제공하기는 어려운 것으로 평가된다.

⑤ 기회손실(opportunity loss)을 중요한 개념으로 다룬다.

해설 딜레마이론을 행정 및 정책연구에 도입하는 경우 정책결정 혹은 의사결정 상황에 대한 이론적 기여와 함께 현실 정책 상황에 대한 처방을 제공할 수 있을 것으로 기대된다(새행정학3.0, p.145).

24 시차이론에서 설명하는 시차적 요소와 거리가 먼 것은?

① 제도 도입의 순서
② 제도 도입의 선후 관계의 변화
③ 원인변수의 수나 작동 순서의 변화
④ 정태적 시간
⑤ 변화의 속도와 안정성

해설 시차이론은 정태적 시간보다는 동태적 시간 개념을 적용하며, 변수들의 숙성 기간(maturation time)을 고려한다(새행정학3.0, p.146).

25 사회적 자본에 대한 설명과 가장 거리가 먼 것은?

① 신뢰에 근거한 인간관계가 사회 발전의 원동력이 된다.
② 정부 신뢰는 정부기관과 시민을 연결하는 협력을 증진시킨다.
③ 사회적 자본은 사회를 지탱하고 있는 제도를 핵심 요소로 한다.
④ 규범이나 가치관을 공유하고, 서로 이해하는 사람들로 구성된 네트워크다.
⑤ 우리나라는 정부 신뢰의 수준이 그리 높은 편은 아니다.

해설 사회적 자본은 단순히 사회를 지탱하고 있는 제도는 아니며, 사회적 유대를 강하게 하기 위한 끈 역할을 하고 있는 것이다(새행정학3.0, p.147).

정답 22 ② 23 ④ 24 ④ 25 ③

기출 문제를 통한 감각 익히기

01 미국 행정의 발달 과정과 행정학의 태동에 대한 설명으로 옳은 것은? (지방7, 2019)

① 잭슨(A. Jackson)이 도입한 엽관주의는 정치지도자의 행정통솔력을 약화함으로써 국민의 요구에 대한 관료적 대응성의 후퇴 및 정책수행 과정에서의 비효율성을 초래하였다.

② 건국 직후 미국 정치체제는 행정의 효율성을 지향하는 해밀턴주의(Hamiltonianism)가 지배했다.

③ 1906년에 설립된 뉴욕시정조사연구소(The New York Bureau of Municipal Research)는 좋은 정부를 구현하기 위한 능률과 절약의 실천방안을 제시하고 시정에 대한 과학적 연구를 수행했다.

④ 미국 행정학의 학문적 초석을 다진 애플비(P. H. Appleby)는 행정에 대한 지나친 정당정치의 개입이 정책의 능률적 집행을 저해한다고 보았다.

해설 ① 잭슨이 도입한 엽관주의는 정치지도자의 행정통솔력을 강화시킴으로써 국민의 요구에 대한 관료적 대응성을 향상시켰으나 정부의 비효율성 문제를 초래하였다. ② 건국 직후 미국 정치체제는 자유주의와 민주주의를 상징하는 제퍼슨-잭슨주의가 지배했다. ④ 애플비(P. H. Appleby)가 아닌 굿노(F. J. Goodnow)가 주장한 내용이다.

02 미국에서 등장한 행정이론인 신행정학(New Public Administration)에 대한 설명으로 옳지 않은 것은? (지방9, 2019)

① 신행정학은 미국의 사회문제 해결을 촉구한 반면 발전행정은 제3세계의 근대화 지원에 주력하였다.

② 신행정학은 정치・행정이원론에 입각하여 독자적인 행정이론의 발전을 이루고자 하였다.

③ 신행정학은 가치에 대한 새로운 인식을 기초로 규범적이며 처방적인 연구를 강조하였다.

④ 신행정학은 왈도(D. Waldo)가 주도한 1968년 미노브룩(Minnowbrook) 회의를 계기로 태동하였다.

해설 ② 신행정학은 정치·행정일원론에 입각하여 독자적인 행정이론의 발전을 이루고자 하였다. 신행정론은 1960년대 말 격동기 미국 사회를 배경으로 등장한 이론으로 절박한 사회문제를 해결하기 위해 적실성(relevance)과 실천성(action), 정책지향성과 가치지향성을 강조한 이론으로 가치중립적인 행태론에 대한 반발로 등장했다. 신행정론은 소외집단에 대한 정의와 형평을 구현하기 위한 정부의 적극적인 기능과 복지정책을 강조했으며 1980년대의 신자유주의적 행정개혁은 신행정론 이후 정부실패를 치유하기 위해 기업형정부와 시장 논리를 강조한 개혁이론이다.

03 다음의 역사적 배경을 바탕으로 태동한 행정학 연구에 대한 설명으로 옳지 않은 것은?

(국가7, 2022)

> • 월남전 패배, 흑인 폭동, 소수민족 문제 등 미국사회의 혼란을 해결하지 못하는 학문의 무력함에 대한 반성으로 나타났다.
> • 1968년 미국 미노브룩 회의에서 왈도의 주도 하에 새로운 행정학의 방향모색으로 태동하였다.

① 고객 중심의 행정, 시민의 참여, 가치문제 등을 중시했다.

② 행정학의 실천적 성격과 적실성을 회복하기 위한 정책 지향적 행정학을 요구하였다.

③ 행정의 능률성을 강조했으며, 논리실증주의 및 행태주의의 주장을 지지하였다.

④ 소외계층을 위한 복지서비스를 확대해 사회적 형평을 실현해야 한다는 행정의 적극적 역할을 강조했다.

해설 ③은 신행정학에 대한 설명이 아니다. 정치·행정이원론에서 행정의 능률성을 강조했으며, 논리실증주의 및 행태주의는 가치와 사실은 분리를 주장하였다.

04 미국에서 등장한 행정이론인 신행정학(New Public Administration)에 대한 설명으로 옳지 않은 것은?

(지방9, 2019)

① 신행정학은 미국의 사회문제 해결을 촉구한 반면, 발전행정은 제3세계의 근대화 지원에 주력하였다.

② 신행정학은 정치·행정이원론에 입각하여 독자적인 행정이론의 발전을 이루고자 하였다.

③ 신행정학은 가치에 대한 새로운 인식을 기초로 규범적이며 처방적인 연구를 강조하였다.

④ 신행정학은 왈도(D. Waldo)가 주도한 1968년 미노브룩(Minnowbrook) 회의를 계

정답 01 ③ 02 ② 03 ③ 04 ②

기로 태동하였다.

해설 신행정학은 정치 · 행정일원론에 입각하여 독자적인 행정이론의 발전을 이루고자 하였다. 왈도(D. Waldo)는 신행정학을 창시한 학자로 고전기 행정 원리를 토대로 한 것이 아니라 후기행태주의에 기반을 두고 적실성(relevance)과 실천성(action)을 통한 사회문제 처방을 중시했다.

05 정치 · 행정일원론에 대한 설명으로 옳은 것은? (지방9, 2021)

① 행정국가의 등장과 연관성이 깊다.
② 윌슨(W. Wilson)의 「행정연구」가 공헌하였다.
③ 정치는 의사결정의 영역이고, 행정은 결정된 내용을 집행한다고 보았다.
④ 행정은 경영과 비슷해야 하며, 행정이 지향하는 가치로 절약과 능률을 강조하였다.

해설 정치 · 행정일원론은 행정의 정책결정 기능과 정치적 기능을 강조하는 행정국가와 연관성이 깊다.

06 애플비(P. H. Appleby)가 주장한 정치 · 행정일원론의 내용에 해당하는 것은? (지방7, 2022)

① 행정은 효율성을 추구하는 관리를 핵심으로 한다.
② 행정은 민의를 중시해야 하며 정책결정과 집행의 혼합작용이다.
③ 시간과 동작연구를 통한 직무의 전문화는 행정조직의 생산성을 극대화할 수 있다.
④ 고위 관료가 능률적으로 관리해야 할 행정원리는 기획, 조직, 인사, 지휘, 조정, 보고, 예산 등이 있다.

해설 ② 정치와 행정은 상호 연계되어 있다는 관점이다.

07 정치 · 행정이원론에 대한 설명으로 옳지 않은 것은? (국가7, 2022)

① 행정과 경영이 차이가 없음을 강조하는 공사행정일원론의 입장을 취한다.
② 의사결정 역할을 하는 정치와 결정된 의사를 집행하는 행정의 역할을 엄격하게 구분할 것을 주장하였다.
③ 윌슨(W. Wilson)은 행정을 전문적 · 기술적 영역으로 규정하고, 정부는 효율성과 전문성을 갖추어야 한다고 주장하였다.
④ 대공황 이후 각종 사회문제를 해결하기 위해서 행정의 정책결정 · 형성 및 준입법적 기능수행을 정당화하였다.

해설 ④는 정치 · 행정일원론에 대한 설명이다.

08 **정치 · 행정이원론에 대한 설명으로 옳은 것은?** (국가9, 2020)

① 정당정치의 개입으로부터 자유로운 행정 영역을 강조하였다.
② 1930년대 뉴딜정책은 정치 · 행정이원론이 등장하게 된 중요 배경이다.
③ 과학적 관리론과 행정개혁운동은 정치 · 행정이원론의 한계를 지적하였다.
④ 정치 · 행정이원론을 대표하는 애플비(P. H. Appleby)는 정치와 행정이 단절적이라고 보았다.

해설 정치 · 행정이원론은 행정의 정치로부터 독립을 강조한다.

09 **신제도주의의 주요 분파에 대한 설명으로 옳은 것은?** (지방7, 2019)

① 합리적 선택 제도주의는 개인이 합리적이며 선호는 제도와 밀접하게 연관되어 변화하는 것으로 가정한다.
② 사회학적 제도주의는 제도의 변화 과정을 설명할 때 경로의존성을 강조하며, 제도의 운영 및 발전과 관련하여 권력의 비대칭성에 초점을 맞춘다.
③ 역사적 제도주의는 중범위적 제도 변수가 개별 행위자의 행동과 정치적 결과를 어떻게 연계시키는지에 대해 초점을 맞춘다.
④ 사회학적 제도주의는 사회적 딜레마를 해결하기 위해 사람들이 스스로 만드는 게임의 규칙을 제도로 본다.

해설 ① 합리적 선택 제도주의는 개인이 합리적이며 선호는 선험적으로 주어져 고정되어 있는 것으로 가정한다. ② 역사적 신제도주의에 대한 설명이다. ④ 합리적 선택 제도주의에 대한 설명이다.

10 **거래비용이론에 대한 설명으로 옳지 않은 것은?** (국가7, 2021)

① 기회주의적 행동을 제어하는 데에는 시장이 계층제보다 효율적인 수단이다.
② 거래비용은 탐색비용, 거래의 이행 및 감시비용 등을 포함한다.
③ 시장의 자발적 교환행위에서 발생하는 거래비용이 계층제의 조정비용보다 크면 내부화하는 것이 효율적이다.
④ 거래비용이론은 조직이 생겨나고 일정한 구조를 가지는 이유를 조직경제학적으로 설명하는 접근방법이다.

해설 계층제가 더 효율적인 수단이기 때문에 정답은 ①이다. 윌리엄슨(O. E. Williamson)은 거래비용이론 관점에서 볼 때 계층제(조직)가 시장보다 효율적이라고 주장한다. 계층제는 거래가 내부화되어 있어 참여자가 적으므로 거래비용(의사결정비용)이 적게 들어간다고 본다. 즉, 집합적 의사결

정답 05 ① 06 ② 07 ④ 08 ① 09 ③ 10 ①

정에서 외부비용(집행비용으로서 집행 과정에서 협조나 순응을 구하는 비용)은 늘어나지만, 내부비용(의사결정비용)은 감소시킨다. 반대로 시장은 참여자가 많아 내부비용(의사결정비용)이 증가하는데, 이는 거래비용이 증가해 시장이 실패하는 요인이 된다.

11 사회학적 신제도주의에 대한 설명으로 옳지 않은 것은? (지방7, 2020)

① 개인의 행위는 고립된 상태에서 선택되는 것이 아니라 사회관계에 의하여 영향을 받는다는 의미에서 '배태성(embeddedness)'이라는 개념을 사용한다.

② 조직들이 시장의 압력 속에서 생존하기 위해 경쟁력 있는 조직형태나 조직관리기법을 합리적으로 선택하는 것은 규범적 동형화(normative isomorphism)의 예이다.

③ 정부의 규제정책에 따라 기업들이 오염방지장치를 도입하거나 장애인 고용을 확대하는 것은 강압적 동형화(coercive isomorphism)의 예이다.

④ 정부의 제도개혁에 선진국의 제도를 도입하여 적용하는 것은 모방적 동형화(mimetic isomorphism)의 예이다.

해설 ②는 모방적 동형화에 대한 설명이다.

12 신제도주의의 유형과 그 특징을 바르게 연결한 것은? (국가7, 2020)

	합리적 선택 제도주의	역사적 제도주의	사회학적 제도주의
①	중범위 수준 제도분석	제도동형성	경로의존성
②	거래비용	경로의존성	제도동형성
③	전략적 상호작용	중범위 수준 제도분석	거래비용
④	경로의존성	전략적 상호작용	중범위 수준 제도분석

해설 합리적 선택 제도주의-거래비용, 역사적 제도주의-경로의존성, 사회학적 제도주의-동형화(isomorphism) 연결이 맞다.

13 신제도주의에 대한 설명으로 옳지 않은 것은? (지방9, 2021)

① 제도는 법률, 규범, 관습 등을 포함한다.

② 역사적 제도주의는 제도가 경로의존성을 따른다고 본다.

③ 사회학적 제도주의는 적절성의 논리보다 결과성의 논리를 중시한다.

④ 합리적 선택 제도주의는 제도가 합리적 행위자의 이기적 행태를 제약한다고 본다.

해설 사회학적 신제도주의는 적절성의 논리를 중시한다.

14 대리인이론에서 주인-대리인 관계의 효율성을 제약하는 요인이 아닌 것은?

(지방7, 2020)

① 인간의 인지적 한계와 정보 부족 등으로 인한 합리성 제약
② 정보 비대칭성 혹은 정보 불균형
③ 대리인의 기회주의적 행동 성향
④ 대리인 관계를 설정할 수 있는 다수의 잠재적 당사자(대리인) 존재

해설 복수대리인(multiple agents)을 통한 경쟁은 정보의 비대칭성으로 인한 대리인 문제를 해결할 수 있는 방안이 될 수 있다.

15 니스카넨(W. Niskanen)의 예산극대화 이론과 던리비(P. J. Dunleavy)의 관청형성 이론에 대한 설명으로 옳지 않은 것은?

(국가7, 2020)

① 니스카넨(W. Niskanen)에 따르면 최적의 서비스 공급 수준은 한계편익(marginal benefit)과 한계비용(marginal cost)이 일치하는 수준에서 결정된다.
② 두 이론 모두 관료를 자신의 이익과 효용을 추구하는 인간으로 가정한다.
③ 던리비(P. J. Dunleavy)에 따르면 관청형성의 전략 중 하나는 내부 조직 개편을 통해 정책결정 기능과 수준을 강화하되 일상적이고 번잡스러운 업무는 분리하고 이전하는 것이다.
④ 니스카넨(W. Niskanen)에 따르면 예산극대화 행동은 예산유형과 직위의 관계, 기관유형, 시대적 상황 등의 측면에서 다양하게 나타날 수 있다.

해설 니스카넨(W. Niskanen)의 예산극대화 이론은 정치가는 사회후생의 극대화를 위해 순편익(총편익-총비용)이 극대화되는 수준에서 공공서비스를 공급하려고 하지만, 관료들은 정치가들과 달리 자신의 이익이나 효용을 극대화하기 위해 편익곡선과 비용곡선이 일치하는 지점, 즉 순편익이 0이 되는 지점까지 생산을 확대한다는 것이다. ④는 던리비(P. J. Dunleavy)의 관청형성 이론에 관한 설명이다.

16 예산결정에 대한 공공선택론적 관점의 설명으로 옳은 것은?

(국가9, 2014)

① 본질적 문제 해결보다는 보수적 방식을 통해 예산의 정치적 합리성이 제고될 수 있다.
② 니스카넨(W. Niskanen)에 의하면 예산결정에 있어 관료의 최적 수준은 정치인의 최적 수준보다 낮다.
③ 정치인과 관료들은 개인 효용함수에 따라 권력이나 예산 규모의 극대화를 추구

정답 11 ② 12 ② 13 ③ 14 ④ 15 ④ 16 ③

한다.

④ 재원배분 형태는 장기 균형과 역사적 상황에 따른 단기의 급격한 변화를 반복한다.

해설 일반적인 공공선택론의 입장에 따르면 모든 인간은 합리적 경제인으로서 개인 효용의 극대화를 추구하는 것으로 전제한다. 따라서 정치인과 관료들은 개인의 효용극대화를 위한 개별적 효용함수에 따라 권력이나 예산 규모의 극대화를 추구한다는 것이다.

17 공유재적 성격을 가지는 공공서비스의 특성에 대한 설명으로 옳은 것끼리 짝지어진 것은? (국가7, 2010)

ㄱ. 인간은 합리적이고 이기적인 개인이라고 전제한다.
ㄴ. 소비의 배제는 불가능하지만, 경합성은 있는 공유재에 대한 정부의 실패를 설명해 준다.
ㄷ. 공유재는 비용 회피와 과잉 소비의 문제가 발생하지 않는다.
ㄹ. 사적 극대화가 공적 극대화를 파괴해 구성원 모두가 공멸하게 된다.
ㅁ. 1968년에 하딘(G. Hardin)의 논문에서 '공유지의 비극(tragedy of the commons)'으로 설명되었다.

① ㄱ, ㄴ, ㄷ ② ㄱ, ㄹ, ㅁ ③ ㄴ, ㄷ, ㄹ ④ ㄷ, ㄹ, ㅁ

해설 ㄷ만 틀리고 나머지는 모두 옳다. 공유재는 구성원 모두가 공동으로 소유하는 재화이므로 비용부담 의지나 아껴 쓸 유인이 없어 과잉소비 내지는 고갈 등 '공유지의 비극' 현상이 나타나기 쉽다. 공유지의 비극은 공유지인 목장에서 농민이 개인적 이해타산으로 양을 많이 방목할수록 결과적으로 지나친 방목이 전체 농민의 비극적인 경제 손실을 초래한다는 것이다. 즉, 한 사람의 선택 행위가 다른 사람에게 부정적인 외부효과를 초래하는 것이다.

18 공공선택이론에 대한 설명으로 옳지 않은 것은? (지방9, 2018)

① 사회의 비시장적인 영역들에 대해서 경제학적 방식으로 연구한다.
② 시민들의 요구와 선호에 민감하게 부응하는 제도 마련으로 민주행정의 구현에도 의의가 있다.
③ 전통적 관료제를 비판하고 그것을 대체할 공공재 공급방식의 도입을 강조한다.
④ 효용극대화를 추구한다는 합리적 개인에 대한 가정은 현실 적합성이 높다고 평가받는다.

해설 공공선택이론은 정부실패의 원인을 분석하고 그 해결책을 모색하기 위한 시도였으며, 이를 위해 공공부문에 시장원리 및 경쟁 개념을 도입해 시민들의 다양한 요구와 선호에 민감하게 부응할 수 있는 제도적 장치의 강구를 중시한다. 그러나 공공선택론은 공공부문에 대한 경제학적 접근에 기초를 두고 있기 때문에 현실적합성이 낮다고 평가받는다.

19 **행정학의 접근방법에 대한 설명으로 옳은 것은?** (국가9, 2020)

① 법적 · 제도적 접근방법은 개인이나 집단의 속성과 행태를 행정 현상의 설명변수로 규정한다.

② 신제도주의 접근방법에서는 제도를 공식적인 구조나 조직 등에 한정하지 않고, 비공식적인 규범 등도 포함한다.

③ 후기행태주의 접근방법은 행정을 자연 · 문화적 환경과 관련하여 이해하면서 행정체제의 개방성을 강조한다.

④ 툴민(Toulmin)의 논변적 접근방법은 환경을 포함하여 거시적인 관점에서 행정 현상을 분석하고, 확실성을 지닌 법칙 발견을 강조한다.

해설 신제도주의 접근방법에서는 비공식적인 규범도 중요한 제도로 작용한다고 본다.

20 **행태적 접근방법에 대한 설명으로 옳지 않은 것은?** (국가7, 2018)

① 집단의 고유한 특성을 인정하지 않는 방법론적 개체주의의 입장을 취한다.

② 행태의 규칙성, 상관성 및 인과성을 경험적으로 입증하고 설명할 수 있다고 본다.

③ 연구에서 가치와 사실을 구분하지 않는다.

④ 사회현상을 관찰 가능한 객관적 대상으로 보며, 인간의 주관이나 의식을 배제하고 인식론적 근거로서 논리실증주의를 신봉한다.

해설 행태론적 접근방법은 가치와 사실을 구분한다.

21 **행정학의 접근방법에 대한 설명으로 옳지 않은 것은?** (지방7, 2021)

① 생태론적 접근방법은 외부환경이 행정체제에 영향을 미친다는 시각으로 환경에 대한 행정의 주체적인 역할을 경시했다는 비판을 받는다.

② 후기행태주의는 적실성(relevance)과 실천(action)을 강조하고, 가치중립적인 과학적 연구보다는 가치평가적인 정책연구를 지향하였다.

③ 공공선택이론은 권한이 분산된 여러 작은 조직들에 의해 공공서비스가 공급되는 것보다 단일의 대규모 조직에 의해 독점적으로 공급되는 것을 선호한다.

④ 역사적 제도주의에서 제도는 경로의존성과 관성적인 성향으로 인해 새로운 환경의 변화에 적절히 대응하지 못할 수도 있다.

해설 생태론은 행정 현상을 환경과 연관시켜 진단과 설명은 잘 해주었지만 처방적 성격이 부족하고 행정이 추구해야 할 목표나 방향, 가치 등을 명확히 제시하지 못하고 있다는 비판을 받는다. 공

정답 17 ② 18 ④ 19 ② 20 ③ 21 ③

공선택이론은 민주행정의 패러다임을 바탕으로 권한이 분산된 여러 작은 조직들에 의해 공공서비스가 공급되는 것을 선호하기 때문에 ③ 반대로 설명하고 있다.

22 행정이론에 대한 설명으로 옳지 않은 것은? (지방7, 2022)

① 신행정학은 행정의 적실성 회복을 강조한다.

② 발전행정론은 환경이 행정에 미치는 영향에 주목한다.

③ 공공선택론은 시민들의 다양한 요구와 선호에 민감하게 부응할 수 있는 제도적 장치 마련을 강조한다.

④ 신공공관리론은 지역사회 문제를 해결하는 과정에서 시민들의 공유된 가치를 관료가 협상하고 중재해야 한다고 주장한다.

해설 ④는 공유된 가치 창출 위한 시민, 지역공동체 집단들과 이익을 협상하고 중재하는 정부의 역할을 강조하는 신공공서비스론에 대한 설명에 가깝다. 그리고 중앙정부와 관료의 가치관리 역할을 강조하는 공공가치관리론에 관한 설명에도 가깝다. 다만, ②에서 발전행정론은 환경이 행정에 미치는 영향에 주목하면서 사회발전의 산물로 발전행정을 보기도 하지만, 사회발전을 유도하는 동인으로 발전행정을 보기도 하기 때문에 논란이 있는 문제이기는 하다.

23 행정이론의 패러다임과 추구하는 가치를 바르게 연결한 것은? (지방9, 2018)

① 행정관리론 – 절약과 능률성

② 신행정론 – 형평성과 탈규제

③ 신공공관리론 – 경쟁과 민주성

④ 뉴거버넌스론 – 대응성과 효율성

해설 ② 신행정론은 인본주의 및 사회적 형평성, 사회복지정책의 확대 등을 강조하는 이론이다. ③ 신공공관리론은 신관리주의와 시장주의를 강조하는 이론으로, 경쟁과 효율성의 가치를 강조한다. ④ 뉴거버넌스론은 협차를 강조하는 이론으로 신뢰와 투명성의 가치를 강조한다.

24 파머(D. Farmer)가 주장한 포스트모더니티 행정이론의 내용으로 옳지 않은 것은? (지방7, 2020)

① 나 아닌 다른 사람을 인식적 객체가 아닌 도덕적인 타자(他者)로 인정한다.

② 관점에 따라 다양한 가능성이 허용되는 상상(imagination)보다는 과학적 합리성(rationality)이 더 중요하다.

③ 행정에서도 지식과 학문의 영역 간 경계가 사라지는 탈영역화(deterritorialization)가 나타난다.

④ '행정은 객관적으로 연구될 수 있다'는 설화는 해체(deconstruction)를 통해 더 잘 이해할 수 있다.

해설 정답은 반대의 설명을 하고 있는 ②이다.

25 다음 중 신공공관리론자들이 지향하는 가치와 거리가 먼 것을 모두 고른 것은?

(지방9, 2014)

> ㄱ. 하이예크의 『노예에로의 길』
> ㄴ. 미국의 '위대한 사회(The Great Society)' 정책
> ㄷ. 성과에 의한 관리
> ㄹ. 오스본과 게블러의 『정부재창조』
> ㅁ. 유럽식의 '최대의 봉사자가 최선의 정부'

① ㄱ, ㄴ ② ㄱ, ㄷ ③ ㄴ, ㄹ ④ ㄴ, ㅁ

해설 ㄴ, ㅁ은 복지정책을 강조해 큰 정부를 초래하게 된 행정국가와 관련된 내용으로 작고 효율적인 정부를 지향하는 신공공관리론(NPM)과는 거리가 멀다.

26 신공공관리론에서 지향하는 '기업가적 정부'의 특성에 해당하지 않는 것은?

(지방9, 2021)

① 경쟁적 정부
② 노젓기 정부
③ 성과 지향적 정부
④ 미래 대비형 정부

해설 정답은 ②로서 노젓기가 아니라 방향잡기 역할이다. 신공공관리론은 1970년대 이후 정부실패에 대한 인식이 확산되면서 등장한 이론으로서, 정부의 기능을 정책 기능(방향잡기)과 집행 기능(노젓기)으로 분리하고, 집행 기능에 대해 시장성 테스트를 실시해 민영화, 민간위탁, 공기업화, 책임운영기관화 등을 추진했다.

27 신공공관리와 뉴거버넌스에 대한 설명으로 옳은 것은?

(국가9, 2021)

① 뉴거버넌스가 상정하는 정부의 역할은 방향잡기(steering)이다.
② 신공공관리의 인식론적 기초는 공동체주의이다.
③ 신공공관리가 중시하는 관리 가치는 신뢰(trust)이다.
④ 뉴거버넌스의 관리 기구는 시장(market)이다.

해설 뉴거버넌스가 상정하는 정부의 역할은 노젓기(rowing)보다 방향잡기(steering)이기 때문에 정답은 ①이다.

정답 22 ④ 23 ① 24 ② 25 ④ 26 ② 27 ①

28 **피터스(B. G. Peters)의 정부모형에 대한 설명으로 옳은 것은?** (국가7, 2019)

① 참여모형에서는 조직의 고위층과 최하위층 간에 계층 수가 많지 않아야 한다.
② 유연정부모형은 변화하는 정책수요에 맞춰 탄력적으로 구성원들을 활용함으로써 이들의 조직과 업무에 대한 몰입도를 높인다.
③ 시장모형은 정치지도자들의 권력을 약화시키고 기업가적 관료들의 정책결정자로서의 역할을 제고하는 결과를 가져왔다.
④ 탈규제모형은 정부역할의 적극성 및 개입성이 높으면 공익 구현이 어렵다는 인식을 전제한다.

해설 정답은 ①이다. ② 유연정부모형은 변화하는 정책수요에 맞춰 탄력적・임시적으로 조직구성원을 활용함으로써 이들의 조직이나 업무에 대한 몰입도는 낮아진다. ③ 시장모형이 아니라 탈규제모형에 대한 설명이다. 시장모형은 구조적으로 분권화를 처방하며, 정책결정의 개혁방안으로 시장적 유인을 중시한다. ④ 지문은 정부와 민간의 관계에서 정부역할을 비판하는 시각이기 때문에 피터스(B. G. Peters)가 제시한 탈규제모형과는 관계없는 내용이다.

29 **다음 신공공관리론에 대한 설명 중 옳은 것만을 모두 고르면?** (지방7, 2019)

㉠ 행정서비스 공급의 경쟁 체제를 선호한다. ㉡ 예측과 예방을 통한 미래지향적 정부를 강조한다. ㉢ 투입 중심의 예산제도를 통해 예산을 관리한다. ㉣ 행정관리의 이념으로 효율성을 강조한다. ㉤ 집권적 계층제를 통해 행정의 책임성을 확보한다.

① ㉠, ㉣ ② ㉠, ㉡, ㉣ ③ ㉡, ㉢, ㉣ ④ ㉡, ㉢, ㉤

해설 ㉢ 산출이나 결과를 기준으로 성과와 연계하여 예산을 배분한다. ㉤ 권한분산과 하부위임을 통해 행정의 참여적 대응성을 확보한다.

30 **신공공관리론(NPM)에 대한 비판적 논의에 해당하지 않는 것은?** (국가9, 2018)

① 공공부문은 민간부문과 다르기 때문에 민간부문의 관리 기법을 공공부문에 그대로 적용하는 데에는 한계가 있다.
② 민주적 책임성과 기업가적 재량권 간의 갈등으로 인하여 정부관료제의 효율성을 제고하기 어렵다.
③ 고객 중심 논리는 국민을 관료 주도의 행정서비스 제공에 의존하는 수동적 존재로 전락시킬 우려가 있다.
④ 정치적 논리를 우선하여 내부관리적 효율성을 경시하는 경향이 있다.

해설 정부실패를 극복하기 위해 등장한 신공공관리론은 내부관리적 효율성을 우선시하여 행정의 정치적 논리를 경시하는 경향이 있다.

31 **탈신공공관리(Post NPM)에 대한 설명으로 옳지 않은 것은?** (지방7, 2020)

① 성과보다는 공공책임성을 중시하는 인사관리 강조
② 탈관료제 모형에 기반을 둔 경쟁과 분권화 강조
③ 구조적 통합을 통한 분절화의 축소와 조정의 증대
④ '통(通) 정부(whole of government)'적 접근

해설 ②는 신공공관리론에 대한 설명이다.

32 **행정학의 주요 접근법, 학자, 특성을 바르게 연결한 것은?** (지방9, 2022)

① 행정생태론 - 오스본(D. Osborne)과 게블러(T. Gaebler) - 환경 요인 중시
② 후기행태주의 - 이스턴(D. Easton) - 가치중립적 · 과학적 연구 강조
③ 신공공관리론 - 리그스(F. W. Riggs) - 시장원리인 경쟁을 도입
④ 뉴거버넌스론 - 로즈(R. A. W. Rhodes) - 정부 · 시장 · 시민사회 간 네트워크

해설 나머지는 모두 틀린 내용이기 때문에 ④가 정답이다. 로즈(R. A. W. Rhodes)가 주장한 '좋은 거버넌스'는 UNDP & IBRD가 제3세계 국가(개도국)에 대한 재정 지원 과정에서 사용한 개념으로 자유민주주의와 신공공관리론을 결합한 것이라고 주장했다.

33 **(가)~(라)의 행정이론이 등장한 시기를 순서대로 바르게 나열한 것은?** (국가9, 2022)

(가) 정부와 공공부문에 참여하는 다양한 참여자들의 네트워크를 중시하고, 정부는 전체 네트워크를 관리하는 조정자의 입장에 있다고 하였다.
(나) 미국 행정학의 '지적 위기'를 지적하면서 인간을 이기적 · 합리적 존재로 전제하고, 공공재의 공급이 서비스 기관 간 경쟁과 고객의 선택에 의해 이루어지는 시스템을 제안하였다.
(다) 정치는 국가의 의지를 표명하고 정책을 구현하는 것이며, 행정은 이를 실천하는 관리활동으로서 정치와 행정의 차이를 분명히 하였다.
(라) 왈도(D. Waldo)를 중심으로 가치와 형평성을 중시하면서 사회의 문제 해결에 대한 현실 적합성을 갖는 새로운 행정학의 정립을 시도하였다.

① (다) → (라) → (가) → (나)
② (다) → (라) → (나) → (가)
③ (라) → (다) → (가) → (나)
④ (라) → (다) → (나) → (가)

정답 28 ① 29 ② 30 ④ 31 ② 32 ④ 33 ②

해설 (다) 정치 · 행정이원론 → (라) 신행정학 → (나) 오스트롬의 민주행정의 패러다임 → (가) 신국정관리론(new governance)이기 때문에 ②가 정답이다.

34 **신공공서비스론의 특성에 대한 설명으로 옳지 않은 것은?** (국가9, 2021)

① 정부의 역할은 시민에 대한 봉사여야 한다.

② 공익은 개인적 이익의 집합체이기 때문에 시민들과 신뢰와 협력의 관계를 확립해야 한다.

③ 책임성이란 단순하지 않기 때문에 관료들은 「헌법」, 법률, 정치적 규범, 공동체의 가치 등 다양한 측면에 관심을 기울여야 한다.

④ 생산성보다는 사람에게 가치를 부여하기 때문에 공공조직은 공유된 리더십과 협력의 과정을 통해 작동되어야 한다.

해설 공익을 공유가치에 대한 대화와 담론의 결과물로 보기 때문에 정답은 ②이다. 신공공관리론에 대한 반발로 등장한 신공공서비스는 시민정신(citizenship)을 추구한다.

35 **덴하트와 덴하트(J. V. Denhardt & R. B. Denhardt)가 제시한 신공공서비스론(new public service)의 일곱 가지 기본 원칙에 대한 설명으로 옳지 않은 것은?** (지방7, 2018)

① 민주적으로 생각하고 전략적으로 행동해야 한다.

② 방향을 잡기보다는 시민에 대해 봉사해야 한다.

③ 공익을 공유된 가치를 창출하는 담론의 결과물로 인식해야 한다.

④ 기업주의 정신보다는 시민의식의 가치를 받아들여야 한다.

해설 전략적으로 생각하고 민주적으로 행동해야 한다.

36 **넛지(nudge)의 특성으로 옳은 것만을 모두 고르면?** (지방7, 2022)

> ㄱ. 넛지 방식으로 정책을 설계하는 것을 선택설계라고 한다.
> ㄴ. 정책 대상집단의 행동에 개입하지만 개인의 자유로운 선택을 허용한다.
> ㄷ. 넛지는 디폴트 옵션 설정 방식처럼 사람들의 인지적 편향을 전략적으로 활용하는 정책수단이다.

① ㄱ, ㄴ ② ㄱ, ㄷ ③ ㄴ, ㄷ ④ ㄱ, ㄴ, ㄷ

해설 모두 맞는 내용이다.

37 **딜레마이론에 대한 설명으로 옳은 것은?** (지방9, 2017하반기)

① 부정확한 정보와 의사결정자의 결정 능력 한계로 인해 발생하는 딜레마 상황에 주목한다.

② 대안을 선택하지 않는 비결정도 딜레마에 대한 하나의 대응형태로 볼 수 있다.

③ 두 대안이 추구하는 가치 간 충돌이 있는 경우 결국 절충안을 선택하게 된다.

④ 딜레마의 구성 요건으로서 단절성(discreteness)이란 시간의 제약이 존재하므로 어떤 식의 결정이든 해야 함을 의미한다.

해설 정책딜레마(policy dilemma)란 반드시 어느 하나의 대안을 선택해야 하는 상황에서 상충되는 대안들 가운데 어느 것도 선택하기 어려운 상태를 말하는 것이다. 구체적으로는 상호 갈등적인 정책대안들이 구체적이고 명료하지만 대안들이 서로 상충적이어서 절충이 불가능하고, 갈등적 대안들을 함께 선택할 수 없으며, 대안들의 기회손실(opportunity loss)이 비슷하고, 갈등적 대안들을 대체할 방안을 찾을 수 없을 때 나타나는 현상이다. ① 딜레마는 부정확한 정보와 의사결정자의 결정 능력 한계로 인해 발생하는 것이 아니라 대안이 구체적이고 명료할 경우에 발생한다. ③ 두 대안이 추구하는 가치 간 충돌이 있는 경우이므로 두 대안 간 절충이 불가능한 경우에 발생한다. ④ 딜레마의 구성 요건으로서 단절성이 아니라 선택불가피성이 있는 경우에 발생한다.

38 **다음 행정이론에 대한 설명으로 옳지 않은 것은?** (국가7, 2019)

변화 시작의 시간적 전후관계나 동반관계, 변화 과정의 시간적 장단(長短)관계를 사회현상 연구에 적용하는 접근방법이다. 정책이 실제로 실행되는 타이밍, 정책대상자들의 학습시간, 정책의 관련요인들 간 발생순서 등이 정책효과를 다르게 할 수 있다고 주장한다.

① 원인변수와 결과변수 간 인과관계가 원인변수들이 작용하는 순서에 따라 달라지지는 않는다고 본다.

② 정책이나 제도의 도입 이후 어느 시점에서 변경을 시도해야 바람직한 결과를 낳을 것인지에 주목한다.

③ 정책이나 제도의 효과는 어느 정도 숙성기간이 지난 후에 평가하는 것이 보다 합리적이라고 본다.

④ 시차적 요소에 대해 적절하게 고려하지 않아 정부개혁의 실패가 나타난다고 본다.

해설 제시문은 시차이론에 대한 내용으로, 원인변수와 결과변수 간 인과관계가 원인변수들이 작용하는 순서에 따라 달라진다고 본다.

정답 34 ② 35 ① 36 ④ 37 ② 38 ①

응용을 통한 심화 학습

01 행정학의 접근방법에 대한 설명으로 적절하지 않은 것은?

① 과학적 관리론에서는 조직과 환경의 상호작용은 다루지 않는다.
② 행정행태론은 행위자의 심리 상태와 행위 동기를 배제하고 객관적인 행태에 대해 경험적으로 증명해 행정이론을 도출한다.
③ 행정생태론은 환경과 순환적 인관관계에 따라 행정의 기능과 행태가 결정된다고 전제하기 때문에 신생국의 발전을 분석하는 데는 한계가 있다.
④ 리그스(F. W. Riggs)는 규범적, 개별적, 비생태론적 접근방법으로 비교행정을 연구해야 한다고 주장했다.
⑤ 현상학적 접근방법은 인간의 의도된 행위와 표출된 행태를 구별하고 관심을 기울여야 할 분야는 의도된 행위라고 한다.

해설 리그스는 경험적·실증적 접근법, 일반 법칙적 접근법, 생태론적 접근법을 중시했다.

02 행정에 대한 행태론적 접근방법에 대한 설명으로 부적절한 것은?

① 과학적 연구 ② 논리실증주의 ③ 심리학적 행동주의
④ 가치중립성 ⑤ 방법론적 개체주의

해설 행태주의는 명백한 자극과 반응으로 볼 수 있는 행위 또는 행동만을 연구 대상으로 삼는 심리학적 행동주의(psychological behaviorism)와는 달리 특정 질문에 따른 반응을 통해 파악해 볼 수 있는 태도, 의견, 개성 등도 행태에 포함한다.

03 사이먼(H. A. Simon)의 주장으로 옳지 않은 것은?

① 행정 현상을 의사결정 과정으로 파악했다.
② 비엔나학파에서 시도한 사회 현상의 과학적 방법론 적용에 그 뿌리를 두고 있다,
③ 인접 학문과의 협동연구(interdisciplinary approach)를 중요시한다.
④ 태도, 의견, 개성 등 가치가 내포된 요소들을 행태에 포함시키지 않는다.
⑤ 집단의 고유한 특성을 인정하지 않는 방법론적 개체주의의 입장을 취한다.

해설 특정 질문으로 파악할 수 있는 개인이나 집단의 가치관, 태도, 신념 체계, 행동 양식 등도 연구 대상인 행태에 포함된다.

04 1990년대 이후 행정학의 경향에 대한 설명으로 적절하지 않은 것은?

① 세계화에 따른 상호 의존성의 증가로 국제행정의 중요성이 대두했다.
② 국내 정책과 국제 정책의 연계가 강조되었다.
③ 고객 중심 행정을 위해 계층적 관료제의 중요성이 강조되었다.
④ 기업체의 경영 방식을 원용하는 공공관리 기법이 강조되었다.
⑤ 정부조직 외부의 시민참여를 강조하는 개방적 접근이 시도되었다.

해설 고객 중심 행정을 위해 탈관료제의 중요성이 대두했다.

05 공유재의 비극(tragedy of the commons)에 대한 설명 중 가장 올바른 것은?

① 순수공공재가 시장에서 공급되지 않음을 설명하고 있다.
② 사적 극대화가 공적 극대화를 파괴해 구성원 모두가 공멸하는 비극을 말한다.
③ 공동 소유 자원의 경우 전체적으로는 이익이나 개인적으로는 손해를 볼 수 있다는 것을 설명하고 있다.
④ 정부의 실패를 설명하기 위한 것이다.
⑤ 인간은 모두 공동의 이익을 극대화하기 위해 활동한다고 전제하고 있다.

해설 ② 사적 극대화가 공적 극대화를 파괴해 구성원 모두가 공멸하는 비극을 말한다. ⑤ 하딘(G. Hardin)은 1968년 『사이언스(*Science*)』지에 발표한 「공유의 비극」이란 논문에서 합리적이고 이기적인 개인을 가정하고, ④ 시장실패 현상을 설명하는 것이다. 하딘에 의하면 공동 목장의 비극은 가축에 비해 풀이 풍부할 때는 발생하지 않으며, 목장의 수용 능력이 한계에 도달했을 때부터 발생한다는 것이다. 즉, 목동 각자는 자신의 가축을 더 방목해서 돌아오는 이익은 온전히 자신의 것이지만, 그로 인한 목장 파괴와 복구 비용은 목동 전체가 공동으로 부담하게 된다는 것을 계산에 넣는다. 이런 상황에서 목동 각자는 가능한 한 최대한까지 가축을 추가 방목할 때 자신의 이익이 극대화된다고 생각하는 것이다. 이 결과 공동 목장이 파멸에 이르고, 가축은 굶어 죽게 된다는 것이다.

06 신제도주의적 접근으로서 정책 네트워크 분석 방법에 대한 것으로 적절한 것은?

① 중범위적 수준에서 개방 체계의 특성이 있다.
② 정책변동을 설명하는 데 한계가 있다.
③ 국가의 자율성 축소와 시민사회의 성장에 따른 국가-사회의 매개가 간과된다.
④ 조합주의와 같은 결정론적 경직성을 내포하는 문제가 있다.

정답 01 ④ 02 ③ 03 ④ 04 ③ 05 ② 06 ①

⑤ 정책과정에서 행위자들 간의 정태적 안정성을 전제로 한다.

해설 신제도론은 거시와 미시를 중범위적 수준에서 연결하는 연계 이론이며, 정책과정에서 행위자들 간의 동태적인 관계를 중시한다. 따라서 정책과정에서 정책변동을 설명하는 데 유용하고, 조합주의에서처럼 정책이 국가 중심의 일방적이고 결정론적 경직성을 내포하지 않는다.

07 **다음 중 공공선택론적 접근방법과 관련이 적은 것은?**

① 비시장적 의사결정의 경제학적 연구
② 연역적 이론화와 수학적 공식의 사용
③ 방법론적 총체주의
④ 전통적인 정부관료제 조직 비판
⑤ 민주행정의 패러다임

해설 방법론적 개체주의의 입장에 따라 분석의 기본 단위는 개인이다.

08 **현상학적 접근방법과 관련이 적은 것은?**

① 실증주의 연구 경향
② 행동이론(action theory)
③ 인간의 주관적 관념에 대한 이해
④ 가치평가적인 연구
⑤ 상호 주관적인 이해

해설 현상학적 접근방법(phenomenological approach)은 사회과학 연구의 좀 더 본질적인 문제를 둘러싸고 실증주의와 행태주의가 내세우는 과학적인 연구방법에 대해 반기를 들었다.

09 **포스트모더니즘 행정이론에 대한 설명으로 가장 부적절한 것은?**

① 구성주의
② 상대주의
③ 탈영역화
④ 대의민주주의
⑤ 담론이론

해설 폭스(C. J. Fox)와 밀러(H. T. Miller)는 대의민주주의의 대안으로 참여적 공동체주의, 입헌주의, 담론이론을 제시한다.

10 **피터스(B. G. Peters)의 전통적 정부모형에 대한 비판과 이에 대한 대안의 연결이 가장 부적절한 것은?**

① 독점 – 시장적 정부모형
② 계층제 – 참여적 정부모형
③ 영속성 – 신축적 정부모형
④ 내부규제 – 탈내부규제 정부모형
⑤ 부정부패 – 신뢰형 정부모형

해설 ⑤는 피터스의 논의와 관련이 없다.

11 신공공관리론에 대한 설명으로 적절하지 않은 것은?

① 1980년대 영미 국가들을 중심으로 시장주의와 신관리주의를 결합시킨 것이다.
② 관료제 패러다임의 한계를 인정하고 작은 정부를 지향하는 정부개혁을 강조한다.
③ 가격 기구와 경쟁 원리를 활용한 고객 지향성이 기본 가치다.
④ 기업의 경영 원리와 관리기법들을 행정에 도입해 정부 성과를 높이려고 한다.
⑤ 정부개혁의 주요 방향은 수요에 기반을 둔 예산배분과 규칙 중심의 조직관리다.

해설 규칙 중심의 정부가 아니라 임무 중심의 정부로 개혁을 추구한다.

12 신공공관리와 거버넌스에 대한 비교로서 잘못된 것은?

① 두 이론 모두 공공부문과 민간부문을 명확하게 구분하지 않는다.
② 신공공관리는 조직 내부 문제, 거버넌스는 조직 간 문제에 초점이 있다.
③ 신공공관리는 산출 통제, 거버넌스는 과정 통제에 관심을 갖는다.
④ 신공공관리는 국민을 고객으로, 거버넌스는 국민을 주인으로 파악한다.
⑤ 두 이론 모두 시장실패에 이념 기초를 설정하고 있다.

해설 신공공관리와 거버넌스는 모두 시장실패가 아니라 정부실패를 이념적 토대로 해서 이에 대한 대응책을 마련하고자 하는 것이다.

13 정부개혁의 배경이 되는 주요 개념을 연결한 것 중 잘못된 것은?

① 주인-대리인이론 - 도덕적 해이
② 공공선택론 - 관료의 예산 극대화
③ 거래비용 경제학 - 정보 부족과 역선택
④ 신공공관리론 - 산출 및 결과 중심관리
⑤ 뉴거버넌스 - 공공서비스 생산의 연계 네트워크

해설 역선택과 도덕적 해이는 주인-대리인이론에서 나온 개념이다. ① 역선택은 계약 협상 전에 존재할 수 있는 특정 유형의 정보의 비대칭성으로부터 발생하며, ② 도덕적 해이는 일단 계약 협상이 끝나면 대리인의 행동을 완벽하게 통제할 수 없는 점으로 발생한다.

14 뉴거버넌스(new governance)이론에 대한 설명으로 가장 바람직한 것은?

① 부문 간 협력에 중점을 두고 있다.
② 신자유주의 이념에 기초하고 있다.

정답 07 ③ 08 ① 09 ④ 10 ⑤ 11 ⑤ 12 ⑤ 13 ③ 14 ①

③ 정부 주도의 공공문제 해결 방식을 강조한다.
④ 과정보다는 결과에 초점을 두고 있다.
⑤ 부문 간 신뢰에 바탕을 둔 연결망은 비교적 경시한다.

해설 ① 각 행위자들 간의 신뢰와 협력을 가장 중시한다. ⑤ 부문 간 신뢰에 바탕을 둔 연결망을 강조한다.

15 사회자본(social capital)을 형성하기 위한 전략으로 가장 거리가 먼 것은?

① 자발적인 조직들의 연계망
② 국가 중심의 파트너십
③ 신뢰의 회복
④ 수평적인 정치사회적 참여의 활성화
⑤ 제도의 투명성과 공정성

해설 국가 중심의 파트너십이 아니라 지역사회 중심의 파트너십이 맞다.

16 아래 세 가지 유형의 행정이론에 대한 설명과 연결로 부적절한 것은?

비교 기준	전통행정이론	신공공관리론(NPM)	신공공서비스론(NPS)
① 공익의 개념	정치적으로 정의되고, 법률로 표현	개인 이익의 총합(집합체)	공유 가치에 대한 담론의 결과
② 공무원의 반응 대상	고객과 유권자	시민	고객
③ 정부의 역할	노젓기	방향잡기	봉사
④ 책임성 확보 방법	위계적	시장지향적	다면적
⑤ 기대하는 조직구조	상명하복하는 관료적 조직과 고객에 대한 규제와 통제	조직 내 주요 통제권이 유보된 분권화된 조직	리더십을 공유하는 협동적 조직구조

해설 공무원의 반응 대상이 NPM은 고객, NPS는 시민이다.

17 피어슨(Paul Pierson)의 인과구조에 따른 시간연구에 대한 설명으로 적합하지 않은 것은?

구분		결과의 시계	
		단기	장기
원인의 시계	단기	Ⅰ	Ⅱ
	장기	Ⅲ	Ⅳ

① 원인의 작용에 따른 즉각적인 결과가 나타나는 Ⅰ유형은 스냅 사진에 비유된다.
② 정치학 연구는 Ⅰ영역에 해당하는 연구를 주로 수행해야 한다.
③ Ⅱ의 경우 운석이 지구를 때릴 때 원인은 즉각적이지만, 기후 변화를 지속적으로 초래해 공룡의 소멸을 초래하는 결과를 가져온 사례를 설명한다.
④ Ⅲ의 경우 눈사태나 지진이 초래되는 현상과 같이 판구조들이 서서히 압력을 받으면서 장기적으로 진행되어 오다가 결과가 즉각적으로 나타나는 사례를 설명한다.
⑤ Ⅳ의 경우 프레온가스가 배출되어 성층권에 도달하는 데 장기간이 걸리고, 오존층을 파괴하는 과정 역시 장기적으로 지속되는 사례를 설명한다.

해설 피어슨(Pierson, 2004)은 기존 정치학 연구는 대부분 시차(temporal lag)를 고려하지 않고 Ⅰ영역에 해당하는 연구를 수행했음을 지적한다. Ⅱ, Ⅲ, Ⅳ의 경우 원인과 결과의 작용이 축적되어 점진적으로 이뤄지는 점진적인 과정(slow moving)인데, 정책연구는 이 부분을 경시해서는 안 된다는 것이다.

18 딜레마이론에서 딜레마의 논리적 구성 요건에 대한 설명으로 옳지 않은 것은?

① 대안 간 절충이 가능해야 한다.
② 대안의 상충으로 인해 하나의 대안만 선택해야 한다.
③ 대안이 가져올 결과가치가 균등해야 한다.
④ 최소한 하나의 대안을 반드시 선택해야 한다.

해설 ①에서 대안 간 절충이 불가능한 분절성의 요건이 충족되어야 딜레마가 성립된다.

정답 15 ② 16 ② 17 ② 18 ①

CHAPTER

04

중앙정부와 행정조직

객관식으로 행정학 학습

제1절 행정조직의 의의

01 고전적 조직이론에 대한 설명으로 적합하지 않은 것은?

① 합리적 · 경제적인 조직구성원들을 가정
② 조직이 환경에의 적응 가능성을 검토
③ 과학적 관리법, 관료제도론 등이 이에 해당
④ 기계적 조직이론
⑤ 조직이론의 출발점

해설 고전적 조직이론은 환경과의 관계를 중시하지 않았다. 환경과의 관계는 시기적으로 현대적 조직이론부터다(새행정학3.0, pp.154-156).

02 과학적 관리법에 대한 설명에 해당하지 않는 것은?

① 테일러(F. W. Taylor)가 창시
② 능률성을 중시
③ 현장 경험에 근거를 둔 운동적 성격
④ 객관적 자료보다는 개인 경험을 강조
⑤ 업무 결과에 따른 성과급 지급을 주장

해설 주먹구구식 업무 관행보다는 관리에서의 과학적 조사, 연구, 실험 등을 통한 자료 수집과 그에 따른 과학적 조직관리에 관한 원리를 밝히고자 노력했다(새행정학3.0, pp.154-156).

03 인간관계론에 대한 설명으로 보기 어려운 것은?

① 처음에는 작업 조명과 작업 능률과의 관계 규명에서 출발했다.
② 조직 내 인간의 심리적 요인을 중요시했다.
③ 조직과 환경과의 관계가 본격적으로 연구되었다.
④ 아지리스(C. Argyris), 리커트(R. Likert), 맥그리거(D. McGregor) 등이 대표적인

정답 01 ② 02 ④ 03 ③

후기 인간관계론자들이다.
⑤ 비공식조직과 개인의 귀속 요구뿐만 아니라 구성원의 참여를 강조했다.

해설 인간관계론 역시 고전적 조직이론처럼 환경과의 관계는 폐쇄적으로 인식했다. 환경과의 관계가 개방적으로 인식되기 시작한 것은 1950년대의 현대적 조직이론부터다(새행정학3.0, p.156).

04 베버의 관료제 특징에 대한 설명으로 적합하지 않은 것은?

① 인간적인 관료 ② 계층제
③ 합리적 · 법적 권위 ④ 권한의 명문화
⑤ 분업화

해설 베버의 관료제는 인간적 감정이 배제된 형식주의적인 비정의성이 특징이다(새행정학3.0, p.155).

05 베버의 관료제가 준거하고 있는 권위의 유형은?

① 법적 · 합리적 권위 ② 카리스마적 권위
③ 전통적 권위 ④ 재정적 권위
⑤ 관습의 권위

해설 베버의 관료제는 법적 · 합리적 권위에 근거한 조직 유형이다(새행정학3.0, p.155).

06 1950년대 이후의 다양한 현대적 조직이론의 가장 중요한 특징은?

① 경제적 인간관 ② 엄격한 관리
③ 개인의 창의성 중시 ④ 인간의 사회적 욕구 발견
⑤ 환경과 조직 간의 관계 중시

해설 번스, 스토커, 로렌스, 로쉬 등과 같은 현대 조직이론가들이 가장 관심을 기울인 점은 조직이 기술 변화, 고객 수요 변화 등 환경 변화에 어떻게 전략적으로 적응하는가의 문제다(새행정학3.0, pp.156-158).

제2절 중앙정부의 행정조직

07 우리나라 중앙부처 중 계선기관으로서의 성격이 가장 강한 기관은?

① 보건복지부 ② 법제처 ③ 행정안전부
④ 기획재정부 ⑤ 인사혁신처

해설 계선부서는 조직의 일차적 목표에 관련된 과업을 수행하는 기관을 말하고, 참모부서는 계선기관을 지원하는 부서를 말한다. 보건복지부는 계선기관이다(새행정학3.0, p.160).

제3절 조직구조의 설계와 유형

08 조직구조에 대한 설명 중 옳지 않은 것은?

① 공식화 수준이 높을수록 환경 변화에 대처하는 재량 정도가 높다.
② 통솔 범위는 한 상관에게 보고하는 부하의 수를 의미한다.
③ 넓은 통솔 범위를 가진 조직은 저층조직(flat organization) 형태를 띠기 쉽다.
④ 집권화된 조직은 위기 극복과 같은 불리한 조직환경에서 효과적이다.
⑤ 정보기술의 발달은 조직구조의 집권화와 분권화를 동시에 유도한다.

해설 문서화된 정도를 의미하는 공식화는 그 수준이 높을수록 안정성은 높아지나 환경 변화에 대처하는 재량 정도는 낮다(새행정학3.0, pp.166-174).

09 조직구조 설계에 대한 설명 중 잘못 기술된 것은?

① 조직구조의 설계는 직무 설계, 과업의 부서화, 부서 간 조정 방식으로 구성된다.
② 조직구조 설계의 첫 단계는 직위가 담당하는 직무를 설계하는 것이다.
③ 지나친 직무의 전문화는 직무 간, 부서 간 조정을 어렵게 한다.
④ 단순 직무는 수직적 수평적 전문화가 효과적이다.
⑤ 전문적 직무는 수평적인 전문화가 낮고 수직적인 전문화가 높아야 효과적이다.

해설 전문적 직무는 수평적 전문화가 높고 수직적 전문화가 낮을수록 효과적이다(새행정학3.0, pp.170-178).

10 조직부서 간 정보 교류와 의사소통을 위한 수평적 조정장치로 보기 어려운 것은?

① 계층제
② 컴퓨터 정보시스템
③ 임시작업단
④ 프로젝트 팀
⑤ 직접적인 접촉 기회

해설 계층제는 수직적 조정장치다. 조직의 상하 간 활동을 조정하는 수직적 조정장치로는 수직적 명령 체계인 계층제, 반복적인 문제 해결을 위한 규칙과 계획, 계층 직위의 추가, 수직 정보 시스템 등이 있다(새행정학3.0, pp.171-172).

정답 04 ① 05 ① 06 ⑤ 07 ① 08 ① 09 ⑤ 10 ①

11 **대규모 사업이나 중요한 혁신, 새로운 생산라인 설치 등 사업 추진을 위해 구성하는 수평 연결 장치는?**

① 연락책 ② 프로젝트 팀
③ 임시작업단 ④ 정보관리자
⑤ 프로젝트 매니저

해설 프로젝트 팀(사업팀)은 장기간 강력한 협동을 요할 때 구성하는 영구적인 사업단으로 가장 강력한 수평 연결장치다(새행정학$_{3.0}$, pp.171-172).

12 **기계적 조직구조(mechnistic organization)의 특성이라고 보기 어려운 것은?**

① 명확히 규정된 업무 ② 높은 공식화
③ 높은 환경 적응력 ④ 집권적 권한
⑤ 성과측정 용이

해설 기계적 조직구조는 경직적인 성격으로 환경 변화에 적응하기가 어렵다. 상대적으로 유기적 조직구조는 그 유연성으로 환경에 탄력적으로 대응할 수 있다(새행정학$_{3.0}$, pp.174-175).

13 **기능구조(functional structure) 모형에 대한 설명에 해당하지 않는 것은?**

① 공동 기능별로 부서화해 전문적인 지식과 기술 활용이 용이하다.
② 조직 내 구성원들 간의 조정과 의사소통이 유리하다.
③ 환경 변화에 대응 능력이 떨어진다.
④ 부서 간 협력이 요구되는 조직환경에서 더욱 효과적이다.
⑤ 일상적인 업무 처리나 내적 능률성이 강조될 때 유리한 조직모형이다.

해설 전문화된 조직구조로 조정과 협력이 요구될 경우에는 효과적이지 않다(새행정학$_{3.0}$, pp.175-178).

14 **산출물에 기반을 두고 다양한 고객만족도를 제고할 수 있으며, 성과관리 체제에 유리한 조직구조 유형은?**

① 기능구조 ② 사업구조 ③ 매트릭스구조
④ 수평구조 ⑤ 네트워크구조

해설 사업구조는 한 제품을 생산하거나, 한 지역에 봉사하거나 특정 고객집단에 봉사할 때 사용된다. 책임성이 명확해 성과관리에 유리하다(새행정학$_{3.0}$, pp.175-178).

15 **조직목표 달성을 위해 조직구성원을 핵심 업무 과정 중심으로 조직화하고, 고객 수요 변화에 신속히 대응함으로써 조직의 신축성을 크게 제고하는 조직구조 유형은?**

① 기능구조 ② 사업구조 ③ 매트릭스구조
④ 수평구조 ⑤ 네트워크구조

해설 수평구조 또는 팀구조는 핵심 업무를 중심으로 조직을 구성하는 방식이다. 특정한 업무 수행 능력을 가진 조직원을 팀으로 모아 의사소통과 조정을 쉽게 하고 환경 변화에 탄력적으로 대응하게 하는 조직이다(새행정학3.0, pp.175-178).

16 **네트워크구조의 장점으로 보기 어려운 것은?**

① 네트워크조직은 환경 변화에 신속하게 대응할 수 있다.
② 전지구적 차원에서 최적의 자원을 찾아 활용할 수 있다.
③ 과다한 초기 투자를 부담하지 않고 새로운 사업에 진입할 수 있다.
④ 도전적인 과업 수행으로 직무 동기가 유발될 수 있다.
⑤ 네트워크조직은 대리인 문제를 해결할 수 있다.

해설 네트워크조직은 오히려 대리인 문제가 발생하기 쉬워 감시 및 조정비용 증가를 가져오는 단점이 있다(새행정학3.0, pp.175-178).

17 **매트릭스구조(matrix structure)의 특징이 아닌 것은?**

① 기능구조와 사업구조의 화학적 결합을 시도하는 조직구조다.
② 수직적 통제권자와 수평적 통제권자가 이원화되었다.
③ 일상적인 업무를 좀 더 신속하고 효율적으로 추진하고자 할 때 유용하다.
④ 전문성과 자원 활용의 효율성을 동시에 달성하고자 할 때 사용한다.
⑤ 조정 및 갈등관리 능력이 중요하게 작용하는 조직구조다.

해설 매트릭스조직은 신축성과 적응성이 요구되는 조직환경에 효과적이다(새행정학3.0, pp.175-180).

18 **조직의 기능을 핵심 역량 위주로 제한하고 여타 기능은 외부기관으로 외재화하는 조직구조모형은?**

① 사업구조 ② 네트워크조직 ③ 팀조직구조
④ 매트릭스구조 ⑤ 수평구조

해설 조직의 자체 기능은 핵심 기능 중심으로 합리화하고 기타 기능은 외부기관들과의 계약 관계를 통해 수행하는 조직구조는 네트워크구조다(새행정학3.0, pp.175-178).

정답 11 ② 12 ③ 13 ④ 14 ② 15 ④ 16 ⑤ 17 ③ 18 ②

기출 문제를 통한 **감각 익히기**

01 조직이론에 대한 설명으로 옳은 것만을 모두 고른 것은? (지방9, 2013)

ㄱ. 베버(M. Weber)의 관료제론에 따르면, 규칙에 의한 규제는 조직에 계속성과 안정성을 제공한다.
ㄴ. 행정관리론에서는 효율적 조직관리를 위한 원리들을 강조한다.
ㄷ. 호손(Hawthorne)실험을 통해 조직 내 비공식집단의 중요성이 부각되었다.
ㄹ. 조직군생태이론(population ecology theory)에서는 조직과 환경의 관계를 분석함에 있어 조직의 주도적 · 능동적 선택과 행동을 강조한다.

① ㄱ, ㄴ ② ㄱ, ㄴ, ㄷ ③ ㄱ, ㄷ, ㄹ ④ ㄴ, ㄷ, ㄹ

해설 조직군생태이론(population ecology theory)에서는 조직과 환경 간의 상호작용에 초점을 맞추는 입장임에는 분명하나, 조직의 주도적인 역할을 통해 환경에 대한 통제 가능성보다는 오히려 조직의 환경에 의한 의존이나 종속을 강조하고 있다.

02 조직목표의 기능에 대한 설명으로 옳지 않은 것은? (국가9, 2021)

① 조직구성원들이 목표로 인해 일체감을 느끼기 때문에 구성원들의 동기를 유발해준다.
② 조직의 구조와 과정을 설계하는 준거를 제공하고 성과를 평가하는 기준이 되기도 한다.
③ 미래의 바람직한 상태를 밝혀 조직활동의 방향을 제시한다.
④ 조직이 존재하는 정당성의 근거가 될 수는 없다.

해설 조직이 존재하는 정당성의 근거는 조직목표의 기능 중 하나다.

03 관료제에 대한 설명으로 옳지 않은 것은? (국가7, 2016)

① 관료제(bureaucracy)는 관료(bureaucrat)에 의하여 통치(cracy)된다는 의미로서 왕정이나 민주정(民主政)에 비해 관료가 국가정치와 행정의 중심역할을 수행한다는 의미가 있다.

② 관료제는 소수의 상관과 다수의 부하로 구성되는 피라미드 형태를 취하며 과두제(oligarchy)의 철칙이 나타날 수 있다.

③ 관료제의 병리현상으로 과잉동조에 따른 목표대치, 할거주의, 훈련된 무능력 등을 들 수 있다.

④ 베버(M. Weber)의 이념형 관료제는 성과급 제도와 부합한다.

해설 이념형 관료제에서 관료는 전 노동력을 제고하는 대가로 고정된 보수와 연금을 받는다. 따라서 성과급 제도와 부합하지 않는다.

04 관료제 병리현상에 대한 설명으로 옳지 않은 것은? (국가9, 2017)

① 규칙이나 절차에 지나치게 집착하게 되면 목표와 수단의 대치 현상이 발생한다.

② 모든 업무를 문서로 처리하는 문서주의는 번문욕례(繁文縟禮)를 초래한다.

③ 자신의 소속기관만을 중요시함에 따라 타 기관과의 업무 협조나 조정이 어렵게 되는 문제가 나타난다.

④ 법규와 절차 준수의 강조는 관료제 내 구성원들의 비정의성(非情誼性)을 저해한다.

해설 관료제의 비정의성(非情誼性)은 조직구성원의 지위 등에 관계 없이 공평하게 취급되는 것으로, 병리현상이 아니라 특성에 해당한다. 따라서 법규와 절차 준수의 강조는 비정의성을 촉발시킨다.

05 조직이론에 대한 설명으로 옳지 않은 것은? (국가9, 2017)

① 상황론적 조직이론에 따르면, 모든 상황에 적용되는 유일·최선의 조직구조나 관리방법은 없다.

② 거래비용이론에 따르면, 시장의 자발적인 교환행위에서 발생하는 거래비용이 관료제의 조정비용보다 클 경우 거래를 내부화 하는 것이 효율적이다.

③ 주인-대리인이론에 따르면, 주인과 대리인 간에는 정보의 비대칭으로 인해 대리인의 도덕적 해이와 주인의 역선택이 발생할 수 있다.

④ 자원의존이론에 따르면, 조직은 환경으로부터 필요한 자원을 획득하기 위하여 환경에 피동적으로 순응하여야 한다.

해설 자원의존이론은 임의론으로, 환경에 대한 조직의 능동적 적응을 중시하며 조직은 환경에 대한 의존 정도의 변화를 통하여 영향을 미칠 수 있다고 본다.

정답 01 ② 02 ④ 03 ④ 04 ④ 05 ④

06 **베버(M. Weber)가 주장한 이념형(ideal type)으로서의 근대 관료제에 대한 설명으로 옳지 않은 것은?** (국가9, 2017)

① 관료는 계급과 근무연한에 따라 정해진 금전적 보수를 받는다.
② 관료는 객관적·중립적 입장보다는 민원인의 입장에서 판단하고 결정한다.
③ 모든 직위의 권한과 관할범위는 법규에 의하여 규정된다.
④ 관료의 업무 수행은 문서에 의한다.

해설 베버(M. Weber)는 이념형으로서의 근대 관료제에서 비정의성을 강조한다. 따라서 관료는 민원인의 입장보다는 객관적·중립적 입장에서 판단하고 결정한다.

07 **베버(M. Weber)의 관료제 모형을 설명한 것으로 옳지 않은 것은?** (지방9, 2013)

① 조직이 바탕으로 삼는 권한의 유형을 전통적 권한, 카리스마적 권한, 법적·합리적 권한으로 나눴다.
② 직위의 권한과 관할 범위는 법규에 의해 규정된다.
③ 인간적 또는 비공식적 요인의 중요성을 간과했다.
④ 관료제의 긍정적인 측면으로 목표대치 현상을 강조했다.

해설 목표대치(목표전환) 현상은 수단을 지나치게 강조함으로써 다시 말하면 과잉동조로 인해 수단이 목표를 대신한다는 지적으로 수단적 합리성을 지나치게 강조하는 관료제가 가지는 역기능 중의 하나다.

08 **조직이론에 대한 설명으로 옳지 않은 것은?** (지방9, 2018)

① 구조적 상황이론 – 상황과 조직특성 간의 적합 여부가 조직의 효과성을 결정한다.
② 전략적 선택이론 – 상황이 구조를 결정하기보다는 관리자의 상황 판단과 전략이 구조를 결정한다.
③ 자원의존이론 – 조직의 안정과 생존을 위해서 조직의 주도적·능동적 행동을 중시한다.
④ 대리인이론 – 주인·대리인의 정보 비대칭 문제를 해결하기 위해 대리인에게 대폭 권한을 위임한다.

해설 대리인이론은 정보의 비대칭의 문제를 완화하기 위해서 대리인의 능력과 업무성과에 관한 명성, 조직 내에서 정보체계 또는 공동지식을 구축하는 방법, 적절하게 고안된 인센티브를 제공하는 방법 등을 주장한다.

09 **조직의 배태성(embeddedness)과 제도적 동형화(isomorphism)에 대한 설명으로 옳지 않은 것은?** (지방9, 2017)

① 조직 배태성의 특징은 조직구성원들이 정당성보다 경제적 이익을 추구하는 행위를 하려는 것이다.

② 조직의 제도적 동형화는 특정 조직이 환경에 있는 다른 조직을 닮는 것을 말한다.

③ 제도적 동형화에는 강압적 동형화, 모방적 동형화, 규범적 동형화 등이 있다.

④ 제도적으로 조직이 동형화될 경우 조직이 교란되는 것을 막을 수 있다.

해설 조직 배태성은 구성원들이 경제적 이익의 추구보다는 사회적 정당성에 따라 행동하려는 것을 의미한다.

10 **조직이론에 관한 설명으로 옳지 않은 것은?** (국가7, 2020)

① 전략적 선택론은 조직설계의 문제를 단순히 상황적응의 차원이 아니라 설계자의 자유재량에 의한 의사결정 산물로 파악한다.

② 번스(T. Burns)와 스토커(G. M. Stalker)는 조직을 둘러싼 환경의 성격 및 특성이 조직구조와 어떻게 관련되는지를 설명한다.

③ 조직군 생태학은 조직을 외부환경의 선택에 영향을 받을 뿐만 아니라 적극적으로 영향을 끼치는 능동적인 존재로 이해한다.

④ 바나드(C. I. Barnard)는 조직 내 인간적·사회적 측면을 강조한다.

해설 조직군생태론은 조직이 환경에 의해 결정된다는 시각을 가진다.

11 **귤릭(L. H. Gulick)의 조직설계의 고전적 원리에 대한 설명으로 옳지 않은 것은?** (국가7, 2016)

① 전문화의 원리란 전문화가 되면 될수록 행정능률은 올라간다는 것을 의미한다.

② 명령통일의 원리는 명령을 내리고 보고를 받는 사람이 한 사람이어야 한다는 것을 의미한다.

③ 통솔범위의 원리는 부하들을 효과적으로 통솔하기 위해 부하의 수가 한정되어야 한다는 것을 의미한다.

④ 부서편성의 원리는 조직편성의 기준을 제시하며, 그 기준은 목적, 성과, 자원 및 환경의 네 가지이다.

해설 부서편성의 원리는 조직편성의 기준을 제시하며, 그 기준은 목적, 과정, 대상, 지역의 네 가지이다.

정답 06 ② 07 ④ 08 ④ 09 ① 10 ③ 11 ④

12 **학습조직에 대한 설명으로 옳지 않은 것은?** (국가7, 2020)

① 개방체제와 자아실현적 인간관을 바탕으로 새로운 지식을 창출하고자 한다.
② 연결된 체계 간의 상호작용을 이해하고, 이를 효과적으로 활용하기 위한 체계적 사고(systems thinking)를 강조한다.
③ 조직구성원들의 비전 공유를 중시한다.
④ 조직구성원의 합이 조직이 된다는 점에서, 조직 내 구성원 각자의 개인적 학습을 강조한다.

해설 학습조직은 구성원의 개인학습보다 팀단위 학습을 강조한다.

13 **학습조직의 특성으로 옳지 않은 것은?** (국가9, 2011)

① 엄격하게 구분된 부서 간의 경쟁을 통한 학습 가능성이 강조된다.
② 전략 수립 과정에서 일선 조직구성원의 참여가 중요한 역할을 담당한다.
③ 구성원의 권한 강화가 강조된다.
④ 조직 리더의 사려 깊은 리더십이 요구된다.

해설 학습조직은 명확하게 구분된 조직경계보다는 개방적이고 협력적인 조직 간 관계가 필요하다.

14 **거래비용이론에 대한 설명으로 옳지 않은 것은?** (국가7, 2021)

① 기회주의적 행동을 제어하는 데에는 시장이 계층제보다 효율적인 수단이다.
② 거래비용은 탐색비용, 거래의 이행 및 감시비용 등을 포함한다.
③ 시장의 자발적 교환행위에서 발생하는 거래비용이 계층제의 조정비용보다 크면 내부화하는 것이 효율적이다.
④ 거래비용이론은 조직이 생겨나고 일정한 구조를 가지는 이유를 조직경제학적으로 설명하는 접근방법이다.

해설 주인-대리인 관계에서는 대리인의 기회주의적인 행동을 제어하기 위해 계층제 내부화하는 방안이 효율적인 수단이 된다.

15 **신고전 조직이론에 대한 설명으로 옳은 것은?** (국가7, 2022)

① 조직군생태론, 자원의존이론 등이 대표적이다.
② 인간을 복잡한 내면구조를 가진 복잡인으로 간주한다.
③ 환경과 상호작용하는 개방적 · 동태적 · 유기적 조직을 강조한다.
④ 조직 내 사회적 능률을 강조하고, 조직의 비공식적 구조나 요인에 초점을 둔다.

해설 다른 지문은 현대적 조직이론에 해당하는 내용이다.

16 현대조직이론에 대한 설명으로 옳은 것은? (지방7, 2022)

① 조직군생태론은 단일조직을 기본 분석단위로 하며, 환경에 대한 조직 적합도에 초점을 둔다.

② 거래비용이론은 자원의존이론의 한 접근법으로, 조직 간 거래비용보다는 조직 내 거래비용에 더 많은 관심을 둔다.

③ 상황론적 조직이론은 독립변수를 한정하고 상황적 조건들을 유형화해 중범위라는 제한된 수준 내의 일반성과 규칙성을 발견하려고 한다.

④ 대리인이론에 따르면 정보의 대칭성과 자산 불특정성이 합리적 선택을 제약하며, 주인-대리인 관계는 조직 내에서 나타나지 않는다.

해설 조직군생태론은 조직군을 분석단위로 한다. 거래비용이론은 조직 간 거래비용에 많은 관심을 둔다. 주인-대리인 관계는 조직에서도 나타난다.

17 관료제에 대한 설명으로 옳지 않은 것은? (국가7, 2022)

① 계층제의 원리에 의해 체계가 확립된다.

② 업무에 대한 훈련을 받고 지식을 갖춘 전문적인 관료가 업무를 담당할 것을 요구한다.

③ 훈련된 무능은 관료가 제한된 분야에서 전문성은 있으나 새로운 상황에서 적응력과 업무능력이 떨어지는 현상이다.

④ 동조과잉은 적극적으로 새로운 과업을 찾아서 실행하기보다 현재의 주어진 업무만을 소극적으로 수행하는 것이다.

해설 동조과잉은 규칙과 절차를 지나치게 강조하고 집착해 본래 목표를 상실하고 규칙과 절차가 목표가 되는 현상을 의미한다. 지문에 제시된 내용은 관료의 무사안일에 대한 것이다.

18 테일러(F. W. Taylor)의 과학적관리론에 대한 설명으로 옳지 않은 것은? (국가9, 2021)

① 관리자는 생산증진을 통해서 노・사 모두를 이롭게 해야 한다.

② 조직 내의 인간은 사회적 욕구에 의해 동기가 유발된다고 전제한다.

③ 업무와 인력의 적정한 결합은 노동자가 아닌 관리자에 의해 결정되어야 한다.

정답 12 ④ 13 ① 14 ① 15 ④ 16 ③ 17 ④ 18 ②

④ 업무 수행에 관한 유일 최선의 방법을 찾기 위해 동작연구와 시간연구를 사용한다.

해설 조직 내 인간은 경제적 보상에 의해 동기가 유발된다고 전제한다.

19 **지식정보사회의 조직에 대한 설명으로 옳은 것을 모두 고르면?** (지방7, 2009)

ㄱ. 사회적 지식의 활용에 있어 사회적 학습보다 개인과 집단의 활동이 강조된다.
ㄴ. 민영화와 민간위탁이 선호되고 정부는 기획, 조정, 통제, 감독 등 핵심적 기능으로 축소된 공동조직(hollow organization) 형태를 띠게 된다.
ㄷ. 지식정보사회의 조직에서 중시되는 사회적 자본은 사회적 관계에서 거래비용을 감소시켜 준다.
ㄹ. 매트릭스조직은 일상적인 업무를 좀 더 신속하고 효율적으로 추진하고자 할 때 유용하다.
ㅁ. 지식정보사회의 네트워크조직은 과다한 초기 투자 없이 새로운 사업에 진입할 수 있다.

① ㄱ, ㄴ, ㄷ ② ㄴ, ㄷ, ㄹ ③ ㄴ, ㄷ, ㅁ ④ ㄷ, ㄹ, ㅁ

해설 지식정보사회에서는 개인 역량 강화도 중요하나 조직이나 기관 전체의 사회적 학습의 중요도가 더욱 증가하고 있다. 매트릭스조직은 기능구조와 사업구조를 결합한 것으로 일상적인 업무보다는 특별한 문제 해결을 위한 조직으로 이중구조나 복잡성 증가로 신속성에 한계가 있을 수 있다.

20 **조직이론에 대한 설명 중 옳지 않은 것은?** (국가9, 2012)

① 고전적 조직이론에서는 조직 내부의 효율성과 합리성이 중요한 논의 대상이었다.
② 신고전적 조직이론은 인간에 대한 관심을 불러일으켰고 조직행태론 연구의 출발점이 되었다.
③ 신고전적 조직이론은 인간의 조직 내 사회적 관계와 더불어 조직과 환경의 관계를 중점적으로 다뤘다.
④ 현대적 조직이론은 동태적이고 유기체적인 조직을 상정하며 조직발전(OD)을 중시해 왔다.

해설 신고전적 조직이론은 조직구성원인 인간에 대한 관심은 기울이기 시작했지만 조직을 둘러싼 환경과의 관계에서 개방적인 입장을 가지지 못하고 폐쇄적인 환경유관론을 견지하고 있었다.

21 **위원회의 유형과 우리나라 정부조직을 바르게 연결한 것은?** (국가7, 2013)

① 자문위원회 – 공정거래위원회
② 조정위원회 – 중앙선거관리위원회
③ 행정위원회 – 소청심사위원회

④ 독립규제위원회 - 경제관계장관회의

해설 합의제 의사결정기구인 위원회의 유형으로는 자문위원회, 조정위원회, 행정위원회, 독립규제위원회 등이 있다. 자문위원회는 자문 목적의 참모기관으로 의사결정의 구속력이 없다. 행정위원회는 합의제 행정관청으로 의사결정의 구속력과 집행력을 가진 기관이다. 행정위원회는 의결위원회와 좁은 의미의 행정위원회로 나뉘는데, 의결위원회는 의사결정 권한을 가지나 집행권은 없다. 행정위원회는 준입법적·준사법적·행정적 기능을 수행한다. 중앙선거관리위원회, 소청심사위원회, 공정거래위원회 등을 예로 들 수 있다. 조정위원회는 상이한 여러 의견이나 입장을 조정하는 조직이다. 중앙노동위원회, 중앙환경분쟁조정위원회, 경제관계장관회의 등이 해당된다. 독립규제위원회는 입법부나 사법부, 그리고 행정부로부터 독립해 불법 행동에 대한 제지, 또는 특정 거래 분야에서의 허가행위 등을 규제하는 독립적인 성격의 규제기관이나 우리나라의 경우 전형적인 독립규제위원회는 많지 않다. 이러한 유형에 가까운 위원회로 금융통화위원회를 들 수 있다.

22 정부의 위원회 조직에 대한 설명으로 옳지 않은 것은? (국가9, 2019)

① 결정에 대한 책임의 공유와 분산이 특징이다.
② 복수인으로 구성된 합의형 조직의 한 형태다.
③ 국민권익위원회는 의사결정의 권한이 없는 자문위원회에 해당된다.
④ 소청심사위원회는 행정관청적 성격을 지닌 행정위원회에 해당된다.

해설 국민권익위원회는 의사결정의 권한이 있는 행정위원회로, 고충민원처리, 부패방지 등의 기능을 담당한다.

23 국무총리 소속기관이 아닌 것은? (국가9, 2012)

① 공정거래위원회
② 금융위원회
③ 방송통신위원회
④ 국민권익위원회

해설 방송통신위원회는 대통령 소속기관이다. 나머지는 국무총리 소속기관이다(방송통신위원회법 제3조).

24 정부위원회에 대한 설명으로 옳은 것만을 모두 고르면? (지방9, 2022)

ㄱ. 책임성이 결여될 수 있다.
ㄴ. 자문위원회는 업무가 계속성·상시성이 있어야 한다.
ㄷ. 민주성을 제고하는 장점이 있다.
ㄹ. 방송통신위원회, 공정거래위원회, 국민권익위원회, 금융위원회, 개인정보보호위원회, 원자력안전위원회는 중앙행정기관이다.

정답 19 ③ 20 ③ 21 ③ 22 ③ 23 ③ 24 ④

① ㄱ, ㄷ ② ㄴ, ㄷ ③ ㄴ, ㄹ ④ ㄱ, ㄷ, ㄹ

해설 자문위원회는 임시적이다.

25 행정기관에 대하여 관계법령에 규정된 내용으로 옳은 것은? (국가9, 2018)

① 부속기관이란 행정권의 직접적인 행사를 임무로 하는 기관에 부속하여 그 기관을 지원하는 행정기관을 말한다.
② 보조기관이란 행정기관이 그 기능을 원활하게 수행할 수 있도록 그 기관장을 보좌함으로써 행정기관의 목적달성에 공헌하는 기관을 말한다.
③ 하부기관이란 중앙행정기관에 소속된 기관으로서, 특별지방행정기관과 부속기관을 말한다.
④ 방송통신위원회, 공정거래위원회, 소청심사위원회 등은 행정기관의 소관 사무에 관하여 자문에 응하거나 조정, 협의, 심의 또는 의결 등을 하기 위해 복수의 구성원으로 이루어진 합의제 기관으로서 행정기관이 아니다.

해설 ② 행정기관이 그 기능을 원활하게 수행할 수 있도록 그 기관장이나 보조기관을 보좌함으로써 행정기관의 목적달성에 공헌하는 기관은 보좌기관이다. ③ 중앙행정기관에 소속된 기관으로서, 특별지방행정기관과 부속기관을 말하는 것은 소속기관이다. ④ 행정위원회인 방송통신위원회, 공정거래위원회, 소청심사위원회 등은 합의제 기관이지만 행정기관이다.

26 조직관리에서 수직적 연결을 위한 조정 기제가 아닌 것은? (국가7, 2013)

① 계층제 ② 규칙과 계획
③ 수직정보시스템 ④ 임시작업단(task force)

해설 조직의 핵심적인 구성 내용 중 하나로 분업과 조정을 들 수 있다. 이러한 분업과 조정 및 통합이 이뤄지게 하는 수직적인 기제로 계층제, 내부 규정, 정보교류 채널 등을 들 수 있다. 임시작업단(TF)은 특정 문제 해결을 위해 관련된 조직구성원들이 일시적으로 모여 업무를 수행하고 임무 완료 시 해체되는 문제 해결을 지향하는 수평성이 강조되는 임시조직 형태다.

27 조직구조의 설계에 있어서 '조정의 원리'에 대한 설명으로 옳지 않은 것은? (국가9, 2018)

① 수직적 연결은 상위계층의 관리자가 하위계층의 관리자를 통제하고 하위계층 간 활동을 조정하는 것을 목적으로 한다.
② 수직적 연결방법으로는 임시적으로 조직 내의 인적·물적 자원을 결합하는 프로젝트 팀(project team)의 설치 등이 있다.
③ 수평적 연결은 동일한 계층의 부서 간 조정과 의사소통을 목적으로 한다.
④ 수평적 연결방법으로는 다수 부서 간의 긴밀한 연결과 조정을 위한 태스크포스

(task force)의 설치 등이 있다.

해설 프로젝트 팀은 강력한 수평적 연결 및 조정장치이다.

28 분업에 대한 설명으로 옳지 않은 것은? (지방9, 2017)

① 분업의 심화는 작업도구 · 기계와 그 사용방법을 개선하는 데 기여할 수 있다.
② 작업전환에 드는 시간(change-over time)을 단축할 수 있다.
③ 분업이 고도화되면 조직구성원에게 심리적 소외감이 생길 수 있다.
④ 분업은 업무량의 변동이 심하거나 원자재의 공급이 불안정한 경우에 더 잘 유지된다.

해설 분업의 원리는 업무량의 변동이 없는 안정된 상황에서 역할 분담이 정해지고 표준화된 업무를 처리하고자 할 때 의미가 있다.

29 조직구조에 대한 설명으로 옳지 않은 것은? (지방9, 2013)

① 공식화(formalization)의 수준이 높을수록 조직구성원들의 재량이 증가한다.
② 통솔 범위(span of control)가 넓은 조직은 일반적으로 저층구조의 형태를 보인다.
③ 집권화(centralization)의 수준이 높은 조직의 의사결정 권한은 조직의 상층부에 집중된다.
④ 명령 체계(chain of command)는 조직 내 구성원을 연결하는 연속된 권한의 흐름으로, 누가 누구에게 보고하는지를 결정한다.

해설 조직원의 지위나 역할, 권한과 업무 수행절차 등이 표준화되거나 정형화된 정도를 의미하는 공식화(formalization)의 수준이 높을수록 조직구성원들이 발휘할 수 있는 자유재량 권한은 규정이나 지침 등에 묶여 제한될 가능성이 높아지는 반면, 예측가능성과 업무 통일성은 높아진다.

30 기능(functional) 구조와 사업(project) 구조의 통합을 시도하는 조직 형태는? (지방9, 2020)

① 팀제 조직
② 위원회 조직
③ 매트릭스 조직
④ 네트워크 조직

해설 매트릭스 조직은 기능구조와 사업구조의 통합을 시켜 조직의 유연성을 높이고자 한다.

정답 25 ① 26 ④ 27 ② 28 ④ 29 ① 30 ③

31 **조직구성 원리에 대한 설명으로 옳지 않은 것은?** (지방9, 2020)

① 분업의 원리 – 일은 가능한 한 세분해야 한다.
② 통솔범위의 원리 – 한 명의 상관이 감독하는 부하의 수는 상관의 통제능력 범위 내로 한정해야 한다.
③ 명령통일의 원리 – 여러 상관이 지시한 명령이 서로 다를 경우 내용이 통일될 때까지 명령을 따르지 않아야 한다.
④ 조정의 원리 – 권한 배분의 구조를 통해 분화된 활동들을 통합해야 한다.

해설 명령통일의 원리는 부하는 한 사람의 상관으로부터 지시를 받아야 한다는 원리이다.

32 **외부환경의 불확실성에 대응하는 조직구조상의 특징에 따라 기계적 조직과 유기적 조직으로 구분하는 경우에, 유기적 조직의 특성에 해당하는 것만을 모두 고른 것은?** (국가9, 2015)

ㄱ. 넓은 직무범위	ㄴ. 분명한 책임관계
ㄷ. 몰인간적 대면관계	ㄹ. 다원화된 의사소통채널
ㅁ. 높은 공식화 수준	ㅂ. 모호한 책임관계

① ㄱ, ㄹ, ㅂ
② ㄴ, ㄷ, ㅁ
③ ㄴ, ㄹ, ㅁ
④ ㄱ, ㄷ, ㅂ

해설 ㄱ, ㄹ, ㅂ이 유기적 조직의 특징에 해당하며, 나머지는 기계적 조직의 특징에 해당한다.

33 **계층제적 조직구조의 한계를 극복하고자 다양하게 시도되고 있는 조직모형에 대한 설명으로 옳지 않은 것은?** (지방9, 2010)

① 사업구조는 각 기능의 조정이 사업부서 내에서 이뤄지므로 기능구조보다 분권적인 조직구조를 갖고 있다.
② 매트릭스구조는 단일의 권한 체계를 통해 불안정하고 급변하는 조직환경에 대응하고자 고안된 조직구조다.
③ 팀구조는 특정한 업무 과정에서 일하는 개인을 팀으로 모아 의사소통과 조정을 쉽게 하는 조직구조다.
④ 네트워크구조는 핵심 기능을 제외한 기능들을 외부기관과의 계약 관계를 통해 수행하는 조직구조다.

해설 매트릭스구조는 기능구조와 사업구조의 특성을 결합한 조직구조로서 혼합적이고 이원적 구조를 가진다. 따라서 명령 계통이 다원화되거나 권한의 분담, 부서 간의 상호의존 가능성이 높아진다.

34 **민츠버그(H. Mintzberg)의 조직성장 경로모형에 따르면, 조직 내에서 어떤 부문을 강조할 것인가에 따라 조직의 구조(유형)가 달라진다. 강조된 조직구성부문과 이에 상응하는 구조의 연결로 옳지 않은 것은?** (지방7, 2018)

① 전략적 정점(strategic apex) – 기계적 관료제 구조
② 핵심운영(operating core) – 전문적 관료제 구조
③ 중간계선(middle line) – 사업부제 구조
④ 지원참모(support staff) – 애드호크라시(adhocracy)

해설 전략적 정점이 강조된 구조는 단순구조이다. 기계적 관료제 구조는 기술구조가 강조된 것이다.

35 **조직유형에 대한 설명으로 옳지 않은 것은?** (국가9, 2017하반기)

① 태스크 포스(task force)는 특수한 과업 완수를 목표로 기존의 서로 다른 부서에서 사람들을 선발하여 구성한 팀으로서, 본래 목적을 달성하면 해체되는 임시조직이다.
② 프로젝트 팀(project team)은 전략적으로 중요하거나 창의성이 요구되는 프로젝트를 진행하기 위하여 여러 부서에서 적합한 사람들을 선발하여 구성한 조직이다.
③ 매트릭스 조직(matrix organization)은 기능 중심의 수직조직과 프로젝트 중심의 수평조직을 결합한 구조로서, 명령통일의 원리에 따라 책임과 권한의 한계가 명확하다.
④ 네트워크 조직(network organization)은 핵심 기능을 수행하는 소규모의 조직을 중심에 두고 다수의 협력업체를 네트워크로 묶어 과업을 수행한다.

해설 매트릭스 조직은 기능 중심의 수직조직과 프로젝트 중심의 수평조직을 결합한 이원적 권한체계를 갖는 구조로서, 명령통일의 원리에 위배되어 책임과 권한의 한계가 불명확하다.

36 **매트릭스(Matrix) 조직의 특징에 대한 설명으로 옳지 않은 것은?** (지방7, 2018)

① 조직 활동을 기능 부문으로 전문화하는 동시에 전문화된 부문들을 프로젝트로 통합하기 위한 장치이다.
② 정보화 시대에서 팀제가 '규모의 경제'를 구현한 방식이라면 매트릭스 조직은 '스피드의 경제'를 보장한 방식이다.
③ 기존 조직구조 내의 인력을 활용할 수 있기 때문에 인력 사용에서 경제성을 확보할 수 있다.
④ 기능부서와 사업부서 간에 할거주의가 존재할 경우 원만하게 조정하기가 어려운

정답 31 ③ 32 ① 33 ② 34 ① 35 ③ 36 ②

경우가 많다.

해설 정보화 시대에서 매트릭스 조직이 기능과 사업을 결합한 '규모의 경제'를 구현한 방식이라면 팀제는 리더십을 공유해 신속한 조정이 가능해 '스피드의 경제'를 보장하는 방식이다.

37 **조직구조모형을 유기적인 성격이 약한 것에서부터 강한 것의 순서로 바르게 배열한 것은?** (국가7, 2012)

① 네트워크구조 < 매트릭스구조 < 수평구조 < 사업구조 < 기능구조
② 기능구조 < 사업구조 < 수평구조 < 매트릭스구조 < 네트워크구조
③ 기능구조 < 사업구조 < 매트릭스구조 < 수평구조 < 네트워크구조
④ 기능구조 < 매트릭스구조 < 사업구조 < 수평구조 < 네트워크구조

해설 수평적이고 상호작용을 중시하는 조직의 유기적 특성 측면에서 평가하면 전통관료제나 기능구조가 가장 유기성이 떨어지며, 사업구조, 매트릭스구조, 수평구조, 네트워크구조 순으로 유기적인 성격이 강하다

38 **애드호크라시(adhocracy)에 대한 설명으로 옳지 않은 것은?** (국가7, 2019)

① 대표적인 예로는 네트워크 조직, 매트릭스 조직 등을 들 수 있다.
② 변화에 신속하게 대응할 수 있다는 장점으로 인해 최근에는 전통적 관료제 조직모형을 대체할 정도로 많이 활용되고 있다.
③ 구조적으로 수평적 분화는 높은 반면 수직적 분화는 낮고, 공식화 및 집권화의 수준이 낮다.
④ 과업의 표준화나 공식화 정도가 상대적으로 낮기 때문에 구성원 간 업무상 갈등이 일어날 우려가 있다.

해설 애드호크라시는 전통적 관료제 조직모형을 보완하기는 하지만, 명확한 서열 구분이 없어 구성원 간 갈등 문제가 있어 대체한다고 보기는 어렵다.

39 **애드호크라시(adhocracy)에 대한 설명으로 옳지 않은 것은?** (지방7, 2022)

① 업무가 비정형적일 때 유용하다.
② 변화에 신속하게 대응할 수 있는 장점이 있다.
③ 책임소재가 명확하여 갈등이 생길 가능성이 작다.
④ 조직목표 달성을 위해 조직 내 전문 능력이 있는 구성원들을 연결하는 구조이다.

해설 과업의 표준화나 업무분장이 명확하지 않기 때문에 구성원간 갈등이 일어날 가능성이 높다.

정답 37 ③ 38 ② 39 ③

응용을 통한 **심화 학습**

01 고전적 조직이론에 대한 설명으로 적합하지 않은 것은?

① 시기적으로 19세기 말부터 1930년대 전후한 시기까지의 조직이론
② 공조직과 사조직의 구분을 통한 공공조직이론의 출발점을 제시
③ 기계와 같은 조직의 내부관리에 초점
④ 조직과 환경과의 관계를 고려하지 않음
⑤ 조직 내 인간에 대한 중요성을 인식하지 못함

해설 고전적 조직이론은 공공조직과 사조직을 엄격하게 구분하기보다는 행정·경영일원론에 입각해 행정 원리나 조직관리 기법을 제시하고자 했다.

02 고전적 조직이론에 관한 내용으로 설명이 바르지 못한 것은?

① 고전적 조직이론의 가장 중요한 전제 조건은 능률성과 형평성을 지향하는 것이다.
② 개인을 경제적 보상으로 움직이는 존재로 여겼다는 비판을 받는다.
③ 조직을 환경으로부터 유리시켜 조직의 경직성을 전제했다는 비판이 제기된다.
④ 조직은 효과적인 운영을 위해 전문화와 분업, 조정과 통제가 필요하다고 본다.
⑤ 과학적 관리론, 산업관리론, 행정관리론, 베버의 관료제론이 포함된다.

해설 고전적 조직이론은 능률성과 합리성을 지향했다. 형평성을 중요한 가치로 자리잡기 시작한 것은 1960년대 이후 신행정학에서다.

03 고전적 조직이론이 기여한 공헌이라고 보기 힘든 것은?

① 전문화와 분업화를 통해 조직의 생산성을 제고했다.
② 조직을 목표달성이라는 합리적 실체로 파악했다.
③ 합법성과 규칙을 강조해 개인적 오류를 최소화했다.
④ 조직구성원 간의 복잡한 동기유발요인들을 파악하게 했다.

정답 01 ② 02 ① 03 ④

⑤ 합리적인 경제 원리를 조직에 적용했다.

해설 고전적 조직이론은 경제적 물질적 보상이라는 단일 동기유발요인을 강조했다. 인간관계론 이후부터 조직구성원의 다양한 동기요인들이 검토되기 시작했다.

04 인간관계론에 대한 설명으로 보기 어려운 것은?

① 당초 작업환경과 작업 능률성과의 관계를 규명하려는 호손실험에서 촉발되었다.
② 감독자의 행태가 구성원의 사기와 생산성에 영향을 준다는 것을 발견했다.
③ 조직의 효과성이나 능률성보다는 개인의 욕구를 중요시했다.
④ 조직 내 인간의 사회적 욕구와 성장 욕구를 강조했다.
⑤ 조직 내 인간의 성숙을 가정했다.

해설 인간관계론은 개인의 욕구를 강조했지만 인간관계론의 궁극적인 목적도 역시 조직목표 달성과 효율성이라는 한계를 극복하지는 못했다.

05 인간관계론의 기본 개념으로 설명이 바르지 못한 것은?

① 조직 내 사회적 관계의 중요성을 발견한 이론이다.
② 개인의 태도는 소속한 작업집단과의 관계 등에 의해 결정된다.
③ 호손실험에서 조명 수준과 근로자의 능률 간에 유의미한 관계를 발견했다.
④ 인간을 사회적 존재로 인식하고 개인의 참여를 강조했다.
⑤ 후기인간관계론의 대표적인 학자로는 아지리스, 리커트, 맥그리거가 포함된다.

해설 조명 수준과 근로자의 능률에는 관련이 없는 것으로 밝혀졌다.

06 아지리스(C. Argyris)가 주장한 내용과 거리가 먼 것은?

① 조직과 조직구성원의 욕구와의 갈등에 관심을 가졌다.
② 구성원의 성격은 유아적 성격과 성인의 성격으로 구분했다.
③ 조직의 개방성, 신축성, 개인의 몰입 등을 강조했다.
④ 고전적 조직이론은 성숙한 개인을 수용할 수 없다고 평가했다.
⑤ 환경에의 적응성을 강조해 상황적응이론(contingency theory)으로 발전했다.

해설 ⑤의 내용은 현대적 조직이론으로, 1960년대 이후 번스(T. Burns)와 스토커(G. M. Stalker), 로렌스(P. R. Lawrence)와 로쉬(J. W. Lorsch) 연구에서 나타났다.

07 **인간관계론에 관한 내용으로 설명이 바르지 못한 것은?**

① 맥그리거의 X · Y이론은 인간의 본질에 관한 기본적인 가정을 반영한 것이다.
② 아지리스에 의하면 성숙한 개인을 수용할 수 있는 조직을 강조했다.
③ 리커트의 체제4이론에서 참여적 체제가 가장 효과적이라고 보았다.
④ 조직 내 사회적 관계는 물론 환경과의 관계를 중시했다는 평가를 받고 있다.
⑤ 후기인간관계론은 개인의 참여를 통해 조직과 개인의 통합을 시도했다는 점에서 높이 평가받고 있다.

해설 인간관계론 역시 환경과의 관계를 제대로 취급하지 않았다는 비판을 받고 있다.

08 **조직 규모를 조직에 영향을 미치는 가장 큰 요인으로 인식하고 조직 규모가 조직구조에 미치는 영향을 분석한 학자는?**

① 아지리스(C. Argyris) ② 리커트(R. Likert) ③ 블라우(P. M. Blau)
④ 번스(T. Burns) ⑤ 로쉬(J. W. Lorsch)

해설 블라우와 애시턴 그룹(Aston Group)은 조직 규모가 조직에 미치는 영향을 분석해 규모의 경제, 조직구조화와 분권화에 미치는 영향 등을 파악했다.

09 **미래 사회에서 조직을 구성하는 새로운 특징을 가진 근로자 집단이 작용해 조직의 형태를 규정하게 된다는 주장을 하는 이론적 입장은?**

① 대리정부 ② 삼엽조직 ③ 혼돈정부
④ 계약정부 ⑤ 공동정부

해설 삼엽조직은 핵심적인 소규모 전문직 근로자, 계약직 근로자, 신축적인 근로자들이 주된 역할을 수행하고 조직은 계층 수가 적은 날씬한 조직 형태를 띠게 되고 고품질의 상품과 서비스를 적시에 공급할 수 있게 된다.

10 **다음 중 성격이 다른 개념은 무엇인가?**

① 그림자 국가(shadow state)
② 대리정부(government by proxy)
③ 제3자 정부(third-party government)
④ 계약정부(contract régime)
⑤ 혼돈정부(chaos government)

정답 04 ③ 05 ③ 06 ⑤ 07 ④ 08 ③ 09 ② 10 ⑤

해설 ⑤를 제외한 나머지는 모두 정부조직에서 핵심 기능을 제외하고 여타 기능, 특히 서비스 제공 기능을 민간이나 제3섹터로 이전하는 형태의 정부의 모습을 지칭한다. 혼돈정부는 키엘(L. S. Kiel)이 정부조직의 혼돈과 무질서, 복잡성과 비선형성에서도 질서를 발견하고 이를 통해 새로운 창조와 혁신의 기회를 찾을 수 있다는 긍정적인 시각을 제시한 내용이다.

11 조직구조의 변화는 곧 조직환경의 변화를 반영하고 적응하는 결과이므로 조직의 환경에 대한 적합성을 강조한 이론은?

① 카오스이론 ② 복잡성이론 ③ 포스트모던조직이론
④ 상황적응이론 ⑤ 네트워크이론

해설 조직이 환경에 적합해야만 생존할 수 있다고 강조한 이론은 상황적응이론(contingency theory)이다.

12 사회자본에 대한 설명으로 적절하지 않은 것은?

① 사회자본은 사람들 사이의 관계에서 파생한다.
② 사회자본이 결여될 경우 사회적 행위자는 추가적인 비용을 지불해야 한다.
③ 사회자본은 정보 확산의 능률성을 증가시켜 준다.
④ 사회자본은 협력적 행태를 촉진시킨다.
⑤ 사회자본은 거래비용을 증가시킨다.

해설 사회자본은 사회적 관계에서 신뢰성을 의미하고 이러한 신뢰성은 사회구성원 간의 상호작용에서 불필요한 거래비용을 감소시킨다.

13 조직구조에 대한 설명으로 바르지 못한 것은?

① 조직화란 조직목표를 달성하기 위해 조직 자원을 배치하는 것이다.
② 조직구조는 부서 간 의사소통, 조정, 통합을 확보할 수 있는 체계를 포함한다.
③ 조직구조는 권한의 흐름, 의사결정, 계층 수, 통솔 범위가 조직도표로 표현된다.
④ 조직구조는 개인 및 부서에 부과된 공식적 과업의 집합을 보여준다.
⑤ 조직구조는 환경과의 관계를 보여준다.

해설 대프트(R. Daft)가 지적하듯이 조직구조는 명령 체계, 계선과 참모, 통솔 범위, 집권화와 분권화, 공식화와 같은 내부적 측면에 고려되나 환경과 같은 외부적 측면은 상대적으로 분명하게 나타나지는 않는다.

14 **전문화에 관한 설명 중 적절하지 못한 것은?**

① 지나친 전문화는 직무 간·부서 간 조정을 어렵게 한다.
② 계층에 따라 직무의 책임과 난이도를 구분하는 과정을 수직적 전문화라 한다.
③ 전략과 정책결정 직무일수록 높은 수준의 수평적·수직적 전문화가 효과적이다.
④ 특수 전문적 업무에서 수평적 전문화는 높을수록 수직적 전문화는 낮을수록 효과적이다.
⑤ 전문화는 생산성을 제고하나 지나친 전문화는 업무의 단조로움을 유발한다.

해설 전략과 정책결정을 주도하는 관리 직무의 경우는 낮은 수준의 수평적·수직적 전문화가 효과적이나 반면, 비숙련 단순직무의 경우는 높은 수준의 수평적·수직적 전문화가 효과적이다.

15 **유기적 조직구조(organic organization)의 특성이라고 보기 어려운 것은?**

① 넓은 직무 범위 ② 모호한 책임 관계
③ 표준운영절차 활용 ④ 복합적 과제 수행
⑤ 성과측정 곤란

해설 유기적 구조는 낮은 공식화, 분권적 권한, 높은 팀워크, 광범위한 직무를 특징으로 하는 조직구조로 환경 적응이 뛰어나다는 장점을 지니고 있다. 표준운영절차는 좁은 직무 범위에서 명확한 업무목표를 가지고 규칙 적용을 강조하는 기계적 구조에서 효과적으로 활용될 수 있다.

16 **조직구조와 조직전략과의 관계에 대한 설명 중 적절하지 않은 것은?**

① 기계적 구조는 안정성과 능률성을 지향하는 조직전략에 효과적인 구조다.
② 조직 외부환경의 불확실성이 높을수록 기계적 구조가 유기적 구조보다 유리하다.
③ 혁신 지향적 전략을 위해서는 유기적 구조로의 전환이 효과적이다.
④ 조직 규모가 커질수록 표준적 통제 방식을 사용하는 기계적 구조로 변화하기 쉽다.
⑤ 일상적인 기술을 사용하는 조직일수록 기계적 구조가 적합하다.

해설 외부환경의 불확실성이 높을수록 유기적 구조가 기계적 구조보다 효과적이다.

17 **사업구조(divisional structure)의 설명이 아닌 것은?**

① 조직이 생산하는 산출물을 중심으로 조직을 구분하는 구조다.
② 특정 고객집단에게 봉사할 때 유리한 구조다.
③ 사업 부서는 자율적이며 자기 완결적 기능 단위다.

정답 11 ④ 12 ⑤ 13 ⑤ 14 ③ 15 ③ 16 ② 17 ⑤

④ 부서 내 조정은 용이하지만 부서 간 조정은 어려워진다.

⑤ 책임 소재가 불분명해 성과관리가 어렵다.

해설 사업구조모형은 사업 부서 단위로 명확한 책임 분담이 이뤄지기 때문에 성과관리에 유리하다

18 **지식정보사회에서 나타나는 조직변화 모습이라고 보기 어려운 것은?**

① 좀 더 엄격한 법규정을 통한 조직의 통합성 유지

② 개인과 집단의 학습 역량 강화

③ 관련 조직들과의 연계성 강화

④ 내부 기능 이전으로 인한 조직 공동화(空洞化) 현상

⑤ 고객과의 밀접한 관계 유지

해설 지식정보사회에서는 엄격한 법규 적용을 통한 경직적인 조직 운용보다는 신축적 조직, 창의적이고 신속한 조직활동 등이 강조된다.

19 **조직설계에 관한 설명 중 올바른 것은?**

① 계선 부서는 조직의 일차적 목표의 과업을 수행하는 부서로, 우리나라 중앙정부 계선기관은 행정안전부, 기획재정부, 법제처가 이에 해당된다.

② 한 상관에게 보고하는 부하의 수를 통솔 범위라고 하는데, 최근의 조직이론에서는 비용효율성, 신속한 의사결정을 위해 좁은 통솔 범위의 고층조직을 선호한다.

③ 위기 상황에는 분권조직이, 환경 변화에 빠른 적응을 위해서는 집권조직이 유리하다.

④ 문서화된 정도를 의미하는 공식화가 높으면 과업 수행의 지속성을 확보할 수 있어 조직의 레드테이프(red-tape) 문제를 해결해 주는 대안이다.

⑤ 명령통일 원리란 부하들이 한 상관에게 명령과 책임 관계를 가지는 것을 의미한다.

해설 ① 행정안전부, 기획재정부와 법제처는 계선기관이 아니라 참모기관이다. ② 최근의 조직이론에서는 넓은 통솔 범위의 저층조직을 선호한다. ③ 위기 상황에서는 집권조직이 환경 변화에는 분권조직이 유리하다 ④ 공식화 정도가 높으면 오히려 형식주의인 레드테이프(red-tape) 문제를 가져온다.

20 **환경 변화에 적응하기 위해 조직의 구조가 변동한다고 이해하고 조직의 환경에 대한 적합성을 강조한 이론은?**

① 카오스이론 ② 네트워크이론 ③ 포스트모던이론

④ 상황적응이론 ⑤ 조직전략이론

해설 조직의 환경에의 적합성을 강조한 이론적 접근은 번스(T. Burns)와 스토커(G. M. Stalker), 로

렌스(P. R. Lawrence)와 로쉬(J. W. Lorsch) 등이 주장한 상황적응이론(contingency theory)이다.

21 **부서화에 대한 설명으로 적절하지 못한 것은?**

① 부서화란 개별 직무와 직위를 부서로 묶어 분류하는 과정을 말한다.
② 상호 의존성이 높은 직무들을 한 부서로 통합하는 것이 필요하다.
③ 기능부서화란 조직의 생산물에 따라 같은 부서로 묶는 방식이다.
④ 지역부서화는 특정 지역의 고객에 봉사하기 위해 조직자원을 조직화하는 방법이다.
⑤ 혼합부서화는 두 개의 부서화 대안을 동시에 수용하는 경우다.

해설 ③은 사업부서화에 해당한다. 기능부서화는 유사한 기능, 업무 과정이나 유사한 기술이나 지식을 가진 구성원을 같은 부서로 묶는 방식이다.

22 **문제 추가 발생으로 의사결정이 많아진 관리자의 추가 부담을 덜어 주기 위해 통솔범위를 줄여주고 의사소통을 원활하게 하기 위한 수직적 조정 장치는?**

① 규칙과 절차 명시　② 장기계획서 작성　③ 참모나 계선 직위 신설
④ 정기보고서 작성　⑤ 임시작업단 구성

해설 관리자의 부담을 덜어주고 원활한 조정과 의사소통을 위해 참모 직위나 계선 직위를 추가할 수 있다.

23 **수직적 조정 장치라고 보기 힘든 것은?**

① 정기보고서　② 프로젝트 매니저　③ 규칙과 절차 정비
④ 참모 직위 신설　⑤ 사업계획서

해설 프로젝트 매니저는 수평적 조정을 담당하는 정규 직위를 신설하는 것이다.

24 **수평적 조정 장치 중에서 가장 강력한 수평 연결 장치라고 볼 수 있는 것은?**

① 계선 · 참모 직위 신설　② 프로젝트 팀　③ 임시작업단
④ 정보 시스템 구축　⑤ 프로젝트 매니저

해설 프로젝트 팀은 장기간 협동을 요할 때 구성하는 영구사업단으로 강력한 수평 연결 장치다.

정답 18 ① 19 ⑤ 20 ④ 21 ③ 22 ③ 23 ② 24 ②

25 조직구조의 특성에 관한 설명 중 바르지 못한 것은?

① 번스(T. Burns)와 스토커(G. M. Stalker)는 기본적으로 조직구조의 특성은 크게 기계적 구조와 유기적 구조로 개념화했다.

② 기계적 구조의 대표적 조직은 베버(M. Weber)의 관료제 모형이며, 전문화, 공식화, 명령 체계, 계층제를 특징으로 하는 대단히 경직적인 조직이다.

③ 유기적 구조의 대표적 조직은 학습조직이며, 공동과업, 비공식적이고 분권적인 의사결정을 특징으로 한다.

④ 유기적 구조는 기능구조에 가까우며, 통제, 능률성, 안정성, 신뢰성을 중시하는 저비용전략에 가까운 구조다.

⑤ 관료제 모형은 1960년대까지 지배적인 조직구조의 패러다임으로 인정받다가 1980년대 신공공관리론에 의해 도전을 받았다.

해설 유기적 구조는 매트릭스 구조·수평구조에 가깝고, 혁신과 신축성에 맞는 차별화 전략에 유용하다.

26 조직구조를 결정하는 상황 요인에 관한 설명 중 바르지 못한 것은?

① 주요 요인으로 조직전략, 조직환경, 조직 기술, 조직 규모 등을 들 수 있다.

② 저비용 전략을 추진하려면 유기적 구조로 설계하는 것이 효과적이다.

③ 조직환경은 크게 목표달성에 직접적으로 영향을 미치는 과업환경과 간접적으로 영향을 미치는 일반환경으로 구분할 수 있다.

④ 조직 기술은 조직의 투입물을 산출물로 전환하는 데 사용하는 기술이다.

⑤ 블라우(P. M. Blau)에 의하면 기본적으로 조직 규모가 커질수록 조직구조가 더욱 관료제적으로 변하게 된다고 한다.

해설 저비용전략으로 추진하는 경우는 기계적 조직으로 설계해야 효과적이다.

27 팀제에 대한 설명으로 적합하지 않은 것은?

① 팀제는 과업, 기능, 지리에 제한되지 않고 핵심 과정을 중심으로 구성된다.

② 팀제의 핵심은 팀에 대한 엄격한 통제를 통한 목표달성이다.

③ 팀원은 여러 직무를 수행할 수 있게 훈련받는다.

④ 팀조직의 효과성은 핵심 과정별 최종 성과지표에 의해 평가받는다.

⑤ 팀제는 전형적인 수평구조의 특징을 가진다.

해설 팀제에서 중요한 것은 바로 통제보다는 자율팀이다. 자율팀은 과업 수행에 필요한 자원에 접근할 수 있으며 의사결정 권한도 가진다.

28 수평구조의 장점이라고 보기 힘든 것은?

① 수평구조는 구성원 간의 의사소통과 조정이 용이하다.
② 환경 변화에 신축적으로 대응할 수 있다.
③ 부서 간의 경계를 명확히 하여 책임을 확보할 수 있다.
④ 구성원의 자율성을 신장시킬 수 있다.
⑤ 고객만족도의 증진에 기여할 수 있는 조직구조다.

해설 수평구조는 수직계층과 부서 간의 경계를 실질적으로 제거함으로써 유기적인 조정과 협력을 가능케 하는 것이 중요한 장점 중의 하나다.

29 네트워크구조에 대한 설명으로 적절하지 않은 것은?

① 네트워크조직은 핵심 역량 위주의 조직구조 편성 방식이다.
② 유기적인 조직구조 유형의 하나다.
③ 정보통신기술의 발달이 네트워크구조 출현에 긍정적인 역할을 했다.
④ 공간적인 측면에서 전 지구적인 조직으로 확산이 가능하다.
⑤ 네트워크조직은 응집력 있는 조직문화를 가져올 수 있다.

해설 네트워크조직은 오히려 모호한 조직경계에 따라 조직의 정체성이 약해 응집성 있는 조직문화를 가지기 어렵고 구성원의 충성도를 기대하기 쉽지 않다.

30 조직환경의 불확실성에 대한 설명 중 바르지 못한 것은?

① 조직환경이란 조직의 성과와 목표달성에 영향을 미치는 조직경계 외부의 모든 요소를 말한다.
② 환경의 불확실성이란 조직의 의사결정자가 조직에 영향을 미치는 외부 변화에 대해 정보를 수집하고 예측하는 데 겪는 어려움을 의미한다.
③ 불확실성의 정도는 환경의 역동성과 복잡성으로 구분되며, 역동성은 외부 요소의 변화 정도를, 복잡성은 외부 요소의 수와 상이 정도를 의미한다.
④ 불확실성이 낮은 환경에서는 기계적 구조가 유리하고, 불확실성이 높은 환경에서는 유기적 구조가 효과적이다.
⑤ 환경의 불확실성은 이에 대응하기 위해 부서 간의 차별성을 감소시킨다.

해설 환경의 불확실성은 각 부서로 하여금 상이한 목표, 지향, 대응 방향을 갖게 함으로써 부서 간의 차별성을 증가시키고 부서 간에 장벽이 생기게 된다. 따라서 환경의 불확실성은 조정 필요성을 요구하게 된다.

정답 25 ④ 26 ② 27 ② 28 ③ 29 ⑤ 30 ⑤

31 조직구조를 결정하는 기술 요인에 관한 설명 중 바르지 못한 것은?

① 조직 기술은 자원을 산출물로 전환하는 것에 사용되는 도구, 기법, 활동을 의미한다.

② 페로(C. Perrow)는 과제의 다양성과 분석 가능성을 기준으로 조직 기술은 장인기술, 비일상 기술, 일상 기술, 공학 기술로 범주화했다.

③ 일상 기술은 높은 공식화, 수직적 계층제 등을 속성으로 갖는 기능구조에 적합하다.

④ 비일상 기술이 요구되는 부서는 예측 가능성이 낮은 수평조직에서 효과적이다.

⑤ 전체 조직이 사용하는 조직 기술에 맞춰 하부 부서의 조직 기술이 결정된다.

해설 하나의 조직 내 각 부서들이 상이한 조직 기술을 사용하고 그에 따라 부서별로 그에 맞는 다른 조직구조를 요구하게 된다.

32 학습조직에 대한 설명으로 적합하지 않은 것은?

① 불확실한 환경에서 관료제 모형의 대안으로 모색되었다.

② 학습조직 역시 관료제 모형과 유사하게 조직효율성이 필수적 가치가 된다.

③ 학습조직의 성패에 조직 리더가 매우 중요하게 작용한다.

④ 학습조직에서는 구성원의 권한 강화가 필요하다.

⑤ 학습조직은 공동체 정신과 구성원 상호 간에 대한 지원과 배려가 요구된다.

해설 학습조직에서는 조직의 효율성보다는 문제 해결이 최우선의 가치로 등장한다.

정답 31 ⑤ 32 ②

MEMO

CHAPTER

05

지방정부와 지방자치

객관식으로 행정학 학습

제1절 지방정부와 지방자치의 의의

01 지방자치의 의미에 대한 설명으로 적절하지 못한 것은?

① 지방자치는 지방이 스스로 다스린다는 의미를 가진 개념이다.
② 지방자치에서 '지방'은 중앙정부에 대응하는 것으로 서울도 지방에 속한다.
③ 지방자치에서는 중앙정부가 지방정부의 관료를 임명하고 자율권을 부여한다.
④ 지방자치에서는 지방의 문제에 한정해 자치권이 행사된다.
⑤ 지방자치에서도 국가로부터 지방정부에 대한 제약과 간섭은 불가피하다.

해설 지방자치는 주민들이 스스로의 대표자를 구성해 지역 문제를 결정·처리하는 것이다. 지방공무원에 대한 임명권은 해당 지방자치단체가 가진다(새행정학$_{3.0}$, p.183).

02 다음 중 지방자치의 의의 및 가치와 관계가 가장 적은 것은?

① 평등의 확보
② 참여를 통한 시민교육
③ 효율성의 추구
④ 자유와 인권의 확보
⑤ 정책 실험장의 역할

해설 지방자치는 중앙과 지방의 권력을 나누는 근본적인 권력분립으로 자유와 인권을 보장하는 데 중요한 역할을 한다(새행정학$_{3.0}$, pp.183-184).

03 지방행정과 지방정부에 대한 설명으로 적절하지 못한 것은?

① 지방자치는 내용적으로 지방정치와 지방행정을 포함한다.
② 중앙정부의 일선기관인 특별행정기관도 지방행정에 포함된다.
③ 지방정부는 지방의 정치, 정책, 사법 기능까지 포함하는 개념이다.
④ 지방정부와 시민사회 간 파트너십을 강조할 때 지방 거버넌스 개념을 사용한다.

정답 01 ③ 02 ① 03 ⑤

⑤ 지방행정은 지방자치와 관계없이 성립할 수 없다.

해설 중앙정부에 의해 지방공무원이 임명되면 지방자치 없는 지방행정이 된다(새행정학3.0, pp.183-185).

04 단체자치의 개념과 관련성이 상대적으로 적은 것은?

① 정부간 관계 ② 지방분권 ③ 자치권
④ 주민참여 ⑤ 사무배분

해설 단체자치는 중앙정부와 지방정부 간의 관계와 관련된 것으로, 자치계층제는 주민자치와 관련성이 높다(새행정학3.0, p.183).

제2절 지방정부의 계층구조와 사무

05 다음 중 우리나라 지방자치단체의 계층구조에 대한 설명으로 옳은 것은?

① 지방자치단체의 계층구조는 행정계층과 자치계층 중 하나로 구성되어 있다.
② 행정계층은 전국을 민주적 통치 차원에서 분할한 것이다.
③ 자치계층은 관리의 효율성을 위해 주민공동체를 분할한 것이다.
④ 지방자치단체는 광역과 기초, 읍·면·동의 자치 3층제를 유지하고 있다.
⑤ 지방자치단체 중 시·군·자치구는 기초자치단체의 유형이다.

해설 ① 우리나라 지방자치단체의 계층구조는 자치계층과 행정계층으로 구성되어 있다. ② 행정계층은 전국을 효율적으로 통치하려는 차원에서 편의상 분할한 것이다, ③ 자치계층은 주민공동체의 정책결정 및 집행의 단위로서 정치적 민주성 가치가 중요시된다. ④ 지방자치단체는 광역과 기초의 자치 2층제를 유지하고 있고, 행정계층은 기초자치단체 아래 행정시·행정구, 읍·면·동을 두어 3~4층제가 된다(새행정학3.0, pp.185-187).

06 지방자치단체 계층구조 개편에 대한 대안 중 성격이 다른 하나는?

① 50만 명 이상 대도시의 특정시 전환론
② 도와 광역시의 통합론
③ 자치구 폐지론
④ 도와 시·군 간 기능재편론
⑤ 도농통합론

해설 ①은 지역 특성별로 지방자치의 실질 권한을 확대하기 위한 대안 중 하나다. 나머지는 효율성의 관점에서 계층구조의 개편을 시도하는 신집권적 접근들이다(새행정학3.0, pp.185-187).

07 다음 중 지방사무의 유형에 대한 설명으로 바른 것은?

① 지방사무는 단체위임사무와 기관위임사무로 구성된다.
② 지방자치단체가 자기 의사와 책임 아래 처리하는 사무를 단체위임사무라 한다.
③ 지방자치단체장에게 위임해 처리하도록 한 국가사무를 단체위임사무라 한다.
④ 순수한 지방사무에는 자치사무와 단체위임사무가 포함된다.
⑤ 단체위임사무는 국가나 상급자치단체로부터 위임된 사무로, 해당 지방의회의 관여가 인정되지 않는다.

해설 ① 지방사무는 자치사무와 단체위임사무, 기관위임사무로 구성된다. ② 지방자치단체가 자기 의사와 책임 아래 처리하는 사무는 자치사무라 한다. ③ 지방자치단체장에게 위임해 처리하도록 한 국가사무는 기관위임사무라 한다. ⑤ 단체위임사무는 국가나 상급자치단체가 재원을 공동 부담하고, 해당 지방의회의 관여가 인정된다(새행정학$_{3.0}$, p.415).

08 우리나라 중앙정부 기능의 지방이양에 대한 설명으로 잘못된 것은?

① 지방정부의 집행사무에서 자치사무의 비중이 기관위임사무보다 월등히 높다.
② 지방이양률이 낮은 편인데 이는 포괄적 예시형의 기능 배분 방식 때문이다.
③ 포괄적 예시형 기능 배분의 문제를 극복하기 위해 보충성 원칙이 강조된다.
④ 최근 들어 국가위임사무의 비율은 점차적으로 낮아지고 있다.
⑤ 중앙정부의 기능이양을 위해 1999년도에 지방이양추진위원회가 설치되었다.

해설 「지방자치법」은 사무배분 방식으로 포괄적 예시주의를 취하고 있어 형식적인 숫자 규모만을 비교하면 지방정부의 집행사무에서 자치사무의 비중이 상당히 높다. 다만, 지방자치의 관점에서는 자치권 확대를 위해 필수적인 중요한 기능에 대해 국가위임사무의 비중이 필요 이상으로 높다는 것이 문제점으로 지적된다(새행정학$_{3.0}$, pp.188-189).

09 주민과 직접 접촉하는 자치단체의 기능을 먼저 규정하고 자치단체에서 처리하기 어려운 기능을 중앙정부의 기능으로 설정해야 한다는 지방이양 원칙은?

① 포괄적 예시형 원칙
② 한정적 분담 원칙
③ 보충성의 원칙
④ 포괄성의 원칙
⑤ 보완성의 원칙

해설 ① 중앙정부의 권한을 예시하고 이에 해당하지 않는 기능에 대해 지방정부의 기능으로 규정하는 원칙으로 분권화를 저해하는 주요 원인으로 비판되기도 했다. ③ 지방자치의 기본 원칙으로 지방분권론의 기본 전제이다(새행정학$_{3.0}$, p.190).

정답 04 ④ 05 ⑤ 06 ① 07 ④ 08 ① 09 ③

10 전통적인 관점에서의 지방분권 추진과 상대적으로 관련성이 적은 것은?

① 제주특별자치도 설치
② 지방분권 촉진에 관한 특별법
③ 선분권 후보완 원칙, 보충성 원칙, 포괄성 원칙
④ 지방이양추진위원회
⑤ 지방주의(localism)

해설 전통적 지방분권은 기초자치단체 중심의 지방주의를 실천하는 것이다. 제주특별자치도는 기초자치단체를 통합해 하나의 광역자치단체를 만든 것으로 광역화 접근이다.

11 다음 중 특별지방행정기관과 지방자치에 관한 설명으로 잘못된 것은?

① 특별지방행정기관은 국가의 사무를 집행하기 위해 중앙부처에서 설치한 일선집행기관으로 법인격은 물론 자치권도 가지고 있지 않다.
② 2015년 10월 현재 특별지방행정기관의 수는 5,171개로 지방자치단체의 수는 물론, 읍・면・동의 수보다 많다.
③ 특별지방행정기관과 지방자치단체 간 기능 상충으로 인해 비효율이 발생한다.
④ 특별지방행정기관에 대해서는 주민의 통제와 참여, 그리고 책임 확보가 어렵다.
⑤ 특별지방행정기관의 관할 범위가 넓을 경우 이용자인 국민의 불편이 가중된다.

해설 특별지방행정기관과 지방자치단체 간 비효율성은 기능의 중복으로 인해 발생한다(새행정학3.0, p.191).

12 지방자치와 관련성이 가장 적은 항목은?

① 미국의 교육특구
② 부산지방국토관리청
③ 자치단체조합
④ 관할구역
⑤ 주민 대표성

해설 지방국토관리청도 일정한 지리적 공간과 관할구역을 가지지만 중앙정부에서 임명하는 중앙공무원들에 의해 업무가 처리되기 때문에 지방자치와는 관련성이 적다(새행정학3.0, p.191).

13 국가의 사무를 집행하기 위해 중앙부처에서 설치한 일선 집행기관은?

① 특별지방행정기관
② 지방출장소
③ 지방자치단체조합
④ 광역자치단체
⑤ 광역행정기관

해설 특별지방행정기관은 국가 업무의 효율적이고 광역적 추진을 위해 중앙정부의 직할 기구로 지역별로 설치되어 있다(새행정학3.0, p.191).

14 **지방분권의 관점에서 특별지방행정기관이 안고 있는 문제점이 아닌 것은?**

① 지역주민들을 위한 공공서비스의 책임행정이 약해진다.
② 지방자치단체의 관할 경계를 넘어 국가 업무를 광역적으로 추진한다.
③ 지방자치단체와 기능 중복으로 인한 행정 비효율성 문제가 있다.
④ 특별지방행정기관의 관할 범위가 넓어 정책의 현지성이 결여된다.
⑤ 중앙정부의 부처이기주의에 따른 지방조직 남용 설치 문제가 있다.

해설 ②는 지방자치단체 이외 별도의 특별지방행정기관이 필요한 기본 이유다(새행정학3.0, p.191).

제3절 정부 간 관계와 지방자치권

15 **다음 중 자치단체 상호 간의 분쟁 조정 수단에 해당하지 않는 것은?**

① 행정안전부장관에 의한 조정
② 분쟁조정위원회에 의한 조정
③ 중앙부처장관에 의한 조정
④ 사무위탁을 통한 조정
⑤ 행정협의회 설치

해설 지방자치단체 상호 간의 분쟁에서 상급기관은 행정안전부장관과 시·도지사이며, 다른 중앙부처장관은 관여할 수 없다(새행정학3.0, pp.198-200).

16 **다음 중 우리나라의 중앙과 지방 간 갈등 및 그 조정과 관계가 적은 것은?**

① 헌법재판소의 권한쟁의심판
② 복지사업 지방비 부담 비율
③ 국무총리 소속 행정협의조정위원회
④ NIMBY(님비) 현상과 PIMFY(핌피) 현상
⑤ 지방자치단체 전국 협의체

해설 님비 현상과 핌피 현상은 모두 지방자치단체 간 갈등 현상에 해당한다(새행정학3.0, p.198).

정답 10 ① 11 ③ 12 ② 13 ① 14 ② 15 ③ 16 ④

17 **우리나라에서는 인정하지 않는 자치권은?**

① 자치입법권 ② 자치사법권 ③ 자치인사권
④ 자치조직권 ⑤ 자치재정권

해설 자치단체 스스로 법규를 위반한 행위에 대해 형을 정하고 집행할 수 있는 자치사법권은 현행 「지방자치법」에서 인정하지 않고 있다(새행정학3.0, p.194).

18 **우리나라의 자치입법권에 대한 설명 중 올바른 것은?**

① 분권화를 위해 「헌법」과 「지방자치법」에서 포괄적인 조례 제정권을 인정하고 있다.
② 중앙정부의 기관위임사무가 많아 실질적으로 자치입법권이 강화되고 있다.
③ 법률 우선 적용 원칙으로 인해 자치입법권이 제약받고 있다.
④ 법률유보주의가 적용되어 지방별로 주민들에 대한 권리 제한의 내용이 다양하다.
⑤ 법률의 위임이 없어도 조례를 통한 벌칙의 부과가 가능하다.

해설 ① 우리나라의 자치조례 제정권은 제한적인데, '법령의 범위 안'에서 조례제정권을 한정하고 있다. ② 기관위임사무는 중앙정부의 업무를 지방자치단체가 위임받아서 수행하는 것이기 때문에 관련 법률에 따른 제약이 많이 작용한다. ③ 지방자치단체 사무에서도 「사회복지법」 등 다른 개별 법령의 규정이 있으면 조례보다 우선 적용하게 된다. ④ 주민들에 대한 권리 제한은 법령의 위임이 있어야 가능하다는 것이 법률유보주의이다. 따라서 국회에서 만들어진 법률이 전국적으로 적용되기 때문에 지방별로 다양하지 않다. ⑤ 법률의 위임 없이는 조례를 통한 형벌의 부과와 벌칙을 규정하지 못한다(새행정학3.0, p.194).

19 **우리나라의 자치조직권 및 자치재정권에 대한 설명으로 적절하지 않은 것은?**

① 행정안전부의 승인이 있으면 중앙정부 지침의 예외적 기구를 설치할 수 있다.
② 지방자치단체의 공무원 정원 규모는 총액인건비를 통해 제약받고 있다.
③ 부단체장의 수와 직급에 대해서도 중앙정부의 기준이 엄격히 적용되고 있다.
④ 조세법률주의에 따라 지방세목은 지방의회가 제정하는 조례로 신설해야 한다.
⑤ 일정 규모 이상의 재정투자사업에 대해 행정안전부로부터 심사를 받아야 한다.

해설 조세법률주의는 (지방의회가 아닌) 국회에서 제정하는 법률에 의해서만 조세가 신설될 수 있다는 것이다. 따라서 조례로써는 독자적인 세목을 설치하지 못한다(새행정학3.0, pp.195-197).

20 **지방교부세에 대한 설명으로 잘못된 것은?**

① 보통교부세는 지출 용도에 제한이 없는 일반재원이다.
② 재정력지수가 1이 넘는 지방자치단체는 보통교부세를 교부받지 못한다.
③ 내국세의 19.24%에 해당하는 금액과 종합부동산세 전액이다.
④ 재정력이 우수한 서울특별시와 경기도는 지방교부세를 교부받지 못한다.

⑤ 재정자립도가 낮은 지방자치단체가 선호하는 재정력 확충 수단이다.

해설 재정력지수가 1이 넘는 자치단체는 지방교부세 중 '보통교부세'를 교부받지 못한다(새행정학 3.0, p.197).

21 지방재정 확충 방안에 대한 설명 중 현실과 거리가 있는 것은?

① 모든 지방자치단체들은 지방교부세의 재원 확대를 가장 선호한다.
② 자주재원 확충을 강조하는 입장에서는 지방세 기능 확대를 주장한다.
③ 각종 부담금의 지방세원화 주장도 있다.
④ 지방소득세, 지방소비세제의 도입은 지역 간 재정격차를 심화시킬 수도 있다.
⑤ 자주재원 확충을 위해 지방소득세와 지방소비세가 신설되었다.

해설 재정력이 우수하여 보통교부세를 교부받지 못하는 불교부단체들은 지방교부세보다는 국세의 지방세 이양을 통한 자주재원 확충을 선호한다(새행정학 3.0, p.197).

22 다음 중 분권교부세에 관한 설명으로 잘못된 것은?

① 2005년도에 국고보조사업 지방이양 관련 재원조지로 마련되었다.
② 주로 복지사업 예산으로 사용된다.
③ 2010년부터 폐지되어 보통교부세로 통합되었다.
④ 분권교부세는 보통교부세로 통합되었다.
⑤ 분권교부세 사업 중 일부만이 국고보조사업으로 환원되었다.

해설 분권교부세는 2010년 폐지 예정이었으나, 시한이 연장되어 오다가 2015년부터 폐지되었다(새행정학 3.0, p.197).

제 4 절 지방자치 환경의 변화와 지방정부의 대응

23 다음 중 지방자치단체 기관구성 유형에 대한 설명으로 잘못된 것은?

① 기관통합형은 지방의회와 집행기관을 주민 직선으로 구성하는 유형이다.
② 기관대립형은 대통령 중심제와 유사하다.
③ 기관통합형은 영국의 의회형이 대표적이다.
④ 지방자치단체는 의사결정기관과 집행기관의 구성 형태에 따라 분류된다.

정답 17 ② 18 ③ 19 ④ 20 ④ 21 ① 22 ③ 23 ①

⑤ 기관대립형은 의결기관과 집행기관을 이원적으로 구성하는 유형이다.

해설 기관통합형은 지방의회만을 주민 직선으로 구성하고, 집행기관은 지방의회에서 구성하는 유형이다(새행정학$_{3.0}$, pp.205-206).

24 지방자치단체 구성에서 기관대립형의 특징에 속하는 것은?

① 영국의 의회형이 대표적이다.
② 지방의회의 의장이 단체장을 겸직하면서 지방행정 관료를 지휘한다.
③ 대통령중심제와 비슷한 견제와 균형의 원리에 기초한 것이다.
④ 미국의 기관구성에서 지배적인 원리다.
⑤ 지방의회가 주도적인 역할을 수행한다.

해설 ③ 항목 이외는 기관통합형의 기본 특징이다. 기관대립형은 의결기관과 집행기관을 이원적으로 구성해 상호 견제와 균형을 통해 지방자치를 수행하는 제도다. ④ 미국 연방정부는 대통령중심제이지만 주 및 지방정부는 지역별로 다양하다. 다만, 기관통합형이 많다(새행정학$_{3.0}$, pp.205-206).

25 우리나라 지방자치단체의 장(長)에 대한 설명으로 잘못된 것은?

① 집행기관의 장은 자연인이면서도 법률적으로는 집행기관의 성격을 갖는다.
② 단체장은 자신이 속한 자치단체를 외부에 대표하는 제1인자다.
③ 단체장은 조례가 위임하는 범위 내에서 규칙을 정할 수 있다.
④ 주민들의 청구를 통해 지방의회는 단체장에 대한 불신임권을 행사할 수 있다.
⑤ 지방자치단체 장은 지방의회를 해산할 수 있는 권한이 없다.

해설 단체장 불신임권이나 지방의회 해산권을 인정하지 않는다(새행정학$_{3.0}$, p.207).

26 우리나라의 지방자치와 주민참여제도가 가진 문제점으로 적절하지 못한 것은?

① 민원 해결 지향적인 주민참여의 비중이 높다.
② 주민들에 대한 참여 홍보가 부족하고 정보공개 노력이 적은 편이다.
③ 지방자치제 실시와 함께 주민참여제도가 처음 도입되어 참여 경험이 매우 적다.
④ 주민참여에 대한 환류 기능이 부족해 참여 효능감이 낮은 편이다.
⑤ 주민참여에서 소수집단의 독점 현상이 나타나고 있다.

해설 반상회, 공청회 등 지방자치제 실시 이전부터 주민참여제도는 운용되었다. 지방자치 실시와 함께 제도의 실효성이 더욱 높아진 것으로 해석해야 한다(새행정학$_{3.0}$, pp.436-437).

27 **다양한 주민참여 장치 중에서 간접적인 참여제도에 속하는 것은?**

① 주민감사청구제
② 조례제정개폐청구제
③ 주민투표제
④ 도시계획위원회
⑤ 주민소환제

해설 자문위원회, 도시계획위원회, 환경연합회, 각종 협의회 등은 간접적인 주민참여 장치이고, 나머지 항목들은 직접적인 주민참여제도다(새행정학$_{3.0}$, p.209).

정답 24 ③ 25 ④ 26 ③ 27 ④

기출 문제를 통한 감각 익히기

01 지방분권화가 확대되는 이유로 옳지 않은 것은? (지방7, 2021)

① 내생적 발전전략에 기반한 도시경쟁력 확보가 중요해지고 있다.
② 중앙집권 체제가 초래하는 낮은 대응성과 구조적 부패 등은 국가 성장의 장애 요인으로 작용하고 있다.
③ 사회적 인프라가 어느 정도 갖춰진 국가에서는 지역 간 평등한 공공서비스의 수요가 증가하고 있다.
④ 신공공관리론에 근거한 정부혁신이 강조되고 있다.

해설 지역 간 평등과 균형발전을 확보하기 위해서는 중앙집권화가 요구된다.

02 지방자치를 주민자치와 단체자치로 구분할 때 틀린 설명은? (경기9, 2005)

① 주민자치란 지방 주민의 책임으로 대표자를 통해 공공사무를 처리하는 것이다.
② 단체자치는 주로 독일과 프랑스 등 유럽 대륙에 적용된다.
③ 단체자치에서는 특별지방행정기관과 지방자치단체 중복 문제가 발생하지 않는다.
④ 주민자치의 핵심은 주민참여에 있다.

해설 단체자치와 주민자치는 지방자치의 발생론적 관점에서의 분류이기 때문에 구체적인 행정 현상에 대한 논의와는 설명의 차원이 다르다. 단체자치는 지방자치권이 중앙정부로부터 위임된 것으로 인정하기 때문에 지방 단위 행정에서 중앙정부의 개입이 상대적으로 크다. 따라서 중앙정부에서 설치한 특별지방행정기관이 지방 단위에 별도로 운영되어도 논리적인 모순은 발생하지 않는다.

03 지방자치와 민주주의의 관계에 대한 설명 중 잘못된 것은? (대구9, 2004)

① 지방자치는 민주주의 학습 과정이다.
② 지방자치는 중앙정부의 집권화를 억제할 수 있다.
③ 지방자치는 주민의 복지와 이익을 증진시킨다.
④ 지방자치는 주민의 직접 참여와 통제를 강화시킨다.

해설 지방자치에서 의미하는 민주성은 의사결정 과정에 대한 주민참여와 중앙정부에 대응하는 지방의 분권 체제 강화다. 주민복지와 이익 증진은 민주주의와 직접적 관련성이 상대적으로 적다.

04 티부 가설(Tiebout Hypothesis)의 가정이 아닌 것은? (국가7, 2019)

① 다수의 이질적인 지방정부가 존재한다.
② 주민들은 지방정부가 제공하는 서비스의 정보를 완전히 알고 있다.
③ 지방공공재는 외부효과가 존재한다.
④ 개인들은 자유롭게 다른 지역으로 이주할 수 있다.

해설 티부 가설은 지방공공재에 외부효과가 존재하지 않는다고 본다.

05 티부(Tiebout) 모형의 전제조건으로 옳지 않은 것은? (지방9, 2022)

① 시민의 이동성
② 외부효과의 배제
③ 고정적 생산요소의 부존재
④ 지방정부 재정패키지에 대한 완전한 정보

해설 모든 지방정부가 한 가지 이상의 고정적 생산요소를 가진다는 점은 티부 모형의 전제조건 중 하나이다.

06 우리나라의 지방자치계층에 대한 설명으로 옳지 않은 것은? (국가9, 2017)

① 제주특별자치도는 자치계층 측면에서 단층제로 운영되고 있다.
② 자치계층은 주민공동체의 정책결정 및 집행의 단위로서 정치적 민주성 가치가 중요시된다.
③ 세종특별자치시의 관할구역으로 자치구를 둘 수 있다.
④ 자치계층으로 군을 두고 있는 광역시가 있다.

해설 세종특별자치시의 관할구역으로 자치구를 둘 수 없다.

07 지방자치단체의 계층구조에서 단층제의 장점으로 잘못된 것은? (경북9, 2005)

① 행정 낭비 제거 ② 지역의 특수성 존중
③ 국가의 감독 및 관리 기능 강화 ④ 신속한 행정

해설 지방자치단체 계층구조의 개편 논의들은 행정효율성과 지방분권의 관점에서 추진되는 것이다.

정답 01 ③ 02 ③ 03 ③ 04 ③ 05 ③ 06 ③ 07 ③

08 지방자치의 이론적 기초 중에서 보충성의 원리를 옳게 설명한 것은? (지방7, 2009)

① 개인 및 지역 간의 과도한 격차를 줄이기 위해 상급 공동체는 필요한 최소 수준을 정하고 이에 미달하는 개인 및 지역의 삶을 보장해야 한다.

② 주민들의 자발적 참여가 전제된 상태에서 상향적 의사결정을 통해 공동 이익을 실현하는 방식이다.

③ 개인이나 하급 공동체가 할 수 있는 일을 상급 공동체가 과도하게 개입해 처리하는 것은 옳지 않다.

④ 강력한 통치권을 가진 중앙정부로부터 일정한 자치권을 부여받아 지방자치를 실시하는 전통을 말한다.

해설 보충성의 원칙(원리)은 기초자치단체 중심의 지방행정 기능 종합성 강화를 지향하는 것으로 중앙정부는 지방정부가 감당하기 힘든 업무에 대해 보충적으로 기능을 담당해야 한다는 의미다.

09 중앙정부의 지방자치단체 사무배분 원칙에 대한 설명으로 옳은 것만을 모두 고르면? (국가7, 2021)

ㄱ. 지역주민생활과 밀접한 관련이 있는 사무는 원칙적으로 시 · 군 및 자치구의 사무로 배분하여야 한다.
ㄴ. 서로 관련된 사무들을 배분할 때는 포괄적으로 배분하여야 한다.
ㄷ. 시 · 군 및 자치구가 처리하기 어려운 사무는 국가보다는 시 · 도에 우선적으로 배분하여야 한다.
ㄹ. 시 · 군 및 자치구가 해당 사무를 원활히 처리할 수 있도록 행정적 · 재정적 지원을 병행하여야 한다.
ㅁ. 주민의 편익증진과 집행의 효과 등을 고려하여 지방자치단체 상호 간 중복되지 않도록 해야 한다.

① ㄱ, ㄷ, ㅁ　② ㄴ, ㄷ, ㄹ
③ ㄱ, ㄴ, ㄹ, ㅁ　④ ㄱ, ㄴ, ㄷ, ㄹ, ㅁ

해설 ㄱ. 기초자치단체 우선의 원칙, ㄴ. 포괄배분의 원칙, ㄷ. 보충성의 원칙, ㄹ. 행정적 · 재정적 지원 병행 원칙, ㅁ. 중복배분 금지 원칙

10 **지방분권 추진 원칙 중 다음 설명에 해당하는 것은?** (지방9, 2020)

> • 기능 배분에 있어 가까운 정부에게 우선적 관할권을 부여한다.
> • 민간이 처리할 수 있다면 정부가 관여해서는 안 된다.
> • 가까운 지방정부가 처리할 수 있는 업무에 상급 지방정부나 중앙정부가 관여해서는 안 된다.

① 보충성의 원칙　　② 포괄성의 원칙
③ 형평성의 원칙　　④ 경제성의 원칙

해설 보충성의 원칙에 대한 설명이다.

11 **우리나라 지방자치단체의 사무구분에 대한 설명으로 옳은 것은?** (국가9, 2014)

① 자치사무와 단체위임사무는 자치단체가 전액 경비를 부담하며, 기관위임사무는 원칙적으로 자치단체와 위임기관이 공동으로 부담한다.
② 단체위임사무는 법령에 의해 하급 자치단체장에게 위임된 사무이며, 기관위임사무는 법령에 의해 국가 또는 다른 자치단체로부터 위임된 사무이다.
③ 자치사무와 단체위임사무의 처리를 위해 자치단체는 조례를 제정하는 것이 가능한데, 기관위임사무는 원칙적으로 조례제정대상이 아니다.
④ 자치사무는 지방의회의 관여(의결, 사무감사 및 사무조사) 대상이지만, 단체위임사무와 기관위임사무는 관여 대상이 아니다.

해설 ① 자치사무는 자치단체가 전액 경비를 부담하며, 단체위임사무는 원칙적으로 자치단체와 위임기관이 공동으로 부담한다. 기관위임사무는 위임기관이 전액 부담한다. ② 기관위임사무는 법령에 의해 하급 자치단체장에게 위임된 사무이며, 단체위임사무는 법령에 의해 국가 또는 다른 자치단체로부터 위임된 사무이다. ④ 자치사무와 단체위임사무는 지방의회의 관여(의결, 사무감사 및 사무조사) 대상이지만, 기관위임사무는 관여 대상이 아니다.

12 **정부 간 관계에 대한 설명으로 옳은 것은?** (국가7, 2018)

① 미국 건국 초기에는 연방의 권한이 상대적으로 강했으며, 연방과 주의 권한을 명확히 구분하지 않았다.
② 딜런의 규칙(Dillon's rule)에 의하면 지방정부는 '주정부의 피조물'로서 명시적으로 위임된 사항 외에도 포괄적인 권한을 지닌다.
③ 영국의 경우 개별적으로 수권받은 사무에 대해서는 지방자치 단체가 자치권을 보

정답 08 ③　09 ④　10 ①　11 ③　12 ③

유하지만, 그 범위를 벗어나는 행위는 금지된다.

④ 일본의 경우 메이지유신 이래 강력한 중앙집권적 체제를 유지해 왔으며, 국가의 관여를 폐지하거나 축소시키는 등의 분권개혁은 이루어지지 못했다.

해설 ① 미국 건국 초기에는 연방과 주의 권한을 명확히 구분하지 않았다. ② 지방정부는 '주정부의 피조물'로서 명시적으로 위임된 사항만 권한을 지닌다. ④ 국가의 관여를 폐지하거나 축소시키는 등의 분권개혁이 이루어지고 있다.

13 우리나라의 중앙정부와 지방자치단체 간의 관계에 대한 설명으로 옳지 않은 것은?

(국가9, 2014)

① 보충성의 원칙에 따라 중앙정부가 처리하기 곤란한 사무는 지방자치단체가 보충적으로 처리해야 한다.

② 자치권은 법적 실체 간의 권한배분 관계에서 배태된 개념으로 중앙정부가 분권화시킨 결과다.

③ 적절한 재원 조치 없는 사무의 지방이양은 자치권을 오히려 제약하는 문제를 야기한다.

④ 사무처리에 필요한 법규를 자율적으로 제정할 수 있는 자치 입법권에 대해 제약적인 규정을 두고 있다.

해설 보충성의 원칙(원리)은 기초자치단체 중심의 지방행정 기능 종합성 강화를 지향하는 것으로 중앙정부는 지방정부가 감당하기 힘든 업무에 대해 보충적으로 기능을 담당해야 한다는 의미다.

14 신중앙집권화에 대한 잘못된 설명은? (광주9, 2007)

① 권력은 분산하고 지식과 기술은 집중해 지방자치의 민주성과 능률성을 조화

② 수평적 · 협동적 집권이 아닌 수직적 · 관료적 집권을 의미

③ 국가 · 지방의 공동사무 증대와 중앙의 정책계획 증대에 따른 현상

④ 국민생활권 확대와 행정서비스의 최저 수준 유지를 위해 촉진

해설 신중앙집권화는 전통적인 집권화의 특성인 지배, 강압, 관료적 성격이 아닌 지도적, 사회적, 협동적, 수평적, 협력적, 지식적 집권을 의미한다.

15 **정부 간 관계(IGR) 모형에 대한 설명으로 옳은 것만을 모두 고른 것은?** (지방9, 2016)

> ㄱ. 로즈(R. A. W. Rhodes) 모형에서 지방정부는 중앙정부에 완전히 예속되는 것도 아니고 완전히 동등한 관계가 되는 것도 아닌 상태에서 상호 의존한다.
> ㄴ. 로즈(R. A. W. Rhodes)는 지방정부는 법적 자원, 재정적 자원에서 우위를 점하며, 중앙정부는 정보자원과 조직자원의 측면에서 우위를 점한다고 주장한다.
> ㄷ. 라이트(D. S. Wright)는 정부 간 관계를 포괄형, 분리형, 중첩형의 세 유형으로 나누고, 각 유형별로 지방정부의 사무내용, 중앙 · 지방 간 재정관계와 인사관계의 차이가 있음을 밝히고 있다.
> ㄹ. 라이트(D. S. Wright) 모형 중 포괄형에서는 정부의 권위가 독립적인데 비하여, 분리형에서는 계층적이다.

① ㄱ, ㄴ ② ㄴ, ㄷ, ㄹ ③ ㄱ, ㄷ ④ ㄱ, ㄴ, ㄷ

해설 ㄴ. 로즈는 지방정부는 정보자원과 조직자원의 측면에서 우위를 점하고, 중앙정부는 법률에 제정할 수 있는 법적 자원과 재정적 자원에서 우위가 있다고 주장한다. ㄹ. 라이트 모형 중 포괄형에서는 정부의 권위가 계층적 · 예속적이고, 분리형에서는 정부의 권위가 독립적이다.

16 **신지방분권화 촉진 요인이 아닌 것은?** (서울9, 2007; 울산9, 2007)

① 국민적 최저 수준 유지
② 탈냉전 체제로의 국제 정세 변화
③ 대량문화와 개성 상실의 회복 지향
④ 정보화와 재택근무 보편화
⑤ 중앙집권과 과밀 · 과소 폐해

해설 ①은 신집권화의 요소다.

17 **광역행정에 대한 설명으로 옳지 않은 것은?** (지방9, 2010)

① 광역행정이란 둘 이상의 지방자치단체 관할구역에 걸쳐서 공동적 또는 통일적으로 수행되는 행정을 말한다.
② 사회경제권역의 확대는 광역행정을 촉진시키는 요인으로 작용한다.
③ 공동 처리 방식은 둘 이상의 지방자치단체가 상호 협력해 광역행정사무를 공동으로 처리하는 방식이다.
④ 연합 방식은 일정한 광역권 안에 여러 자치단체를 통합한 단일의 정부를 설립해 광역행정사무를 처리하는 방식이다.

정답 13 ① 14 ② 15 ③ 16 ① 17 ④

해설 지자체를 통·폐합해 새로운 자치단체를 신설하는 것은 합병이다.

18 **우리나라 지방자치단체의 권한에 대한 설명으로 옳지 않은 것은?** (지방9, 2013)

① 지방자치단체는 법령이나 상급 지방자치단체의 조례를 위반해 그 사무를 처리할 수 없다.

② 지방자치단체는 그 사무를 분장하기 위해 필요한 행정기구와 지방공무원을 둔다.

③ 지방자치단체는 조례와 규칙으로 정하는 바에 따라 지방세를 부과·징수할 수 있다.

④ 지방자치단체는 관할구역의 자치사무와 법령에 따라 지방자치단체에 속하는 사무를 처리한다.

해설 조세법률주의에 따라 국세와 지방세 모두 법률로 정하는 바에 따라 부과·징수할 수 있다.

19 **우리나라 지방자치단체의 권한(자치권)으로 옳지 않은 것은?** (국가9, 2021)

① 지방자치단체는 법률의 위임이 있어야 주민의 권리를 제한하는 조례를 제정할 수 있다.

② 지방자치단체는 주민의 복지증진과 사업의 효율적 수행을 위하여 지방공기업을 설치·운영할 수 있다.

③ 지방자치단체는 조례를 위반한 행위에 대하여 조례로써 1,500만 원 이하의 과태료를 정할 수 있다.

④ 지방자치단체조합도 따로 법률로 정하는 바에 따라 지방채를 발행할 수 있다.

해설 지방자치단체는 조례 위반 행위에 대해 조례로 1,000만 원 이하의 과태료를 부과를 정할 수 있다.

20 **지방자치단체의 자치권 중 우리나라에서 인정하지 않는 것은?**

(서울9, 2005; 대구7, 2007)

① 자치행정권 ② 자치입법권 ③ 자치재정권

④ 자치조직권 ⑤ 자치사법권

해설 우리나라의 경우 지방자치단체의 자치사법권은 인정되지 않는다.

21 **지방자치단체의 조례에 관한 설명으로 옳은 것을 모두 고른 것은?** (지방9, 2014)

> ㄱ. 지방자치단체의 장은 법률이나 조례가 위임한 범위에서 그 권한에 속하는 사무에 관해 규칙을 제정할 수 있다.
> ㄴ. 지방의회에서 의결된 조례안은 10일 이내에 지방자치단체의 장에게 이송되어야 한다.
> ㄷ. 재의 요구를 받은 조례안은 재적의원 과반수의 출석과 출석의원 과반수의 찬성으로 재의 요구를 받기 전과 같이 의결되면, 조례로 확정된다.
> ㄹ. 지방자치단체의 장은 재의결된 조례가 법령에 위반된다고 판단되면 재의결된 날부터 20일 이내에 대법원에 제소할 수 있다.

① ㄱ, ㄴ ② ㄴ, ㄹ ③ ㄱ, ㄹ ④ ㄷ, ㄹ

해설 지방의회에서 의결된 조례안은 5일 이내에 지자체장에게 이송되어야 한다. 재의안은 재적의원 과반수의 출석과 출석의원 2/3 이상의 찬성으로 의결되면 조례로 확정된다.

22 **조례에 관한 설명으로 잘못된 것은?** (국가7, 2007)

① 지방의회는 자치단체의 내부구조를 규정하는 조례를 제정할 수 있다.
② 지방의회는 조례로써 조세의 종목과 세율을 결정할 수 있다.
③ 조례는 상위 법령을 위반해 제정될 수 없다.
④ 주민의 권리 제한에 관한 사항이나 벌칙을 정할 때는 법률의 위임이 있어야 한다.

해설 지방세의 종목과 세율은 법률에 의해 결정된다. 지방의회에서 결정할 수 없다.

23 **우리나라 지방자치단체의 자치재정권에 대한 설명으로 옳지 않은 것은?** (지방9, 2017상반기)

① 지방세 탄력세율 제도는 지방자치단체 재정의 신축성과 자율성을 제고하기 위한 제도이다.
② 지방자치단체는 법령의 위임이 없더라도 조례의 제정을 통하여 지방 세목을 설치할 수 있다.
③ 지방자치단체의 장은 재정투자사업에 관한 예산안을 편성할 경우 대통령령이 정하는 바에 따라 사전에 그 필요성과 타당성에 대한 심사를 하여야 한다.
④ 지방자치단체의 장은 재해예방 및 복구사업을 위한 자금 조달에 필요할 때에는 지방채를 발행할 수 있다.

해설 지방자치단체는 법령의 위임이 있든 없든 조례로는 지방세목을 설치할 수 없다.

정답 18 ③ 19 ③ 20 ⑤ 21 ③ 22 ② 23 ②

24 **지방교부세에 대한 설명으로 옳지 않은 것은?** (국가9, 2022)

① 지역 간 재정력 격차를 완화시키는 재정 균등화 기능을 수행한다.
② 보통교부세, 특별교부세, 부동산교부세, 소방안전교부세로 구분한다.
③ 신청주의를 원칙으로 하며 각 중앙관서의 예산에 반영되어야 한다.
④ 부동산교부세는 종합부동산세를 재원으로 하며 전액을 지방자치단체에 교부한다.

해설 기준재정수입액이 기준재정수요액에 못 미치는 지방자치단체에 그 미달액을 기초로 교부하는 것으로, 신청주의를 원칙으로 하지 않는다.

25 **특별지방행정기관에 대한 설명으로 옳은 것은?** (국가7, 2019)

① 국가의 사무를 집행하기 위해 설치한 일선집행기관으로 고유의 법인격을 가지고 있다.
② 전문 분야의 행정을 보다 효율적으로 수행하기 위해 설치하나 행정기관 간의 중복을 야기하기도 한다.
③ 특별지방행정기관의 예로는 자치구가 아닌 일반행정구가 있다.
④ 특별지방행정기관은 지방행정의 전문성을 제고하여 지방분권 강화에 긍정적인 영향을 미친다.

해설 ① 국가의 사무를 집행하기 위해 설치한 일선집행기관이지만, 고유의 법인격을 가지고 있지는 않다. ③ 예로는 지방국세청, 지방병무청 등이 있다. 자치구가 아닌 일반행정구는 지방자치단체의 하부 행정기관에 해당한다. ④ 지방행정의 전문성을 제고하지만, 중앙통제로 인하여 지방분권 강화에 부정적 영향을 미친다.

26 **「지방자치법」상 지방자치단체조합에 대한 설명으로 옳지 않은 것은?** (지방7, 2020)

① 2개 이상의 지방자치단체가 하나 또는 둘 이상의 사무를 공동으로 처리할 필요가 있을 때에 소정의 절차를 거쳐 설립할 수 있는 법인이다.
② 설립뿐 아니라 규약변경이나 해산의 경우에도 지방의회의 의결을 거쳐야 한다.
③ 해산한 경우에 그 재산의 처분은 행정안전부장관의 승인을 받아야 한다.
④ 구성원인 시·군 및 자치구가 2개 이상의 시·도에 걸치는 지방자치단체조합은 행정안전부장관의 지도·감독을 받는다.

해설 자치단체 조합이 해산한 경우 그 재산의 처분은 관계 지방자치단체의 협의에 의한다.

27 **특별지방자치단체에 대한 설명으로 옳지 않은 것은?** (국가9, 2022)

① 2개 이상의 지방자치단체가 공동으로 특정한 목적을 위하여 광역적으로 사무를 처리할 필요가 있을 때에는 특별지방자치단체를 설치할 수 있다.
② 보통의 지방자치단체와 같이 법인격을 갖는다.
③ 특별지방자치단체의 의회는 규약으로 정하는 바에 따라 구성 지방자치단체의 의회 의원으로 구성한다.
④ 구성 지방자치단체의 장은 「지방자치법」상 겸임 제한 규정에 의해 특별지방자치단체의 장을 겸할 수 없다.

해설 구성 지방자치단체의 장은 특별지방자치단체의 장을 겸할 수 있다.

28 **자치경찰제도에 대한 설명으로 옳지 않은 것은?** (지방9, 2021)

① 지역 실정에 맞는 치안 행정을 펼칠 수 있다.
② 경찰 업무의 통일성과 효율성을 높일 수 있다.
③ 제주자치경찰단은 주민의 생활안전 활동에 관한 사무를 수행한다.
④ 자치경찰 사무를 관장하기 위하여 광역자치단체에 시·도자치경찰위원회를 둔다.

해설 국가경찰제와 자치경찰제를 동시에 운영할 경우 국가경찰제 단일 체제에 비해 통일성과 효율성을 저해할 수 있다는 문제가 있다.

29 **현행 「지방자치법상」 지방자치단체 상호 간 협력 방식에 대한 설명으로 가장 적합하지 않은 것은?** (국가9, 2010)

① 사무위탁은 사무처리비용의 절감, 공동사무처리에 따른 규모의 경제 등의 장점이 있으나, 위탁처리비용 산정 문제 등으로 인해 광범위하게 이용되지 못하고 있다.
② 2개 이상의 지방자치단체가 그 사무 중 일부를 공동 처리할 필요가 있을 때에는 규약을 정하고 일정한 절차를 거쳐 지방자치단체조합을 설립할 수 있다.
③ 행정협의회를 구성한 관계 지방자치단체는 반드시 협의회의 결정에 따라 사무를 처리할 필요는 없다.
④ 지방자치단체는 다른 지방자치단체로부터 사무의 공동 처리에 관한 요청이나 사무 처리에 관한 협의·조정·승인 또는 지원의 요청을 받으면 법령의 범위에서 협력해야 한다.

해설 「지방자치법」 제157조는 "관계 자치단체는 행정협의회협의 결정을 따라야 한다"고 규정하고 있다. 다만, 그 결정을 따르지 않을 경우 이를 강제할 수 있는 구속력 있는 수단은 없다.

정답 24 ③ 25 ② 26 ③ 27 ④ 28 ② 29 ③

30 **지방자치단체 상호 간 분쟁 조정에 관한 설명으로 옳지 않은 것은?** (지방7, 2008)

① 지방자치단체 상호 간에 분쟁이 발생할 경우 행정안전부장관 또는 시·도지사가 당사자의 신청에 의해 이를 조정할 수 있다.

② 지방자치단체 상호 간 분쟁이 공익을 현저히 저해해 조속한 조정이 필요하다고 인정될 경우에는 당사자의 신청이 없어도 행정안전부장관 또는 시·도지사가 직권으로 이를 조정할 수 있다.

③ 조정 결정사항 중 예산이 수반되는 경우에 관계 지방자치단체는 이에 필요한 예산을 우선적으로 편성해야 한다.

④ 동일 광역자치단체 내 기초자치단체 간 분쟁은 중앙분쟁조정위원회에서 조정한다.

해설 시·도에 설치된 지방분쟁조정위원회에서 조정한다.

31 **지방자치단체의 기관구성 형태에 대한 설명으로 옳지 않은 것은?** (국가7, 2022)

① 기관통합형은 행정에 주민들의 의사를 보다 정확하게 반영할 수 있다는 장점이 있다.

② 기관통합형은 지방의회에서 의결기능과 집행기능을 모두 수행하는 형태로, 영국의 의회형이 대표적이다.

③ 기관대립형 중 약시장-의회형은 시장의 고위직 지방공무원 인사에 대해서 의회의 동의를 요하는 반면, 시장은 지방의회의결에 대한 거부권을 가진다.

④ 기관대립형은 견제와 균형을 통해 권력남용을 방지하는 장점이 있지만, 의결기관과 집행기관 간의 대립 및 마찰 가능성이 있다는 단점이 있다.

해설 약시장-의회형은 지방의회가 고위직 공무원의 인사권과 행정업무 지도감독권을 가지며 의회가 정책에 대한 책임을 지는 방식이다.

32 **지방자치단체의 기관구성에 대한 설명으로 옳은 것은?** (지방7, 2019)

① 우리나라는 시장의 권한이 지방의회의 권한에 비해 상대적으로 약한 기관대립형을 유지하고 있다.

② 영국의 의회형에서는 집행기관의 장을 주민이 직선으로 선출한다.

③ 미국의 위원회형은 기관대립형의 특수한 형태로 볼 수 있다.

④ 기관통합형의 집행기관은 기관대립형에 비해 행정의 전문성이 높지 않을 가능성이 크다.

해설 ① 우리나라는 시장의 권한이 지방의회의 권한에 비해 상대적으로 강한 기관대립형을 유지하고 있다. ② 영국의 의회형에서는 집행기관의 장을 주민이 간선으로 선출한다. ③ 미국의 위원회형은 기관통합형의 특수한 형태로 볼 수 있다.

33 **지방자치단체의 기관구성에 대한 설명으로 옳지 않은 것은?** (지방9, 2016)

① 기관대립형(기관분리형)은 견제와 균형을 통해 민주적이고 합리적인 지방자치를 실시하는 방식이다.

② 기관통합형은 주민 직선으로 지방의회를 구성하고 의회 의장이 단체장을 겸하는 방식이다.

③ 기관대립형(기관분리형)은 집행부와 의회의 기구가 병존함에 따라 비효율성을 줄일 수 있다는 장점이 있다.

④ 기관통합형은 의결기능과 집행기능이 통합되어 있기 때문에 지방자치행정을 기관 간 마찰 없이 안정적으로 수행할 수 있다는 장점이 있다.

해설 기관대립형은 집행부와 의회가 분리되어 있기 때문에 지방행정에 비효율을 초래할 수 있다는 단점이 있다.

34 **「지방자치법」상 지방의회의 의결사항으로 옳은 것만을 모두 고른 것은?** (지방9, 2013)

ㄱ. 예산의 심의·확정 ㄴ. 법령에 규정된 수수료의 부과 및 징수 ㄷ. 외국 지방자치단체와의 교류 협력에 관한 사항

① ㄱ, ㄴ　② ㄱ, ㄷ　③ ㄱ, ㄴ, ㄷ　④ ㄴ, ㄷ

해설 법령에 규정된 수수료는 지방의회 의결을 거칠 필요가 없으며, 법령에 규정된 것을 제외한 사용료·수수료·분담금·지방세 또는 가입금의 부과와 징수는 지방의회의 의결사항이다.

35 **「지방자치법」상 주민참여 수단에 대한 설명으로 옳지 않은 것은?** (국가9, 2019)

① 지방자치단체의 장은 주민에게 과도한 부담을 주거나 중대한 영향을 미치는 지방자치단체의 주요 결정사항 등에 대하여 주민투표에 부칠 수 있다.

② 19세 이상의 주민은 그 지방자치단체와 그 장의 권한에 속하는 사무의 처리가 법령에 위반되거나 공익을 현저히 해친다고 인정되면 감사를 청구할 수 있다.

③ 주민은 그 지방자치단체의 장을 소환할 권리는 갖지만, 비례대표 지방의회의원을 소환할 권리를 가지고 있지는 못하다.

④ 주민은 행정기구를 설치하거나 변경하는 것에 관한 사항이나 공공시설의 설치를 반대하는 사항의 조례를 제정하거나 개정하거나 폐지할 것을 청구할 수 있다.

정답 30 ④ 31 ③ 32 ④ 33 ③ 34 ② 35 ④

해설 주민은 행정기구를 설치하거나 변경하는 것에 관한 사항이나 공공시설의 설치를 반대하는 사항의 조례를 제정하거나 개정하거나 폐지할 것을 청구할 수 없다.

36 우리나라의 주민참여제도에 대한 설명으로 옳지 않은 것은? (국가9, 2017하반기)

① 지방자치단체의 장은 주민에게 과도한 부담을 주거나 중대한 영향을 미치는 지방자치단체의 주요 결정사항 등에 대하여 주민투표에 부칠 수 있다.

② 개인의 사생활을 침해할 우려가 있는 사항이라도, 사무의 처리가 법령에 위반되거나 공익을 현저히 해친다고 인정되면 주민 감사청구를 할 수 있다.

③ 주무부장관이나 시·도지사는 주민 감사청구를 처리(각하 포함)할 때 청구인의 대표자에게 반드시 증거 제출 및 의견 진술의 기회를 주어야 한다.

④ 지방자치단체의 장은 대통령령으로 정하는 바에 따라 지방예산 편성 과정에 주민이 참여할 수 있는 절차를 마련하여 시행하여야 한다.

해설 개인의 사생활을 침해할 우려가 있는 사항은 「지방자치법」상 주민 감사청구에서 제외된다.

37 우리나라 주민참여예산제도에 대한 설명으로 옳지 않은 것은? (국가7, 2021)

① 주민이 참여할 수 있는 예산의 범위는 「지방재정법」에 규정되어 있다.

② 지방자치단체의 장은 주민참여예산제도를 마련하여 시행해야 할 법적 의무가 있다.

③ 지방자치단체 중 최초로 주민참여예산조례를 제정한 곳은 광주광역시 북구이다.

④ 지방의회 예산심의권 침해 논란이 있다.

해설 「지방재정법」은 주민참여예산의 제외 사항만 규정하고 있을 뿐 주민이 참여할 수 있는 예산의 범위를 규정하고 있지 않다.

38 지방행정에 대한 주민참여의 문제점에 대한 기술 중 잘못된 것은? (부산9, 2004)

① 행정전문화 저해

② 소수에 의한 특정 분야 과다 대표

③ 지역 이익보다는 국가 이익 우선

④ 행정 과정에서 시간과 비용 과다

해설 과다한 주민참여는 국가 이익보다는 지역 특수적인 이익을 더 요구하는 병리적 경향이 있다.

정답 36 ② 37 ① 38 ③

응용을 통한 심화 학습

01 지방분권의 기본 전제인 보충성의 원칙에 대한 설명으로 틀린 것은?

① 중앙정부의 역할은 지방정부 기능을 보충하는 측면에 국한해야 한다.
② 도덕적인 일상생활에서 공동체 가치 실현을 강조한다.
③ 광역자치단체의 기능이 우선되는 효율성 원칙과 병행된다.
④ 프랑스와 스위스에서는 관련 법률에서 보충성 원칙이 천명되어 있다.
⑤ 참여정부 지방분권화 정책의 기본적인 원칙이었다.

해설 공동체 가치를 위해서는 광역보다는 기초자치단체가 우선된다. 따라서 광역화를 통한 행정의 효율성 원칙과는 상충되는 측면도 있다.

02 지방자치의 타당성을 주장하는 이론이 아닌 것은?

① 보충성 원칙
② 다원주의
③ 티부(Tiebout) 가설
④ 딜런(Dillon)의 법칙
⑤ 참여예산

해설 딜런의 법칙이란 지방정부의 자치권은 국가의 재량으로 인정되는 것으로 중앙정부의 법적 테두리 안에서만 정당성을 가진다는 내용이다. 이 밖에도 자치이론 가운데 홈룰운동(home rule movement)이란 것이 있다. 이는 자치헌장을 지방정부 스스로 제정한다는 미국의 자치이론이다.

03 주민자치와 단체자치를 비교할 때 단체자치에 해당하는 것은?

① 포괄적 위임주의
② 민주주의 원리
③ 정부 간 기능적 협력 관계
④ 주민의 고유 권리로서 자치권
⑤ 기관통합형 지방정부 구성

정답 01 ③ 02 ④ 03 ①

해설

	주민자치	단체자치		주민자치	단체자치
자치권	주민의 고유 권리	국가가 부여한 권리	주요 국가	영국	프랑스, 독일
기본 이념	민주주의	지방분권(행정관리)	국가통제	간접통제	직접통제
권한 부여	개별적 지정	포괄적 위임	지방세제	독립세주의	부가세주의
정부 간 관계	기능적 상호협력	권력적 수직 관계	지방정부 구성	기관통합형 (의회 우위)	기관대립형 (집행부 우위)

04 우리나라 지방자치제의 전개 과정에 대한 설명으로 잘못된 것은?

① 제1공화국은 6 · 25 전쟁 중에서도 지방의회를 구성했다.
② 제2공화국에서는 단체장 불신임권과 의회해산권이 인정되었다.
③ 제4공화국은 통일 이전까지는 지방의회를 구성하지 않는다고 「헌법」에 규정했다.
④ 제5공화국은 재정자립도에 따라 순차적으로 지방의회를 설치한다고 규정했다.
⑤ 김대중 정부의 출범과 함께 민선단체장 선거가 실시되었다.

해설 1990년대 민선단체장 체제는 문민정부인 김영삼 행정부에서 1995년에 실시되었다.

05 우리나라 「지방자치법」에 규정된 중앙정부의 통제 기능이 아닌 것은?

① 국가에서 위임한 사무는 중앙정부 주무부처장관의 지도 · 감독을 받는다.
② 행정안전부 장관은 자치사무에 관하여 부당한 행정조치에 대해 회계감사를 실시할 수 있다.
③ 지방자치단체의 지방공무원 정원은 대통령령으로 정하는 기준에 따라야 한다.
④ 주무부장관은 시 · 도지사에 대하여 직무이행명령을 할 수 있다.
⑤ 지방의회에서 확정된 시 · 도 예산은 행정안전부장관에게 보고해야 한다.

해설 행정안전부의 감사는 부당한 조치가 아닌 법령 위반 사항에 국한된다.

06 라이트(D. S. Wright)의 정부간 관계이론에 대한 설명으로 적절하지 못한 것은?

① 중앙정부와 지방정부 간의 권한 배분 및 통제 관계에 대한 규범이론이다.
② 분리형은 정부 간 인사 및 재정이 완전히 독립된 관계를 말한다.
③ 정치적 타협과 협상에 의한 정부 간 상호 의존 관계를 중첩형이라고 한다.
④ 지방정부가 중앙정부에 완전히 종속된 경우를 포함형이라고 한다.
⑤ 정책을 둘러싸고 정부 간 경쟁 관계를 유지하는 경우를 대립형이라고 한다.

해설 중앙과 지방이 정책을 둘러싸고 상호 협력하면서 경쟁하는 상호 의존적인 관계를 형성한다는 것은 일본 자치제도의 특징을 분석한 무라마쓰 미치오(松村岐夫)의 수평적 경쟁모형의 내용이다(새행정학3.0, p.193).

07 **중앙정부와 지방정부 간 기능 배분을 다원주의 관점으로 설명한 것은?** (부산9, 2003)

① 정부 수준 간 기능 배분에 관한 이원국가론이다.

② 자본주의 국가 내부의 정부간 기능 배분에 대한 직접적 관심은 없다.

③ 합리적 인간관과 개체주의 관점에서 후생극대화 모형을 활용한다.

④ 정부간 기능 배분은 오랜 진화 과정을 통해 점진적으로 제도화된다.

해설 ① 영국의 도시사회학자인 손더스(P. Saunders)의 이원국가론으로 베버주의 시각에서 통합적 정부간 관점을 유지한다. 중앙정부는 마르크시즘에서 제시된 도구주의 국가론이 타당하지만 지방정부는 다원주의 국가론적 접근이 필요하다는 이론이다. ② 다양한 시각의 국가론이 있지만 자본주의 국가론의 전형은 마르크시즘에서 정립되었다. 마르크스주의 국가론에서도 "지방국가론(local state theory)"이 없는 것은 아니지만 기본적으로 국가 체제를 중앙과 지방으로 분리해 분석하지는 않는다. 따라서 국가 내 정부간 기능 배분에 대한 논의는 없다. ③ 신고전학파의 논리를 도입한 공공선택론에서의 정부간 관계론을 논의할 때 기본 가정이다. ④ 역사적이고 점증적인 관점에서 정부간 관계를 논의하는 것은 다원주의 접근의 기본 가정이다.

08 **지역사회 및 지방자치단체의 권력구조에 대한 이론과 이에 대한 설명으로 옳은 것은?** (국가9, 2012)

① 신다원론(neo-pluralism) – 기업이나 개발관계자들의 우월적 지위를 주민이나 지방정부가 용인하지 않는다.

② 엘리트론(elite theory) – 엘리트 계층 내의 분열과 다툼이 최소화되기 때문에 내부 조정과 외부 사회화의 과정은 의미를 지니기 어렵다.

③ 성장기구론(growth machine) – 성장연합과 반성장연합의 대결 구도에서 대체로 반성장연합이 승리해 권력을 쟁취한다.

④ 레짐이론(régime theory) – 지방정부와 지방의 민간부문 주요 주체가 연합해 권력 기반을 형성한다.

해설 ① 신다원론은 정부가 완전한 중립적인 조정자는 아니라고 본다, 따라서 자본주의 국가에서는 기업집단이 특권을 행사할 수 있다고 본다. ② 엘리트론에 따르면 엘리트 계층 내의 분열과 다툼은 엘리트 계충 전체의 이익을 해치지 않는 범위 내에서 마무리된다. 그러나 엘리트의 이익을 보호하기 위한 이념, 제도, 문화를 대중에게 전파해야 하므로 외부 사회화 과정은 여전히 중요하다. ③ 성장기구론에 따르면 지역사회의 정치와 경제를 토지자산가(landlord)와 개발관계자(developer)들이 주도하며 이들은 기업가, 금융업자, 그리고 개발전문가들을 참여시켜 성장연합을 구성한다. 그리고 대체로 성장연합이 승리해 지역사회의 권력을 쟁취한다.

정답 04 ⑤ 05 ② 06 ⑤ 07 ④ 08 ④

09 **광역행정의 필요성이나 가치와 관련이 적은 것은?**

① 주민참여 ② 규모 경제 ③ 외부효과
④ 주민복지 균등화 ⑤ 신집권화

해설 지방행정 구역의 단위가 광역화되면 주민들의 직접적인 참여가 줄어들 수 있다. 광역행정의 필요성은 주로 행정관리의 효율성 측면에서 인정된다.

10 **특정한 광역사무를 수행하기 위해 일반행정구역과 별도의 관할구역을 설정하는 광역행정의 방식에 해당되는 것은?**

① 도농복합시 ② 영국의 대런던의회(GLC)
③ 교육구 ④ 자치단체조합
⑤ 지방국토관리청

해설 미국에서 흔히 사용되는 방식으로 하수처리구, 홍수대책구, 공원구 등이 있다. 지방국토관리청은 행정구역이라기보다는 특별기구 설치 방식에 속한다.

11 **광역행정에 관한 설명으로 잘못된 것은?** (서울7, 2006)

① 확대된 생활권과 행정구역이 일치하지 않기 때문에 광역행정이 필요하다.
② 광역행정은 광역적 문제에 치중하기 때문에 기초지자체의 행정 수요는 경시된다.
③ 광역행정의 특징은 행정의 민주성과 효율성의 균형이다.
④ 지방자치단체조합의 구성원은 관련 지방자치단체의 주민이다.
⑤ 광역행정협의회는 집행 강제력이 결여되어 적극적인 문제 해결이 쉽지 않다.

해설 광역행정 기구 중 하나인 지방자치단체조합의 구성원은 관련 지방자치단체다.

12 **지방자치단체 계층구조에서 단층제의 장점이 아닌 것은?**

① 행정 책임이 명확해진다.
② 행정서비스에 대한 주민들의 접근성이 높아진다.
③ 중앙정부와 지역주민 간의 의사소통이 더욱 용이해진다.
④ 중복행정을 제거해 효율성이 제고된다.
⑤ 자치단체의 자치권과 지방의 특수성이 존중될 수 있다.

해설 단층제 구조는 하나의 구역 내에 모든 지방사무를 처리하는 단일 자치단체만 설치하는 것으로 현행 광역-기초의 중층제와 반대된다. 이 경우 관할구역이 넓어져서 주민들의 접근성은 약해진다. 대신, 지역주민들은 기초-광역-중앙의 중층구조 대신 지방-중앙의 단층구조로 인해 중앙정부와의 의사소통 거리는 단축된다.

13 우리나라 광역자치단체장의 권한이 아닌 것은?

① 광역의회 사무국 직원 임명
② 지방의회 불성립 시 선결처분권 행사
③ 자치 및 국가 사무에 대한 규칙 제정
④ 지방의회 임시회 요구

해설 2021년 「지방자치법」 개정으로 의회 사무국 직원 임명 권한은 지방의회 의장이 갖는다.

14 우리나라 지방자치단체장과 지방의회의 지위에 대한 설명으로 올바른 것은?

① 지방자치단체장은 주요 공직에 대해 겸직이 가능하다.
② 광역의원은 겸직 금지 규정이 있지만 기초의원은 해당 사항이 없다.
③ 자치단체장과 지방의원은 3회 이상 연임할 수 없다.
④ 광역의원과 기초의원 모두 급여를 받는다.
⑤ 광역의원과 기초의원은 정당 공천이 인정되지 않는다.

해설 ①, ② 지방자치단체장과 지방의원은 모두 겸직 금지 규정을 적용받는다. ③ 지방의원은 연임 제한이 없다. ④ 2006년도부터 지방의원에 대한 보수가 기존의 회의수당이 아닌 급여 형식으로 제공된다. 급여의 규모는 자치단체의 재정 사정에 따라 다양하게 설정된다. ⑤ 2005년 8월 「공직선거법」 개정으로 기초의원에 대한 정당 공천이 가능해졌으며 기초의회에 비례대표제도 도입되었다.

15 우리나라의 「지방자치법」에서 인정하는 주민참여제도가 아닌 것은?

① 참여예산 ② 주민감사청구 ③ 주민발의
④ 주민소송 ⑤ 주민소환

해설 참여예산제는 「지방재정법」에 규정이 있고 주민발의에 관한 규정은 없다.

16 지방 공공서비스 공급을 위한 재정 체계를 구성할 때 분권과 집권의 상대적 효율성에 관한 논의 중 적절하지 못한 것은?

① 정부 규모가 작을수록 주민 선호를 좀 더 잘 반영하는 의사결정이 가능하다.
② 발에 의한 투표를 통해 주민들은 선호하는 지방정부를 자유롭게 선택한다.
③ 파급 효과가 큰 지방 공공서비스의 공급도 분권화가 집권화보다 효율적이다.
④ 정부 규모가 작으면 규모 경제 효과를 확보하기 힘들 가능성이 높다.
⑤ 공공서비스의 공동 공급을 위해 지방자치단체조합을 활용할 수 있다.

정답 09 ① 10 ③ 11 ④ 12 ② 13 ① 14 ④ 15 ① 16 ③

해설 지리적 파급 효과가 큰 지방 공공서비스는 분권보다는 광역 기준의 집권적 공급이 효율적이다.

17 티부(C. M. Tiebout)의 '발에 의한 투표' 가설에 대한 설명으로 잘못된 것은?

① 지방분권화의 효율성을 주장하는 재정 논리다.
② 주민들은 지역 간 자유로운 이동을 통해 자신이 선호하는 지방정부를 선택한다.
③ 지방정부의 적정 규모 설정에 관한 이론이다.
④ 지방공공재에 대한 주민 선호를 확인할 수 있다고 가정한다.
⑤ 시장기구 논리와 같이 지방정부 간의 자유로운 경쟁을 유도한다.

해설 티부 가설은 주민들이 시장에서 상품을 선택하듯이 이사를 통해 선호하는 지방정부를 선택하기 때문에 지방정부로서는 주민들의 선호에 맞는 '조세-서비스' 패키지를 제공해, 공공재원의 효율적 배분을 달성할 수 있다는 내용이다. 주민들이 선호하는 조세-서비스 패키지를 선택하는 과정에서 지방공공재에 대한 선호가 확인된다. 지방정부의 적정 규모 논의와는 관련성이 적다.

18 우리나라 지방재정의 특성이 아닌 것은?

① 지역 간 재정불균등성이 심해 중앙정부의 재정조정 기능이 많다.
② 국고보조금의 비중이 높아 재정자율성이 취약하다.
③ 지방공공요금에 대한 중앙정부의 통제가 강해 재정의 경영화에 한계가 있다.
④ 지방재정의 규모는 중앙정부 재정의 절반 수준에도 미치지 못한다.
⑤ 조세법률주의 원칙에 따라 지방자치단체는 새로운 지방세목을 설치하지 못한다.

해설 지방공공요금에 대한 인가 및 승인은 지방자치단체장의 소관 사항이다.

19 지방재정조정제도 운용의 목적과 거리가 가장 먼 것은?

① 중앙재정과 지방재정 간 수입 조정
② 국가 위임사무 수행을 위한 재정 지원
③ 지방재정의 효율적 운용 유도
④ 지방자치단체 간 재정 수준의 균등화
⑤ 국가 표준적인 공공서비스 공급

해설 지방재정조정제도는 정부간 수직적인 재정조정이 아니라 지방정부 간 수평적 재정조정을 위해 중앙정부가 운용하는 재정조정장치다.

20 **우리나라 지방자치제에 대한 설명으로 옳지 않은 것은?**

① 지방자치단체의 의사를 결정하는 의결기관과 의사를 집행하는 집행기관을 이원적으로 구성하는 기관대립(분립)형이다.

② 지방분권화의 세계적 흐름에 따라 지방사무의 배분방식은 제한적 열거방식을 채택하고 있다.

③ 자치경찰제는 전국적으로 실시되고 있다.

④ 특별지방행정기관은 중앙행정기관이 소관 사무를 집행하기위해 설치한 지방행정기관이다.

해설 우리나라의 경우, 지방사무 배분 방식은 포괄적 예시주의 방식을 채택하고 있다.

21 **지방자치단체의 기관구성에 대한 설명으로 옳지 않은 것은?**

① 「지방자치법」에는 지방자치단체의 장의 선임방법을 달리 할 수 있는 근거 규정이 없다.

② 기관대립형은 행정책임의 소재가 분명하다는 장점이 있다.

③ 기관대립형은 의결기관과 집행기관을 이원적으로 구성해 상호 견제와 균형을 도모한다.

④ 기관통합형은 영국의 의회형이 대표적이다.

해설 「지방자치법」 개정으로 지방자치단체의 의회(이하 "지방의회"라 한다)와 집행기관에 관한 「지방자치법」의 규정에도 불구하고 따로 법률로 정하는 바에 따라 지방자치단체의 장의 선임방법을 포함한 지방자치단체의 기관구성 형태를 달리 할 수 있다.

22 **다음 중 지방자치단체의 자치입법권에 대한 설명으로 옳은 것은?**

① 지방자치단체는 단체위임사무에 대해 조례를 제정할 수 없다.

② 주민의 권리를 제한하는 내용의 조례 제정은 반드시 법률에 위임이 있어야 하지만 의무를 부과하는 행위는 법률의 위임 없이도 조례로 정할 수 있다.

③ 지방의회는 조례의 집행권을 확보하기 위해 조례로 1천만 원 이하의 과태료를 정할 수 있다.

④ 법령에서 조례로 정하도록 위임한 사항은 그 법령의 하위 법령에서 그 위임의 내용과 범위를 제한할 수 있다.

해설 ① 단체위임사무에 대해서는 조례를 제정할 수 있다. ② 주민에 의무를 부과하는 행위를 조례로 정할 때도 법률의 위임이 필요하다. ④ 법령에서 조례로 정하도록 위임한 사항은 그 법령의

정답 17 ③ 18 ③ 19 ① 20 ② 21 ① 22 ③

하위 법령에서 그 위임의 내용과 범위를 제한하거나 직접 규정할 수 없다.

23 **지방자치단체 간 주요 협력방식 중 중 법인격을 가진 것만으로 구성된 것은?**

ㄱ. 협력사업	ㄴ. 사무위탁
ㄷ. 행정협의회	ㄹ. 지방자치단체 조합
ㅁ. 특별지방자치단체	

① ㄱ, ㄴ ② ㄷ, ㄹ ③ ㄹ, ㅁ ④ ㄷ, ㄹ, ㅁ

해설 협력사업, 사무취탁, 행정협의회는 법인격이 없는 협력 방식이다.

24 **다음 중 특별지방자치단체에 대한 설명으로 옳지 않은 것은?**

① 특별지방자치단체는 자치권을 보장하기 위한 제도이기 때문에 행정안전부의 별도 승인 없이 구성 지방자치단체 간 규약 제정으로 설립할 수 있다.

② 특별지방자치단체는 사무를 처리하는 데 필요한 조례제정권을 가지고 있다.

③ 특별지방자치단체 의회의 의원은 특별지방자치단체를 구성하는 자치단체 의원으로 구성된다.

④ 특별지방자치단체의 장은 특별지방자치단체의 의회에서 선출하되 구성지방자치단체의 장도 특별지방자치단체의 장을 겸할 수 있다.

해설 ① 특별지방자치단체를 설립할 때에는 특별지방자치단체 설립 규약에 대한 행정안전부장관의 승인이 필요하다.

25 **지방자치단체 간 협력과 조정방식에 대한 설명으로 옳지 않은 것은?**

① 지방자치단체는 원칙적으로 다른 지방자치단체로부터 사무처리에 관한 협의 요청을 받을 경우 법령의 범위 안에서 협력하여야 한다.

② 지방자치단체 간 분쟁에 대해 행정안전부장관이나 시·도지사는 당사자의 신청 없는 직권 조정 권한을 가지고 있지 않다.

③ 행정안전부장관이 지방자치단체 간 분쟁을 조정하려는 경우 지방자치단체중앙분쟁조정위원회의 의결에 따라 조정을 결정해야 한다.

④ 시·도를 달리하지 않는 시·군과 지방자치단체 조합 간에 일어난 분쟁에 대해서는 지방분쟁조정위원회에서 그 분쟁을 심의·의결한다.

해설 ② 행정안전부장관이나 시·도지사는 직권에 의한 조정 권한을 가지고 있다.

26 **「지방자치법」상 주민참여에 대한 설명으로 옳지 않은 것은?**

① 주민에게 과도한 부담을 줄 수 있는 주요 결정사항 등에 대해 주민투표에 붙일 수 있다.

② 주민은 지방자치단체의 조례를 제정할 것을 지방의회에 청구할 수 있는 권한을 가지고 있다.

③ 주민은 법령이 정하는 바에 따라 주민의 권리와 의무와 직접 관련되는 사항에 대한 규칙의 제정을 청구할 수 있는 권한을 가지고 있다.

④ 주민은 지방자치단체의 장의 권한에 속하는 사무의 처리가 법령에 위반될 경우 주무부장관에게 감사를 청구할 수 있다.

해설 ③ 「지방자치법」은 주민에게 지방자치단체의 장에게 규칙제정에 대한 의견을 제출할 권한만을 정하고 있을 뿐 규칙제정청구권을 정하지는 않았다.

27 **다음 중 지방자치단체의 장과 지방의회에 대한 설명으로 옳지 않은 것은?**

① 지방자치단체의 장은 의회의 의결을 거치지 않고 선결처분할 수 있는 권한을 가지고 있다.

② 지방자치단체의 장은 지방의회가 의결한 조례에 대해 재의를 요구할 수 있다.

③ 지방의회 사무기구 직원에 대한 인사권한은 지방자치단체의 장이 행사한다.

④ 지방의회는 지방자치단체의 사무 중 특정 사안에 관하여 본회의 의결로 위원회에서 조사하게 할 수 있는 권한을 가지고 있다.

해설 ③ 「지방자치법」 개정으로 지방의회 사무기구 직원에 대한 인사권한은 지방의회 의장이 행사한다.

정답 23 ③ 24 ① 25 ② 26 ③ 27 ③

CHAPTER

06

공공기관

객관식으로 행정학 학습

제1절 공공기관의 의의와 설립 근거

01 다음 공공기관의 특성에 대한 설명 중 적절하지 않은 것은?

① 공공기관은 법적 실체로서 독립된 법인격을 갖지만 정부조직과 법적으로 분리되어 있지 않다.
② 공공기관은 정부의 통제를 받는다.
③ 공공기관은 정부조직이 아니지만 정부가 수행해야 할 공공서비스를 제공한다.
④ 공공기관은 설립과 운영 자금의 일부 또는 전부를 정부로부터 지원받는다.
⑤ 공공기관은 민간기업에 비해 사업성과 영리성이 미흡하다.

해설 ① 공공기관은 정부조직과 법적으로 분리되어 있다(새행정학3.0, pp.216-218).

02 공기업에 대한 설명으로 옳지 않은 것은?

① 공기업은 국가나 지방자치단체가 소유하는 기업을 의미한다.
② 정부는 경영층에 대한 임명권을 행사해 공기업에 대해 실질적 지배자로 역할한다.
③ 공기업으로 설립되면 중앙정부로부터 구분되는 독립된 법인격을 갖는다.
④ 공기업은 정부 내에서 재화와 서비스를 공급한다는 점에서 시장에서 재화와 서비스를 공급하는 민간기업과 구분된다.
⑤ 공기업은 이윤극대화를 추구하는 민간기업과 달리 공익성을 추구한다는 점에서 민간기업과 차이가 있다.

해설 ④ 공기업은 시장에서 재화와 서비스를 공급한다는 점에서 민간기업과 동일하다(새행정학3.0, pp.219-221).

정답 01 ① 02 ④

03 준정부기관에 대한 설명으로 옳지 않은 것은?

① 준정부기관은 예외적인 경우에 특별법이나 별도의 법률에 근거해 기관을 설립한다.
② 준정부기관은 정부조직으로부터 독자적인 법적 지위를 가진다.
③ 준정부기관은 독자적인 지배구조를 가지며 정부조직에 비해 경영자율성이 높다.
④ 준정부기관은 정책집행 기능을 담당하며 정부가 수행해야 할 공공서비스를 전달하거나 규제하는 등의 기능을 수행한다.
⑤ 준정부기관은 비영리성이 강한 업무를 수행한다.

해설 ① 준정부기관은 대부분 특별법이나 별도의 법률에 근거해 기관을 설립한다(새행정학3.0, pp. 224-225).

제2절 공공기관의 유형과 운영 현황

04 정부기업의 특징이 아닌 것은?

① 정부조직법에 의해 설립되는 정부기업도 있다.
② 정부기업의 직원은 공무원 신분은 아니나 처벌시 공무원으로 의제되는 경우가 있다.
③ 정부기업의 예산을 확정하기 위해서는 국회나 지방의회의 의결을 얻어야 한다.
④ 정부기업의 조직을 변경할 때는 직제규정을 개정해야 한다.
⑤ 중앙정부의 정부기업은 기업특별회계를 설치해 사업을 수행하고 있다.

해설 ② 정부기업의 직원은 공무원 신분이다(새행정학3.0, p.230).

05 공사형 공기업의 특징에 대한 설명으로 옳지 않은 것은?

① 공사형 공기업은 특정한 목적을 위해 특별법에 의해 설립된다.
② 공공기관이나 민간기업의 일부 출자가 예외적으로 허용되기도 한다.
③ 공사형 공기업 운용에 대한 최종 책임을 정부가 지지는 않는다.
④ 임직원은 공무원 신분이 아니다.
⑤ 법인으로서 당사자 능력을 갖는다.

해설 ③ 공사형 공기업 운용에 대한 최종 책임을 정부가 진다(새행정학3.0, pp.230-231).

06 **「공공기관의 운영에 관한 법률」에 따른 공공기관의 유형 분류에 대한 설명으로 옳지 않은 것은?**

① 공기업은 총수입액 중 자체수입의 비율이 100분의 50 이상인 공공기관이다.
② 자산규모가 1조 원 이상으로 총수입액 중 자체수입액이 차지하는 비중이 100분의 85 이상인 공기업은 시장형 공기업으로 지정한다.
③ 준정부기관은 기금관리형과 위탁집행형으로 구분한다.
④ 준정부기관은 총수입 중 자체수입의 비율이 100분의 50 미만인 공공기관이다.
⑤ 기금관리형 준정부기관이 아닌 준정부기관을 위탁집행형 준정부기관으로 분류한다.

해설 ② 자산규모가 2조 원 이상이어야 한다(새행정학3.0, pp.236-237).

07 **시장형 공기업에 해당하는 기관은?**

① 한국전력공사
② 한국무역보험공사
③ 예금보험공사
④ 한국농어촌공사
⑤ 대한무역투자진흥공사

해설 한국무역보험공사, 예금보험공사는 기금관리형 준정부기관, 한국농어촌공사, 대한무역투자진흥공사는 위탁집행형 준정부기관이다(새행정학3.0, p.238).

08 **「지방공기업법」이 정하고 있는 지방직영기업에 해당하지 않는 것은?**

① 상수도
② 하수도
③ 공영개발
④ 지역개발기금
⑤ 도시철도

해설 ⑤ 도시철도는 지방공사 유형이다(새행정학3.0, pp.241-242).

제3절 공공기관의 지배구조와 경영관리제도

09 **공공기관의 외부 지배구조에 해당하지 않는 것은?**

① 주주총회
② 경영평가
③ 감사원 감사
④ 정부의 업무감독
⑤ 국회의 국정감사

정답 03 ① 04 ② 05 ③ 06 ② 07 ① 08 ⑤ 09 ①

해설 ① 주주총회는 내부 지배구조에 해당한다(새행정학3.0, p.251).

10 **공공기관의 자율적 책임경영체제를 구축하기 위해 사전적 관여를 최소화하고 경영실적에 대해 사후에 책임을 묻는 경영관리제도는?**

① 경영공시 ② 경영평가 ③ 성과계약
④ 주주총회 ⑤ 임원추천

해설 ② 경영평가제도에 대한 설명이다(새행정학3.0, p.256).

제4절 공공기관의 혁신과 개혁 과제

11 **문재인 정부에서 도입한 공공기관 개혁정책에 해당하는 것은?**

① 공공기관통합경영평가제도 ② 통합공시제도
③ 노동이사제도 ④ 임금피크제도
⑤ 기타공공기관 경영평가

해설 ① 공공기관통합경영평가는 이명박 정부에서 도입되었다. ② 통합공시제도는 노무현 정부에서 조입하였다. ④ 임금피크제는 박근혜 정부에서 도입되었다. ⑤ 기타공공기관 경영평가는 박근혜 정부에서 도입하였다(새행정학3.0, pp.216-218).

정답 10 ② 11 ③

기출 문제를 통한 **감각 익히기**

01 **「공공기관의 운영에 관한 법률」상 공공기관에 대한 설명으로 옳지 않은 것은?**

(국가7, 2018)

① 위탁집행형 준정부기관은 기금관리형 준정부기관이 아닌 준정부기관을 의미한다.

② 기금관리형 준정부기관은 「국가재정법」에 따라 기금을 관리하거나 기금의 관리를 위탁받은 준정부기관을 의미한다.

③ 기획재정부장관은 공공기관을 공기업·준정부기관과 기타공공기관으로 구분하여 지정하되, 공기업과 준정부기관은 직원 정원이 50인 이상인 공공기관 중에서 지정한다.

④ 기획재정부장관은 지방자치단체가 설립하고 그 운영에 관여하는 기관을 공공기관으로 지정할 수 있다.

해설 ④ 기획재정부장관은 지방자치단체가 설립하고 그 운영에 관여하는 기관을 공공기관으로 지정할 수 없다.

02 **「공공기관의 운영에 관한 법률」의 내용에 대한 설명으로 옳지 않은 것은?** (국가7, 2017)

① 공공기관의 자율경영 및 책임경영체제의 확립, 경영합리화, 투명성 제고를 목적으로 한다.

② 기획재정부장관은 매년 직원 정원 100인 이상의 공공기관 중에서 공기업과 준정부기관을 지정한다.

③ 공기업은 시장형과 준시장형으로, 준정부기관은 위탁집행형과 기금관리형으로 구분된다.

④ 공기업과 준정부기관은 신규 지정된 해를 제외하고 매년 경영실적평가를 받는다.

해설 ② 기획재정부장관은 공공기관을 공기업, 준정부기관과 기타공공기관으로 구분하여 지정하되, 공기업과 준정부기관은 직원 정원이 50인 이상인 공공기관 중에서 지정한다[공공기관의 운영에 관한 법률 제5조(공공기관의 구분) 제1항].

정답 01 ④ 02 ②

03 **공공서비스의 공급 주체 중 정부부처 형태의 공기업에 해당하는 것은?** (국가9, 2019)

① 한국철도공사 ② 한국소비자원
③ 국립중앙극장 ④ 한국연구재단

해설 국립중앙극장은 문화형 책임운영기관으로, 정부부처 형태의 공기업(정부기업)에 해당한다. 한국철도공사는 준시장형 공기업이다, 한국소비자원, 한국연구재단은 위탁집행형 준정부기관이다.

04 **공공서비스 공급 주체의 유형과 예시를 바르게 연결한 것은?** (국가9, 2017)

① 준시장형 공기업－한국방송공사
② 시장형 공기업－한국마사회
③ 기금관리형 준정부기관－한국연구재단
④ 위탁집행형 준정부기관－한국소비자원

해설 ① 한국방송공사는 「공공기관의 운영에 관한 법률」에 의해 공공기관으로 지정이 불가능하다. ② 한국마사회는 준시장형 공기업에 해당한다. ③ 한국연구재단은 위탁집행형 준정부기관이다.

05 **공기업 민영화 과정에서 발생할 수 있는 문제점에 대한 설명으로 옳지 않은 것은?** (국가7, 2015)

① 민영화 과정에서 특혜, 정경유착 등의 부패가 발생할 수 있다.
② 공기업에서 제공하던 공공서비스가 사적 서비스로 변환되기 때문에 서비스 배분의 형평성 문제가 제기될 수 있다.
③ 민영화를 통해 정부의 지분이 다수 국민에게 지나치게 분산되면 대주주는 없고 다수의 소액주주만 있어서 공기업에 대한 효과적인 감시가 어려워질 수 있다.
④ 시장성이 큰 서비스를 다루는 공기업을 민영화하게 되면 지나친 경쟁체제에 노출되기 때문에 민영화의 실익이 없다.

해설 ④ 공기업의 민영화 시 시장성이 큰 서비스를 다루는 기관을 중심으로 시행해야 한다. 이런 조직일수록 민영화의 효과가 크게 나타나게 된다.

06 **공기업 민영화에 대한 설명으로 옳지 않은 것은?** (지방9, 2017상반기)

① 공공기관 경영평가에서 3년 연속 최하등급을 받은 공기업은 「공공기관의 운영에 관한 법률」상 민영화하여야 한다.
② 공공 영역을 일정 부분 축소하는 것으로 볼 수 있다.
③ 공기업을 민영화하면 국민에 대한 보편적 서비스의 제공이 약화될 수 있다.
④ 공기업 매각 방식의 민영화를 통해 공공재정의 확충이 가능하다.

해설 ① 경영평가 결과 3년 연속 최하등급을 받은 공기업을 민영화하지는 않는다. ② 공기업의 민영화는 공공부문을 축소하고 민간부문을 확대하는 것이다. ③ 민영화의 단점으로 형평성, 책임성의 저하가 발생할 수 있다.

07 지방공기업의 '경영평가'에 관한 설명으로 잘못된 것은? (서울7, 2006)

① 경영평가는 경제성과 효율성을 증대하도록 운영해야 한다.
② 지방공기업의 경영목표 달성, 업무 능률, 고객서비스 등이 평가된다.
③ 행정안전부장관은 자치단체장으로 하여금 경영평가를 실시하게 할 수 있다.
④ 행정안전부장관은 평가 결과에 대한 조치를 강구해야 한다.
⑤ 행정안전부장관은 지방공기업에 대한 지도·조언 또는 권고를 행할 수 있다.

해설 공기업은 항상 공익성과 경제성을 균형 있게 추구해야 한다.

08 「책임운영기관의 설치·운영에 관한 법률」상 책임운영기관에 대한 설명으로 옳지 않은 것은? (국가9, 2019)

① 책임운영기관은 기관장에게 재정상의 자율성을 부여하고, 그 운영성과에 대해 책임을 지도록 하는 행정기관의 특성을 갖는다.
② 소속 책임운영기관에 두는 공무원의 총 정원 한도는 총리령으로 정하며, 이 경우 고위공무원단에 속하는 공무원의 정원은 부령으로 정한다.
③ 소속 책임운영기관 소속 공무원의 임용시험은 기관장이 실시함을 원칙으로 한다.
④ 기관장의 근무기간은 5년의 범위에서 소속 중앙행정기관의 장이 정하되, 최소한 2년 이상으로 하여야 한다.

해설 소속 책임운영기관에 두는 공무원의 총 정원 한도는 대통령령으로 정하며, 이 경우 공무원의 종류별계급별 정원과 고위공무원단에 속하는 공무원의 정원은 총리령 또는 부령으로 정하되, 대통령령으로 정하는 바에 따라 통합하여 정할 수 있다.

09 책임운영기관에 대한 설명으로 옳지 않은 것은? (국가9, 2020)

① 기관장에게 기관운영의 자율성을 보장하고, 기관운영 성과에 대해 책임을 지도록 한다.
② 공공성이 크기 때문에 민영화하기 어려운 업무를 정부가 직접 수행하기 위해 고안된 것이다.
③ 객관적이고 신뢰할 수 있는 성과평가 시스템 구축은 책임운영기관의 성공 여부를

정답 03 ③ 04 ④ 05 ④ 06 ① 07 ① 08 ② 09 ④

결정짓는 요건 중의 하나이다.

④ 1970년대 영국에서 집행기관(executive agency)이라는 이름으로 처음 도입되었고, 우리나라는 1990년부터 운영하고 있다.

해설 ④ 우리나라는 1999년부터 운영하고 있다.

응용을 통한 심화 학습

01 다음 중 기업특별회계로 설치하여 운영하는 정부기업에 대한 설명으로 옳지 않은 것은?

① 정부기업은 중앙정부가 수행하는 사업 중 기업적 성격을 지니는 것을 말한다.
② 정부기업예산법에서는 기업형태로 운영하는 우편사업, 우체국예금사업, 양곡관리사업, 조달사업을 정부기업으로 분류한다.
③ 책임운영기관 중 기업특별회계 중 하나인 책임운영기관 특별회계를 적용받고 있는 기관은 정부기업의 한 유형으로 정의된다.
④ 통계청은 책임운영기관특별회계를 적용받기 때문에 정부기업의 유형에 포함된다.
⑤ 책임운영기관특별회계기관은 기관운영에 필요한 재정수입의 전부 또는 일부를 자체적으로 확보할 수 있는 사무를 담당하는 기관이다.

해설 ④ 통계청은 일반회계기관으로 중앙행정기관인 정부조직이다.

02 공기업의 설립 동기에 대한 설명으로 옳지 않은 것은?

① 독점과 같은 시장실패를 치유하기 위해 전력산업을 공기업으로 설립한다.
② 공공의 수요를 충족시키기 위해 한국토지주택공사를 공기업으로 설립한다.
③ 경제 발전의 기반이 되는 사회간접자본을 형성하기 위해 국민연금공단을 공기업으로 설립한다.
④ 정부 재정수입을 확보하기 위해 특정 사업을 공기업으로 설립하는 경우가 있다.
⑤ 자유주의나 사회주의 등 정치 이념에 따라서 공기업이 설립되는 경우가 있다.

해설 ③ 국민연금공단은 기금관리형 준정부기관으로 사회간접자본을 형성하기 위해 설립되지 않았다. 국민연금공단은 국민의 사회보장을 위한 사회보험 운영기관으로 설립되었다.

정답 01 ④ 02 ③

03 **준정부기관의 형성 배경에 대한 설명으로 옳지 않은 것은?**

① 자율성과 책임성의 확보 ② 경쟁을 통한 시장 압력 활용
③ 정부의 강력한 통제 확보 ④ 민간자본의 활용
⑤ 정치적 반대의 우회

해설 ③ 정부의 강력한 통제를 회피하기 위해 설립된다.

04 **주식회사형 공기업의 특징에 해당하지 않는 것은?**

① 공기업이지만 사기업의 주식회사와 같은 조직구조를 갖는다.
② 주로 특별법에 의해 설립되며 예외적인 경우에만 상법에 의해 설립된다.
③ 정부가 전액 출자해 설립할 수도 있다.
④ 일반행정기관에 적용되는 예산회계 관련 법률의 적용을 받지 않지만 감사원법의 적용을 받는다.
⑤ 독립적인 법인격을 갖는다.

해설 ② 주로 상법에 의해 설립되며, 예외적으로 특별법에 의해 설립된다.

05 **공공기관 지정 대상에서 제외되어 독자적인 지배구조를 적용하고 있는 공기업에 해당하는 것은?**

① 한국방송공사 ② 한국도로공사
③ 한국전력공사 ④ 인천국제공항공사
⑤ 부산항만공사

해설 ① 한국방송공사는 법적 실체는 공기업에 해당하지만 공공기관 지정 대상에서 제외된 채 독자적인 지배구조를 적용하고 있다.

06 **지방공공기관에 대한 설명으로 옳지 않은 것은?**

① 지방직영기업은 행정기관으로서 성격을 가진다.
② 지방공사는 지방자치단체가 자본금의 50% 이상을 출자하여 설립한 법인이다.
③ 지방공단은 지방자치단체가 자본금의 전액을 출자하여 설립한 기관으로 민간의 자본참여를 허락하지 않는다.
④ 지방출자기관은 지방자치단체가 자본금의 전액 또는 일부를 출자하여 설립한 공공비영리기관이다.
⑤ 지방자치단체는 재산의 전액 또는 일부를 출연하여 재단법인 형태의 지방출연기관을 설립할 수 있다.

해설 ④ 지방출자기관은 지방자치단체가 자본금의 전액 또는 일부를 출자하여 설립한 주식회사 형태의 기업조직이다.

07 공공기관 경영평가제도의 역할에 대한 설명으로 옳지 않은 것은?

① 정부와 공기업관계의 정치화를 실현해 정치적인 책임성을 확보하는 중요한 수단이다.

② 경영성과에 대한 사후적 평가를 통해 자율적 책임경영체제를 구축하는 것을 목적으로 한다.

③ 공공기관의 장에게 경영성과를 제고하도록 하는 동기부여 수단으로 기능할 수 있다.

④ 공공기관의 대리인 문제를 극복하기 위한 수단으로 기능한다.

⑤ 공공기관 경영에 있어 시장원리와 경쟁원리를 촉발하는 기능을 한다.

해설 ① 정부와 공기업관계의 탈정치화를 실현하는 중요한 수단이다.

08 각 정부별 중앙정부 공공기관 개혁정책에 대한 설명으로 옳지 않은 것은?

① 김대중 정부 – 기관장 평가를 기관장 성과협약 평가로 전환

② 노무현 정부 – 통합공시제도 도입

③ 이명박 정부 – 자율경영계획서평가제도 실시

④ 박근혜 정부 – 임금피크제 도입

⑤ 문재인 정부 – 성과연봉제 폐기 및 직무급제 도입 추진

해설 ① 기관장 평가를 기관장 성과협약 평가로 전환은 박근혜 정부의 개혁이다.

정답 03 ③ 04 ② 05 ① 06 ④ 07 ① 08 ①

CHAPTER

07

시민사회와 시민단체

객관식으로 행정학 학습

제1절 시민사회와 시민단체의 의의

01 다음 중 우리나라 시민사회에 대한 설명으로 적절하지 못한 것은?

① 시민사회를 정치적·경제적 조종 매체에 의해 침탈당하고 있는 생활세계의 모순과 억압을 체계에 전달하고 저항하는 정치적·경제적 비판과 투쟁의 장이라고 정의하기도 한다.

② 1980년대 이후 본격적으로 논의된 시민사회는 당시 등장의 배경이나 역할에 근거해 '국가에 협력하는 시민사회'로서의 의미를 강하게 지니고 있었다.

③ 1980년대라는 특별한 역사적 맥락 속에서 만들어진 단체들인 참여연대, 환경운동연합, 경실련 등은 당시 '시민단체'라는 이름으로 활동했다.

④ 2000년대 이후 'NGO'라는 용어가 포괄적으로 활용되기 시작하면서, 1980년대 태동한 시민단체는 새마을운동협의회, 자유총연맹, 바르게살기협의회와 같은 이념적 스펙트럼을 달리하는 단체들과 동일한 NGO 묶음으로 논의되었다.

⑤ 2000년대 이후 NGO라는 개념은 1980년대라는 역사성을 갖고 있는 일부 시민단체의 본질을 희석시키는 역할을 하면서 NGO를 국가 운영의 동반자로 취급하는 다원주의적 시민사회론이 주류를 차지하는 흐름이 나타났다.

해설 1980년대 이후 본격적으로 논의된 시민사회는 당시 등장의 배경이나 역할에 근거해 '국가에 대항하는 시민사회'로서의 의미를 강하게 지니고 있었다(새행정학$_{3.0}$, p.269).

02 다음 중 시민단체와 NGO에 대한 설명으로 적절하지 못한 것은?

① 창도형 시민단체는 권익 주창형 단체라고도 하여, 국가 권력과 시장의 힘에 맞서 공공 이익을 수호하는 역할을 담당한다.

② 창도형 시민단체는 권력 감시와 부정부패 방지, 환경, 여성 등의 정책 영역별로

정답 01 ② 02 ⑤

관련된 정책 이슈를 의제화하고 정책대안을 제시하는 역할을 한다.

③ 서비스형 시민단체는 정부를 대신하거나 보완해 복지, 교육, 생활 관련 서비스를 제공한다.

④ 우리나라에서는 1987년 민주화 항쟁 이후 많은 시민단체가 등장했으며, 이를 계기로 정치사회 발전에서 시민사회의 자율적 역할에 주목했기 때문이다.

⑤ UN은 NGO를 "정부 또는 정부 간의 협정에 의해 설치된 조직"으로 규정하고 있다.

해설 UN은 NGO를 "정부 또는 정부 간의 협정에 의해 설치된 조직이 아닌 것"으로 규정하고 있다. UN이 이 단어를 사용한 것은 정부활동의 한계를 보완하는 기능을 비정부조직이 할 수 있다고 인식했기 때문이다(새행정학3.0, pp.270-271).

03 우리나라 시민단체 활동에 대한 설명으로 잘못된 설명은?

① 현대적 시민단체의 본격적 등장은 진보적 시민단체를 중심으로 시작되었다.

② 경실련이 만들어지면서 시민단체에 대한 인식과 함께 시민운동의 중요성과 대중적 기반이 넓어지게 되었다.

③ 시민단체의 진보성이 좀 더 강하게 상징적으로 나타나게 된 것은 1994년 참여연대가 출범하면서부터다.

④ 2002년에 출범한 '바른 사회 시민회의'는 경제정의, 경제민주화라는 이념적 관점에서 설립되었다.

⑤ 특별한 이념적 색채를 명확히 드러내지 않으면서 활동하는 대표적으로 시민단체로는 소비자 관련 단체를 들 수 있다.

해설 2002년에 출범한 '바른 사회 시민회의'로 처음부터 보수적 이념을 기치로 내걸고 창립되었다. 창립 취지문에 나타난 핵심적인 이념적 주제어는 기업 생산성, 국가 경쟁력, 시장경제, 자유와 경쟁, 자유경제 등으로 참여연대의 경우와 대조적이다(새행정학3.0, pp.272-273).

04 시민사회에 대한 설명으로 적절하지 않은 것은?

① 시민사회는 국가와 분리되어 시민들의 자율적 영역을 형성하는 사회 실체다.

② 시민사회가 자율성은 있지만 사법부로부터 독립되지는 않는다.

③ 행정국가화가 진전되면서 시민사회의 영향력은 상당 기간 배제되었다.

④ 시민사회는 비효율적인 정부 행태에 대한 비판 기능을 수행한다.

⑤ 우리나라에서는 1980년대 이후 시민사회가 민주주의 실천을 위해 등장했다.

해설 이론적 차원에서 시민사회는 공식적인 국가기구인 행정부, 입법부, 사법부로부터 독립되어 있다. 시민단체와 시민사회를 구분하면 좀 더 명확하게 이해할 수 있다. 즉, 시민사회와는 달리 시민단체는 국민국가의 틀 속에서 인정되는 사회단체이며, 공식적인 국가기구로부터 독립적인 사회 실체는 아니다(새행정학3.0, pp.269-271).

05 **외국의 시민단체에 대한 설명으로 사실과 다른 것은?**

① 그린피스(Greenpeace)는 1971년 핵실험 반대와 자연환경 보호를 목적으로 만들어졌는데, 전 세계에 300만 명의 지지자와 후원자가 있으나 아직 한국사무소가 설치되지는 못하고 있다.

② 반부패를 목적으로 활동하는 대표적인 비정부조직으로서 1993년에 창설된 국제투명성기구(Transparency International)가 있다.

③ 소비자 보호를 목적으로 만들어진 국제적인 연대조직으로서 1960년 영국에서 설립된 국제소비자기구(Consumers International)가 있다.

④ 국제소비자기구(Consumers International)에는 2013년 현재 120개국의 240개 단체가 가입해 활동하고 있으며, 한국소비자연맹 등 일부가 이 기구에 가입했다.

⑤ 미국의 BGA(Better Government Association)는 정부의 투명성, 청렴성, 책임성을 확보해 부패를 방지하고 비능률을 방지하기 위한 목적으로 1923년에 창설되었다.

해설 그린피스(Greenpeace)는 1971년 핵실험 반대와 자연환경 보호를 목적으로 만들어졌는데, 미국 알래스카에서의 핵실험을 반대하기 위한 항해를 하는 과정에서 녹색지구의 평화를 의미하는 그린피스라는 명칭이 만들어졌다. 전 세계에 300만 명의 지지자와 후원자가 있으며, 2011년에 한국사무소가 설치되었다(새행정학$_{3.0}$, pp.273-275).

제2절 시민단체와 사회자본

06 **다음 중 시민단체 해석을 위한 관점에 대한 설명으로 적절하지 못한 것은?**

① 결사체 민주주의(Associative Democracy)의 입장에 의하면, 이상적인 사회란 NGO 등의 (결사체적) 자원조직들이 많이 생겨서 효과적으로 활동하며 사회적 의미를 부여하는 사회를 의미한다.

② 공동체주의에서는 개인의 자유를 중시하는 전통적 자유주의와 개인의 책임을 강조하는 보수주의를 절충한 입장을 취하고 있다.

③ 국가주의에서는 국가-시장-공동체라는 구조를 상정해 공동체는 국가나 시장과 구분되며, 정서적 유대와 공유된 도덕적 문화를 특징으로 한다.

④ 다원주의에서는 사회적 다원성을 전제로 하는 시민사회와 시민단체의 등장을 효과적으로 설명한다.

⑤ 사회자본은 정리된 행동을 유도함으로써 사회의 효율성을 높일 수 있는 신뢰, 규

정답 03 ④ 04 ② 05 ① 06 ③

범, 네트워크와 같은 사회조직의 특성을 갖고 있다.

해설 공동체주의에서는 국가-시장-공동체라는 구조를 상정해 공동체는 국가나 시장과 구분되며, 정서적 유대와 공유된 도덕적 문화를 특징으로 한다(새행정학3.0, pp.275-277).

07 **다음 중 사회자본에 대한 설명으로 가장 적절한 것은?**

① 사회자본은 시민의 자발적 참여에 의해 생산되는 경제적 자본을 의미한다.

② 사회자본은 실질적인 경제적 가치를 가지나 신뢰, 규범, 네트워크와 같은 사회조직의 특성을 갖고 있다.

③ 사회자본은 장기간에 걸친 사회구성원 간의 상호작용 등을 통해 형성되므로 시장에서의 대체 가능성이 높다.

④ 사회자본의 축적이 높다는 것은 사회 자체가 고비용 구조임을 의미한다.

⑤ 사회자본은 시민사회와 시민단체에 의해 효과적으로 생산되기 어렵다.

해설 ① 사회자본은 시민의 자발적 참여에 의해 생산되는 무형의 자본을 의미한다. ③ 사회자본은 시장에서의 대체 가능성이 낮다. ④ 사회자본의 축적이 낮다는 것은 사회 자체가 고비용의 비효율적 구조임을 의미한다. ⑤ 사회자본은 본질적으로 시민사회와 시민단체에 의해 효과적으로 생산된다(새행정학3.0, pp.277-279).

08 **다음 중 시민단체 활동과 사회자본에 대한 설명으로 적절하지 못한 것은?**

① 사회자본은 본질적으로 공공부문보다는 비공공부문이라고 할 수 있는 시민사회와 시민단체에 의해 효과적으로 생산된다.

② 사회자본을 민주주의 기본적 요소로 수용할 경우, 사회자본으로서의 시민의식은 공공선을 지향하는 관점에서 개인이나 연고성에 입각한 특별한 이익을 배제하는 가운데 형성된다.

③ 직접민주주의의 실패를 보완해 줄 수 있는 것은 결사체에서 혹은 이를 통해 활발하게 이뤄지고 있는 다양한 소통들이다.

④ 결사체 구성원 간의 소통과 신뢰, 다양한 결사체들 간의 소통, 그리고 사회적 합의의 정부정책과정으로의 반영은 민주주의 핵심인 신뢰를 형성한다.

⑤ 시민단체의 다양한 활동을 통해 축적된 사회자본은 대의민주주의의 결함을 보완하는 거버넌스의 형성에도 긍정적인 영향을 미친다.

해설 대의민주주의의 실패를 보완해 줄 수 있는 것은 결사체에서 혹은 이를 통해 활발하게 이뤄지고 있는 다양한 소통들이다(새행정학3.0, pp.277-279).

제3절 정부와 시민단체

09 시민사회 조직으로서 비정부조직의 특성이라고 하기 힘든 것은?

① 관료성 ② 자율성 ③ 이익의 비분배성
④ 공익 목적성 ⑤ 자발성

해설 시민사회 조직은 거버넌스에 기초하기 때문에 수직적 관료제 특성은 없다(새행정학3.0, p.280).

10 정부와 시민단체 간 균형의 거시적 조건에 대한 설명으로 적절하지 못한 것은?

① 정치적 분권화가 이뤄져야 한다.
② 시민사회의 성숙이 요구된다.
③ 정보의 공개와 공유가 필요하다.
④ 시민단체에 대한 긍정적 인식이 요구된다.
⑤ 시민단체에 풍부한 정규 인력과 전문성이 필요하다.

해설 시민단체에 풍부한 정규인력과 전문성이 필요하다는 것은 미시적 조건에 대한 설명이다(새행정학3.0, p.281).

11 다음 중 정부와 시민단체의 관계에 영향을 미치는 제도에 대한 설명으로 가장 적절하지 못한 것은?

① 「기부금품의 모집·사용 및 기부문화 활성에 관한 법률」에서는 시민단체가 정관이나 회칙 등이 정한 바에 따라서 기부금품을 모을 수 있도록 하여 시민단체의 재정 확충 활동을 법적으로 지원하고 있다.
② 「소득세법」에서는 시민단체의 회원이나 일반인들이 시민단체에 대해 기부하는 금액에 대해 소득공제가 적용되도록 하고 있다.
③ 시민단체를 정부가 재정적으로 지원하기 위한 대표적인 법으로서 2000년에 제정된 「비영리민간단체 지원법」이 있다.
④ 「비영리민간단체 지원법」에 따라 행정안전부 및 시·도지사는 공익활동에 참여하는 비영리민간단체에 대해 필요한 행정 지원 및 재정 지원을 할 수 있도록 했다.
⑤ 「집회 및 시위에 관한 법률」에서는 소위 '1인 시위'라는 방법을 공식적으로 허용하고 있다.

정답 07 ② 08 ③ 09 ① 10 ⑤ 11 ⑤

해설 「집회 및 시위에 관한 법률」상 집회 및 시위에 대한 권한이 있음에도 불구하고 이것의 행사가 용이하지는 않은 실정이다. 그래서 최근 많은 시민단체에서는 이 법의 적용을 받지 않은 소위 '1인 시위'라는 방법을 대안으로 활용하고 있다(새행정학3.0, p.283).

12 다음 중 시민참여에 대한 설명으로 가장 옳은 것은?

① 숙의의 실패를 극복하기 위해 주민들의 직접적인 참여 제도들이 운영되고 있다.

② 오늘날 시민참여 자체가 아닌 참여의 질이 중요하게 부각되었다.

③ 정부와 정책에 대한 시민의 민감도가 높아졌고, 갈등도 증가하고 있다는 점에서 대의민주주의는 여전히 중요하다.

④ 숙의는 참여 행위로서의 투표 혹은 선택 이후에 이성과 논리 등에 근거하는 심사숙고 과정을 의미한다.

⑤ 숙의민주주의는 시민들이 보조적 정책결정자로 정책결정 과정에 참여한다.

해설 ① 시민참여는 대리인 실패 현상을 극복하기 위한 것이다. ③ 시민이 민감도가 높아졌고, 갈등이 증가함에 따라 숙의민주주의가 강조되고 있다. ④ 숙의는 투표 혹은 선택 이전에 심사숙고 과정을 의미한다. ⑤ 숙의민주주의는 시민들이 대등한 정책결정자로 정책결정 과정에 참여한다(새행정학3.0, pp.284-286).

정답 12 ②

기출 문제를 통한 감각 익히기

01 시민사회 등장을 현대 행정의 관점에서 잘못 해석한 것은? (경기9, 2003)

① 거버넌스 이론이 유용하다.
② 소외계층을 대변하는 사회운동이 중요한 역할을 하고 있다.
③ 사회의 동질성이 높아지면서 시민사회의 역할이 중요하다.
④ 정부실패와 시장실패의 논쟁 속에서 시민사회 등장의 의미를 확인할 수 있다.

해설 사회구성원이 이질적으로 변화되면서 다양한 이해관계를 조정 및 중재하는 시민사회(단체)의 중요성이 부각된다.

02 행정에 대한 비정부조직(NGO)의 역할이 확대되는 이유가 아닌 것은? (서울7, 2005)

① 네트워크 ② 학습조직 ③ 세계화
④ 정보화 ⑤ 정부실패

해설 정부가 환경과 상호작용할 수 있는 학습조직의 특성을 강화하면 외부자로서 비정부조직의 역할이 상대적으로 줄어들 가능성이 크다.

03 시민참여 확대의 근거가 아닌 것은? (국가7, 2004)

① 소외계층의 참여 확대 요구 ② 정치에 대한 불신 증대
③ 정책과정과 민의 불일치 ④ 정책의 전문성 증대

해설 시민들의 참여가 정책의 전문성을 증대시키는 효과가 없는 것은 아니지만, 전문성 증대를 위해 시민참여가 확대되는 것은 아니다. 시민참여는 전문성을 저하시킬 수도 있다.

04 NGO의 바람직한 정책참여를 위한 전제 조건이 아닌 것은? (국가9, 2003)

① 시민의 대표성 확보 ② 재정 독립성 제고
③ NGO 간 연대 강화 ④ 공식 참여집단의 반발 해소

정답 01 ③ 02 ② 03 ④ 04 ④

해설 시민단체의 정책참여로 인해 기존의 제도권 내 참여집단과의 의견 상충이 발생할 가능성은 충분히 있다. 갈등을 해소하는 노력은 중요하지만 갈등 해소가 정책참여의 전제는 아니다.

05 비정부조직과 준정부조직에 관한 설명으로 잘못된 것은? (부산9, 2004)

① 준정부조직은 공공생산 기능을 수행하는 데 정부로부터의 독립성이 있다.
② 준정부조직은 여론 형성과 대안 제시를 통해 정책에 기여하기도 한다.
③ 비정부조직은 정부실패와 시장실패의 논리 속에서 등장한다.
④ 준정부조직은 정부 업무를 보조하는 정부 보완적 역할을 수행한다.

해설 비정부조직(NGO)은 Non-Governmental Organization으로 일반적인 시민단체를 지칭하며 정부정책에 대한 감시 및 비판조직이다. 반면, 준정부조직(QUANGO: QUASI)은 정부 기능의 일부를 대신 수행하는 공식적인 조직으로서 관변단체와 공기업 등을 포함한다.

06 비정부조직(NGO)에 대한 설명으로 가장 옳지 않은 것은? (지방9, 2009)

① 높은 전문성을 보유하고 있어 정책과정에서 영향력이 크다.
② 정부나 시장에 대한 감시와 견제의 역할을 한다.
③ 이상주의에 치우쳐 결과에 무책임하다고 비판을 받기도 한다.
④ 재정상의 독립성 결여로 인해 자율성 확보에 문제가 있다는 비판이 존재한다.

해설 NGO는 정책 분야별 전문성에서는 한계가 있다. 정책의 방향과 일관된 원칙, 그리고 사회적 합의 형성에서 중요한 역할을 수행한다.

07 오늘날 시민사회조직에 대한 설명으로 가장 적합하지 않은 것은? (국가9, 2010)

① 정부와 비정부조직 간에 적대적 관계보다는 서로의 존재를 인정하는 동반자적 관계가 점차 확산되고 있다.
② 비정부조직이 생산하는 공공재나 집합재의 생산비용을 정부가 지원하는 경우에는 정부와 대체적 관계를 형성한다.
③ 비영리조직이 지닌 특징으로는 자발성, 자율성, 이익의 비배분성 등이 있다.
④ 정부가 지지나 지원의 필요성을 위해 특정한 비정부조직 분야의 성장을 유도해 형성된 의존적 관계는 개발도상국에서 많이 나타난다.

해설 비용을 정부가 지원하는 경우에 정부와 NGO의 관계는 보완적·협력적 관계가 된다.

08 '사회자본(social capital)'이 형성되는 모습으로 보기 어려운 것은? (국가9, 2013)

① 지역주민들의 소득이 지속적으로 증가하고 있다.
② 많은 사람들이 알고 지내는 관계를 유지하는 가운데 대화 · 토론하면서 서로에게 도움을 준다.
③ 이웃과 동료에 대한 기본적인 믿음이 존재하며 공동체 구성원들이 서로 신뢰한다.
④ 지역구성원들이 삶과 세계에 대한 도덕적 · 윤리적 규범을 공유하고 있다.

해설 지역주민들의 소득 증가는 사회자본의 형성과 직접적인 연관이 없다.

09 사회적 자본에 대한 설명으로 옳은 것은? (국가7, 2021)

① 사회적 자본이 증가하면 제재력이 약화되는 역기능이 있다.
② 타인에 대한 신뢰는 사회적 자본의 구성 요소가 아니다.
③ 호혜주의는 사회적 자본에 영향을 미치지 않는다.
④ 사회적 자본은 거래비용을 감소시키는 순기능이 있다.

해설 사회적 자본은 상호 신뢰와 호혜주의, 공동체주의, 협력 등의 특징을 가지며, 사회적 관계에서의 거래비용을 감소시키준다.

10 퍼트남(R. D. Putnam)이 지역사회의 발전 요인으로 강조하는 것은? (경기7, 2006)

① 정보 인프라
② 사회자본
③ 지역금융
④ 내향적 리더십

해설 퍼트남은 『사회적 자본과 민주주의』(1995)에서 사회자본(social capital)의 원천으로서 사회적 연계망, 호혜성의 규범, 신뢰 등을 강조하고 있다.

11 사회자본이론(social capital theory)에 대한 설명으로 옳지 않은 것은? (국가9추, 2017)

① 신뢰와 네트워크를 통한 과도한 대외적 개방성에 대하여 많은 비판을 받고 있다.
② 정밀한 사회적 연결망은 신뢰를 강화하고, 거래비용을 낮추며, 혁신을 가속화함으로써 경제 발전을 촉진할 수 있다.
③ 퍼트남(R. D. Putnam) 등은 이탈리아에서 사회자본(시민공동체의식)이 지방정부의 제도적 성과 차이를 잘 설명한다고 주장했다.
④ 사회자본은 참여자들이 협력하도록 함으로써 공유한 목적을 보다 효과적으로 성

정답 05 ② 06 ① 07 ② 08 ① 09 ④ 10 ② 11 ①

취하게 만드는 신뢰, 규범, 네트워크와 같은 사회조직의 특징으로 정의할 수 있다.

해설 사회자본은 제한된 결속과 신뢰로 인한 부정적 효과를 갖기도 하는데, 개인의 표현의 범위를 제한하고, 새롭고 신선한 사상, 생각, 아이디어의 흐름을 감소시킨다.

12 시민사회와 국가 기능의 관계에 대한 설명 중 잘못된 것은? (경북9, 2005)

① 국가와 시민사회는 상호 협력을 강화해야 한다.
② 시민사회의 공익 실현을 위해 국가는 권력을 사용한다.
③ NGO는 비영리성과 자발성의 성격이 있다.
④ 시민사회는 정부실패 대응과 민주성 제고를 위해 부각되었다.

해설 권력은 시민사회의 자율 해결 역량에 한계가 있을 때 예외적으로 사용해야 하는 것이 원칙이다.

13 행정과 시민사회의 관계에 대한 것으로 적절하지 못한 것은? (울산9, 2005)

① 행정과 시민사회는 대결보다 상호 협력적 관계가 되어야 한다.
② 시민사회는 공공선을 위해 국가에 영향력을 행사한다.
③ NGO의 특징으로 비정부성, 비영리성, 자발성 등이 있다.
④ 시민사회는 민주화를 달성하고 시장실패를 극복하는 노력으로 재조명되었다.
⑤ 시민사회는 정부와 시장의 기능을 보완하며 공공서비스를 제공할 수 있다.

해설 시민사회의 중요성이 부각된 것은 시장실패와 정부실패 모두와 관련이 있다. 다만, 두 가지를 구분해 논의할 때는 시장실패보다는 정부실패에 대한 대응으로 재조명된다는 해석이 적절하다.

14 현대 민주주의 국가에서 정부와 시민사회의 관계에 대한 설명으로 적절하지 않은 것은? (지방9, 2012)

① 시민사회의 역량이 커지면서 정부 중심의 통치에서 거버넌스로 관점이 변화하고 있다.
② 정부 주도의 성장 과정에서 초래된 사회적 부작용을 완화하는 방안으로 시민사회의 역할이 강조되고 있다.
③ 시민의식이 성숙되고 시민의 참여 욕구가 증대하면서 정부와 시민사회의 새로운 파트너십이 요구되고 있다.
④ 시민사회에 발생하는 이해관계자 간의 다양한 갈등을 해결하기 위해 심판자로서의 정부 역할이 강화되고 있다.

해설 현대 민주주의 국가에서는 정부와 시장과 시민사회의 협력적 통치가 중시되고 있다. 정부가 심판자로서의 역할을 수행하는 것은 신자유주의에 바탕을 둔 신공공관리론의 관점이다.

15 **행정에 대한 시민단체의 역할로 옳지 않은 것은?** (국가7, 2015)

① 국민에게 교육을 실시하는 등 사회에 필요한 재화와 서비스의 제공자 역할을 한다.
② 정당과 함께 행정에 대한 공식적 통제자 역할을 한다.
③ 소수 약자의 인권이나 재산권 침해 등에 대한 대변자 역할을 한다.
④ 이익집단 간 갈등이나 지역이기주의로 나타나는 지역 간 갈등 등에 대한 조정자 역할을 한다.

해설 시민단체와 정당은 모두 비공식참여자이며, 행정에 대한 외부통제 주체이다.

정답 12 ② 13 ④ 14 ④ 15 ②

응용을 통한 **심화 학습**

01 시민사회의 등장에 대한 역사적 배경으로 잘못 설명된 것은?

① 근대 시민사회는 국가와 시민사회의 분리를 특징으로 유럽에서 출발했다.
② 시민사회는 자본주의의 발달과 함께 국가에 대항하는 성격을 가지게 되었다.
③ 행정국가화에서 시민사회는 국가, 정부, 경제의 상호작용 역할이 약화되었다.
④ 현대 시민사회는 신자유주의의 등장과 참여민주주의의 확산을 통해 부활되었다.
⑤ 현대 시민사회의 역할은 공공서비스의 공동생산에 초점이 맞춰져 있다.

해설 새로 부활한 현대적 의미의 시민사회는 공공서비스 생산, 민주주의 가치의 재생산, 인간 소외의 극복 등 다양한 현대 사회의 쟁점을 해결하는 데 깊게 개입되어 있다.

02 현대적 의미에서 시민사회 및 시민사회조직의 특징이 아닌 것은?

① 시민사회는 구조적으로 국가와 개인 사이에 존재한다.
② 시민사회는 국가나 정부와는 독립적으로 존재하는 인간들 간의 네트워크다.
③ 시민사회 내부의 가치관들은 국가와 대항하면서 표준화되고 있다.
④ 시민사회 조직은 자율적 참여와 연대의 이념 아래 집합적 여론을 형성한다.
⑤ 사회운동은 시민사회 자체를 활성화시키는 핵심 부분이 된다.

해설 시민사회의 활동이 행정국가의 관료행위와 대항하는 특성은 있지만 가치관이 표준화되지는 않는다. 시민사회 내부는 다양한 가치관과 다층적 세력들로 구성된다.

03 대표적인 시민사회단체로서 NGO의 성격이 아닌 것은?

① 지속성 ② 공·사 혼합조직 ③ 비영리성
④ 자기통치성 ⑤ 글로벌 네트워크

해설 NOG는 준정부조직과 같은 공·사 혼합조직이 아닌 사적 조직이다.

04 공식적 조직으로 NGO에 부여되는 사회적 과제로 적합하지 않은 것은?

① NGO 네트워크의 표준화
② 시민의 대표성 확보
③ NGO 재정의 독립
④ 적정 수준에서 정부 관계 균형
⑤ 정책 전문성 제고

해설 NGO의 주요 특징 중 하나는 다양성이다. 따라서 '표준화'는 NGO와 병행하기 힘들다.

05 NGO에 관한 이론과 그 설명의 연결이 옳지 않은 것은? (지방7, 2008)

① 소비자통제이론 – NGO는 서비스가 구매되는 상황이나 또는 그 서비스 자체의 성격으로 말미암아, 소비자들이 영리기업에서 생산하는 서비스에 대해서 정확한 평가를 내리기가 불가능하기 때문에 이를 보완할 목적으로 등장했다.
② 공공재이론 – NGO부문은 사회의 구성원들에게 기존의 공공재 공급구조 체제에서 충족되지 못한 수요를 만족시키는 역할을 한다.
③ 공공재이론 – NGO부문은 정부에 의해 달성될 수 있는 것보다 사회서비스 생산에서 상당한 다양성을 제공하고 있다.
④ 기업가이론 – 정부와 NGO부문이 이질적이고 이들 간의 관계가 경쟁과 갈등이라고 가정한다.

해설 소비자통제이론이 아니라 계약실패모형에 해당한다. 계약실패이론(contract failure theory)은 거래비용이론에 근거한 것으로 정보의 비대칭성 때문에 영리기업 서비스의 양과 질을 정확하게 파악하지 못할 때 비영리성을 띤 비정부조직의 서비스를 더 신뢰하게 된다는 모형이다. 소비자통제이론(consumer control theory)은 소비자인 시민이 국가 권력을 감시하고 통제하기 위한 수단으로 NGO가 발생했다는 이론이다.

06 최근에 전개되는 시민운동의 특징으로서 잘못 설명한 것은?

① 1인 시위를 통해 국회의사당 100미터 이내에서도 시위가 가능해졌다.
② 특정 시민단체 중심으로 한 기획운동이 활발히 전개되고 있다.
③ 사회적 공감대 형성에 따라 자발적인 시민참여의 정도가 달라지고 있다.
④ 특정 사회 쟁점을 주장하지만 폭력성은 완화되었다.
⑤ 쟁점에 대해 찬성과 비판의 주장들이 동시에 등장하고 있다.

해설 최근의 시민운동은 사전기획을 하기보다는 사회적 공감대 형성을 통한 우연한 운동이 많아지

정답 01 ⑤ 02 ③ 03 ② 04 ① 05 ① 06 ②

고 있다. 시민단체는 기획가보다는 일종의 후원자 기능을 수행한다.

07 국제적 수준에서 비정부기구(NGO)에 대한 설명으로 잘못된 것은?

① 인권 · 환경 · 보건 · 성차별 철폐 등 특정한 쟁점에 특화된 활동을 수행한다.
② 시민운동으로서 비정부기구의 시작은 1863년 스위스의 국제적십자운동이다.
③ 유엔은 1948년에 후진국 경제개발 지원에 대한 감시를 민간기구에 위탁했다.
④ 1992년 유엔환경개발회의(UNCED)가 NGO의 참여를 획기적으로 확대했다.
⑤ 반핵운동을 전개하는 대표적인 국제 NGO는 국제원자력기구(IAEA)다.

해설 IAEA는 아이젠하워 미국 대통령의 제8차 유엔 총회 연설에서 '원자력의 평화적 이용(Atoms for Peace)'을 제창하면서, 핵물질을 국제적으로 관리하고 원자력의 평화적 이용을 증진할 국제적인 원자력 기구의 설립을 제안한 이후 1957년에 설립된 공식적인 국제기구다.

08 행정과 시민사회 조직의 관계에 대한 설명으로 잘못된 것은?

① 국가의 공공재 공급 역할을 대신 담당하는 대체적 관계를 형성한다.
② 정부가 보조금을 지원하는 영역에서는 국가와 보완적 관계를 형성한다.
③ 국가와 근본적 시각 차이로 인한 긴장 관계를 가지는 대립적 관계도 형성한다.
④ 정부가 구상하는 정책의 지지를 위해 특정 분야의 시민사회 조직 성장을 유도한 의존적 관계도 있다.
⑤ 세계화와 함께 정부와 동반자 관계에서 적대적 관계로 진전되는 경향이 있다.

해설 현대 국가에서 시민사회 조직의 일반적 추세는 적대적 관계보다는 동반자 관계로 전개된다.

09 행정에 영향을 미치는 시민사회 조직의 특징과 거리가 있는 것은?

① 사회적 집단의 집합체 ② 자발성 ③ 매개성
④ 독립성 ⑤ 긴밀한 연계성

해설 시민사회 조직은 발생적인 특성상 구성원 관계가 느슨하게 연계되어 있다.

10 행정 과정에서 시민참여에 대한 잘못된 설명은? (서울5승진, 2004)

① 신우파적 공동체주의는 시장주의 및 경쟁 원리에 의한 참여를 중시해 자원봉사에 의한 참여의 비중은 미약하다고 주장한다.
② 담론이론은 참여를 통한 정책결정 과정의 정당성과 민주성을 중시한다.
③ 시민참여는 주로 대의제 원리를 보완하기 위한 직접 참정의 형태로 나타난다.
④ 정책공동체에 의한 참여는 의사결정 비용을 증가시켜 능률성을 저해할 수 있다.

⑤ 신좌파적 시민주의는 자기 이익 중심인 일반인들은 참여를 기피하기 때문에 참여 증진을 위해 정부가 이타적이고 헌신적인 시민을 양성해야 한다는 주장이다.

해설 참여주의는 시장주의에 기초한 신우파 자원봉사주의(volunteerism)와 참여주의에 기초한 신좌파 시민주의(civicism) 두 가지가 있다. 신우파의 공동체주의는 자원봉사주의에 의한 참여를 중시한다.

정답 07 ⑤ 08 ⑤ 09 ⑤ 10 ①

CHAPTER

08

행정 수단

객관식으로 행정학 학습

제1절 뉴거버넌스와 행정 수단

01 다음 중 행정 수단에 대한 관심 증가요인으로 가장 거리가 먼 것은?

① 행정개혁운동　② 정부재창조
③ 신공공관리　④ 관료제론

해설 정부관료제는 민간에 비해 비효율적이므로 가능하면 민간부문의 효율적인 관리기법을 도입할 필요가 있으며, 정책을 더 이상 정부가 주도하기보다는 다양한 이해관계자와 제3의 조직이 참여하는 것이 바람직하다는 것이 널리 수용되면서 행정 수단에 대한 관심이 증가하였다(새행정학3.0, p.291).

02 다음 중 뉴거버넌스의 특징으로 가장 거리가 먼 것은?

① 네트워크　② 공공과 민간의 엄격한 구분 및 경쟁
③ 협상과 설득　④ 정책 수단

해설 뉴거버넌스는 무엇보다도 간접적인 정책도구를 통한 공공문제 해결을 강조하여 공공과 민간의 엄격한 구분이 아닌 양자의 협력 내지 협업(collaboration)을 강조한다(새행정학3.0, p.291).

제2절 행정 수단의 의의와 유형

03 행정의 수단에 관한 내용으로 틀린 것은?

① 살라몬(L. M. Salamon)은 행정 활동 수단을 "공공문제를 해결하기 위해 집단행동을 구조화할 수 있는 식별 가능한 방법"이라고 했다
② 공공서비스와 재화는 행정활동의 산출물이라고 할 수 있다.

정답 01 ④ 02 ② 03 ④

③ 보호와 금지는 대개 정부가 직접 공급 주체가 되며 행정 수단이라고 볼 수 있다.

④ 현금을 제공하는 행정활동에서 보증은 정부가 특정 계층이나 수혜자에게 융자를 해주는 것을 말한다.

해설 보증은 정부가 민간은행이 특정 개인이나 기업에게 자금을 대출하도록 보증을 서는 행위를 말한다. 직접 대출이란 정부가 특정 개인 또는 기관에게 자금을 빌려주고, 그 채권을 관리하는 일련의 행위나 과정을 말한다(새행정학$_{3.0}$, pp.295-296).

04 아래 보기에서 틀린 것은 모두 몇 개인가?

수단	정의	행정 활동	전달 체계
ㄱ. 대출보증	민간은행이 개인이나 기업에게 자금을 대출하도록 보증하는 행위	현금	정부 비영리단체
ㄴ. 사회적 규제	안전, 건강, 복지 및 환경보전 등을 위해 행위를 제한하는 법률 또는 이를 제정, 집행, 강제, 처벌하는 과정	금지	정부 피규제자
ㄷ. 경제적 규제	가격, 산출, 기업의 진입·퇴출을 통제하기 위한 행정 과정	재화 서비스	규제위원회
ㄹ. 계약	정부 외부로부터 특정 생산품에 대한 구매행위	재화 서비스	기업 비영리단체
ㅁ. 조세지출	공공서비스 이용 비용을 민간에게 부담하게 하는 행위	현금	조세당국
ㅂ. 바우처	한정된 종류의 물건이나 서비스를 구매할 수 있게 하는 이용권	재화 서비스	정부 소비자

① 1개　　② 2개　　③ 3개　　④ 4개

해설 대출보증과 경제적 규제의 정의, 조세지출의 정의가 잘못되었다(새행정학$_{3.0}$, pp.295-296).

05 행정 수단의 특징에 대한 설명으로 틀린 것은?

① 직접성은 재화나 서비스 제공을 정부가 직접, 제3자 또는 민관이 공동으로 제공하는지 기준이다.

② 강제성은 행정 수단이 규제와 같이 강제적인 수단을 사용하는지 또는 소송 제기처럼 정부의 강제적인 판단에 달려 있는지를 기준으로 한다.

③ 자동성은 재화나 서비스를 제공하기 위해 기존의 도구를 그대로 사용할 수 있는지 여부와 관련된 기준이다.

④ 보조금이나 벌금은 재정적인 인센티브 또는 제재로서 가시성이 높다.

해설 강제성은 정책 수단이 규제와 같이 강제적인 수단을 사용하는지 아니면 소송 제기처럼 민간의 임의적인 판단에 달려 있는지를 기준으로 한 것이다(새행정학$_{3.0}$, pp.298-299).

06 아래 표에 알맞지 못한 설명을 고르면?

		직접성	
		직접적	간접적
강제성	강제적	Ⅰ	Ⅱ
	협력적	Ⅲ	Ⅳ

① Ⅰ은 정부조직과 조직개편과 같은 수단과 밀접한 관련이 있다.
② Ⅱ는 기업이나 개인이 스스로 규제하는 자율규제의 경우가 해당된다.
③ Ⅲ은 정부보험, 보조금 등과 깊은 관련이 있다.
④ Ⅳ는 시장조직, 계약 등에 해당되는 수단이다.

해설 계약, 바우처, 대출보증, 보조금, 손해책임법 등은 직접성이 낮은 정책수단에 해당한다(새행정학3.0, pp.298-299).

제3절 행정 수단의 선택

07 행정 수단의 선택 기준에 관한 설명으로 틀린 것은?

① 행정 수단의 선택은 효과를 극대화해야 하므로 정치적 요소는 배제되어야 한다.
② 강제성이 높은 수단은 상대적으로 효과성이 높지만 정당성 측면은 낮을 수 있다.
③ 정치적 기준의 요소로 이해관계, 이념, 정책중개인이 해당된다.
④ 세계적인 유행도 행정 수단을 선택하는 데 영향을 주는데 민영화의 영향이나 국제기구의 영향도 포함된다.

해설 행정 수단의 선택은 기술적이며 효과를 극대화하지만 정치적 요소도 매우 중요하다(새행정학3.0, pp.300-302).

08 직접성 정도에 따른 행정 수단과 효과에 관한 설명으로 틀린 것은?

① 보조금은 직접성은 낮지만 효과성도 낮은 편이다.
② 사회적 규제는 직접성은 중간 수준이지만 형평성은 낮은 편이다.
③ 공기업이라는 수단은 직접성이 높지만 효율성은 낮은 편이다.
④ 바우처는 효과성은 낮지만 정치적 지지는 높은 편이다.

정답 04 ③ 05 ② 06 ③ 07 ① 08 ③

해설 공기업은 직접성이 높고 효율성은 중간인 편이다(새행정학3.0, pp.303-304).

09 **강제성 정도에 따른 수단과 효과에 관한 설명으로 틀린 것은?**

① 벌금은 정당성과 관리 가능성이 중간인 편이다.
② 경제적 규제는 정당성이 높을 수도 낮을 수도 있다.
③ 규제 과정에서 포획 현상이 나타나면 효과성을 기대하기 어렵다.
④ 비과세, 중소기업 육성 등의 수단은 정치적 반대에 직면할 가능성이 높다.

해설 각종 비과세, 저율과세, 세액 감면, 소득공제, 세액공제와 같은 조세지출은 환경 분야뿐 아니라 연구개발, 중소기업 육성, 투자 활성화, 사회복지(근로장려세제 등) 분야에서도 광범위하게 사용되는 수단이다. 조세지출은 조세부과나 벌금처럼 강제성이 강하지 않으며, 가시성도 낮아 도입이 상대적으로 쉽다. 이로 인해 정치적인 반대에 직면할 가능성이 낮은 편이다(새행정학3.0, p.307).

정답 09 ④

기출 문제를 통한 **감각 익히기**

01 살라몬(L. M. Salamon)의 정책 수단 유형 중 간접수단에 해당하는 것은?

(국가7, 2016)

① 경제적 규제 ② 조세지출
③ 직접대출 ④ 공기업

해설 ①, ③, ④는 정부가 직접 수행하는 행정활동으로 직접수단에 해당한다.

02 살라몬(L. M. Salamon)이 제시한 정책 수단의 유형에서 직접적 수단으로만 묶은 것은?

(국가9, 2018)

ㄱ. 조세지출(tax expenditure)	ㄹ. 사회적 규제(social regulation)
ㄴ. 경제적 규제(economic regulation)	ㅁ. 공기업(government corporation)
ㄷ. 정부소비(direct government)	ㅂ. 보조금(grant)

① ㄱ, ㄴ, ㄷ ② ㄱ, ㄹ, ㅂ
③ ㄴ, ㄷ, ㅁ ④ ㄹ, ㅁ, ㅂ

해설 ㄴ, ㄷ, ㅁ이 직접적 수단에 해당한다.

03 살라몬(L. M. Salamon)의 정책 수단 유형 중 직접 수단에 해당하는 것은?

(국가7, 2021)

① 사회적 규제 ② 보조금
③ 조세지출 ④ 공기업

해설 공기업 방식은 정부가 설립한 공기업에 의하여 정책을 집행하기 때문에 간접적인 정책 수단에 속한다.

정답 01 ② 02 ③ 03 ④

04 **살라몬(L. M. Salamon)의 정책도구 분류에서 강제성이 가장 높은 것은?**

(지방9, 2022)

① 경제적 규제 ② 바우처
③ 조세지출 ④ 직접대출

해설 정책 수단 중 경제적 규제는 직접성(정부가 직접적인 집행주체가 되는지 여부)과 강제성(강제력이 수반되는지 여부)이 모두 높은 수단이라 할 수 있다.

05 **바우처(voucher) 제도에 대한 설명으로 옳지 않은 것은?** (국가9, 2017하반기)

① 살라몬(L. M. Salamon)의 행정 수단 유형 분류에 있어서 민간위탁과 같이 직접성이 매우 높은 행정 수단이다.
② 전자바우처의 도입을 통해 행정비용을 절감할 수 있다.
③ 수혜자에게 현금을 지원하는 대신 특정 재화나 서비스를 구매할 수 있는 쿠폰이나 포인트를 제공하는 제도이다.
④ 저소득층 및 특수계층을 대상으로 하는 복지 분야에서 많이 활용되고 있다.

해설 바우처 제도는 수혜자에게 현금을 지원하는 대신 특정 재화나 서비스를 구매할 수 있는 쿠폰이나 포인트를 제공하는 제도이다. 따라서 살라몬의 행정 수단 유형 분류에 있어서 민간위탁과 같이 직접성이 매우 낮은 행정 수단에 해당한다.

06 **공공서비스의 민영화 방식 중 공급자 변경을 통한 민영화는?** (강원9, 2005)

① 바우처(voucher) ② 허가
③ 보조금 ④ 계약

해설 계약 방식은 공공기관에서 공공서비스를 생산하지 않고 민간기업과 계약을 통해 서비스를 생산·공급하는 방식이다.

07 **살라몬(L. M. Salamon)의 정책 수단 분류에서 직접성의 정도가 낮은 유형에 속하는 것끼리 묶은 것은?** (행안부7, 2011)

ㄱ. 경제규제(economic regulation)	ㄴ. 보조금(grant)
ㄷ. 바우처(voucher)	ㄹ. 공기업(government corporations)

① ㄱ, ㄷ ② ㄱ, ㄹ
③ ㄴ, ㄷ ④ ㄴ, ㄹ

해설 공기업(government corporations)은 정부의 직접 생산 방식이고, 경제규제(economic regulation)는 정부의 직접 통제 방식이다. 보조금(grant)은 대표적인 공적 유도로서 시장 유인을 활용하는 방식이고, 바우처(voucher)는 시장 기능이 형성되도록 하는 간접 관리 방식이다.

08 민간위탁 방식에 대한 설명으로 옳지 않은 것은? (경기9, 2007; 국가7, 2009)

① 자원봉사자 방식은 서비스의 생산과 관련된 현금 지출에 대해서만 보상받고 직접적인 보수는 받지 않는 방식이다.

② 보조금 방식은 민간조직 또는 개인의 서비스 제공활동에 대해 재정 또는 현물로 지원하는 방식이다.

③ 구입증서 방식은 시민들의 서비스 구입 부담을 완화시키기 위해 금전적 가치가 있는 쿠폰을 제공하는 방식이다.

④ 계약 방식은 민간조직에게 일정 구역 내에서 공공서비스를 제공하는 권리를 인정하는 방식이다.

해설 민간기업에게 권리를 인정하는 것은 면허 방식(license)이다.

정답 04 ① 05 ① 06 ④ 07 ③ 08 ④

응용을 통한 심화 학습

01 공공서비스의 경제적 특성과 거리가 먼 것은?

① 비배제성 ② 비경합성
③ 분할소비성 ④ 거부불가능성

해설 공공재는 집합적으로 소비되기 때문에 소비에서 분할성이 없다. 비배제성과 비경합성이 공공재(공공서비스)의 가장 기본적인 특징이며, 이에 따라 무임승차 문제가 발생한다. '거부불가능성'이란 공공서비스는 일단 국민경제 및 시민사회에 공급이 되면 시민들의 소비 선호에 관계 없이 소비를 거부할 수 없는 속성이 있다는 것이다. 예를 들어, 가로등 불빛을 선호하지 않는다고 피해 다닐 수는 없다.

02 가족과 공동체 기능을 보완하는 보편적 사회서비스의 정치 경제적 특성이 아닌 것은?

① 사회기반 투자 ② 신사회위기 대응
③ 잔여적 복지와 혼재 ④ 집합적 편익

해설 사회서비스는 관련 지출 비용은 국민 세금으로 동원되지만 편익은 서비스 대상자 개인의 혜택에 국한되어 집합적 편익을 창출하는 일반 공공서비스와 구분된다.

03 공공서비스 혁신 운동이 전개되는 사회 환경적 맥락과 거리가 있는 것은?

① 윤리 적자 ② 정부 불신과 조세 저항
③ 뉴거버넌스 ④ 결과에 대한 책임 요구

해설 공공서비스 혁신운동은 공공・민간 파트너십을 구축하고 결과 지향적인 정책성과를 통한 정부 신뢰 회복을 추구하는 신공공관리주의에 기반한다. 윤리 적자와 정부투명성은 다른 맥락이다.

04 공공서비스 공급의 민영화에 따른 기대 효과가 아닌 것은?

① 공공서비스 생산의 효율성 ② 안정적인 공공서비스 공급
③ 공공재정의 건전성 ④ 공공서비스 생산조직의 유연화

해설 공공서비스를 민간기업이 생산하면 시장기구의 이윤 논리에 따라 탄력적인 공급 대응이 가능한 반면, 안정적인 서비스 공급 측면에서는 우려가 발생할 수도 있다.

05 ISO 9000 품질경영 시스템에 대한 설명으로 올바른 것은?

① TQM에 비해 정기적인 사후관리가 용이하다.
② 고객만족경영기법(CSM)이 확대 발전한 것이다.
③ ISO 9000은 정부 영역에 독립적으로 적용되는 규격이다.
④ 최근에는 더 효과적인 TQM으로 흡수 통합되었다.

해설 ISO9000 시리즈는 민간기업의 규격인데 이를 정부에도 적용한다. ④ TQM은 정형화된 틀이 없다는 단점이 있어 ISO 9000 품질 시스템이 이를 보완하고 있다. 이에 따라 TQM보다는 상대적으로 사후관리가 용이하다. ⑤ 예외 없이 6개월 또는 1년 단위로 사후관리를 받아야 한다.

06 공공서비스 생산에서 공공부문과 민간부문의 공동생산과 관련성이 적은 것은?

① 예산감시운동
② 화재경보기 작동
③ 자율소방단 활동
④ 거리에서 쓰레기 줍기

해설 공동생산에서는 정부와 시민이 관련 권한과 책임을 공유하게 된다. 예산감시운동은 시민단체의 정부 비판 기능에 속하며 공공서비스의 생산과 관련성은 상대적으로 적다고 할 수 있다.

07 전통적 공공서비스 공급이론의 관점에서 '정부가 직접 생산하는 공공서비스'와 거리가 있는 것은?

① 시장에 맡기면 공공성이나 윤리성의 문제가 발생하는 서비스를 제공한다.
② 자연독점이 발생하는 대규모 설비투자 사업에 직접 관리한다.
③ 계량적 성과 측정이 가능하고 가격을 통한 자원배분이 가능한 서비스를 제공한다.
④ 시장실패가 발생하는 부분에서 국가가 재화와 서비스를 국민들에게 분배한다.

해설 성과의 계량적 측정이 가능하고 가격에 의해 재화의 분배가 가능한 서비스는 가격과 경쟁을 중심으로 하는 시장에서 공급이 가능하다.

08 공공서비스 혁신에서 지향하는 '성과관리'의 핵심 내용이 아닌 것은?

① 전략목표를 설정한 성과계획서
② 계량지표 중심의 성과평가
③ 성과정보의 환류와 자율학습
④ 성과평가 결과에 대한 예산상 벌칙

해설 '성과관리'에서 성과평가와 평가 결과의 공개는 매우 중요하지만 평가 결과에 따른 재정적인 예산상 벌칙과 인센티브 조치는 부작용이 많기 때문에 권고되지 않는 경향이 있다.

정답 01 ③ 02 ④ 03 ① 04 ② 05 ③ 06 ① 07 ③ 08 ④

09 공공서비스의 품질관리를 위한 6시그마 정책의 내용이 아닌 것은?

① 조직혁신과 수익 극대화

② 무결점 시스템

③ GE의 품질경영 혁신 기법

④ 중복 업무 제거와 사업 변경의 실패비용 감소

해설 품질관리에서 시그마(σ)는 제품의 불량 정도를 표시하는 척도로 사용된다. 6시그마 경영이란 통계 척도를 사용해 품질 수준을 정량적으로 평가하고 문제 해결 과정과 전문가 양성 등의 품질문화를 조성함으로써 품질혁신과 고객 만족을 달성하기 위해 전사적(全社的)으로 실행하는 기업 경영전략으로 '무결점 시스템' 정책이라고 할 수 있다.

정답 09 ①

MEMO

CHAPTER

09

행정조직관리

객관식으로 행정학 학습

제1절 조직관리와 조직인

01 다음 조직관리에 대한 설명 중 적절하지 않은 것은?

① 조직관리란 관리자들이 조직구성원들과 더불어 조직목표를 성취하는 과정이다.
② 변화관리는 조직목표 달성에 적합한 조직인의 집합적 행태를 개선하고자 하는 활동이며, 리더십과 조직문화, 조직발전 등이 포함된다.
③ 관리의 기능은 목표·계획 수립, 자원 동원·조직화, 집행·환류·통제로 구분된다.
④ 성과관리는 조직목표에 대응하는 조직인의 행태에 대한 적합성의 판단과 통제, 환류를 의미하며, 목표설정 및 효과성평가, 목표관리제 등이 포함된다.
⑤ 공공조직은 민간조직보다 집권적인 특성과 관료제적 요소가 강한 편이며, 환경적 요인에 큰 영향을 받지 않는다는 점에서 외부적 상호작용의 중요성은 크지 않다.

해설 공공조직의 집권적·관료제적 특성이 큰 편이나, 민간에 비해 정치적 환경에 대한 개방성이나 영향 정도는 높은 편이라는 점에서 외부적 상호작용의 중요성도 높은 편이다(새행정학$_{3.0}$, p.315).

02 다음 중 샤인(E. H. Schein)이 구분한 조직의 인간관에 해당하지 않는 것은?

① 합리적·경제적 인간관
② 사회적 인간관
③ 자존적 인간관
④ 자아실현적 인간관
⑤ 복잡한 인간관

해설 샤인(E. H. Schein)은 조직의 인간관을 합리적·경제적 인간관, 사회적 인간관, 자아실현적 인간관, 복잡한 인간관으로 구분했다(새행정학$_{3.0}$, p.316).

정답 01 ⑤ 02 ③

03 **합리적 · 경제적 인간관과 사회적 인간관의 공통점으로 잘못된 것은?**

① 욕구 체계의 다양성 ② 인간의 피동성
③ 동기부여의 외재성 ④ 교환에 의한 관리
⑤ 조직에 의해 통제 · 동기화되는 존재로서의 인간

해설 두 인간관은 모두 욕구 체계의 획일성을 원칙적으로 전제한다(새행정학3.0, pp.316-317).

04 **다음 중 자아실현적 인간관과 관련이 적은 것은?**

① 라모스(A. Ramos)의 괄호인
② 아지리스(C. Argyris)의 성숙인
③ 맥그리거(D. McGregor)의 Y이론
④ 머슬로(A. H. Maslow)의 자아실현인
⑤ 앨더퍼(C. Alderfer)의 성장욕구

해설 라모스의 괄호인은 복잡한 인간관에 해당한다(새행정학3.0, p.317-318).

05 **다음 중 자아실현적 인간에 대한 관리전략으로 보기 어려운 것은?**

① 조직구성원들이 자신의 직무에서 의미를 발견하도록 한다.
② 관리자는 교환모형에 입각해 면담자나 촉매자의 역할을 수행한다.
③ 조직구성원들 스스로 자기통제와 자기계발을 통해 문제를 해결하도록 한다.
④ 성취감이나 만족감 같은 내적인 보상을 얻도록 하는 것이 중요하다.
⑤ 통합형 관리전략을 적용한다.

해설 교환모형에 입각한 관리는 합리적 · 경제적 인간관 및 사회적 인간관에 따른 관리전략이다(새행정학3.0, pp.316-317).

06 **동기부여 및 동기부여이론에 대한 설명 중 잘못된 것은?**

① 동기부여란 조직구성원 개인의 욕구 충족을 통해 조직목표에 기여하도록 유도하는 조직 과정이다.
② 동기부여에 관한 이론은 크게 내용이론과 과정이론으로 분류된다.
③ 내용이론은 동기부여의 원인이 되는 인간 욕구의 내용에 초점을 둔다.
④ 과정이론은 동기가 부여되는 과정에 초점을 둔다.
⑤ 과정이론은 동기부여의 내재성과 측정가능성을 전제로 하지만, 내용이론은 동기부여의 내재성과 측정가능성을 전제로 하지 않는다.

해설 내용이론과 과정이론 모두 동기부여의 내재성과 계산 가능성을 전제로 한다(새행정학3.0, p.318).

07 머슬로(A. H. Maslow)의 욕구 5단계론에 관한 설명 중에 적절하지 않은 것은?

① 인간행동의 동기를 계층을 가진 욕구로 나눠 설명했다.
② 다섯 가지의 욕구는 순차적으로 유발된다.
③ 충족된 욕구는 동기로서의 힘을 상실한다.
④ 가장 상위의 욕구는 존경의 욕구다.
⑤ 인간은 다섯 가지 욕구를 항상 완전히 충족하지 못했다.

해설 머슬로의 욕구단계설에서 가장 상위의 욕구는 자아실현 욕구다(새행정학3.0, pp.318-319).

08 동기유발요인과 위생요인으로 인간의 욕구 충족을 이원화한 학자는?

① 앨더퍼(C. P. Alderfer)
② 허즈버그(F. Herzberg)
③ 맥클랜드(D. McClelland)
④ 맥그리거(D. McGregor)
⑤ 샤인(E. H. Schein)

해설 인간의 욕구를 위생요인과 동기요인으로 나눈 것은 허즈버그다(새행정학3.0, pp.319-320).

09 인간의 욕구를 존재, 관계, 성장의 3단계로 분류하고, '좌절-퇴행' 접근법과 복합연결형 욕구 단계를 주장한 이론은?

① 머슬로의 욕구계층이론
② 앨더퍼의 ERG이론
③ 허즈버그의 욕구충족요인 이원론
④ 맥그리거의 X · Y이론
⑤ 복잡한 인간에 관한 모형

해설 앨더퍼의 ERG이론은 생존 욕구, 대인 관계 유지 욕구, 성장 욕구로 3분류하고, 머슬로와는 달리 순차적 욕구 충족보다는 후진적 하향적 욕구 충족이 가능한 현실도 인정했다(새행정학3.0, p.319).

10 허즈버그(F. Herzberg)가 주장하는 위생요인에 해당하지 않는 것은?

① 근무 시간
② 보수
③ 정년
④ 사무실 환경
⑤ 직무 결정권

정답 03 ① 04 ① 05 ② 06 ⑤ 07 ④ 08 ② 09 ② 10 ⑤

해설 위생요인은 개인의 불만족을 방지하는 효과를 가져오는 요인으로 여기에는 근무환경이나 임금, 감독, 작업 조건, 동료 간의 관계 등이 해당된다(새행정학3.0, pp.319-320).

11 머슬로(A. H. Maslow)의 욕구 5단계론에 대한 비판으로 적절하지 않은 것은?

① 다섯 가지 욕구 단계는 고정적이기보다는 가변적이다.
② 이미 충족된 욕구도 욕구로서 작용한다.
③ 욕구가 개별적으로 작용하기보다는 복수의 욕구가 복합적으로 작동한다.
④ 인간의 행동이 반드시 욕구 충족을 위해 동기가 수행되는 것이 아니다.
⑤ 인간의 욕구를 위생요인과 동기요인으로 나눈 것은 매우 인위적인 구분이다.

해설 인간의 욕구를 위생요인과 동기요인으로 나눈 것은 허즈버그다(새행정학3.0, pp.319-320).

12 욕구는 학습되는 것이므로 개인마다 그 욕구의 계층에 차이가 있으며, 사회적으로 학습된 욕구들을 성취 욕구, 권력 욕구, 친교 욕구로 구분한 이론은?

① 머슬로의 욕구계층이론 ② 앨더퍼의 ERG이론
③ 맥클랜드의 성취동기이론 ④ 해크만과 올드햄의 직무특성이론
⑤ 샤인의 복잡한 인간에 관한 모형

해설 맥클랜드는 동기가 사회적 학습을 통해 개발될 수 있다는 것을 전제로 사회문화적으로 학습된 개인의 욕구를 성취 욕구, 권력 욕구, 친교 욕구로 분류했다(새행정학3.0, p.320).

13 관리자의 역할은 구성원을 최대한 성숙 상태로 나아가게 하는 것이라 보아, 직무 확대, 참여적 리더십에 입각한 관리를 주장한 이론은 무엇인가?

① 욕구계층이론 ② ERG이론 ③ 성취동기이론
④ 아지리스의 이론 ⑤ 복잡한 인간에 관한 모형

해설 인간은 미성숙 상태에서 성숙 상태로 발전한다고 본 것은 아지리스다(새행정학3.0, p.320).

14 개인이 투입한 노력, 기술, 경험 등과 조직이 보상한 보수, 승진, 직무만족 등을 비교한 결과에 따라 행동을 작동한다고 보는 이론적 접근 입장은?

① 형평성이론 ② 기대이론 ③ 보상이론
④ 목표설정이론 ⑤ 욕구충족이론

해설 지문의 내용은 애덤스(J. S. Adams)의 형평성이론에 해당한다(새행정학3.0, pp.321-322).

15 **인간행동의 동기는 행동이 초래할 성과에 대한 믿음과 기대감, 그리고 성과에 따른 보상의 유의미성에 달렸다고 인식한 학자는?**

① 애덤스(J. S. Adams) ② 샤인(E. H. Schein)
③ 브룸(V. H. Vroom) ④ 허즈버그(F. Herzberg)
⑤ 해크만과 올드햄(J. R. Hackman & G. Oldham)

해설 지문의 내용은 브룸의 기대이론에 관한 것이다(새행정학$_{3.0}$, p.321).

16 **인간의 욕구 체제는 매우 복잡하고 때와 장소, 조직생활의 경험, 직무 등 여러 상황에 의해 달라진다고 주장한 이론은?**

① 머슬로의 욕구계층이론 ② 앨더퍼의 ERG이론
③ 맥클랜드의 성취동기이론 ④ 해크만과 올드햄의 직무특성이론
⑤ 샤인의 복잡한 인간에 관한 모형

해설 샤인은 인간은 다양한 욕구와 잠재력을 가진 복잡한 존재이며, 동기는 상황에 따라 달라지기 때문에 관리자는 상황적응적 관리를 해야 한다고 주장한다(새행정학$_{3.0}$, pp.317-318).

17 **여러 동기부여에 관한 이론적 접근 중에서 성격이 다른 하나를 고른다면?**

① 기대이론 ② 욕구계층이론
③ ERG이론 ④ 성취동기이론
⑤ 욕구충족요인 이원론

해설 기대이론은 과정적인 접근 이론이고, 나머지 이론들은 내용이론적 입장이다(새행정학$_{3.0}$, p.321).

18 **인간행동은 행동이 추구하는 목표의 난이도와 구체성에 의해 결정된다는 목표설정이론을 주장한 학자는?**

① 브룸(V. H. Vroom) ② 샤인(E. H. Schein)
③ 맥클랜드(D. McClelland) ④ 로크(E. A. Locke)
⑤ 해크만과 올드햄(J. R. Hackman & G. Oldham)

해설 인간의 행동이 의식적인 목표와 성취 의도 등 목표의 난이도와 구체성에 의해 결정된다고 주장한 대표적 학자는 로크(E. A. Locke)다(새행정학$_{3.0}$, p.322).

정답 11 ⑤ 12 ③ 13 ④ 14 ① 15 ③ 16 ⑤ 17 ① 18 ④

19 **다음 중 외부자극에 의해 학습된 행동이 유발되는 과정 또는 특정 행동이 지속되는 이유를 밝히려는 이론은 무엇인가?**

① 기대이론 ② 직무특성이론
③ 목표설정이론 ④ 강화이론
⑤ 욕구충족요인 이원론

해설 강화이론은 목표설정이론과 대조를 이루는 것으로, 기본적으로 보상받는 행태는 반복되지만 보상받지 않는 행위는 중단된다는 효과의 법칙에 근거를 두고 있다(새행정학3.0, p.322).

20 **직무가 조직화되는 방법에 따라 조직원의 노력 정도가 달라진다는 점에 착안해서 동기부여에 영향을 미치는 심리적 상태를 제시한 이론은?**

① 기대이론 ② 직무특성이론
③ ERG이론 ④ 성취동기이론
⑤ 욕구충족요인 이원론

해설 해크만과 올드햄은 직무가 조직화되는 방법에 따라 조직원의 노력 정도가 달라진다는 점에 착안해서 직무특성이론을 제시했다(새행정학3.0, p.322).

21 **공공조직의 조직원과 민간조직의 조직원 간에 동기에서도 차이가 존재하는가를 연구한 것은 무엇인가?**

① 내용이론 ② 동기이론
③ 공직동기이론 ④ 조직문화론
⑤ 리더십이론

해설 공공조직과 민간조직의 차이점 가운데 조직원의 동기에도 차이가 존재하는지를 연구한 것이 공직동기(Public Service Motivation)이론이다(새행정학3.0, pp.323-324).

22 **다음 중 공직동기이론과 관련이 없는 것은?**

① 경험된 책임감 ② 타인에 대한 봉사 동기
③ 공익 우선의 동기 ④ 페리(J. L. Perry)와 와이즈(L. Wise)
⑤ 합리적 · 규범적 · 감성적 차원

해설 경험된 책임감은 직무특성이론에서 사용된 개념이다(새행정학3.0, pp.323-324).

제2절 조직문화와 리더십 및 변화관리

23 다음 중 조직문화에 대한 설명으로 옳지 않은 것은?

① 조직문화는 조직 내 구성원들이 공유하고 있는 일종의 조직 분위기를 의미한다.
② 조직문화에 대한 관심이 높은 것은 관리자 입장에서 조직문화가 조직몰입과 같은 조직효과성 변수에 중요한 영향을 미치기 때문이다.
③ 관리자는 조직구조나 조직관리 방식의 변화를 통해 적극적인 조직문화 개선을 도모할 필요성이 강조된다.
④ 해리슨(R. Harrison)은 조직의 이념적 지향성을 기준으로 권력지향적 문화, 역할지향적 문화, 과업지향적 문화, 인간지향적 문화로 구분하였다.
⑤ 백완기는 권위주의, 운명주의, 의식주의 등의 조직문화적 특성이 관료제와 결합해 한국행정의 부정적 측면을 가중시킨다고 지적하였다.

해설 장기적이고 내재적으로 구축된 조직문화는 쉽게 변동되지 않는다는 점에서 오히려 조직구조나 조직관리 방식의 변화에 있어 제약요인으로 작용하며, 우선적으로 조직문화에 대한 이해를 통해 리더십의 발휘 및 변화관리를 성공적으로 추진할 필요가 있다(새행정학3.0, pp.324-325).

24 다음 중 조직문화와 관련한 퀸(R. Quinn)의 경쟁가치모형에 대한 설명으로 옳지 않은 것은?

① 조직이 처한 상황조건에 따라 상호 모순적이며 배타적인 조직문화의 가치 요소들에 대해서도 포괄적으로 분석하고 있다.
② 조직 운영의 초점에 대한 기준으로 내부지향성과 외부지향성을 고려한다.
③ 조직구조에 대한 기준으로 통제·질서 강조와 유연성·변화 강조를 구분한다.
④ 두 가지 기준에 따라, 인간관계모형-관계지향문화, 개방체제모형-혁신지향문화, 내부과정모형-성과지향문화, 합리목표모형-과업지향문화로 유형화할 수 있다.
⑤ 일반적으로 초창기에는 과업지향문화가 강하게 작용하나, 안정기에는 위계지향문화나 관계지향문화가 확대되며, 성숙기나 쇠퇴기에는 혁신지향문화가 강조된다.

해설 내부과정모형은 조직 내부에서의 통제와 질서를 강조하며 위계지향문화와 연계되며, 성과지향은 합리목표모형에 의한 과업지향문화의 특징이다(새행정학3.0, p.326).

정답 19 ④ 20 ② 21 ③ 22 ① 23 ③ 24 ④

25 다음 중 리더십에 대한 설명으로 옳은 것은?

① 리더십은 공식적 직위를 근거로 성립된다.
② 리더십은 제도적 권위를 토대로 물리적·강제적·일방적 성격을 갖는다.
③ 리더십은 지도자와 추종자 간 상호작용의 과정을 통해 발휘된다.
④ 공식적·계층제적 책임자만이 리더십을 갖는다.
⑤ 리더십 연구는 과학적 관리론에서 큰 관심을 끌었다.

해설 ①과 ②는 직권력(headship)에 대한 설명이다. ⑤ 리더십 연구는 인간관계론, 발전행정론 등에서 본격적으로 연구되었다(새행정학3.0, pp.327-328).

26 리더십 자질론에 대한 설명으로 옳은 것은?

① 리더가 실제 어떤 행동을 하는가에 초점을 맞춘 리더십이론이다.
② 단일적 자질론에서는 리더의 자질을 가진 사람은 어떤 상황에서든 지도자가 될 수 있다고 본다.
③ 리더의 행태에 추종자들이 보이는 감정적·행태적 반응 사이의 관계를 경험적으로 밝히려 노력한다.
④ 아이오와대학의 리더십 연구는 현대적 자질론 연구의 시초다.
⑤ 자질론 연구는 여러 자질의 결합을 통해 지도자의 인성을 파악하려 하지 않는다.

해설 ①과 ③, ④는 리더십의 행태론에 해당하는 설명이다. ⑤는 성좌적 자질론의 내용으로 여러 자질의 결합을 통해 지도자의 특성을 파악하고자 한다(새행정학3.0, pp.328-329).

27 다음 중 행태론적 리더십 연구와 관계가 없는 것은?

① 리피트(R. Lippitt)와 화이트(R. K. White)
② 미시간대학 리더십 연구
③ 아이오와대학 리더십 연구
④ 리더십의 2차원적 모형
⑤ 허쉬와 블랜차드의 3차원 모형

해설 허쉬와 블랜차드의 3차원 모형은 상황론 연구에 해당한다(새행정학3.0, pp.329-330).

28 리더십의 2차원 모형에 대한 설명으로 옳은 것은?

① 오하이오주립대학의 연구는 리더십의 2차원적 모형에 해당한다.
② 이원적 개념을 조합해 세 개의 리더십 유형을 제시했다.
③ 개인의 여러 속성과 자질의 결합을 통해 지도자의 인성을 파악하려 했다.

④ 관리망이론은 리더십의 1차원 모형에 해당한다.
⑤ 상황 유형별로 효율적인 리더의 행태를 찾아내고자 했다.

해설 ② 이원적 개념을 조합해 네 개의 리더십 유형을 제시했다. ③은 자질론이다. ④ 관리망이론은 리더십의 2차원 모형에 해당한다. ⑤는 상황론 연구다(새행정학3.0, p.329).

29 리더십을 특정한 역사적 맥락 속에서 발휘되는 것으로 파악해 상황 유형별로 효율적인 리더의 행태를 찾아내려는 연구에 해당하는 것은 다음 중 무엇인가?

① 자질론
② 상황론
③ 아이오와대학의 리더십 연구
④ 행태이론
⑤ 과정이론

해설 과정이론은 동기이론에 해당한다(새행정학3.0, pp.330-331).

30 다음 중 상황론 리더십 연구와 관계가 없는 것은?

① 상황조건론
② 허쉬와 블랜차드
③ 경로 · 목표모형
④ 애덤스
⑤ 성장순기론

해설 애덤스(J. S. Adams)는 동기이론 중 형평성이론을 제시한 학자다(새행정학3.0, pp.321-322, 330-331).

31 경로 · 목표모형에 대한 설명으로 잘못된 것은?

① 리더의 직무는 조직원들이 목표달성에 필요한 자원을 제공하는 것이라 본다.
② 네 가지 리더십 행동을 확인했다.
③ 조직원이 통제할 수 없는 환경과 조직원 개인의 특성을 상황변수로 제시했다.
④ 리더 행동 유형을 결정하는 것은 조직원 개인의 특성이다.
⑤ 지원적 리더는 부하들의 욕구에 관심을 보인다.

해설 리더 행동의 유형을 결정하는 것은 환경변수라고 보았다(새행정학3.0, pp.330-331).

32 변혁적 리더십이론에 대한 설명으로 옳은 것은?

① 전통적인 리더십인 카리스마 리더십을 대체해 변혁적 리더십이 제시되었다.
② 변혁적 리더십은 보상에 관심을 갖고 업무를 할당하는 안정 지향의 리더십이다.

정답 25 ③ 26 ② 27 ⑤ 28 ① 29 ② 30 ④ 31 ④ 32 ⑤

③ 구성원 개인에 대한 배려는 최소화하려 한다.
④ 상황에 따라 다른 리더십 행동을 취해야 한다고 본다.
⑤ 문화적 리더십의 하나로 분류되기도 한다.

해설 ① 변혁적 리더십은 카리스마적 리더십을 기반으로 한다. ② 거래적 리더십에 대한 설명이다. ③ 변혁적 리더십은 개인적 배려에 치중한다. ④는 상황론에 대한 설명이다(새행정학3.0, p.331).

33 **다음 중 변혁적 리더십 연구와 관계가 없는 것은?**

① 번스(T. Burns) ② 거래적 리더십 ③ 지원적 리더
④ 카리스마적 리더 ⑤ 조직문화의 혁신

해설 지원적 리더는 경로·목표모형에서 식별된 리더십 유형 중 하나다(새행정학3.0, p.331).

34 **다음 중 조직의 변화관리와 관계가 없는 것은?**

① 개방체제로서의 조직
② 트라이스와 바이어(H. Trice & J. Beyer)
③ 감수성 훈련(sensitivity training)
④ 총체적 품질관리(TQM)
⑤ 품질관리팀(QC)

해설 트라이스와 바이어는 문화적 리더십을 주장한 학자들이다(새행정학3.0, pp.335-336).

35 **다음 중 개인 수준에 대한 조직변화 기법에 해당하지 않는 것은?**

① 경력계획 ② 감수성 훈련 ③ 직무재설계
④ 개인 목표관리제(MBO) ⑤ 과정상담

해설 과정상담은 2~3인 간 수준의 효과성을 높이기 위한 변화기법이다(새행정학3.0, p.336).

36 **다음 중 조직변화에 대한 저항이 발생하는 원인으로 잘못된 것은?**

① 익숙해진 습관 ② 조직변화 과정에의 참여
③ 안정성 위협 ④ 미지에 대한 두려움
⑤ 선택적 정보 처리

해설 참여는 저항을 극복하기 위한 방법 중 하나에 해당한다(새행정학3.0, pp.337-338).

37 다음 중 조직변화에 대한 저항을 극복하는 방법에 해당하지 않는 것은?

① 의사소통과 교육
② 조직변화 과정에의 참여
③ 적절한 보상의 제공
④ 무시
⑤ 직접적인 위협이나 힘을 가하는 강제

해설 무시는 저항을 극복하는 방법에 포함되지 않는다(새행정학3.0, p.338).

제3절 조직의 의사소통과 갈등 및 협력관리

38 다음 중 의사소통에 관한 설명으로 옳지 않은 것은?

① 의사소통은 단순히 의사를 전달하는 수준을 넘어 의사가 이해되고 수용되어 행태 변화를 일으키는 단계까지 포함한다.
② 의사소통을 통해 구성원들의 행동을 조정하고 통제하는 한편, 동기를 유발한다.
③ 벌로(D. K. Berlo)는 의사소통 과정을 S-M-C-R 모형으로 설명한다.
④ 공공관계(PR)는 정부와 국민 간의 의사소통이라 할 수 있다.
⑤ 활발한 의사소통을 통해 조직구성원의 참여 필요성을 완화할 수 있다.

해설 의사소통은 의사결정 과정에서 조직구성원의 참여를 제고하여 동기유발에 기여한다(새행정학3.0, pp.339-340).

39 다음 중 의사소통 과정과 관련이 없는 것은?

① 기호화
② 피드백
③ 동기
④ 해독
⑤ 잡음

해설 동기는 의사소통 과정과 무관하며, 발신자의 사상이 기호화되어 진행된다(새행정학3.0, p.340).

40 공식적 의사소통의 장점과 단점에 대한 설명으로 옳지 않은 것은?

① 의사소통이 객관적이다.
② 환경 변화에 신속한 적응이 곤란하다.
③ 자료 보존이 어렵다.
④ 기밀 유지가 어렵다.
⑤ 책임 소재가 분명하다.

정답 33 ③ 34 ② 35 ⑤ 36 ② 37 ④ 38 ⑤ 39 ③ 40 ③

해설 공식적 의사소통은 자료 보존이 용이하다는 장점을 갖는다(새행정학3.0, p.341).

41 **의사소통의 장애 요인이라고 보기 어려운 것은?**

① 매체의 불완전성
② 과다한 정보
③ 상호 간의 신뢰
④ 환류의 차단
⑤ 집권적 계층구조

해설 수신자의 선입관이나 발신자에 대한 불신 등이 지각의 차이와 착오를 가져오기 쉽다(새행정학3.0, pp.342-343).

42 **조직의 의사결정 유형 가운데 사회복지 담당자가 복지 수혜자를 선정하는 경우와 같이 이미 정해진 기준과 절차에 따라 이뤄지는 의사결정을 무엇이라 하는가?**

① 집권적 의사결정
② 정형적 의사결정
③ 분권적 의사결정
④ 비정형화된 의사결정
⑤ 전략적 의사결정

해설 일상적이고 매뉴얼화된 의사결정을 정형적 의사결정(programmed decision)이라 한다(새행정학3.0, pp.335-336).

43 **다음 중 표준운영절차에 대한 설명으로 잘못된 것은?**

① 영어로는 SOP라 약칭한다.
② 일상적이고 매뉴얼화된 의사결정에 사용된다.
③ 이미 정해진 기준과 절차에 따라 의사결정이 이뤄지게 된다.
④ 프로그램화된 의사결정에 사용된다.
⑤ 조직의 의사결정 중 극소수만이 표준운영절차 없이 이뤄진다.

해설 돌발상황이나 비일상적 업무에 대한 의사결정은 SOP 적용이 제한된다(새행정학3.0, p.344).

44 **의사결정자들의 합리성을 제약하는 다음 요인 중 성격이 다른 것은?**

① 문제의 다양성 및 복잡성
② 사회적 관습
③ 기존에 투입된 의사결정의 매몰비용
④ 표준운영절차에 의한 의사결정방식
⑤ 외부 준거집단의 영향

해설 표준운영절차에 의한 의사결정방식은 합리성을 제약하는 구조적 요인이다(새행정학3.0, p.345).

45 **다음 중 집단의 의사결정 기법에 해당하지 않는 것은 무엇인가?**

① 비용 · 편익분석 기법
② 델파이 기법
③ 브레인스토밍
④ 지명반론자 기법
⑤ 명목집단 기법

해설 비용 · 편익분석 기법은 대안을 분석하고 평가할 때 사용하는 기법이다(새행정학3.0, p.346).

46 **다음 중 조직갈등에 대한 설명으로 잘못된 것은?**

① 갈등에 대한 연구는 인간관계론과 행태론부터 본격적으로 시작되었다.
② 전통적인 견해에서 갈등은 일종의 악으로 제거되어야 하는 대상이다.
③ 행태주의적 관점에서 갈등은 필연적이나 완전한 제거가 가능한 대상이다.
④ 현대적 입장에서 갈등은 조직 내에서 순기능과 역기능 중 어떤 것도 발휘할 수 있다고 본다.
⑤ 갈등의 순기능은 갈등이 건설적으로 해결되었을 때 발생한다.

해설 행태주의적 관점에서 갈등은 필연적이고, 완전한 제거가 불가능하기 때문에 갈등을 인정하고 받아들여야 한다고 본다(새행정학3.0, p.347).

47 **목표나 가치의 성격과 관련해 선택 상황에서 두 가지의 대안이 모두 선택하고자 하는 대안일 경우 겪는 갈등을 무엇이라 하는가?**

① 접근-접근갈등
② 개인적 갈등
③ 접근-회피갈등
④ 복수 의사 주체 간 갈등
⑤ 회피-회피갈등

해설 두 가지 대안이 모두 선택하고자 하는 대안일 경우를 접근-접근갈등이라 한다(새행정학3.0, p.348).

48 **갈등의 유형 구분과 관련한 다음 설명 중 옳지 않은 것은?**

① 마치(J. G. March)와 사이먼(A. H. Simon)의 비수락성, 비비교성, 불확실성에 대한 지적은 의사결정과 관련한 개인적 갈등의 원인에 해당한다.
② 조하리의 창(Johari's window)은 자아의 다양성에 따른 개인적 갈등을 야기한다.
③ 조직 내 집단 갈등 유형을 계층집단 간에 발생하는 계층적 갈등과 기능집단 간에 발생하는 기능적 갈등으로 구분할 수 있다.

정답 41 ③ 42 ② 43 ⑤ 44 ④ 45 ① 46 ③ 47 ① 48 ②

④ 조직구조적 측면에서 계선조직과 참모조직 간 발생하는 갈등도 조직 내 집단 간 갈등의 한 형태이다.

⑤ 바람직한 조직목표를 달성하는 과정에서 부정적인 결과가 필연적으로 발생하는 경우, 접근-회피 갈등의 형태로 이해된다.

해설 조하리의 창은 자신이 알고 있는 자아와 타인이 알고 있는 자아의 구분을 통해 자신과 타인 간의 인식 차이에 따른 조직 내 개인 간 갈등 원인을 설명한다(새행정학3.0, p.348).

49 루블(T. Ruble)과 토머스(R. Thomas)의 개인 간 갈등해결 방안 가운데, 자신의 이익과 타인의 이익을 적당히 만족하는 수준으로 양보하는 형태의 해결 유형은?

① 제휴(협력) ② 경쟁 ③ 타협
④ 순응(동조) ⑤ 회피

해설 자신과 타인의 이익을 모두 완벽히 충족하는 해결방안은 제휴(협력)이며, 모두 부정하는 것은 회피, 중간적 만족수준을 달성하는 것은 타협의 해결방안으로 설명한다(새행정학3.0, p.348).

50 다음 중 협력관리에 대한 설명으로 옳지 않은 것은?

① 단일 조직만으로 해결하기 어려운 사회적 난제(wicked problem)의 급증으로 적극적인 협력관리 필요성이 강조되고 있다.

② 조직의 기능별 역할 배분과 업무분장의 명확성을 전제로 조직 능률성의 제고를 목적으로 한다.

③ 브라이슨 등(Bryson et al.)은 공동의 성과를 얻기 위한 조직 간 정보와 자원, 역량 등을 상호 연결하고 공유하는 활동으로 정의한다.

④ 부처이기주의는 협력관리를 저해하는 협업문화 측면의 장애요인이다.

⑤ 협업구조의 측면에서 협업 전담조직의 설치·운영 및 주도조직의 제도화를 고려할 수 있다.

해설 전통적인 조직의 기능별 역할배분과 업무분장의 명확성은 조직 내 갈등관리에 기여하나, 복잡성이 높아진 최근의 공공정책 환경에서는 사회적 난제 해결을 위한 조직효과성 제고 측면에서 협력관리의 중요성이 강조된다(새행정학3.0, p.351).

51 다음 중 행정 PR에 대한 설명으로 옳지 않은 것은?

① 갈등관리와 협력관리에 비해 행정 PR은 조직 외부적 관계라는 점에서 차별된다.

② 일반 혹은 특정 대중을 대상으로, 지속적이며 우호적인 관계형성을 지향한다.

③ 개별적인 정책의 내용을 대중에게 충실히 전달하는 데 가장 큰 강조점을 둔다.

④ 행정 PR의 전문성 및 전략적 활용을 위해 총괄기구 설치 필요성이 제기되나, 소

통 창구의 단일화 및 통제에 따른 우려도 지적된다.

⑤ 일관된 메시지 전달과 함께 다양한 맞춤형 소통을 위한 원소스 멀티유즈(one source, multi use)의 방식도 확대되고 있다.

해설 정책내용의 전달을 넘어 일반대중과의 우호적 관계형성을 통한 정부신뢰 제고를 강조한다(새행정학3.0, pp.354-356).

제4절 조직목표와 성과관리

52 조직목표에 대한 설명으로 잘못된 것은?

① 조직의 목표란 조직이 실현하고자 하는 바람직한 미래의 상태로 조직이 존재하는 이유가 된다.
② 조직의 목표는 구성원의 동기를 부여해 주는 역할을 한다.
③ 조직의 목표는 조직구조의 구성 단위로 목표-수단 연쇄의 모습으로 구조화된다.
④ 조직목표는 조직의 행태에 체계적으로 반영된다.
⑤ 조직이 목표를 달성하기 위해서는 조직의 목표와 개인의 목표가 조화되어야 한다.

해설 조직목표는 조직의 구조에 체계적으로 반영된다(새행정학3.0, p.357).

53 개인과 조직의 목표를 조화시키기 위한 모형 가운데 조직의 목표설정 과정에서 개인의 목표를 수용하도록 해 양자를 통합하려는 모형은 무엇인가?

① 교환모형 ② 교화모형
③ 수용모형 ④ 통합모형
⑤ 기대모형

해설 조직의 목표설정 과정에서 개인의 목표를 수용하도록 함으로써 양자를 통합하려는 모형은 수용모형이다(새행정학3.0, p.360).

54 조직의 목표변동 유형 가운데 조직이 정당하게 추구하는 실질적 목표가 하위 단계의 수단적 목표로 대체되는 현상을 무엇이라 하는가?

① 목표의 승계 ② 목표의 전환
③ 목표의 대치 ④ 목표의 추가·확대

정답 49 ③ 50 ② 51 ③ 52 ④ 53 ③ 54 ③

⑤ 목표의 축소

해설 조직의 목표가 성격이 다른 새로운 목표로 대체되는 형태를 목표의 전환이라 하며, 하위 단계의 수단적 목표로 대체되는 현상을 목표의 대치라 한다(새행정학$_{3.0}$, p.363).

55 다음 중 조직목표의 모호성에 관한 설명으로 적절치 않은 것은?

① 기업조직에 비해 공공조직의 목표가 좀 더 불분명하고 모호하다.
② 조직목표의 모호성은 조직목표에 대한 경쟁적 해석 가능성을 높인다.
③ 공공조직의 목표가 분명하고 구체적인 것이 항상 바람직한 것은 아니다.
④ 평가적 모호성은 어떤 조직의 사명을 얼마나 달성했는지 그 진전을 평가하는 데 발생하는 경쟁적 해석의 정도를 말한다.
⑤ 사명이해 모호성은 어떤 조직의 사명을 달성하기 위한 구체적 행동지침으로 전환하는 데 발생하는 다양하고 경쟁적인 해석의 정도를 말한다.

해설 어떤 조직의 사명이나 일반적 목표들을 그 사명을 달성하기 위한 구체적 행동지침으로 전환하는 데 발생하는 다양하고 경쟁적인 해석의 정도는 지시적 모호성이라 한다(새행정학$_{3.0}$, pp. 361-362).

56 다음 중 조직효과성에 대한 설명으로 적절치 않은 것은?

① 조직의 효과성은 조직이 의도한 목표를 달성한 정도를 의미한다.
② 조직의 효과성을 일반적으로 조직의 투입과 결과를 통해 파악된다.
③ 조직효과성은 조직 이해관계자의 욕구 충족을 통해서도 평가할 수 있다.
④ 행정조직은 단 하나의 효과성 평가 기준만으로 목표달성을 이해하기 어렵다.
⑤ 효과성 평가모형으로는 목표모형, 체제모형, 이해관계자 모형 등이 있다.

해설 조직의 효과성은 일반적으로 조직의 산출과 결과를 통해 파악된다(새행정학$_{3.0}$, p.365).

57 다음 중 목표관리제에 대한 설명으로 옳은 것은?

① 상급자의 참여를 통한 협력적 목표설정이라는 점에서 하향식 접근이다.
② 목표는 구체적이어야 하나, 실현 가능성에 얽매여서는 안 된다.
③ 목표 협약 기간이 지나면 목표달성 여부를 평가하고, 평가 결과의 보상과 예산 반영으로 환류된다.
④ 목표의 실행 단계는 목표관리제의 활용과 밀접하게 관련된다.
⑤ 참여는 목표설정 과정에 대한 참여로 국한된다.

해설 ① 목표관리제는 하급자의 참여를 통한 협력적 목표설정을 특징으로 하는 상향식 접근이다. ② 목표는 구체적이고, 개인이나 부서 단위에서 실현 가능해야 한다. ④ 목표관리제의 활용과 밀접하게 관련된 것은 환류다. ⑤ 참여는 목표설정 과정에 대한 참여와 목표 수준에 대한 의견 개진을 통해 이뤄진다(새행정학3.0, pp.370-372).

58 다음 중 목표관리제의 장점으로 볼 수 없는 것은?

① 조직의 활동을 목표 지향적으로 변화시켜 효율적인 조직으로 변모시킨다.
② 참여를 통한 목표설정 과정에서 조직의 상·하 간 의사소통이 원활해진다.
③ 개인 목표와 조직목표의 통합을 촉진해 목표달성에 유리하게 조직을 재구조화 한다.
④ 산출 평가와 평가 결과의 환류를 통해 조직원과 부서를 통제하기 용이하다.
⑤ 어떤 조직문화와도 쉽게 조화를 이룰 수 있다.

해설 목표관리제가 정착하려면 조직문화가 참여나 민주적 운영에 적합해야 한다(새행정학3.0, p.372).

59 다음 중 성과관리제와 관련이 없는 설명은 무엇인가?

① 참여관리라고도 한다.
② 구체적인 성과에 초점을 맞춘 결과 중심의 관리다.
③ 1990년대 이후 공공부문에 도입된 변화관리의 일환이다.
④ 신공공관리론에 기초를 두고 있다.
⑤ 인사행정의 경우 성과급, 근무성적평정 등이 성과관리 결과 활용과 관련된다.

해설 참여관리는 목표관리제를 지칭한다(새행정학3.0, pp.372-373).

60 다음 중 성과관리제에 대한 설명으로 잘못된 것은 무엇인가?

① 조직의 비전과 목표를 구현하기 위한 성과 체계로 조직을 재구조화하려 한다.
② 성과관리는 연역적·상향적 접근이다.
③ 성공적인 성과관리는 성과지표를 어떻게 만드는가에 달려 있다.
④ 성과측정의 방법은 투입측정, 산출측정, 결과측정으로 구분된다.
⑤ 목표관리제와 마찬가지로 성과계약을 체결하게 된다.

해설 성과관리는 연역적·하향식 접근법이다(새행정학3.0, pp.372-373).

정답 55 ⑤ 56 ② 57 ③ 58 ⑤ 59 ① 60 ②

61 성과관리제에 따른 성과관리 단계에 대한 다음의 설명 중 옳지 않은 것은?

① 성과관리의 단계는 환경분석 및 우선순위 설정, 성과계획 수립, 집행 및 모니터링, 성과평가, 환류의 단계로 구분된다.
② 환경분석 및 우선순위 설정 단계에서 전략계획(strategic plan)이 수립된다.
③ 성과계획의 수립 단계에서 구체적인 성과목표와 성과지표, 목표치가 결정된다.
④ SMART 기준은 성과목표에 부합하는 적절한 성과지표의 설정과 관련된다.
⑤ 상위수준의 성과목표 달성에 대한 성과계약을 근거로 성과평가가 진행된다.

해설 성과관리제에서는 목표관리제와 달리 성과목표와 연계된 하위수준의 성과지표 달성에 대한 성과계약을 근거로 성과평가가 진행되며, 이에 따라 성과계약의 구체성이 비교적 높은 편이다(새행정학$_{3.0}$, pp.373-374).

62 다음 중 균형성과표(BSC)에 대한 설명으로 옳지 않은 것은?

① 오늘날 공사 부문의 많은 조직은 균형성과표 방식을 활용해 지표를 개발하고 성과관리 시스템을 운영하고 있다.
② 재무적 관점 중심의 성과관리의 중요성이 중요해지면서 균형성과표가 각광을 받기 시작했다.
③ 균형성과표는 네 가지 관점의 균형을 중시한다.
④ 내부 프로세스 관점은 고객이 원하는 가치를 구현하기 위해 조직이 운영해야 하는 내부 프로세스를 확인하는 것을 말한다.
⑤ 재무적 관점은 재무지표를 의미한다.

해설 균형성과표는 재무적 관점 중심의 기존의 성과관리가 한계에 직면하면서 각광을 받기 시작했다(새행정학$_{3.0}$, pp.375-376).

정답 61 ⑤ 62 ②

기출 문제를 통한 감각 익히기

01 모건(G. Morgan)이 제시한 조직의 여덟 가지 이미지에 해당하지 않는 것은?

(지방7, 2021)

① 문화로서의 조직(Organizations as Culture)
② 적응적 사회구조로서의 조직(Organizations as Adaptive Social Structure)
③ 심리적 감옥으로서의 조직(Organizations as Psychic Prisons)
④ 흐름과 변환과정으로서의 조직(Organizations as Flux and Transformation)

해설 모건은 조직의 개념을 여덟 가지 은유(문화, 유기체, 두뇌, 문화, 정치시스템, 심리적 감옥, 변화와 흐름, 지배수단)를 통해 이미지로 설명하고 있는 반면, 적응적 사회구조는 셀즈닉(P. Selznick)이 조직과 환경 간의 관계를 강조하면서 조직을 개념 정의한 표현이다.

02 허즈버그(F. Herzberg)의 욕구충족요인 이원론에서 위생요인에 해당하지 않는 것은?

(지방9, 2022)

① 감독
② 대인관계
③ 보수
④ 성취감

해설 위생요인은 불만의 방지와 관련한 욕구 내용이며, 성취감은 만족을 발생시키는 대표적인 요인이라는 점에서 동기요인(만족요인)으로 분류된다.

03 개인의 동기를 자극하는 요인 중 성격이 다른 것은? (노동부7, 2005)

① 관리 · 통제
② 성취감
③ 임금
④ 작업 조건

해설 ②를 제외한 다른 요인들은 허즈버그가 분류한 이른바 위생요인에 해당한다.

정답 01 ② 02 ④ 03 ②

04 허즈버그(F. Herzberg)의 욕구충족요인 이원론에 관한 설명 중 옳지 않은 것은?

(경북9, 2005)

① 위생요인은 맥그리거의 X이론적 인간관과 일맥상통한다.
② 인간의 불만 욕구와 만족 욕구는 별개로 작동한다.
③ 동기요인은 만족감을 느끼게 하지 못하고 다만 불만을 막는 작용을 한다.
④ 불만요인이 충족되면 근무 태도의 단기적 변동은 가능하지만 장기적 효과는 없다.

해설 허즈버그는 불만요인과 만족요인은 별개로 작동하며, 불만족요인(위생요인)의 충족은 불만을 방지할 뿐 동기부여는 못하고 대신 동기요인이 충족될 경우 동기부여가 가능하다고 주장했다.

05 상호 간 연결이 적합하지 않은 것은?

(경기7, 2005)

① 허즈버그(F. Herzberg) - 성취동기이론
② 페이욜(H. Fayol) - 일반 및 산업관리
③ 어윅(H. L. Urwick) - POSDCoRB
④ 맥그리거(D. McGregor) - X · Y이론

해설 성취동기이론을 주장한 학자는 맥클랜드(D. McClleland)이며, 허즈버그는 동기위생이론을 주창하였다.

06 다음 인간모형 중 그 성격이 유사한 것끼리 바르게 연결된 것은?

(경기9, 2005)

① X이론 - 성숙 인간
② 합리적 경제인관 - Y이론
③ 위생요인 - 동기부여요인
④ 불만요인 - 체제 Ⅰ · Ⅱ

해설 허즈버그의 불만요인은 X이론적 인간관의 인간모형 및 리커트(R. Likert)가 분류한 체제Ⅰ(착취적 · 수탈적 권위형)과 체제Ⅱ(온정적 권위형)와 유사하다고 볼 수 있다.

07 동기부여이론 중 성격이 다른 하나는?

(대전9, 2005)

① 브룸의 기대이론
② 아지리스의 미성숙 · 성숙이론
③ 맥클랜드의 성취동기이론
④ 맥그리거의 X · Y이론

해설 동기부여이론은 크게 동기부여에 대한 내용이론과 과정이론으로 나눌 수 있다. 브룸의 기대이론은 과정이론인 반면에, 다른 세 개의 접근 입장은 내용이론에 해당한다.

08 다음의 동기부여 이론에 대한 설명 중에서 틀린 것은?

(대구7, 2007)

① 아지리스(C. Argyris)는 미성숙 · 성숙이론을 통해 성숙한 인간의 욕구와 조직합리성을 추구하는 공식조직 중심의 관리전략이 충돌할 수 있다고 지적했다.
② 롤리스(D. Lawless)는 Z이론에서 과거 일본 기업조직이 가지는 종신고용, 느린 승진, 공동 의사결정 등을 효과적 경영 방식으로 강조했다.

③ 허즈버그(F. Herzberg)는 욕구충족요인 이원론에서 위생요인의 제거 또는 감소는 동기부여의 소극적 · 단기적 효과에 제한된다고 지적했다.

④ 브룸(V. Vroom)의 기대이론은 욕구의 구체적인 내용보다는 동기부여 과정적 차원을 강조한다.

해설 일본 기업조직이 가지는 특징인 종신고용이나 공동 의사결정 등을 특징으로 하는 조직이론을 Z이론이라고 하며 오우치(W. Ouchi)가 주장했다.

09 다음 동기부여이론과 관련한 욕구이론 중 설명이 틀린 것은? (충남9, 2007)

① 머슬로의 욕구단계설에 의하면 인간의 한 욕구가 어느 정도 충족되면 다음 단계 욕구로 나아간다.

② 허즈버그의 위생-동기요인이론에서 근무환경과 관련된 요인은 위생요인이다.

③ 머슬로의 욕구 단계 중 가장 상위의 욕구는 자아실현 욕구다.

④ 허즈버그의 위생-동기요인이론에서 보수는 동기요인(만족요인)에 해당한다.

해설 허즈버그는 보수를 동기부여요인이 아니라 위생요인으로 분류했다.

10 다음 동기부여이론에 대한 설명 중 틀린 것은? (충북9, 2007; 대구7, 2007)

① 허즈버그는 위생요인을 충족해도 동기가 충족되지 않는다고 한다.

② 머슬로의 욕구의 순차성을 비판한 이론이 앨더퍼의 ERG이론이다.

③ 맥클랜드는 인간 욕구의 공통성을 강조해 성취 동기를 강조했다.

④ 맥그리거의 이론은 인간관에 따라 다른 관리전략이 필요하다고 주장했다.

해설 맥클랜드(D. McClelland)는 개인마다 그 욕구의 계층에는 차이가 있다고 주장함으로써 공통적인 욕구보다는 문화와의 상호작용 과정을 통해 획득되거나 학습되는 개인의 성취 욕구의 중요성을 강조했다.

11 다음 여러 동기부여이론 중에서 성격이 다른 하나는? (인천9, 2007)

① 포터와 롤러(L. Porter & E. Lawler) – 업적 · 만족이론

② 아지리스(C. Argyris) – 성숙 · 미성숙이론

③ 앨더퍼(C. Aldefer) – ERG이론

④ 허즈버그(F. Herzberg) – 동기 · 위생이론

⑤ 맥클랜드(D. McClelland) – 성취동기이론

해설 포터와 롤러(L. Porter & E. Lawler)의 업적 · 만족이론은 동기부여이론 중에서 과정이론이며,

정답 04 ③ 05 ① 06 ④ 07 ① 08 ② 09 ④ 10 ③ 11 ①

나머지 다른 이론적 입장은 욕구 내용을 규정하는 내용이론에 해당한다.

12 동기이론과 관련한 설명 중 가장 적절하지 않은 것은? (행안부 연구 · 소방8-9, 2008)

① 머슬로(A. H. Maslow)는 욕구의 강도와 단계에 따라 인간이 자신의 일정한 욕구를 충족, 유지해 나간다고 주장한다.

② 허즈버그(F. Herzberg)의 동기요인과 위생요인에서 동기요인에는 머슬로의 자아실현(self-actualization) 욕구가 포함된다.

③ 앨더퍼(C. Alderfer)의 ERG(existence, relatedness, growth)이론에서 성장 욕구에는 머슬로의 애정(love) 욕구가 포함된다.

④ 브룸(V. Vroom)은 동기부여가 보상의 내용이나 실체보다는 조직구성원이 보상에 대해 얼마나 매력을 느끼고 있는가에 달려 있다고 본다.

해설 앨더퍼는 머슬로의 욕구 5단계설이 가지는 순차성을 비판하면서 세 가지 종류의 욕구로 구분했다. 머슬로의 애정 욕구는 앨더퍼의 대인관계 욕구에 해당한다고 볼 수 있다.

13 동기이론 중 성격이 서로 다른 것이 연결된 것은? (지방9, 2009)

① 기대이론 – 형평성이론
② 욕구계층이론 – X · Y이론
③ 자율규제이론 – 사회적 학습이론
④ 목표설정이론 – 동기 · 위생요인이론

해설 동기부여이론 중 동기부여의 내용, 즉 욕구 내용이 무엇인지에 초점이 맞춰지는 접근법과 욕구의 내용과 관계없이 동기부여가 이뤄지는 과정에 초점이 맞춰지는 이론을 구분하는 문제다. 목표설정이론은 과정이론이라고 할 수 있는 반면에 동기위생이론은 욕구 내용에 관한 이론이다.

14 허즈버그(F. Herzberg)의 욕구충족요인 이원론에서 제시하는 동기요인(motivator) 내지 만족요인(satisfier)과 가장 거리가 먼 것은? (국가9, 2010)

① 더 많은 책임을 부여받는다.

② 상사로부터 직무 성취에 대한 인정을 받는다.

③ 더 많은 개인적 성장과 발전을 경험하고 있다.

④ 원만한 대인관계를 유지하고 있다.

해설 감독자와 부하의 관계, 동료 간의 관계와 같은 대인관계는 위생요인(불만요인)에 해당한다.

15 동기부여 이론가들과 그 주장에 바탕을 둔 관리 방식을 연결한 것이다. 이들 중 동기부여 효과가 가장 낮다고 판단되는 것은? (국가9, 2013)

① 머슬로(A. H. Maslow) – 근로자의 자아실현 욕구를 일깨워 준다.

② 허즈버그(F. Herzberg) – 근로 환경 가운데 위생요인을 제거해 준다.
③ 맥그리거(D. McGregor)의 Y이론 – 근로자들은 작업을 놀이처럼 즐기고 스스로 통제할 줄 아는 존재이므로 자율성을 부여한다.
④ 앨더퍼(C. Alderfer) – 개인의 능력 개발과 창의적 성취감을 북돋운다.

해설 위생요인은 개인의 불만족을 방지하는 효과를 가져오는 요인일 뿐, 충족되어도 적극적으로 만족감을 가져다주거나 동기를 유발하지는 않는다.

16 조직구성원들의 동기이론에 대한 설명 중 옳은 것만을 모두 고르면? (국가9, 2014)

ㄱ. ERG이론: 앨더퍼(C. Alderfer)는 욕구를 존재 욕구, 관계 욕구, 성장 욕구로 구분한 후 상위 욕구와 하위 욕구 간에 '좌절-퇴행' 관계를 주장했다.
ㄴ. X · Y이론: 맥그리거(D. McGregor)의 X이론은 머슬로(A. H. Maslow)가 주장했던 욕구계층 중에서 주로 상위욕구를, Y이론은 주로 하위 욕구를 중요시했다.
ㄷ. 형평이론: 애덤스(J. Adams)는 자기의 노력과 그 결과로 얻어지는 보상을 준거인물과 비교해 공정하다고 인식할 때 동기가 유발된다고 주장했다.
ㄹ. 기대이론: 브룸(V. Vroom)은 보상에 대한 매력성, 결과에 따른 보상, 그리고 결과 발생에 대한 기대감에 의해 동기유발의 강도가 좌우된다고 보았다.

① ㄱ, ㄷ　② ㄱ, ㄹ
③ ㄴ, ㄷ　④ ㄷ, ㄹ

해설 맥그리거의 X이론은 하위 욕구를, Y이론은 상위 욕구를 중요시한다. 형평이론에서는 불공정을 해소시키는 과정에서 개인의 동기가 형성된다고 본다.

17 허즈버그(F. Herzberg)의 욕구충족요인 이원론의 설명으로 옳은 것은? (지방9, 2010)

① 동기요인을 충족시켜 주지 못하면 조직에 대한 불만이 커진다.
② 동기요인의 충족은 직무수행을 위한 노력을 강화한다.
③ 위생요인은 주로 직무 자체와 관련되어 있다.
④ 위생요인의 충족은 동기유발을 촉진한다.

해설 동기요인은 충족되면 동기를 부여하는 요인으로 직무 자체, 책임감, 성취감 등이 있으며, 위생요인은 충족되면 불만이 없어지는 요인으로 임금, 작업 조건, 인간관계 등이 있다.

정답 12 ③ 13 ④ 14 ④ 15 ② 16 ② 17 ②

18 **해크먼(J. Hackman)과 올드햄(G. Oldham)의 직무특성모델에 대한 설명으로 옳지 않은 것은?** (지방9, 2011)

① 잠재적 동기지수(Motivating Potential Score: MPS) 공식에 의하면 제시된 직무 특성들 중 직무정체성과 직무중요성이 동기부여에 가장 중요한 역할을 한다.
② 허즈버그의 욕구충족요인 이원론보다 진일보한 것으로 이해할 수 있다.
③ 직무정체성이란 주어진 직무의 내용이 하나의 제품 혹은 서비스를 처음부터 끝까지 완성시킬 수 있도록 구성되어 있는지에 관한 것이다.
④ 이 모델은 기술다양성, 직무정체성, 직무중요성, 자율성, 환류 등 다섯 가지의 핵심 직무 특성을 제시한다.

해설 잠재적 동기지수 공식은 $\left(\frac{\text{기술적 다양성} + \text{직무정체성} + \text{직무중요성}}{3} \times \text{자율성} \times \text{환류}\right)$ 이며, 이 가운데 자율성과 환류의 중요성이 강조된다.

19 **다음 중 동기부여에 관한 과정이론만을 모두 고른 것은?** (지방9, 2014)

ㄱ. 애덤스(J. S. Adams)의 형평성이론	ㄴ. 브룸(V. Vroom)의 기대이론
ㄷ. 맥클랜드(D. McClelland)의 성취동기이론	ㄹ. 로크(E. A. Locke)의 목표설정이론

① ㄱ, ㄴ
② ㄱ, ㄴ, ㄹ
③ ㄴ, ㄷ, ㄹ
④ ㄷ, ㄹ

해설 맥클랜드의 성취동기이론은 사람의 동기를 유발하는 요인의 내용에 초점을 맞춘 내용이론에 해당하며, 애덤스의 형평성 이론, 브룸의 기대이론, 로크의 목표설정이론은 동기의 내용보다는 동기가 유발되는 과정에 초점을 맞춘 과정이론에 해당한다.

20 **동기부여이론에 대한 설명으로 옳지 않은 것은?** (국가7, 2022)

① 앨더퍼(C. Alderfer)의 욕구내용 중 관계욕구는 머슬로(A. H. Maslow)의 생리적 욕구와 안전 욕구에 해당한다.
② 브룸(V. Vroom)의 기대이론은 과정이론에 해당한다.
③ 허즈버그(F. Herzberg)는 위생요인이 충족되더라도 동기부여가 되는 것은 아니라고 하였다.
④ 애덤스(J. S. Adams)는 투입한 노력 대비 얻은 보상에 대해서 준거인과 비교해 상대적으로 느끼는 공평함의 정도가 동기부여에 영향을 미친다고 하였다.

해설 앨더퍼의 관계 욕구는 머슬로의 사회적 욕구나 존경 욕구와 연계된다.

21 **동기유발의 과정을 설명하는 '과정이론'에 해당하는 것만을 모두 고르면?**

(국가9, 2022)

ㄱ. 브룸(V. Vroom)의 기대이론
ㄴ. 애덤스(J. S. Adams)의 공정성이론
ㄷ. 로크(E. A. Locke)의 목표설정이론
ㄹ. 앨더퍼(C. Alderfer)의 ERG이론
ㅁ. 맥그리거(D. McGregor)의 X이론 · Y이론

① ㄱ, ㄴ, ㄷ ② ㄱ, ㄴ, ㄹ ③ ㄴ, ㄷ, ㅁ ④ ㄷ, ㄹ, ㅁ

해설 앨더퍼의 ERG이론과 맥그리거의 X · Y이론은 동기의 실체적 내용과 관련한 내용이론에 해당한다.

22 **브룸(V. Vroom)의 기대이론에 대한 설명으로 옳지 않은 것은?** (국가7, 2021)

① 동기부여의 과정이론(process theory) 중의 하나이다.

② 기대감(expectancy)은 개인의 노력(effort)이 공정한 보상(reward)으로 이어질 것이라는 주관적 믿음을 의미한다.

③ 수단성(instrumentality)은 개인의 성과(performance)와 보상(reward) 간의 관계에 대한 인식이다.

④ 유인가(valence)는 개인이 특정 보상(reward)에 대해 갖는 선호의 강도를 의미한다.

해설 기대감은 해당 직무수행의 달성이 개인의 노력을 통해 가능할 것이라는 믿음 정도를 의미한다. 공정한 보상에 대한 믿음은 포터(L. Porter)와 롤러(E. Lawler)의 업적 · 만족이론과 연계된다.

23 **다음은 동기부여 실험에 대한 설명이다. (가)~(다)에 들어갈 말을 바르게 연결한 것은?**

(국가7, 2022)

유치원 어린이들을 세 집단으로 나누고 그림 그리기 놀이를 하였다. 첫 번째 집단에는 그림을 완성하면 선물을 준다고 약속하였고 그림을 완성한 어린이들에게는 약속한 선물을 주었다. 두 번째 집단에는 선물을 준다는 약속은 없었지만 그림을 완성한 어린이들에게는 깜짝 선물을 주었다. 세 번째 집단에는 어떤 약속도 선물도 없이 평소처럼 그림 그리기를 하였다.

그 이후, 그림 그리기 놀이를 계속하는지에 대한 집단 간 차이를 관찰하였다. 관찰 결과, 두 번째와 세 번째 집단은 그림 그리기 놀이를 계속하였지만, 첫 번째 집단은 상대적으로 적은 수만이 그림 그리기 놀이를 계속하였다. 이러한 현상을 통해 학자들은 [(가)] 동기가 [(나)] 동기를 밀어내는 구축효과가 있다는 점을 제시하였으며 [(가)] 동기의 예시로는 [(다)] 을/를 들 수 있다.

정답 18 ① 19 ② 20 ① 21 ① 22 ② 23 ④

	(가)	(나)	(다)
①	내재적	외재적	성과급
②	내재적	외재적	가치관 일치
③	외재적	내재적	처벌
④	외재적	내재적	일에 대한 즐거움

해설 선물은 개인의 외부에서 주어지는 외재적 동기에 해당하며, 성과급이나 처벌과 같은 긍정적 혹은 부정적 인센티브를 고려할 수 있다.

24 **동기요인이론에 대한 설명으로 옳지 않은 것은?** (국가9, 2021)

① 애덤스(J. Adams)의 공정성 이론에 따르면 공정하다고 인식할 때 동기가 유발된다.
② 맥클랜드(D. McClelland)의 성취동기이론에 따르면 개인들의 욕구가 학습을 통해 개발될 수 있다.
③ 브룸(V. Vroom)의 기대이론에서 기대감은 특정 결과는 특정한 노력으로 인해 나타날 수 있다는 가능성에 대한 개인의 신념으로, 통상 주관적 확률로 표시된다.
④ 앨더퍼(E. A. Alderfer)의 ERG이론에 따르면 상위욕구 충족이 좌절되면 하위 욕구를 충족시키고자 할 수 있다.

해설 애덤스의 공정성이론에서 공정하다고 인식할 때는 현재 상태를 바꾸고자 하지 않지만, 불공정하다고 인식할 때 불공정성을 해소시키기 위한 행태변화의 동기가 유발된다. 불공정성에 따른 부정적 동기유발을 완화하기 위한 조직 내 공정성 관리 전략이 요구된다.

25 **동기부여이론에 대한 설명으로 옳은 것은?** (지방7, 2022)

① 스키너(B. F. Skinner)의 강화이론은 인간의 내면적 과정에 초점을 맞추며, 행동의 결과보다 원인을 더 강조한다.
② 로크(E. A. Locke)의 목표설정이론에 따르면, 개인의 강력한 동기유발을 위해서는 추상적인 목표를 채택해야 한다.
③ 포터(L. Porter)와 롤러(E. Lawler)의 업적・만족이론은 직무성취 수준이 직무만족의 요인이 될 수 있다고 주장한다.
④ 공공봉사동기(public service motivation)이론은 공공부문 종사자와 민간부문 종사자의 가치체계는 차이가 없고, 개인이 공공부문에 근무하면서 공공봉사동기를 처음으로 획득하므로, 조직문화와 외재적 보상을 강조한다.

해설 스키너의 강화이론은 외부자극에 초점을 맞춰 행동변화라는 결과를 강조하며, 로크의 목표설정이론에서는 도전적이나 구체적이고 명확한 목표설정이 동기유발에 긍정적임을 강조한다. 공공봉사동기는 공공부문과 민간부문 종사자의 내재적 가치체계의 차이에 주목한다.

26 동기부여이론에 대한 설명으로 옳지 않은 것은? (지방7, 2023)

① 앨더퍼(C. Alderfer)의 ERG이론은 하위 단계에서 상위 단계로의 욕구 단계 이동뿐만 아니라 욕구 좌절 시 회귀적이고 하향적인 욕구 단계로의 이동도 가능하다고 본다.

② 허즈버그(F. Hertzberg)의 2요인이론은 종업원의 직무환경 개선과 창의적 업무 할당을 통한 직무성취감 증대가 동기부여에 미치는 영향이 다르다고 본다.

③ 애덤스(J. S. Adams)의 공정성이론은 인식된 불공정성이 중요한 동기요인으로 작동한다고 본다.

④ 브룸(V. Vroom)의 기대이론은 노력, 성과, 보상, 만족, 환류로 이어지는 동기부여 과정을 제시하면서, 노력-성과 간 관계에 있어 개인의 능력과 자질, 그리고 역할 인지를 강조했다.

해설 해당 내용은 포터(L. Porter)와 롤러(R. Lawler)의 업적·만족이론에 대한 설명이다.

27 동기부여 이론에 대한 설명으로 옳은 것은? (지방9, 2023)

① 로크(E. A. Locke)의 목표설정이론에서는 목표의 도전성(난이도)과 명확성(구체성)을 강조했다.

② 머슬로(A. H. Maslow)의 욕구 5단계설에서는 욕구의 좌절과 퇴행을 강조했다.

③ 해크만과 올드햄(Hackmanc & Oldham)의 직무특성이론에서는 유의성, 수단성, 기대감을 동기부여의 핵심으로 보았다.

④ 앨더퍼(C. Alderfer)의 ERG이론에서는 위생요인이 충족되었다고 하더라도 동기부여가 되는 것은 아니라고 주장했다.

해설 ② 욕구의 자절과 퇴행은 앨더퍼의 ERG이론에 해당하며, ③ 유의성과 수단성, 기대감에 따른 동기부여요인은 브룸의 기대이론에 해당한다. ④ 위생요인과 동기요인의 구분은 허즈버그의 동기위생이론에 해당하는 내용이다.

28 공공봉사동기이론(public service motivation)에 대한 설명으로 옳지 않은 것은? (국가7, 2020)

① 공사부문 간 업무성격이 다르듯이, 공공부문의 조직원들은 동기구조 자체도 다르다는 입장에 있다.

② 정책에 대한 호감, 공공에 대한 봉사, 동정심(compassion) 등의 개념으로 구성된다.

③ 공공봉사동기가 높은 사람을 공직에 충원해야 한다는 주장의 근거가 될 수 있다.

④ 페리와 와이스(Perry & Wise)는 제도적 차원, 금전적 차원, 감성적 차원을 제시하

정답 24 ① 25 ③ 26 ④ 27 ① 28 ④

였다.

해설 페리와 와이즈는 공직동기(공공봉사동기)를 합리적 차원, 규범적 차원, 감성적 차원으로 구분하여 설명하고 있다.

29 홉스테드(G. Hofstede)의 문화 차원에 대한 설명으로 옳지 않은 것은? (국가7, 2021)

① 불확실성 회피 정도가 강한 경우 공식적 규정을 많이 만들어 불확실성 요소를 최대한 통제하려 한다.

② 집단주의가 강한 문화는 개인주의가 강한 문화보다 상대적으로 느슨한 개인 간 관계를 더 중요시한다.

③ 권력거리가 큰 경우 제도나 조직 내에 내재되어 있는 상당한 권력의 차이를 자연스럽게 인정한다.

④ 남성성이 강한 문화는 여성성이 강한 문화보다 상대적으로 남성과 여성의 역할에 대한 분명한 차이를 인정하려고 한다.

해설 개인주의와 집단주의 문화의 차이는 구성원 간의 상호의존성의 차이로 설명될 수 있으며, 집단주의 문화에서는 구성원 개인의 긴밀한 상호의존적 관계를 통한 집단성을 강조한다.

30 조직문화 및 변동의 이론에 대한 설명으로 옳은 것만을 모두 고르면? (지방7, 2023)

ㄱ. 퀸(R. E. Quinn)은 경쟁가치모형을 활용해 '내부지향-외부지향'과 '유연성-통제(안정성)'라는 두 가지 차원에서 네 가지 조직문화 유형을 도출하였다.
ㄴ. 홉스테드(G. Hofstede)는 '권력거리'의 크기가 큰 문화에서는 평등한 관계를 중시하기 때문에 조직 내 의사소통이 활발하고 분권화된 경우가 많다고 본다.
ㄷ. 레빈(K. Lewin)은 조직변화의 과정을 현재 상태에 대한 해빙(unfreezing), 원하는 상태로의 변화(moving), 새로운 변화가 지속될 수 있도록 재동결(refreezing)하는 3단계로 제시하였다.

① ㄱ ② ㄱ, ㄷ

③ ㄴ, ㄷ ④ ㄱ, ㄴ,ㄷ

해설 홉스테드의 권력거리지수(power distance index)는 상대적으로 권력이 작은 구성원이 권력의 불평등한 분배를 수용하는 정도를 의미하며, 권력거리가 클수록 수직적 권력관계에 따른 집권적 관계구조의 특성을 가진다고 설명한다.

31 조직이론에 대한 설명으로 옳지 않은 것은? (지방7, 2021)

① 카플란(R. Kaplan)과 노턴(D. Norton)은 균형성과표(BSC)의 네 가지 관점으로 고객 관점, 내부 프로세스 관점, 재무적 관점, 학습과 성장 관점을 제시하였다.

② 민츠버그(H. Mintzberg)는 조직의 5개 구성 요소로 전략적 최고관리층, 중간계선 관리층, 작업층, 기술구조, 지원 막료를 제시하였다.

③ 허쉬(P. Hersey)와 블랜차드(K. Blanchard)는 부하의 성숙도가 높은 경우 지시적 리더십이 효과적이라고 보았다.

④ 베버(M. Weber)는 법적 · 합리적 권한에 기초를 둔 이념형(ideal type) 관료제의 특징으로 법과 규칙의 지배, 계층제, 문서에 의한 직무수행, 비개인성(impersonality), 분업과 전문화 등을 제시하였다.

해설 허쉬와 블랜차드는 상황론적 리더십을 주장하였으며, 구성원의 성숙도가 높아질수록 지시적 리더십보다는 관계적 행태를 통한 참여적 혹은 위임적 리더십이 효과적이라고 설명하였다.

32 조직문화의 경쟁가치모형에 대한 설명으로 옳지 않은 것은? (지방9, 2022)

① 위계문화는 응집성을 강조한다.

② 혁신지향문화는 창의성을 강조한다.

③ 과업지향문화는 생산성을 강조한다.

④ 관계지향문화는 사기 유지를 강조한다.

해설 퀸의 경쟁가치모형에서, 위계지향문화는 정보관리를 통한 조직의 안정성을 목표로 하며, 기관 구성원의 응집력의 강조는 관계지향문화에서 강조된다.

33 상황론적 리더십이론이 행정조직 운영에 기여한 점은? (대구9, 2005)

① 조직 내 인간 관계의 공식화에 기여

② 리더의 특성과 자질의 발굴과 교육

③ 신상필벌의 책임행정 구현

④ 구성원의 개인 특성에 대한 관심 제고

해설 상황론적 리더십이론은 구성원의 개인적 특성 등 리더십이 발휘되는 상황적 요인을 중시한다.

34 다음 리더십이론에 대한 설명으로 옳지 않은 것은? (부산9, 2007)

① 전환적(변혁적) 리더십은 관리자와 부하 간에 상호 교환에 초점을 맞춘다.

② 셀프 리더십은 문제를 스스로 발견하고 해결해가는 정보화사회에서 요구되는 리더십이다.

③ 리더십의 상황론에서 지도 상황의 결정은 리더와 추종자의 관계, 업무구조, 직위

정답 29 ② 30 ② 31 ③ 32 ① 33 ④ 34 ①

에 부여된 권력 등을 변수로 한다.

④ 고전적 리더십이론과 행태론적 리더십이론은 유일 최선의 답이 있다고 본다.

해설 관리자와 부하 간에 상호 교환 및 거래 등과 같은 보상을 강조하는 리더십은 전통적인 리더십에 해당한다.

35 리더십이론과 그 특성이 잘못 연결된 것은? (행안부7, 2008)

① 특성이론－리더의 개인적 자질을 강조
② 행태이론－리더 행동의 상대적 차별성을 강조
③ 거래이론－리더와 부하 간의 사회적 교환 관계를 강조
④ 변혁이론－부하에 대한 지시와 지원을 강조

해설 변혁적 리더십은 부하에 대한 배려, 존중, 자긍심을 강조하는 리더십으로 부하의 영감이나 창조적인 사고를 중시한다. 따라서 지시나 지원에 의존한다고 보기 어렵다.

36 리더십에 대한 설명으로 옳은 것은? (지방9, 2013)

① 변혁적(transformational) 리더십－무엇인가 가치 있는 것을 교환함으로써 추종자에게 영향력을 행사하는 리더십
② 거래적(transactional) 리더십－리더가 부하로 하여금 형식적 관례와 사고를 다시 생각하게 함으로써 새로운 관념을 촉발시키는 리더십
③ 카리스마적(charismatic) 리더십－리더가 특출한 성격과 능력으로 추종자들의 강한 헌신과 리더와의 일체화를 이끌어내는 리더십
④ 서번트(servant) 리더십－과업을 구조화하고 과업 요건을 명확히 하는 리더십

해설 ①은 거래적 리더십에 대한 설명이다. ②는 변혁적 리더십에 대한 설명이다. ④는 지시적 리더십에 대한 설명이다.

37 변혁적(transformational) 리더십에 대한 설명으로 옳은 것은? (지방9, 2021)

① 적응보다 조직의 안정을 강조한다.
② 기계적 조직체계에 적합하며, 개인적 배려는 하지 않는다.
③ 부하에게 새로운 비전을 제시하며, 지적 자극을 통한 동기부여를 강조한다.
④ 리더와 부하의 관계를 경제적 교환관계로 인식하고, 보상에 관심을 둔다.

해설 변혁적 리더십은 조직변화를 강조하며, 개인적 배려에 치중한다. 경제적 교환관계에 따른 보상에 강조점을 두는 것은 거래적 리더십에 해당한다.

38 **변혁적 리더십에 대한 설명으로 옳지 않은 것은?** (지방9, 2023)

① 도전적 목표와 임무, 미래에 대한 비전을 추구하도록 격려한다.
② 구성원 개개인에게 관심을 가지고 배려한다.
③ 상황적 보상과 예외관리를 특징으로 한다.
④ 새로운 관점에서 문제를 재구성하고 해결책을 찾도록 자극한다.

해설 상황적 보상과 예외관리를 특징으로 하는 것은 전통적인 거래적 리더십에 해당하는 내용이다.

39 **피들러(Fiedler)의 상황적합적 리더십이론에 대한 설명으로 옳지 않은 것은?** (국가7, 2021)

① 리더와 부하의 관계, 부하의 성숙도, 과업구조의 조합에 따라 리더의 상황적 유리성(situational favorableness)을 설명한다.
② 리더에게 매우 유리한 상황인 경우 과업 지향적 리더십이 효과적이다.
③ LPC(Least Preferred Coworker) 점수를 사용하여 리더를 과업지향적 리더와 관계지향적 리더로 분류했다.
④ 리더가 처한 상황에 따라서 리더십의 효과성이 달라질 수 있다.

해설 부하의 성숙도에 따른 상황조건은 허쉬와 블랜차드의 리더십이론에 해당하며, 피들러는 부하의 성숙도가 아닌 리더의 권력 수준을 상황조건으로 포함하고 있다.

40 **서번트(servant) 리더십에 대한 설명으로 옳은 것만을 모두 고르면?** (지방9, 2022)

ㄱ. 구성원들이 공동의 목표를 이뤄 나갈 수 있도록 환경을 조성하고 도와준다.
ㄴ. 보상과 처벌을 핵심 관리수단으로 한다.
ㄷ. 그린리프(R. Greenleaf)는 존중, 봉사, 정의, 정직, 공동체 윤리를 강조했다.
ㄹ. 리더의 최우선적인 역할은 업무를 명확하게 지시하는 것이다.

① ㄱ, ㄷ　　② ㄱ, ㄹ
③ ㄴ, ㄷ　　④ ㄴ, ㄹ

해설 보상과 처벌을 관리수단으로 하는 것은 거래적 리더십이며, 서번트 리더십에서는 구성원의 자율적 성장을 지원하기 위한 후원자의 역할을 강조한다.

정답 35 ④ 36 ③ 37 ③ 38 ③ 39 ① 40 ①

41 리더십과 팔로워십 이론에 대한 설명으로 옳은 것만을 모두 고르면? (국가7, 2023)

ㄱ. 켈리(R. E. Kelley)는 소외적 추종자(alienated followers), 순응적 추종자(sheep), 수동적 추종자(yes people), 효과적 추종자(effective followers) 등 네 가지 추종자 유형을 제시하였고, 그 중 소외적 추종자가 가장 위험하다고 주장하였다.
ㄴ. 블레이크(R. R. Blake)와 머튼(J. S. Mouton)은 생산에 대한 관심과 사람에 대한 관심이 모두 높은 단합형(team management) 리더십 유형을 최선의 관리방식으로 제안하였다.
ㄷ. 상황적응적 리더십 모형의 주창자 중 하나인 피들러(Fiedler)는 리더-구성원 관계, 직무구조, 직위권력 등 세 가지 변수를 중요한 상황요소로 설정하였다.
ㄹ. 오하이오 주립대 리더십 연구자들은 리더의 행동을 구조 주도(initiating structure)와 배려로 설명하며 가장 훌륭한 리더유형을 중간 수준의 구조 주도와 배려를 갖춘 균형 잡인 리더형태로 보았다.

① ㄱ, ㄴ ② ㄱ, ㄹ
③ ㄴ, ㄷ ④ ㄷ, ㄹ

해설 ㄱ. 켈리는 독립적 사고와 적극적 태도의 두 가지 기준에 따라 다섯 가지 유형을 제시하였으며, 효과적 추종자가 아니라 독립성과 적극성이 모두 높은 모범형 추종자와 둘 다 중간 수준인 실무형 추종자를 포함하고 있다. ㄹ. 오하이오주립대학의 연구에서는 조직화(구조 주도)와 배려 정도를 기준으로 리더십을 구분하되, 조직화와 배려 모두 높은 수준의 지도자가 효과적인 성과를 이끌어내는 것으로 분석하고 있다.

42 리더십에 대한 설명으로 옳지 않은 것은? (국가7, 2020)

① 변혁적(transformational) 리더십의 특성에는 영감적 동기부여, 자유방임, 지적 자극, 개별적 배려 등이 있다.
② 진성(authentic) 리더십의 특성은 리더가 정직성, 가치의식, 도덕성을 바탕으로 팔로워들의 믿음을 이끌고, 팔로워들이 리더의 윤리성과 투명성을 믿으며 긍정적 감정을 느낀다는 것이다.
③ 서번트(servant) 리더십은 자기 자신보다는 다른 사람에게 초점을 두고, 부하들의 창의성과 잠재력을 발휘할 수 있도록 봉사하는 리더십이다.
④ 거래적(transactional) 리더십은 적극적 보상이나 소극적 보상을 통해 영향력을 행사한다.

해설 변혁적 리더십의 특성으로 영감적 동기부여 및 지적 자극, 개별적 배려는 부합하나, 자유방임은 방임적 리더십의 특성으로 관리자의 개입이 이루어지지 않는다.

43 **바스(B. Bass) 등이 제시한 변혁적 리더십(transformational leadership)의 주된 요인으로 옳지 않은 것은?** (국가9, 2010)

① 영감적 리더십 ② 합리적 과정
③ 카리스마적 리더십 ④ 개별적 배려

해설 합리적 과정은 전통적인 거래적・교환적 리더십의 주된 특징이다.

44 **재니스(I. Janis)의 집단사고(group thinking)의 특성에 해당하지 않는 것은?** (국가9, 2023)

① 토론을 바탕으로 한 집단지성의 활용
② 침묵을 합의로 간주하는 만장일치의 환상
③ 집단적 합의에 대한 이의제기에 대한 자기검열
④ 집단에 대한 과대평가로 집단이 실패할 리 없다는 현상

해설 재니스는 집단사고를 통해 합리적 대안의 발견이 간과되는 부정적 효과를 지적하고 있으며, 집단지성은 다수의 협력과 경쟁을 통한 새로운 지식의 발견에 대한 긍정적 평가를 지칭한다.

45 **조직발전(organization development)에 대한 기술 중 잘못된 것으로만 묶인 것은?** (행안부7, 2008)

ㄱ. 조직발전은 조직의 실속, 효과성, 건강성을 높이기 위한 조직 전반에 걸친 계획된 노력을 의미한다.
ㄴ. 조직발전은 조직구성원의 행태 변화를 통해 조직의 생산성과 환경에의 적응 능력을 향상시키는 것을 목표로 한다.
ㄷ. 조직발전에서 인간에 대한 가정은 맥그리거(D. McGregor)의 X이론이다.
ㄹ. 조직발전에서 가정하는 조직은 폐쇄체제 속에서 복합적 인과관계를 가진 유기체다.
ㅁ. 조직발전에서 추구하는 변화는 조직문화의 변화를 포함한다.

① ㄱ, ㄴ, ㄷ ② ㄴ, ㄷ, ㄹ
③ ㄷ, ㄹ ④ ㄹ, ㅁ

해설 조직발전(OD)은 조직구성원의 가치관과 태도 변화 및 환경 변화에 대응해 조직문화 전반에 걸친 변화를 전제하고 있기 때문에 X이론적인 인간에 대한 가정은 적합하지 않고 아울러 환경과의 폐쇄적 관계보다는 개방적인 관계를 상정하고 있다.

정답 41 ③ 42 ① 43 ② 44 ① 45 ③

46 조직 내 의사전달과 의사결정 현상에 대한 설명으로 옳지 않은 것은? (국가9, 2009)

① 조직 내 의사전달에는 공식적 · 비공식적 전달 유형이 있다.
② 대각선적 의사전달은 공식 업무를 촉진하거나 개인적 · 사회적 욕구 충족을 위해 나타난다.
③ 의사전달의 과정은 발신자, 코드화, 발송, 통로, 수신자, 해독, 환류로 이뤄진다.
④ 의사전달 과정에서 환류의 차단은 의사전달의 신속성을 저해할 수 있다.

해설 조직 내 의사전달 과정에서 환류가 허용되지 않을 경우에는 오히려 의사전달의 신속성은 높아진다. 반면에, 의견수렴이나 확인이 어려워지기 때문에 의사전달의 정확성은 훼손될 가능성이 높아진다.

47 의사소통 유형에 대한 설명 중 적절하지 못한 것은? (울산9, 2005)

① 전통적 행정이론은 상의하달적 의사소통에 중점을 두고 있다.
② 공식적 의사소통은 공식적 통로와 수단에 의해 전달되는 것이다.
③ 상의하달적 의사소통으로 보고, 내부결재 제도, 제안 제도 등이 있다.
④ 횡적(수평적) 의사소통은 동일한 계층 내 개인과 집단 간의 의사소통이다.
⑤ 비공식 의사소통으로 소문이나 풍문 등이 있다.

해설 보고, 결재 제도, 제안 제도 등은 상의하달적 의사소통이 아니라 하의상달적 의사소통 수단이다.

48 정책델파이(policy delphi) 기법에 대한 설명으로 옳지 않은 것은? (국가7, 2021)

① 대립되는 입장에 내재된 가정과 논증을 표면화시키고 명백하게 하기 위하여 노력한다.
② 개인의 판단을 집약할 때, 불일치와 갈등을 의도적으로 강조하는 수치를 사용한다.
③ 정책대안에 대한 주장들이 표면화된 후에는 참가자들로 하여금 비공개적으로 토론을 벌이게 한다.
④ 참가자를 선발하는 과정은 '전문성' 자체보다는 이해관계와 식견이라는 기준에 바탕을 둔다.

해설 일반적인 델파이 기법과 달리, 정책델파이에서는 주장들이 표면화되기 전까지만 익명성을 유지하고 이후에는 공개적 토론을 통해 정책에 대한 의도적인 갈등과 의견대립의 확인을 강조한다.

49 조직 내부에서 발생하는 갈등에 대한 설명으로 옳지 않은 것은? (국가9, 2013)

① 갈등은 양립할 수 없는 둘 이상의 목표를 추구하는 상황에서도 발생한다.
② 고전적 조직이론에서는 갈등을 중요하게 고려하지 않는다.

③ 행태론적 입장에서는 모든 갈등이 조직 성과에 부정적 영향을 미치므로 제거되어야 한다고 본다.
④ 현대적 접근방식은 갈등을 정상적인 현상으로 보고 경우에 따라서는 조직발전의 원동력으로 본다.

해설 행태론적 입장에서는 조직 내 갈등은 필연적이며, 완전한 제거가 불가능하기 때문에 갈등을 인정하고 받아들여야 한다고 본다.

50 **다음은 토머스(K. Thomas)가 제시한 대인적 갈등관리 방안과 관련되는 내용이다. 각각의 내용이 바르게 연결된 것은?** (지방9, 2009)

ㄱ. 상대방의 이익을 희생해 자신의 이익을 추구하는 경우다.
ㄴ. 자신의 이익이나 상대방의 이익 모두에 무관심한 경우다.
ㄷ. 자신과 상대방 이익의 중간 정도를 만족시키려는 경우다.
ㄹ. 자신의 이익을 희생해 상대방의 이익을 만족시키려는 경우다.

	ㄱ	ㄴ	ㄷ	ㄹ
①	강제	회피	타협	포기
②	경쟁	회피	타협	순응
③	위협	순응	타협	양보
④	경쟁	회피	순응	양보

해설 경쟁, 회피, 타협, 순응 외에 자신과 상대방 이익 모두를 만족시키는 협동까지 다섯 개 유형이 있다.

51 **토머스(K. Thomas)가 제시하고 있는 대인적 갈등관리 방안에 대한 설명으로 옳지 않은 것은?** (지방9, 2012)

① 자신의 이익과 상대방의 이익을 만족시키려는 정도라는 두 가지 차원으로 구분해 설명한다.
② 경쟁이란 상대방의 이익을 희생해 자신의 이익을 추구하는 방안이다.
③ 순응이란 자신의 이익은 희생하면서 상대방의 이익을 만족시키려는 방안이다.
④ 타협이란 자신과 상대방의 이익 모두를 만족시키려는 방안이다.

해설 자신과 상대방의 이익 모두를 만족시키려는 방안은 협동(협력)이다.

정답 46 ④ 47 ③ 48 ③ 49 ③ 50 ② 51 ④

52 **조직 내 갈등에 대한 설명으로 옳지 않은 것은?** (국가9, 2020)

① 과업의 상호의존성이 높은 경우 잠재적 갈등이 야기될 수 있다.
② 고전적 관점에서 갈등은 조직효과성에 부정적인 영향을 끼친다고 가정한다.
③ 의사소통 과정에서 충분한 양의 정보도 갈등을 유발하는 경우가 있다.
④ 진행 단계별로 분류할 때, 지각된 갈등은 갈등이 야기될 수 있는 상황 또는 조건을 의미한다.

해설 갈등이 야기될 수 있는 상황 또는 조건의 발생은 잠재적 갈등 단계로 이해되며, 이후 인지적으로 지각된 갈등 단계, 정서적으로 느껴진 갈등 단계, 객관적으로 표면화된 갈등 단계 등으로 확대된다.

53 **행정 PR(public relations)에 대한 설명으로 옳지 않은 것은?** (국가7, 2023)

① 행정민주화의 요청에 따라 그 필요성이 제기되고 있다.
② 정부가 잘못된 정보를 국민에게 투입하는 것은 행정 PR의 객관성에 반하는 것이다.
③ 개발도상국가에서는 국민들에 대한 계몽적·교육적 성격을 갖는다.
④ 국민의 알 권리에 대한 정부의 도덕적·법적 의무로 이해되기 때문에 일방적·명령적이어야 한다.

해설 행정 PR은 의무적인 행정정보의 공개와 달리, 대중과의 지속적이며 우호적인 관계형성을 목적으로 한다는 점에서 상호적이며 협력적 성격을 강조한다.

54 **조직목표의 기능에 대한 설명으로 옳지 않은 것은?** (국가9, 2021)

① 조직구성원이 목표로 인해 일체감을 느끼기 때문에 구성원들의 동기를 유발한다.
② 조직의 구조와 과정을 설계하는 준거를 제공하고 성과를 평가하는 기준이 된다.
③ 미래의 바람직한 상태를 밝혀 조직활동의 방향을 제시한다.
④ 조직이 존재하는 정당성의 근거가 될 수는 없다.

해설 조직목표를 통해 해당 조직의 존재와 활동의 정당성을 부여하는 근거를 확보할 수 있으며, 현실적으로 조직목표의 필요성 및 달성 여부에 따라 조직의 존속이 결정된다.

55 **균형성과표(BSC)에 대한 설명으로 옳지 않은 것은?** (지방9, 2021)

① 조직의 장기적 전략목표와 단기적 활동을 연결할 수 있게 한다.
② 재무적 성과지표와 비재무적 성과지표를 통한 균형적인 성과관리 도구라고 할 수 있다.
③ 재무적 정보 외에 고객, 내부 절차, 학습과 성장 등 조직 운영에 필요한 관점을 추가한 것이다.

④ 고객 관점에서의 성과지표는 시민참여, 적법절차, 내부 직원의 만족도, 정책순응도, 공개 등이 있다.

해설 고객 관점에서는 조직이 고객에게 전달해야 할 가치와 관련한 성과지표를 강조하며, 고객만족도, 정책순응도, 민원만족도, 신규고객 증대 등이 고려되며, 시민참여 및 적법절차, 정보공개는 내부 프로세스 관점에서의 성과지표이다.

56 목표관리제(MBO)에 대한 설명으로 옳은 것만을 모두 고르면? (국가9, 2022)

ㄱ. 부하와 상사의 참여를 통해 목표를 설정한다.
ㄴ. 중·장기목표를 단기목표보다 강조한다.
ㄷ. 조직 내·외의 상황이 안정적이고 예측가능한 조직에서 성공확률이 높다.
ㄹ. 개별 구성원의 직무 특수성을 반영하기 위하여 목표의 정성적, 주관적 성격이 강조된다.

① ㄱ, ㄴ　② ㄱ, ㄷ
③ ㄴ, ㄹ　④ ㄷ, ㄹ

해설 목표관리제에서는 기관 차원의 중·장기목표 달성을 강조하며, 목표달성 여부의 공정한 평가를 위해 객관적이며 정량적인 목표설정을 강조한다. 구성원의 참여와 협의를 통해 목표가 설정된다는 점에서 안정적이며 예측가능한 조직에서의 성공가능성이 높다.

정답 52 ④ 53 ④ 54 ④ 55 ④ 56 ②

응용을 통한 **심화 학습**

01 다음 중 인간관과 조직관리에 관한 설명으로 적절하지 않은 것은?

① 인간은 다양한 욕구를 가진다.
② 인간은 모든 욕구에 동일하게 반응하지 않는다.
③ 인간이 가진 욕구의 경향성을 분류한 것이 인간관이다.
④ 인간관과 조직관리를 연결시킨 대표적인 학자는 머슬로다.
⑤ 조직인의 욕구 경향을 어떻게 보느냐에 따라 조직관리가 달라진다.

해설 머슬로는 인간은 욕구로 인해 동기가 부여된다는 내용이론을 제시한 학자이며, 인간관과 조직관리를 연결시킨 대표적인 학자로는 맥그리거, 아지리스, 샤인 등이 있다(새행정학3.0, pp.318-320).

02 다음 중 합리적 · 경제적 인간관의 특징에 해당하는 것은 무엇인가?

① 인간은 경제적 유인에 의해 동기가 부여되는 수동적 존재다.
② 인간은 비공식집단 속에서 안정감과 소속감에 대한 욕구를 충족한다.
③ 아지리스가 말한 성숙한 인간에 해당한다.
④ 인간은 자기통제와 자기계발을 통해 문제를 해결하고자 한다.
⑤ 인간은 다양한 욕구와 잠재력을 지닌다.

해설 ② 비공식집단 속에서 안정감과 소속감에 대한 욕구를 충족한다고 보는 것은 사회적 인간관이다. ③ 아지리스가 말한 성숙한 인간은 자아실현적 인간에 해당한다. ④ 인간을 자기통제와 자기계발을 통해 문제를 해결하고자 하는 존재로 보는 것은 자아실현적 인간관이다. ⑤ 인간을 다양한 욕구와 잠재력을 지니는 것으로 보는 것은 복잡한 인간관이다(새행정학3.0, p.316).

03 맥그리거의 X · Y이론에 대한 설명으로 옳지 않은 것은?

① 머슬로의 욕구단계설을 바탕으로 인간관을 두 가지로 구분했다.
② 두 가지 인간관에 따른 관리전략을 제시했다.
③ X이론에 입각한 관리전략은 통제 · 명령 · 물질적 보상 등이다.
④ Y이론적 입장에서는 구성원의 잠재력을 발휘될 수 있는 관리전략을 강조한다.

⑤ 기본적인 관리전략은 X이론이 바탕이 되어야 한다.

해설 맥그리거는 Y이론적 인간관이 바탕이 되어야 한다고 주장한다(새행정학$_{3.0}$, p.319).

04 머슬로가 주장하는 욕구계층이론에 대한 설명으로 보기 어려운 것은?

① 인간행동의 동기를 다섯 가지 욕구에서 찾았다.
② 가장 낮은 단계의 욕구는 생리적 욕구이고 가장 높은 단계의 욕구는 자아실현 욕구다.
③ 대개의 경우 인간은 다섯 가지 욕구를 부분적으로밖에 충족하지 못한다.
④ 5단계의 인간 욕구는 개인별로 욕구 단계가 달라질 수 있다.
⑤ 충족된 욕구는 동기를 유발할 수 없다.

해설 머슬로(A. H. Maslow)는 5단계의 계층은 고정된 것으로 인식했다. 이 점이 머슬로의 욕구단계설이 비판받는 점 중의 하나다(새행정학$_{3.0}$, p.318).

05 허즈버그의 욕구충족요인 이원론에 대한 설명 중 적합하지 않은 것은?

① 조직구성원의 욕구를 불만족을 주는 요인과 만족을 주는 요인으로 나눴다.
② 위생요인은 충족되어도 동기를 부여하지 못하는 요인으로 분류했다.
③ 허즈버그도 두 요인이 개인별로 다르게 작용할 수 있음을 인정했다.
④ 이론이 대상으로 한 집단은 회계사 등 전문직으로 일반화에 한계가 있다는 비판이 제기된다.
⑤ 조사 대상자인 개인 의견이 과대하게 반영되었다는 비판도 있다.

해설 허즈버그 이론은 개인차를 고려하지 않아 위생요인이나 동기요인이 개인의 연령, 직위 등에 따라 다르게 나타날 수 있다는 비판도 제기된다(새행정학$_{3.0}$, p.319).

06 아지리스(C. Argyris)가 주장한 내용과 거리가 먼 것은?

① 조직과 조직구성원의 욕구와의 갈등에 관심을 가졌다.
② 구성원의 성격은 유아적 성격과 성인의 성격으로 구분했다.
③ 조직의 개방성, 신축성, 개인의 몰입 등을 강조했다.
④ 고전적 조직이론은 성숙한 개인을 수용할 수 없다고 평가했다.
⑤ 환경에의 적응성을 강조해 상황적응이론(contingency theory)으로 발전했다.

해설 ⑤의 내용은 현대적 조직이론으로, 1960년대 이후 번스와 스토커, 로렌스와 로쉬의 연구에서

정답 01 ④ 02 ① 03 ⑤ 04 ④ 05 ③ 06 ⑤

나타났다(새행정학3.0, p.320).

07 **인간의 욕구에 대한 순차적인 충족보다는 하향적 욕구 충족도 가능하다는 현실적인 욕구 충족 방향을 제시한 이론은?**

① 머슬로의 욕구단계설
② 맥클랜드의 성취동기이론
③ 허즈버그의 욕구충족이론
④ 앨더퍼의 ERG이론
⑤ 오우치의 X · Y · Z이론

해설 앨더퍼의 ERG이론은 생존 욕구, 대인관계 유지 욕구, 성장 욕구로 3분류하고 머슬로와는 달리 순차적인 욕구 충족보다는 후진적 하향적 욕구 충족이 가능한 현실도 인정했다(새행정학3.0, p.319).

08 **맥클랜드의 성취동기이론에 대한 설명으로 적합하지 않은 것은?**

① 모든 사람이 공통적인 욕구 단계를 가지고 있다는 머슬로의 견해를 비판한다.
② 인간의 욕구는 학습되므로 개인마다 욕구의 계층에 차이가 있다고 주장한다.
③ 조직 내에서 성공하게 하는 요인은 물질적 욕구보다는 성취 욕구라고 강조한다.
④ 권력 욕구가 강한 사람은 타인과의 친근한 관계를 지속하는 데 관심이 있다.
⑤ 친교 욕구가 강한 사람은 판매직 같은 직업을 택하는 경우가 많다고 지적한다.

해설 맥클랜드(D. McClelland)는 공통적인 욕구계층이론을 비판하면서 개인이 사회문화적으로 취득한 서로 다른 욕구 동기를 가지고 있다고 주장하면서 성취 욕구, 권력 욕구, 친교 욕구 등 세 가지 욕구를 주장한다. 이 중 권력 욕구는 타인의 행동에 영향을 미치고자 하는 욕구이며, 타인과의 친근한 관계를 지속하고자 하는 욕구는 친교 욕구를 의미한다(새행정학3.0, p.320).

09 **욕구충족이론에 대한 설명 중 옳지 않은 것은?**

① 머슬로의 욕구계층이론은 충족되지 않은 욕구가 동기를 유발한다고 보았다.
② 앨더퍼의 ERG이론은 순차적인 욕구 충족의 고정성보다는 역진성도 인정했다.
③ 맥클랜드는 사회문화적으로 학습된 개인마다 다른 욕구를 인정했다.
④ 맥그리거는 인간관에 따른 관리전략을 제시했다.
⑤ 허즈버그는 만족을 주는 위생요인(hygiene)의 충족이 동기를 부여한다고 보았다.

해설 허즈버그가 분류한 위생요인은 불만족을 예방하는 요인으로 그 요인들이 충족되었다고 하더라도 직무수행 동기를 유발하지 못한다고 주장했다(새행정학3.0, pp.318-320).

10 **인간의 행동이 어떻게 유도되는지에 관한 과정이론 중 형평성이론에 대한 설명이 바르지 못한 것은?**

① 애덤스는 형평성의 비교 과정을 투입에 대한 산출의 비율로 설명하고 있다.
② 투입에는 직무수행에 동원한 노력, 기술, 교육, 경험, 사회적 지위 등이 포함된다.
③ 산출에는 개인이 받게 되는 보수, 승진, 직무만족, 학습 기회, 작업 조건, 단조로움, 불확실성 등이 포함된다.
④ 비교집단과 투입-산출 비율의 비교를 통해 형평하다고 느낄 때 인간은 행동한다.
⑤ 형평성이론은 조직에서 공정한 보상이 얼마나 중요한 것인가를 말해준다.

해설 애덤스(J. S. Adams)는 개인이 불공평하다고 느낄 때 형평성을 추구하기 위한 행동을 작동하는 동기가 유발된다고 인식했다(새행정학3.0, pp.321-322).

11 **인간의 행동이 어떻게 유도되는지에 관한 과정이론 중 기대이론에 대한 설명이 바르지 못한 것은?**

① 기대이론을 주장한 대표적인 학자는 로크(E. A. Locke)다.
② 개인 행동의 동기는 자신의 행동이 가져올 성과에 대한 믿음에 좌우된다.
③ 조직이 제공하는 성과에 따른 보상에 큰 가치를 부여하고 있다.
④ 조직이 제공하는 성과에 개인이 어느 정도 의미를 부여하는가도 중요하다.
⑤ 실증적 연구에 의해 개인적 노력과 성과와의 관련성이 검증되었다.

해설 기대이론을 주장한 대표적인 학자는 브룸(V. Vroom)이다(새행정학3.0, p.321).

12 **다음 중 리더십의 기능으로 보기 힘든 것은?**

① 조직의 비공식적 구조와 설계의 불완전성을 보완해 준다.
② 조직의 목표와 구성원의 임무·역할을 명확히 해준다.
③ 조직 내부가 조화를 이루도록 하고 체제의 효율성을 유지시킨다.
④ 조직구성원의 동기를 유발시키고 재사회화한다.
⑤ 변화하는 환경에 조직이 효율적으로 적응하도록 한다.

해설 리더십은 조직의 공식구조와 설계의 불완전성을 보완해 주는 기능을 한다(새행정학3.0, p.328).

정답 07 ④ 08 ④ 09 ⑤ 10 ④ 11 ① 12 ①

13 **행태이론 리더십 연구에 대한 설명으로 잘못된 것은?**

① 리피트와 화이트는 리더십 유형을 세 가지로 구분해 특징을 조사했다.
② 미시간대학의 리더십 연구에서는 권위주의형, 민주형, 두 개의 리더십 유형을 구분했다.
③ 아이오와대학의 리더십 연구에서는 민주형 지도자가 가장 선호되었다.
④ 종업원 중심형 리더십이 업무 중심형 리더십보다 더 효과적인 것으로 나타났다.
⑤ 모든 상황에 효과적인 리더의 행동 유형이 존재한다는 것을 전제로 한다.

해설 미시간대학의 리더십 연구에서는 업무 중심형 리더십과 종업원 중심형 리더십으로 유형을 구분했다(새행정학$_{3.0}$, p.329).

14 **리더십 연구의 접근방법 중 상황론에 대한 설명으로 옳은 것은?**

① 리더십은 지도자와 추종자, 상황에 의해 결정된다고 본다.
② 상황론의 예로는 피들러(F. Fiedler)의 상황조건론, 관리망이론 등이 있다.
③ 하우스(R. J. House)는 부하의 성숙도에 따라 리더의 역할이 달라진다고 주장했다.
④ 피들러는 조직원이 통제할 수 없는 환경변수와 조직원 개인의 특성변수를 상황변수로 제시했다.
⑤ 번스(T. Burns)는 새로운 상황변수를 포함한 변혁적 리더십을 제시했다.

해설 ② 관리망이론은 행태이론이다. ③은 자질론 연구의 설명이다. ③은 허쉬와 블랜차드의 주장이다. ④는 하우스의 경로・목표모형이다. ⑤ 번스의 변혁적 리더십은 상황론으로 분류되지 않는다(새행정학$_{3.0}$, pp.330-331).

15 **다음 중 관리망이론에 대한 설명으로 옳은 것은?**

① 리피트(R. Lippitt)와 화이트(R. K. White)가 제시했다.
② 리더십 유형을 '조직화 정도'와 '배려 정도'에 따라 조합해 제시했다.
③ 리더십 유형을 무기력형, 컨트리클럽형, 과업형, 중도형, 팀형으로 나눴다.
④ 컨트리클럽형은 생산 및 인간에 대한 관심이 모두 낮은 리더십 유형이다.
⑤ 과업형은 생산에 대한 관심과 인간에 대한 관심이 모두 높은 리더십 유형이다.

해설 ①은 리더십의 1차원 모형을 제시했다. ②는 오하이오주립대학의 연구 내용이다. ④는 무기력형에 대한 설명이다. ⑤는 팀형에 대한 설명이다(새행정학$_{3.0}$, p.329).

16 **변혁적 리더십의 내용이라고 보기 어려운 것은?**

① 카리스마적 리더십 ② 거래적 리더십 ③ 영감적 리더십
④ 지적 자극 ⑤ 개별적 배려

해설 거래적 리더십은 전통적인 리더십의 내용에 더욱 가깝다(새행정학3.0, p.331).

17 다음 중 레빈(K. Lewin)이 제시한 변화관리 모형에 관한 설명으로 옳은 것은?

① 조직변화의 3단계 모형이다.
② 해동 단계에서는 변화 대상자들의 순종과 동일화를 일으켜야 한다.
③ 이동과 변화의 실행 단계에서는 조직변화의 필요성을 인식시킨다.
④ 변화가 이뤄지고 나면 모든 과정을 완료하게 된다.
⑤ 조직변화는 해동과 이동과 변화의 실행이 반복되며 이뤄진다.

해설 ② 이동과 변화 실행 단계의 내용이다. ③ 해동 단계의 내용이다. ④ 변화가 이뤄지고 나면 재동결 단계를 거쳐야 한다. ⑤ 조직변화는 3단계 과정을 통해 이뤄진다(새행정학3.0, pp.335-336).

18 다음 중 전체 조직효과성 향상을 위한 조직변화 개입 기법과 관계가 없는 것은?

① MIS ② 조직구조설계 ③ 서베이 환류
④ 조직 MBO ⑤ 총체적 품질관리(TQM)

해설 서베이 환류는 집단 간 관계 효과성 향상을 위한 조직변화 개입 기법이다(새행정학3.0, p.336).

19 의사소통 과정에서 정확한 메시지의 전달을 어렵게 해 의사전달에 장애를 일으키는 것을 무엇이라 하는가?

① 잡음 ② 해독 ③ 기호화
④ 피드백 ⑤ 수신

해설 정확한 메시지의 전달을 어렵게 해 의사전달에 장애를 일으키는 것을 잡음(noise)의 존재라고 한다(새행정학3.0, p.340).

20 의사소통 과정에서의 장애를 극복하는 방안으로 적합하지 않은 것은?

① 대인관계 개선 ② 공통의 상징체계 형성
③ 적절한 매체 선택 ④ 정보량의 조절
⑤ 인사이동

해설 인사이동은 갈등 해결에 도움을 주는 방안에 해당한다(새행정학3.0, pp.342-343).

정답 13 ② 14 ① 15 ③ 16 ② 17 ① 18 ③ 19 ① 20 ⑤

21 **집단의 의사결정 기법 가운데 관련자들이 의사결정에 참여하지 않은 채 서면으로 대안에 대한 아이디어를 제출하도록 하고, 집단구성원 간 의사소통 없이 아이디어를 취합한 후 토의를 거쳐 투표로 의사결정을 하는 기법은 무엇인가?**

① 비용·편익분석 기법　② 델파이 기법　③ 브레인스토밍
④ 지명반론자 기법　⑤ 명목집단 기법

해설 명목집단 기법에서는 실질적인 의사소통이 이루어지지 않기 때문에 명목상의 집단을 특징으로 하며, 이를 통해 의사결정의 왜곡 가능성을 원천적으로 차단하고자 한다(새행정학3.0, pp. 346-347).

22 **다음 중 표준운영절차에 대한 설명으로 잘못된 것은?**

① 영어로는 SOP라 약칭한다.
② 조직 의사결정에 대한 많은 연구들은 표준운영절차 마련을 목적으로 한다.
③ 이미 정해진 기준과 절차에 따라 의사결정이 이뤄지게 된다.
④ 프로그램화된 의사결정에 사용된다.
⑤ 일상적이고 매뉴얼화된 의사결정에 사용된다.

해설 조직 의사결정 연구들은 비정형적 의사결정 과정에 초점을 맞추는 편이며, 급변하는 조직환경 특성을 고려할 때 비정형적 의사결정의 중요성이 강조되고 있다(새행정학3.0, p.344).

23 **다음 중 갈등 해결에 도움을 주는 제도개혁 방법으로 적절치 않은 것은?**

① 순환보직제 도입　② 공동 교육훈련
③ 보상 체계 정립　④ 조직 범위 축소
⑤ 조정·통합 기능 합리화

해설 조직 범위 축소는 갈등 해결에 도움 주는 제도개혁 방법에 해당하지 않는다(새행정학3.0, p.350).

24 **조직 내 갈등에 대한 설명으로 바르지 못한 것은?**

① 갈등이란 한 사람의 행동을 다른 사람이 좌절시키려고 힘쓰는 과정이다.
② 1940년대 이후 행태주의적 견해에 따라 갈등에 대한 긍정적인 입장이 나타났다.
③ 긍정적인 갈등이라는 판단 기준은 갈등 당사자에게 미치는 영향의 내용에 달렸다.
④ 상호작용주의적 견해는 갈등이 조직 내 추진력으로 작용할 수 있음을 인정했다.
⑤ 조직 내 갈등이 전혀 없는 경우 변화와 개혁 추진에 부정적인 영향을 미친다.

해설 갈등을 판단하는 기준은 갈등이 조직의 목표달성 과정과 증진에 작용해 긍정적인 영향을 미치고 있는지 아니면 저해 요인이 되었는지의 여부다(새행정학3.0, p.347).

25 **다음 중 교차 기능 조직(cross-functional organization)에 대한 설명으로 적절치 않은 것은?**

① 조직구조 및 업무 수행상의 문제로 인한 조직 내 집단 간 갈등의 완화를 위한 목적에서 효용성이 강조된다.

② 환경부나 교육부, 외교부 등이 대표적인 사례이다.

③ 경제부총리에 대한 권한부여 및 경제장관회의를 통한 완충구역 설치 등의 방안도 이러한 유형에 해당한다.

④ 상호 경쟁적이고 배타적인 집단을 하나의 조직 범위로 묶어 통합하는 방법이다.

⑤ 조직 범위 확대를 통합이 집단 간 갈등을 악화시킬 우려도 충분히 제기된다.

해설 조직 내 집단 간 갈등 완화를 위해 개별 부처를 유지하는 상황에서 완충구역을 설치하는 방안과 별도로, 개별 부처의 통합조직으로서 교차기능조직을 설치하는 것은 구분된다(새행정학$_{3.0}$, p.350).

26 **다음 중 조직목표의 기능으로 적절치 않은 것은?**

① 조직의 활동 방향과 조직구성원들의 행동 기준을 제공한다.

② 조직구성원들에게 동기를 유발하게 하는 기초를 제공한다.

③ 조직의 존재와 활동을 사회적으로 정당화하는 근거가 된다.

④ 조직의 효과를 평가하는 기준이 된다.

⑤ 외부 조직과의 갈등이 발생한 경우 이를 조정하는 기능을 수행한다.

해설 조직목표는 내부 조직 간 갈등을 조정하는 기능을 수행한다(새행정학$_{3.0}$, p.357).

27 **다음의 설명은 조직목표 모호성의 네 가지 차원 중 무엇에 해당하는가?**

- 조직의 사명이나 일반적 목표달성을 위한 행동지침 전환 과정에서의 해석
- 불명확한 위임에 따른 조직구성원들의 행동기준 설정의 모호성 발생
- 구체적인 매뉴얼의 제작·배포 및 다양한 사례공유를 통해 모호성을 완화

① 사명이해 모호성　② 지시적 모호성　③ 조직행동 모호성
④ 평가적 모호성　⑤ 우선순위 모호성

해설 조직목표를 행동지침으로 전환하는 과정에서 조직구성원들의 행동기준 설정 과정에 혼란이 발생하는 경우를 지시적 모호성이라고 하며, 조직사명과 관련한 조직목표 자체의 경쟁적 해석 가능성으로 인한 혼란 발생은 사명이해 모호성으로 유형화된다(새행정학$_{3.0}$, pp.361-362).

정답 21 ⑤ 22 ② 23 ④ 24 ③ 25 ③ 26 ⑤ 27 ②

28 조직의 효과성 평가모형에 대한 다음의 설명 중 잘못된 것은 무엇인가?

① 목표모형은 조직이 추구하는 목표의 달성 정도를 조직효과성으로 본다.
② 체제모형은 조직을 하나의 체제로 보고, 체제의 기능적 요건을 수행하는 능력을 조직의 효과성으로 파악한다.
③ 이해관계자 모형은 조직에 참여하는 내·외부 이해관계자의 욕구를 만족시키는 것을 조직의 효과성으로 규정한다.
④ 경합가치모형은 여러 가치를 하나의 모형에 종합해 조직의 목표달성을 평가하려 한다.
⑤ 환경으로부터 자원을 획득하고 투입하는 능력을 조직의 효과성이라 규정하는 모형을 경합자원모형이라 한다.

해설 환경으로부터 자원을 획득하고 투입하는 능력을 조직의 효과성이라 규정하는 모형은 체제자원 모형이다(새행정학3.0, pp.366-36).

29 과두제의 철칙, 동조과잉 현상 등과 관련이 있는 조직의 목표 변동 유형은 무엇인가?

① 목표의 승계
② 목표의 전환
③ 목표의 대치
④ 목표의 추가·확대
⑤ 목표의 축소

해설 과두제의 철칙, 동조과잉, 형식주의, 유형적 목표의 추구, 조직 내부 문제의 중시 등은 목표의 대치를 야기하는 원인에 해당한다(새행정학3.0, pp.363-364).

30 목표관리제와 비교한 성과관리제의 장점으로 적절하지 않은 것은?

① 캐스케이딩(cascading)을 통한 전략목표의 체계적 연계가 가능하다.
② 성과지향적 예산 및 인사제도 운영의 활용 가능성이 높다.
③ 성과평가 및 환류를 통해 합리적이며 과학적인 조직관리를 제고한다.
④ 상향적 의사소통을 통한 조직 내부 민주성을 제고한다.
⑤ 대외적 의사소통 활성화 및 조직의 정당성 확보에 기여한다.

해설 성과관리제는 하향적 접근을 강조하며, 상향적 의사소통을 통한 조직 내부 민주성의 제고는 목표관리제의 장점이다(새행정학3.0, pp.376-377).

31 다음 중 균형성과표(BSC)에 대한 설명으로 잘못된 것은?

① 1990년대 초 카플란(R. Kaplan)과 노턴(D. Norton)이 개발했다.

② 균형성과표는 추상성이 높은 비전에서부터 구체적인 성과지표로 이어지는 위계적인 체제를 가진다.

③ 균형성과표는 핵심 성과지표 간 연계 체계라는 특징을 갖는다.

④ 조직이 구성원에게 전하고 싶은 메시지만을 성과지표의 형태로 전달한다는 점에서 균형성과표는 불완전한 의사소통 도구라 할 수 있다.

⑤ 균형성과표는 조직의 목표달성을 위한 전략을 네 개의 관점별로 전략목표, 성과지표. 목푯값과 실행계획으로 전환해 완성되는 전략관리 시스템이다.

해설 잘 개발된 균형성과표는 조직구성원들에게 조직의 전략목적을 달성하기 위해 필요한 성과가 무엇인지 알려주기 때문에 조직전략의 해석 지침이 된다는 점에서 훌륭한 의사소통 도구로 기능한다(새행정학$_{3.0}$, pp.375-376).

정답 28 ⑤ 29 ③ 30 ④ 31 ④

CHAPTER

10

인적자원관리

객관식으로 행정학 학습

제1절 인적자원관리의 제도적 기반

01 엽관제적 인사제도가 가지는 장점이라 할 수 있는 것은?

① 부정부패를 방지하기가 쉽다.
② 정당의 영향력으로부터 벗어나기가 용이하다.
③ 행정의 안정성과 지속성을 확보하기 용이하다.
④ 공무원들의 충성심을 확보하기 쉽다.
⑤ 직업공무원제 정착에 도움이 된다.

해설 엽관제적 인사제도는 정당에 대한 충성심을 기준으로 관직을 임용하는 제도로서 직접민주주의에 기여할 수 있는 장점을 가지고 있다. 특히 선거를 통해 선출된 기관장이 공무원을 정치적으로 임용함에 따라 기존의 공무원이나 새로 임용된 공무원들은 임명권자인 기관장에 대한 충성심을 확보하기가 매우 용이하다고 할 수 있다. 반면에, 선거나 정당을 지지하는 측근을 임용함으로써 정당의 영향력에 좌우되고 부정부패에 빠지기가 쉽고, 아울러 선거를 통해 기관장이 바뀌고 그에 따라 공무원들이 교체됨으로써 행정의 안정성과 지속성을 확보하기가 어렵게 된다(새행정학$_{3.0}$, p.386).

02 실적주의제도에 대한 설명이 올바르지 못한 것은?

① 영국의 실적주의는 공개경쟁시험의 원칙과 채용시험을 계급별로 구분해 실시할 것 등을 규정한 1870년의 추밀원령에서 시작된다.
② 엽관주의와 실적주의는 제도의 취지나 목적이 상이하기 때문에 상호 조화될 수 없으므로 양 제도의 혼합 운용이 어렵다.
③ 실적주의는 인사행정을 소극적 · 경직적 · 비능률적으로 만들고, 강력한 신분 보장으로 인해 직업공무원들에 대한 정치지도자들의 통제력 확보가 어렵다.
④ 미국의 1883년 펜들턴법은 독립적 인사위원회의 설치와 공개경쟁 채용시험의 원칙 및 공무원의 정치활동 금지 등을 규정하고 있다.

정답 01 ④ 02 ②

⑤ 실적주의는 행정의 전문화, 복잡화되는 사회 현상의 변화와 엽관주의의 폐해가 커짐에 따라 엽관주의 비판운동에서 비롯되었다.

해설 오늘날 대부분의 국가에서는 엽관주의와 실적주의의 양 제도를 적절하게 혼합해 사용하고 있다(새행정학3.0, pp.386-388).

03 직업공무원제도에 대한 설명으로 적합하지 않은 것은?

① 공직을 평생 직장으로 인식
② 젊은 인재의 공직 유도 유리
③ 적절한 공무원 보수 수준이 필요
④ 엄격한 실적주의가 전제
⑤ 폐쇄적인 임용제도가 적합

해설 직업공무원제도는 젊은 인재를 공직에 유치해 일생 동안 명예롭게 공직에 근무하게 하는 제도를 뜻한다. 안정적인 직업공무원제도가 유지되기 위해서는 실적주의보다는 폐쇄적인 계급주의와 일반행정가주의가 적합하다(새행정학3.0, pp.384-385).

04 사기관리와 관련해 연공주의와 비교한 성과주의 장점이 아닌 것은?

① 조직경직성의 완화와 조직구성원의 무기력감 경감
② 조직공정성에 대한 인식 제고
③ 개인의 능력개발 및 자아실현 기여
④ 전반적인 조직구성원의 보상 수준 향상
⑤ 조직 내 협력적 유대관계 형성

해설 불필요한 경쟁의 완화를 통해 조직 내 협력적 유대관계를 형성할 수 있는 것은 연공주의의 장점이다(새행정학3.0, pp.389-390).

05 대표관료제에 대한 설명이 올바르지 못한 것은?

① 대표관료제는 정부관료제 구성에 그 사회의 인적 구성을 반영함으로써 관료제 내에 민주적 가치를 주입시키려는 의도에서 발달된 개념이다.
② 대표관료제 이론은 관료들이 그 출신집단의 가치와 이익을 정책과정에 반영시킬 것이라는 가정에 기반하고 있다.
③ 대표관료제는 정부정책의 집행의 효율성과 공정성을 제고할 수 있다고 평가된다.
④ 킹슬리(J. D. Kingsley)는 대표관료제의 구성적 측면을 강조해 대표관료제를 사회 내의 지배적인 여러 세력을 그대로 반영하는 관료제라고 정의한다.
⑤ 관료들이 출신집단의 이익을 위해 적극적으로 행동하기보다는 상징적인 의미에 한정될 것이라는 의문이 제기되기도 한다.

해설 대표관료제는 정책집행의 효율성보다는 정부정책의 대응성과 형평성, 그리고 민주성을 제고할 수 있다는 점이 강조된다(새행정학3.0, p.391).

06 **중앙인사행정기관의 조직 형태 가운데 엽관주의의 폐해를 방지하고 인사행정의 정치적 중립성을 보장하기 위해 고안된 조직 형태는?**

① 독립합의형 ② 독립단독형 ③ 비독립합의형
④ 비독립단독형 ⑤ 절충형

해설 독립합의형이 역사적으로 엽관주의 폐해를 방지하고 실적주의를 발전시키기 위해 설립되었으며, 정치적 중립성을 보장하기 위해 내각 등 행정부처와 분리되어 설치된다(새행정학3.0, pp.394-395).

07 **독립합의형 중앙인사기관의 장점으로 보기 힘든 것은?**

① 신중한 결정 ② 정치적 중립성
③ 책임 소재가 분명 ④ 균형 있는 의사결정
⑤ 엽관주의 폐해 극복

해설 독립합의형 중앙인사기관은 책임 소재가 불분명한 단점을 가지고 있다(새행정학3.0, pp.394-395).

08 **우리나라 중앙인사기관의 기능에 해당하지 않는 것은?**

① 교육훈련 기능 ② 직무분석
③ 공무원 시험계획 ④ 공무원 후생복지
⑤ 공무원 위법행위에 대한 최종 판단

해설 중앙인사기관인 인사혁신처는 위법성에 대한 최종 판단을 하지 않으며 이는 사법기관에서 이뤄진다(새행정학3.0, pp.392-393).

09 **중앙인사기관의 기능에 해당되지 않는 것은?**

① 준입법 기능 ② 집행 기능 ③ 준사법 기능
④ 감사 기능 ⑤ 통제 기능

해설 중앙인사기관은 정책 기능, 집행 기능, 준사법 기능, 준입법 기능, 감사 기능을 수행하나 일방적인 통제 기능을 중앙인사기관의 기능으로 보기는 어렵다(새행정학3.0, pp.392-393).

정답 03 ④ 04 ⑤ 05 ③ 06 ① 07 ③ 08 ⑤ 09 ⑤

제2절 공직구조와 분류

10 폐쇄형 공무원 임용제도에 대한 설명 중 틀린 것은?

① 폐쇄형 임용제도는 공직의 침체를 막을 수 있다.
② 폐쇄형 임용제도는 신규채용이 최하위 직급에만 허용되는 임용제도를 의미한다.
③ 폐쇄형 임용제도는 내부승진을 통해 인력을 충원하는 제도다.
④ 폐쇄형 임용제도는 주로 계급제에서 주로 나타난다.
⑤ 폐쇄형 임용제도는 공무원의 사기를 높여준다.

해설 폐쇄형 임용제도는 공무원의 장기 근무를 유도하고 행정의 안정성과 일관성을 유지할 수 있으나, 반면에 공직의 침체와 행정 대응성을 저하시킬 수 있다(새행정학3.0, p.396).

11 개방형 공무원 임용제도에 대한 설명 중 틀린 것은?

① 개방형 임용제도는 공직의 침체를 막을 수 있다.
② 일반행정가를 육성하는 데 유리한 제도다.
③ 행정 대응성을 높일 수 있다.
④ 주로 직위분류제 국가에서 널리 활용되고 있다.
⑤ 우리나라에서도 부분적으로 실시되고 있다.

해설 개방형 임용제도는 전문성이 요구되거나 효율적인 정책 수립을 위해 공직을 개방해 임용하는 제도로 전문가를 임용하는 데 도움이 된다(새행정학3.0, p.397).

12 계급제의 특징이라고 보기 어려운 것은?

① 계급 간의 엄격한 구분
② 계급과 교육 수준과 부합
③ 폐쇄형 인사 체제
④ 탄력적인 인사관리
⑤ 직무급 체계 확립

해설 계급제는 동일 계급에는 동일한 보수를 부여함으로써 직무의 난이도와 책임에 따른 직무급을 활용하기에는 적합하지 않다(새행정학3.0, p.398).

13 계급제를 택하지 않는 나라는?

① 영국
② 미국
③ 한국
④ 프랑스
⑤ 일본

해설 계급제는 주로 신분제적인 전통을 가진 나라에서 많이 채택하고 있으며, 미국은 직위분류제를 채택하고 있다(새행정학3.0, p.398).

14 계급제에 관련된 주요 내용이 올바르지 않은 것은?

① 공직의 신규임용 시 계급제는 대체로 개방형 인사 체제를 채택하고 있다.
② 공무원 개인의 자격과 능력을 기준으로 공직을 분류하는 것으로, 오랜 관료제의 전통을 가지고 있는 한국, 일본, 독일, 프랑스 등이 운영한다.
③ 계급제는 대부분의 나라가 과거 신분 체계의 영향을 받아 4대 계급으로 분류하고 있으며, 계급 간 사회적 평가, 보수, 자격 요건, 교육면에서 심한 차이를 두고 있다.
④ 직위분류제와 비교해 장래 발전 가능성과 잠재력을 지닌 사람을 채용할 수 있다.
⑤ 영국의 경우 각 부처가 계급과 보수 체계를 스스로 정할 수 있도록 권한을 위임받고 있어 종전의 통일적인 계급, 분류, 급여 체계 등은 더 이상 유효하지 않다.

해설 계급제는 폐쇄형 인사 체제를 채택하고 있다(새행정학$_{3.0}$, p.398).

15 계급제의 장점으로 보기 어려운 것은?

① 공무원의 직업적 연계 의식을 높일 수 있다.
② 일반행정가(generalists)를 지향한다.
③ 보수와 업무 부담의 형평성을 확보하기 쉽다.
④ 공무원의 신분이 강하게 보장된다.
⑤ 인력 활용의 융통성을 높일 수 있다.

해설 계급제란 그 직무를 담당하는 공직자의 개인적 특성인 학력, 경력을 기준으로 공직을 분류하는 방식을 의미하며, 계급은 공직자의 보수 등을 결정하는 중요한 요인으로 작용해 수행하는 업무와 그에 따른 보상과의 형평성을 확보하기는 어렵다. 계급제 하에 공직 계급은 개인의 신분과 사회적인 평가를 상징하게 되어 계급으로서 강한 폐쇄성을 가지고 되고, 이는 신분 보장의 장치로 작용하게 된다. 직무를 중심으로 인사관리가 이뤄지지 않기 때문에 순환보직제가 이뤄지고 전문행정가보다는 일반행정가를 양성하기 용이하다(새행정학$_{3.0}$, p.398).

16 계급제를 설명하는 내용으로 적절하지 않은 것은?

① 신분제적 전통을 가진 나라에서 많이 나타난다.
② 공무원 개개인의 능력과 자격을 기준으로 공직을 분류하는 방식이다.
③ 계급 간에 보수, 사회적 평가, 교육 측면에서 차이가 나타난다.
④ 공무원집단을 특정 집단화할 우려가 있다.
⑤ 다른 부서와의 협력을 유지하기가 어렵다.

해설 계급제는 탄력적인 인사관리가 가능하고 일반행정가로서 여러 부서를 순환하며 근무하는 경험을 제공하기 때문에 오히려 다른 부서와의 협력과 이해를 가져오기 용이하다(새행정학$_{3.0}$, p.398).

정답 10 ① 11 ② 12 ⑤ 13 ② 14 ① 15 ③ 16 ⑤

17 **다음의 직위분류제의 주요 개념에 대한 설명으로 적절하지 않은 것은?**

① 직위란 한 사람의 근무를 요하는 직무와 책임이다.
② 직급이란 직무 난이도와 책임도가 유사하여 동일하게 다룰 수 있는 직위집단이다.
③ 직렬이란 직무의 곤란도와 책임도는 유사하나 직무 종류는 다른 직급 계열이다.
④ 직류란 동일한 직렬 내에서 담당 직책이 좀 더 유사한 직무의 군을 의미한다.
⑤ 직군이란 직무의 종류가 광범위하게 유사한 직렬의 군을 말한다.

해설 직렬은 직무의 종류는 유사하나 직무의 곤란도와 책임도가 서로 다른 직급의 계열을 말한다(새행정학3.0, pp.398-399).

18 **경력직과 특수경력직 공무원의 구분에 대한 설명 중 적절하지 않은 것은?**

① 실적주의와 직업공무원제의 전면적인 적용 여부에 따른 구분이다.
② 경력직 공무원은 일반직, 특정직, 기능직으로 나뉜다.
③ 경력직 공무원은 엄격한 실적주의의 적용을 받는다.
④ 특수경력직 공무원은 정무직, 별정직, 계약직, 고용직으로 나뉜다.
⑤ 특수경력직 공무원은 「국가공무원법」의 적용을 받지 않는다.

해설 특수경력직은 실적주의와 직업공무원제의 적용을 받지 않지만 「국가공무원법」에 규정된 보수와 복무규율의 적용을 받는다(새행정학3.0, pp.402-405).

19 **공직 분류에 따른 공무원에 대한 설명 중 적절하지 않은 것은?**

① 특정직 공무원은 개별법의 적용을 받는 특수 분야 업무를 담당하는 공무원이다.
② 경력직 공무원은 일반직, 기능직, 특정직 공무원으로 구분된다.
③ 정무직 공무원은 선거에 의해 임용되는 공무원을 포함한다.
④ 기존의 계약직 공무원은 일반직 공무원으로 전환되어, 근무기간을 정하여 임용하는 임기제 공무원으로서 별도 관리되고 있다.
⑤ 전문경력관은 일반직 공무원 가운데 직렬과 직군에 따른 분류 및 계급 구분이 적용되지 않는 예외적 공무원으로 특수 업무에 종사한다.

해설 기존의 기능직 공무원은 2012년 법률 개정을 통해 일반직으로 전환되거나 통합되었다. 일반직 중 우정직도 기능직 통합에 따라 신설되었다(새행정학3.0, pp.402-403).

20 **2023년 말 기준 특수경력직 공무원 분류에 해당하는 것은?**

① 일반직 공무원
② 별정직 공무원
③ 특정직 공무원
④ 계약직 공무원

⑤ 고용직 공무원

해설 기존에 특수경력직 공무원에 포함되던 계약직 및 고용직은 2012년과 2011년에 각각 폐지되었다(새행정학$_{3.0}$, pp.403-405).

21 국회 수석 전문위원은 다음의 공직 분류 중 어디에 해당하는가?

① 일반직 ② 특정직 ③ 계약직
④ 별정직 ⑤ 기능직

해설 국회 수석 전문위원은 별정직 공무원에 해당한다(새행정학$_{3.0}$, p.403).

22 군인과 군무원은 다음의 공직 분류 중 어디에 해당하는가?

① 일반직 ② 특정직 ③ 계약직
④ 별정직 ⑤ 기능직

해설 군인 · 군무원은 교육공무원과 소방공무원 등과 함께 특정직 공무원에 속한다(새행정학$_{3.0}$, p. 403).

23 다음 중 고위공무원단 제도에 대한 설명으로 옳지 않은 것은?

① 2006년 7월부터 시행되었으며, 일반직 공무원 가운데 과거 실 · 국장급 1~3급에 해당하는 고위직이 대상이다.
② 계급과 서열보다는 직무의 중요도와 난이도, 성과에 따라 보수가 차등 지급된다.
③ 임용에 있어 개방형 제도와 함께 부처 구분 없이 직위공모제가 적용된다.
④ 고위공무원단 임용 과정에서 역량평가 방식이 적용된다.
⑤ 자율성이나 신분상 안정성이 훼손될 우려가 지적된다.

해설 고위공무원단에는 일반직 외에도 특정직 및 별정직 공무원과 부지사 · 부교육감 등 지자체 고위공무원도 포함된다(새행정학$_{3.0}$, p.405).

정답 17 ③ 18 ⑤ 19 ② 20 ② 21 ④ 22 ② 23 ①

제3절 공무원의 임용관리

24 **다음 중 인력기획에 대한 설명 중 적절하지 않은 것은?**

① 인력기획은 행정 수요 변화에 근거한 인적자원의 예측, 공급, 관리에 대한 계획이다.
② 인력진단은 조직진단 과정에서 이루어지는 실무적 차원의 인력기획이다.
③ 인력 수요의 측정 및 기존인력의 분석 과정에서는 양적 측면에 초점을 맞춘다.
④ 공공부문의 인력기획은 민간부문과는 달리 불분명한 경우가 많다.
⑤ 인력 수요는 직급별·직종별로 예측해야 한다.

해설 인력 수요 측정 및 기존인력 분석 과정에서는 양적인 측면과 함께 인력의 질적인 측면도 함께 검토한다(새행정학3.0, p.407).

25 **공무원 모집제도에 대한 설명 중 옳지 않은 것은?**

① 모집은 공직을 희망하는 자에게 공직정보를 제공하는 과정을 말한다.
② 우리나라는 일부 분야를 제외하고 외국인의 임용을 완화하는 추세이다.
③ 적극적 모집은 유능한 인재 채용을 위해 높은 수준의 자격요건을 강조한다.
④ 적극적 모집을 위해 공직에 대한 사회적 평가 제고 및 고용조건 개선이 필요하다.
⑤ 공무원시험 응시상한 연령 제한 규정이 폐지된 이후 하한 연령만을 규정한다.

해설 적극적 모집은 지원 자격요건의 완화 및 선발 과정의 부담 최소화를 강조한다(새행정학3.0, p.409).

26 **다음 중 신규채용의 방법이 아닌 것은?**

① 공개경쟁채용 ② 특별채용 ③ 공개경쟁승진
④ 경력경쟁채용 ⑤ 전보

해설 전보는 이미 충원된 공무원을 수평 이동하는 것을 의미한다(새행정학3.0, p.408).

27 **시험의 신뢰도의 의미는 무엇인가?**

① 시험이 측정하고자 하는 것을 얼마나 정확하게 측정하는가의 정도
② 채점자의 주관적인 판단을 배제하는 정도
③ 시험의 쉽고 어려운 정도
④ 측정 결과의 일관성
⑤ 시험 결과와 업무 수행 능력과의 부합 정도

해설 시험의 신뢰도는 측정 결과의 일관성, 즉 동일한 내용의 시험을 반복해 시행할 때 그 결과가

일관성 있게 나타나는 정도를 의미한다(새행정학3.0, p.409).

28 **공무원 지위 이동에 대한 설명 중 틀린 것은?**

① 공무원 지위의 하강 이동에는 강등, 강임, 좌천이 있다.
② 공무원 지위의 수평 이동에는 전직과 전보, 전입 등이 있다.
③ 승진은 성과에 대한 보상이다.
④ 승진은 내부임용 방법 중의 하나다.
⑤ 승진은 차별 대우에 대한 격차 감소 차원에서도 이뤄진다.

해설 공무원 지위의 하강 이동에는 강등과 강임이 있으며, 좌천은 비공식적인 용어이다(새행정학3.0, pp.412-413).

29 **승진의 효과라고 보기 힘든 것은?**

① 효율적인 인력 활용에 기여
② 공무원 질 향상에 기여
③ 승진을 통한 전보 가능
④ 개인 사기 앙양과 능력 발전 유도
⑤ 채용시험 결과에 대한 검증 효과

해설 승진은 채용시험 결과와는 무관하고 다만 훈련 프로그램에 대한 결과로서의 효과를 가질 수 있다(새행정학3.0, pp.412-413).

30 **신규채용과 승진임용과의 관계에 관해 바르지 못한 것은?**

① 신규채용과 승진임용의 비율은 행정 수요의 환경 변화에 따라 공무원의 질 향상과 구성원의 능력 발전 중 어느 것을 우선으로 할 것인가에 영향을 받는다.
② 재직자 승진 비율이 높으면 행정 일관성을 유지하고 직업공무원제를 확고히 한다.
③ 신규채용 비율이 높으면 변화에 적응하기 쉬운 반면, 공무원 질 향상에는 부정적이다.
④ 재직자의 승진 비율이 높을 경우 사기 진작이 용이하다.
⑤ 모든 공무원에게 승진 가능 직급의 한계를 정하고 적절히 비율을 정해야 한다.

해설 재직자의 승진보다 신규채용 비율이 높을수록 외부 전문성의 유입 및 개방성 제고를 통해 공무원의 질을 향상시킬 가능성이 크다(새행정학3.0, pp.412-413).

정답 24 ③ 25 ③ 26 ⑤ 27 ④ 28 ① 29 ⑤ 30 ③

31 **우리나라 하위직 공무원의 일반적인 승진 기준으로 보기 힘든 것은?**

① 근무 연한 ② 시험 성적 ③ 교육훈련 성적
④ 국가에의 공헌 실적 ⑤ 상벌 기록

해설 경력과 실적이 대표적인 승진 기준이며, 근무 연한은 경력 기준, 시험성적, 교육훈련 성적, 상벌기록은 실적 기준에 해당한다(새행정학3.0, p.412).

32 **실적 중심의 승진인사가 가지는 장점으로 보기 힘든 것은?**

① 승진시험의 타당성을 높일 수 있다.
② 유능한 인재를 등용할 수 있다.
③ 조직의 쇄신을 유도할 수 있다.
④ 기관장의 부하 통솔을 용이하게 한다.
⑤ 정실인사라는 불만을 제거할 수 있다.

해설 실적 중심의 인사는 경력주의에 비해 상대적으로 기준 설정이 어렵고 주관성이 강해 정실인사라는 불만이 제기될 가능성이 높다(새행정학3.0, pp.412-413).

33 **공무원의 퇴직관리와 관련해 다음 중 옳지 않은 것은?**

① 적정한 퇴직수준을 유지하고 퇴직결정 전후에 발생하는 문제 해결에 초점이 있다.
② 개인적 차원의 문제이다.
③ 성과주의 인적자원관리와 연계된다.
④ 고령화로 인해 중요성이 높아졌다.
⑤ 퇴직 이후 재취업 및 은퇴설계를 위한 지원프로그램 개발이 포함된다.

해설 기존에는 개인적 차원의 문제로 이해되었으나, 최근 들어 조직적 차원의 인사관리 활동의 중요한 영역으로 강조되고 있다(새행정학3.0, pp.415-417).

제4절 공무원의 능력관리

34 **공무원 교육훈련에 대한 설명 중에 옳지 않은 것은?**

① 교육훈련의 수요는 직책이 요구하는 역량과 공무원 현재 역량과의 차이다.
② 교육훈련 목적에 따라, 신규 공직채용자에 대해서는 업무환경 변화에 따라 요구되는 새로운 지식이나 기술·가치관의 습득이 강조된다.
③ 수요조사와 프로그램 개발, 실시(집행), 그리고 평가 및 환류의 단계로 진행된다.

④ 교육훈련의 종류는 내용에 따라 기본교육, 전문교육, 정신교육 등으로 구분된다.
⑤ 교육훈련 프로그램 집행 단계에서 피교육자의 저항완화 방안이 강조된다.

해설 신규채용자에 대해서는 공직에 대한 업무파악 및 정부조직 적응이 강조된다(새행정학3.0, p.417).

35 **공무원 교육훈련에 대한 직접적인 사후평가 수단으로 보기 어려운 것은?**

① 출근 상태, 이직률 등 객관적 자료
② 훈련 내용에 대한 시험
③ 피훈련자, 동료, 상관의 의견
④ 고객에 의한 평가
⑤ 근무성적평정 결과

해설 근무성적평정 결과는 직무수행에 대한 평가로 교육훈련 결과에 대한 직접적인 평가 수단으로 보기는 어렵다(새행정학3.0, p.418).

36 **다음 중 역량기반 교육훈련제도에 대한 설명으로 옳지 않은 것은?**

① 기존에 지식과 정보 중심의 교육훈련 방식에 비해 문제 해결 및 현실적용성을 제고하기 위한 목적이 강조된다.
② 역량은 성과달성을 위해 필요한 지식, 기술, 태도 등의 행동특성을 의미한다.
③ 학습조직은 조직구성원의 적극적 참여를 통해 암묵적 지식의 체계적 관리 및 새로운 지식창출을 촉진하는 방법이다.
④ 액션러닝은 현장방문 및 사례조사 등을 통한 현안문제 해결능력을 강조한다.
⑤ 워크아웃 프로그램은 개인 간의 신뢰와 존중을 바탕으로 공통목표의 달성을 도모하고자 하는 상호관계 중심의 교육훈련 방식이다.

해설 해당 설명은 멘토링에 해당하며, 워크아웃 프로그램은 조직의 수직적·수평적 장벽의 제거 및 자발적 참여에 의한 혁신을 도모하는 방법이며, 각종 워크숍 등을 통한 집단적 토론과 문제 해결 방안 모색이 강조된다(새행정학3.0, pp.419-420).

37 **다음 중 경력개발 프로그램에 대한 설명으로 옳지 않은 것은?**

① 1955년 미국 연방정부에서 최초 도입, 1960년대부터 민간기업을 통해 확산되었다.
② 개별 조직구성원이 장기적인 경력목표를 설정하고, 이를 위한 경력계획을 수립해 자신의 역량을 개발해 나가는 활동이다.
③ 잦은 전보의 제한 및 단계별 보직경로의 설정이 필요하다.
④ 경력설계 단계에서 구성원들의 희망, 적성, 역량 등에 따른 자기진단이 진행된다.
⑤ 경력설계-직무설계-경력관리-평가 및 보완의 단계를 통해 프로그램이 운영된다.

정답 31 ④ 32 ⑤ 33 ② 34 ② 35 ⑤ 36 ⑤ 37 ⑤

해설 직무분석을 통해 전문 분야를 분류하는 직무설계 단계가 가장 선행되며, 이후 구성원 주도적인 경력설계와 경력관리가 진행된다(새행정학3.0, p.418).

38 **근무성적평정의 목적으로 보기 어려운 것은?**

① 승진, 전보, 보수 등의 기준 제공 ② 구성원의 통제
③ 훈련 수요의 파악 ④ 시험의 타당성 측정
⑤ 인간관계 개선 기회

해설 근무성적평정 결과을 통해 구성원에 대한 지휘 감독권을 행사할 수는 있으나 근무성적평정의 본래의 목적으로는 보기 어렵다(새행정학3.0, pp.422-423).

39 **다음 근무성적평정에 대한 설명 중에 적합하지 않은 것은?**

① 근무성적평정은 주관성을 배제하기 어렵다.
② 우리의 경우 4급 이하 공무원은 근무성적평가제의 적용대상이 된다.
③ 평정상 오차나 편파적 평정을 시정 견제하기 위해 이중평정제를 실시한다.
④ 근무성적평정 결과는 훈련 기회로 연결되는 것이 필요하다.
⑤ 매년 6월 30일과 12월 31일을 기준으로 연 2회 실시하고 있다.

해설 우리의 경우 4급 이상 공무원은 성과계약제의 적용을 받기 때문에 5급 이하 공무원만이 근무성적평가제도 적용 대상이 된다(새행정학3.0, pp.424-425).

40 **다음의 근무성적평정 오류 중 평정 기준이 일정하지 않은 경향을 의미하는 것은?**

① 규칙적 오류 ② 시간적 오류 ③ 총계적 오류
④ 연쇄적 오류 ⑤ 집중화 오류

해설 평정자의 평정 기준이 명확하지 않아 관대화 경향과 엄격화 경향이 불규칙하게 나타나는 현상을 의미하며, 반면 일정하게 관대화 경향과 엄격화 경향이 나타나는 경우는 규칙적(체계적) 오류로 설명된다(새행정학3.0, pp.423-424).

41 **성과계약 등 평가제도와 관련한 다음 내용 중 옳지 않은 것은?**

① 고위공무원단 등 4급 이상 공무원 ② 평가주체는 인사혁신처장
③ 성과급 결정의 기초자료 ④ 성과관리카드를 통한 기록
⑤ 연속 2년 이상 최하위 등급 시 적격심사 실시

해설 4급 이상 공무원에 대한 성과계약제도에 따른 평가주체는 각 부처의 장관이다(새행정학3.0, p.424).

42 **다면평가 방식의 장점으로 보기 힘든 것은?**

① 평가의 객관성과 공정성 제고 ② 원활한 인간관계 촉진
③ 개인 행태 변화 유도 ④ 팀워크 강조
⑤ 상하 간의 갈등 해소에 도움

해설 다면평가 방식은 구성원 상하 간에 갈등을 야기하거나 서로 간에 눈치를 보게 되는 상황을 가져올 수 있다(새행정학$_{3.0}$, p.426).

제5절 공무원의 사기관리

43 **공무원 보수제도의 특징으로 보기 어려운 것은?**

① 민간부문의 보수 수준보다는 낮다.
② 직위분류제도를 택할수록 수당의 종류가 많다.
③ 근로자와 사용자의 합의에 의한 보수 결정이 이뤄지지 않는다.
④ 동일 노동, 동일 대가의 원칙을 적용하기 어렵다.
⑤ 직무와 보수의 형평성 유지가 어렵다.

해설 수당의 종류는 계급제를 택할 경우에 더욱 많아진다(새행정학$_{3.0}$, p.429).

44 **공무원 보수의 결정과 관련한 다음의 설명 중 옳지 않은 것은?**

① 대외적 비교성은 민간부문과 비교한 공무원 보수의 적정성을 의미한다.
② 대내적 상대성은 성과에 대한 동기부여요인으로서 보상의 공평성을 의미한다.
③ 보수결정의 경제적 요인으로서 공무원의 생산성 수준을 활용하는 데 한계가 크다.
④ 모범적 고용주로서 적정수준의 보수를 지급하는 것은 조직성과 요인에 해당한다.
⑤ 경제적 요인으로서 정부의 지불능력은 국민의 담세능력과 관련이 있다.

해설 모범적 고용주로서 정부의 보수수준 결정은 사회윤리적 요인에 해당한다(새행정학$_{3.0}$, pp.429-430).

45 **공무원 급여 유형과 관련한 다음의 내용 중 옳지 않은 것은?**

① 생활급은 공무원의 생계비 수준을 고려하여 지급되며, 지역수당 등이 포함된다.
② 임금피크제는 급여의 인상폭 감소를 넘어 실제 임금수준이 감소되는 근속급이다.

정답 38 ② 39 ② 40 ③ 41 ② 42 ⑤ 43 ② 44 ④ 45 ⑤

③ 우리나라는 호봉에 따른 보수 차이 및 정률제에 의한 처우개선 방식으로 인해 근속연수가 길고 보수수준이 높을수록 더 큰 보수인상이 이루어진다.
④ 직무급은 동일 직무에 대한 동일 보수 원칙이 적용되는 방식이다.
⑤ 직능급은 직무수행능력을 고려해 지급되며, 성과평가를 통해 수준이 결정된다.

해설 성과급이 성과평가를 통해 결정되며, 직능급에서는 직무역량평가를 통해 직능급의 수준이 결정된다(새행정학3.0, pp.431-433).

46 보수체계 혁신과 관련한 다음의 내용 중 옳지 않은 것은?

① 5급 이상 공무원과 계약직 공무원은 직무성과급적 연봉제 적용 대상이다.
② 성과상여금제도는 모든 직종의 6급 이하 공무원에 적용된다.
③ 성과상여금은 개인별 지급과 부서별 지급을 적절히 조화시켜 지급한다.
④ 2007년 총액인건비제도를 통해 부처 특성에 따른 보수체계 설계가 일부 허용되었으나 조정권한이 실질적이지 못하다.
⑤ 정무직 공무원은 성과측정의 어려움으로 인해 고정급적 연봉제가 적용된다.

해설 기본연봉이 기준급과 직무급으로 구성된 직무성과급적 연봉제는 고위공무원단에 해당하며, 5급 이상에 대해서는 계급별 기본연봉이 적용된 성과급적 연봉제가 적용된다(새행정학3.0, pp. 431-433).

47 공무원 연금제도와 관련한 다음의 내용 중 옳지 않은 것은?

① 연금은 공무원에 대한 사회보장제도로서 장기근무에 대한 퇴직 후 보상이다.
② 공무원 사기진작을 통한 근무성적 향상과 인력의 신진대사를 통한 비용절감 효과를 기대할 수 있다.
③ 연금제도적으로 부과방식(PAYGO system)에 기반을 둔 세대 간 부양시스템을 운영한다.
④ 사회보험 원리에 따르면 정부가 재정수지 부족액을 재정으로 보전하게 된다.
⑤ 2016년 1월, 공무원연금개혁을 통해 종래보다 기여율을 높이면서 지급률을 낮추는 제도개선이 추진되었다.

해설 부족액을 재정으로 보전하는 것은 부양 원리이며, 사회보험 원리에서는 공무원과 정부가 비용을 균등하여 부담한다(새행정학3.0, p.436).

48 일과 삶의 균형과 관련한 다음의 내용 중 옳지 않은 것은?

① 일과 일 외의 삶에 대한 적절한 배분을 통해 개인의 만족감을 제고한다.
② 스마트워크는 업무효율성을 증가시켜 일과 삶의 균형을 확보하는 방안이다.

③ 출산휴가나 육아휴직은 가족의 유지와 강화를 위한 지원방안이다.
④ 업무 관련 지식 · 기술을 발전시키고 개인의 성장욕구를 지원하는 것도 해당된다.
⑤ 유연근무제 중 집중근무제는 근무형태와 관련한 유형이다.

해설 집중근무제는 근무방법과 관련한 유형이며, 시간제 근무제가 근무형태와 관련한 유연근무제의 형태이다(새행정학3.0, p.438).

49 업무 스트레스와 관련한 다음의 내용 중 옳지 않은 것은?

① 업무 스트레스 발생의 조직 내적 요인에는 물리적 요인이 포함되지 않는다.
② 유스트레스(eustress) 또는 건설적 스트레스는 긍정적 효과를 발생시킨다.
③ 스트레스 발생의 양적 측면과 함께, 원인에 대한 질적 측면의 접근이 필요하다.
④ 미국의 랭키즘이나 일본의 파워하라는 우리나라의 갑질과 유사한 개념이다.
⑤ 계층제적 관리구조와 권위주의적 조직문화가 공공 분야 갑질의 주된 원인이다.

해설 업무 스트레스 발생 원인과 관련해 조명, 소음, 온도 등 업무환경의 물리적 요인도 포함된다(새행정학3.0, pp.441-444).

제6절 공무원의 다양성관리

50 다양성관리에 대한 다음의 설명 중 옳지 않은 것은?

① 채용프로그램 측면에서 조직구성원의 선발 과정에서 인적 구성의 다양성을 확보하기 위한 정책적 노력이 필요하다.
② 이질적인 구성원 간에 소통과 교류를 통해 왜곡된 이해를 극복하고 이질성의 수용을 통해 다양성 관리의 기반을 마련한다.
③ 조직 내 다양성이 자연적으로 조직효과성과 연계되도록 장애요인을 제거한다.
④ 미국의 적극적 우대조치나 고용평등정책은 다양성관리에 따른 인사정책이다.
⑤ 다양성관리는 외적 위험으로부터의 조직의 탄력성(resilience)을 제고한다.

해설 다양성관리의 실용적 관리방안에서는 다양성의 장점이 조직효과성 제고로 전환시키기 위한 구체적이고 실용적인 제도적 장치의 마련을 강조한다(새행정학3.0, pp.444-445).

정답 46 ① 47 ④ 48 ⑤ 49 ① 50 ③

51 **균형인사제도 추진 경과에 대한 다음의 설명 중 옳지 않은 것은?**

① 2005년 「국가공무원법」의 개정을 통해 균형인사의 원칙이 규정되었다.

② 2002년부터 여성공무원 채용목표제가 도입되었다.

③ 2000년부터 국가 및 지방자치단체의 장애인 고용 의무화가 도입되었다.

④ 2018년 6월, 제1차 균형인사 기본계획(2018~2022)이 수립 · 발표되었다.

⑤ 지방인재 채용목표제는 5 · 7급 공채에서 지방인재가 채용목표비율(5급 20%, 7급 30%) 미달 시 추가합격시키는 제도이다.

해설 여성공무원 채용목표제는 1995년에 도입되었으며, 2002년부터는 양성평등 채용목표제로 전환되었다(새행정학3.0, pp.447-449).

정답 51 ②

기출 문제를 통한 감각 익히기

01 직업공무원제의 특징으로 옳지 않은 것은? (국가9, 2022)

① 직무급 중심 보수체계
② 능력 발전의 기회 부여
③ 폐쇄형 충원방식
④ 신분의 보장

해설 직업공무원제는 일반행정가 중심의 계급제를 특징으로 한다.

02 직업공무원제에 대한 설명으로 옳지 않은 것은? (국가7, 2021)

① 공무원의 신분을 보장해 행정의 연속성과 일관성을 유지하는 데 긍정적인 제도이다.
② 젊고 유능한 인재들이 공직을 보람있는 직업으로 선택하여 일생을 바쳐 성실히 근무하도록 유도하는 인사제도이다.
③ 공무원이 환경적 요청에 민감하지 못하고 특권집단화할 염려가 있다.
④ 공무원의 일체감과 단결심 및 공직에 헌신하려는 정신을 강화하는 데 불리한 제도이다.

해설 하나의 전문 직업 분야로서 공직에 대한 자부심과 일체감을 제고하여 공무원으로서 높은 봉사정신과 행동규범을 보장할 수 있다.

03 직업공무원제의 단점을 보완하는 것으로 옳지 않은 것은? (지방9, 2020)

① 개방형 인사제도
② 계약제 임용제도
③ 계급정년제의 도입
④ 정치적 중립의 강화

해설 직업공무원제는 신분 보장을 통해 정치적 중립을 확보하는 제도이다.

04 엽관주의와 실적주의에 대한 설명으로 옳은 것은? (지방9, 2021)

① 엽관주의는 개인의 능력, 적성, 기술을 공직임용 기준으로 한다.
② 엽관주의는 정치지도자의 국정 지도력을 약화한다.

정답 01 ① 02 ④ 03 ④ 04 ④

③ 실적주의는 국민에 대한 관료의 대응성을 높인다.

④ 실적주의는 공직임용에 대한 기회의 균등을 보장한다.

해설 엽관주의는 개인의 능력, 적성, 기술과 무관하게 정치적 충성도가 기준이 되며, 정치적 임용에 따라 관료의 정치적 대응력이 상대적으로 높다.

05 **인사행정 관련 제도에 대한 설명으로 옳지 않은 것은?** (국가7, 2012)

① 관료들이 출신 집단의 이익을 위해 적극적으로 행동하는 적극적 대표는 민주주의에 위협 요소로 작용할 수 있다.

② 직위분류제는 계급제에 비해 인력 활용의 융통성과 효율성이 높아 탄력적 인사관리가 가능하다는 장점을 가진다.

③ 우리나라에서 시행되고 있는 양성평등채용목표제, 지역인재추천채용제 등은 관료제의 대표성을 제고하기 위해 도입된 제도다.

④ 엽관제는 선출직 정치지도자들을 통해 관료집단에 대한 통제를 용이하게 함으로써 관료제의 대응성을 제고할 수 있다.

해설 직위분류제는 직무 내용에 따라 전문성을 확보할 수 있는 장점이 있는 반면에, 상대적으로 계급제에 비해 인적자원의 탄력적 운용이 어렵다.

06 **공무원 인사제도에 대한 설명으로 옳지 않은 것은?** (국가9, 2009)

① 직업공무원제란 젊은 인재들을 공직에 적극적으로 유치하기 위해 만든 것으로 공직에 근무하는 것을 명예롭게 생각하면서 일생 동안 공무원으로 근무하도록 하기 위한 것이다.

② 직업공무원제를 올바르게 수립하기 위해서는 공직에 대한 높은 사회적 평가가 있어야 한다.

③ 엽관주의는 민주주의 원칙에 반하는 것으로서 민주주의의 진전과 함께 소멸되고 있다.

④ 우리나라의 공무원 인사제도는 기본적으로 계급제의 구조를 가지고 있다.

해설 엽관주의는 역사적으로 정당정치를 통한 정치적 책임과 민주성을 확보하기 위한 취지에서 채택되고 발전되어 온 인사제도다.

07 **공직사회에 경쟁 원리를 도입하기 위한 인사개혁 방향이 아닌 것은?** (경기7, 2005)

① 직업공무원제의 강화

② 근무성적평정제와 목표관리제의 도입

③ 계약에 의한 공직임용의 확대

④ 연봉제와 성과급 보수제의 도입

해설 직업공무원제의 강화는 조직 내 경쟁보다는 신분 보장을 강화함으로써 무사안일 등과 같은 비경쟁적 행태를 유도할 가능성이 더욱 크다.

08 인사제도에 대한 설명으로 옳지 않은 것은? (국가9, 2012)

① 직위분류제는 동일 직무에 동일 보수를 원칙으로 한다.
② 한국의 공무원제도는 계급제적 토대 위에 직위분류제적 요소가 가미된 혼합형 인사 체계다.
③ 특정직 공무원은 직업공무원제의 적용을 받는다.
④ 비교류형 인사 체계는 교류형에 비해 기관 간 승진 기회의 형평성 확보에 유리하다.

해설 교류형은 부처 간이나 중앙정부와 지방정부 간 인사 이동이 자유스러운 공직구조를 의미하며, 기관 간의 이해를 제고하고 업무협조를 유도할 수 있는 제도다. 폐쇄적인 비교류형에 비해 근무 조건이나 인사 승진에서 기관 간 형평성을 유지하기 적합한 인사 체계이기도 하다.

09 공무원 인사제도에 대한 설명으로 옳지 않은 것은? (지방7, 2021)

① 실적주의는 공무원의 인적 구성이 사회의 인구학적 특성과 비례가 되도록 해야 한다는 대표관료제를 비판하면서 등장하였다.
② 엽관주의는 정당제도 유지에 기여하고 공무원의 정치적 책임성을 확보할 수 있다는 장점이 있어 오늘날에도 부분적으로 남아 있다.
③ 실적주의는 엽관주의의 폐해와 급격한 경제 발전으로 행정 기능이 양적으로 확대되고 질적으로 복잡해짐에 따라 공무원들의 전문적 지식과 기술이 필요해지면서 정당성이 강화되었다.
④ 엽관주의에 따른 인사는 관료기구와 집권 정당의 동질성을 확보할 수 있으며, 정부가 공무원의 충성심을 확보하고 공무원을 효과적으로 통솔할 수 있다.

해설 실적주의는 정치적 충성도를 임용 기준으로 하는 엽관주의의 비판을 통해 등장하였다.

10 계급제에 대한 설명으로 옳지 않은 것은? (지방9, 2023)

① 직무의 속성을 중심으로 공직을 분류하는 제도이다.
② 폐쇄형 충원방식을 원칙으로 한다.
③ 일반행정가 양성을 지향한다.
④ 탄력적 인사관리에 용이하다.

정답 05 ② 06 ③ 07 ① 08 ④ 09 ① 10 ①

해설 직무의 속성을 중심으로 공직을 분류하는 제도는 직위분류제이다.

11 엽관주의 정당화 근거로 옳지 않은 것은? (국가7, 2021)

① 행정 민주화에 기여
② 정치지도자의 행정 통솔력 강화
③ 정당정치 발달에 공헌
④ 행정의 안정성과 지속성 확보

해설 엽관주의는 정치적 변동에 따라 행정의 안정성과 지속성을 저해할 우려가 있다.

12 엽관주의와 실적주의에 대한 설명으로 옳은 것만을 모두 고르면? (국가9, 2014)

ㄱ. 엽관주의는 실적 이외의 요인을 고려해 임용하는 방식으로 정치적 요인, 혈연, 지연 등이 포함된다.
ㄴ. 엽관주의는 정실임용에 기초하고 있기 때문에 초기부터 민주주의의 실천 원리와는 거리가 멀었다.
ㄷ. 엽관주의는 정치지도자의 국정지도력을 강화함으로써 공공정책의 실현을 용이하게 해준다.
ㄹ. 실적주의는 정치적 중립에 집착하여 인사행정을 소극화·형식화시켰다.
ㅁ. 실적주의는 국민에 대한 관료의 대응성을 높일 수 있다는 장점이 있다.

① ㄱ, ㄷ ② ㄴ, ㄹ ③ ㄴ, ㅁ ④ ㄷ, ㄹ

해설 엽관주의는 정치적 요소 특히 정당에 대한 충성도를 강조해 공무원을 임용하는 제도이지만 혈연, 지연 등은 고려하지 않는다. 이러한 제도는 정당정치의 발전이나 민간 통제를 강조하기 때문에 민주주의의 실천에 긍정적인 영향을 미치게 된다. 실적주의는 정치적인 영향력을 배제하고 전문적인 능력만을 강조함으로써 인사행정을 지나치게 소극화 형식화시킨다는 비판도 받는다.

13 정실주의와 엽관제에 대한 설명으로 옳지 않은 것은? (국가7, 2022)

① 실적제로 전환을 위한 영국의 추밀원령은 미국의 펜들턴법보다 시기적으로 앞섰다.
② 엽관제는 전문성을 통한 행정의 효율성 제고와 정부관료의 역량 강화에 기여한 것으로 평가된다.
③ 미국의 잭슨 대통령은 엽관제를 민주주의의 실천적 정치원리로 인식하고 인사행정의 기본 원칙으로 채택하였다.
④ 엽관제는 관료제의 특권화를 방지하고 국민에 대한 대응성을 높인다는 점에서 현재도 일부 정무직에 적용되고 있다.

해설 전문성을 통한 행정의 효율성 제고와 정부관료의 역량강화를 위해 실적주의가 등장하였다.

14 **공무원 인사제도에 대한 설명 중 옳은 것만을 고른 것은?** (국가9, 2009)

> ㄱ. 엽관주의와 실적주의는 제도의 취지나 목적이 서로 다르기 때문에 상호 조화될 수 없어서 양 제도의 혼합 운용이 어렵다.
> ㄴ. 엽관주의는 공무원의 충성심을 확보하기는 용이하나, 행정의 안정성과 지속성을 확보하기 어렵다.
> ㄷ. 직업공무원제도는 일반적으로 폐쇄형 임용 체계를 채택하고 있으며, 공무원의 연대감을 높여준다.
> ㄹ. 직업공무원제도는 대체로 실적주의를 전제로 하며, 전문가주의를 지향하고 있다.
> ㅁ. 대표관료제는 정부정책 집행의 효율성, 공정성 및 책임성을 높여준다.

① ㄱ, ㄴ ② ㄱ, ㅁ ③ ㄴ, ㄷ ④ ㄷ, ㄹ

해설 일반적으로 엽관주의와 실적주의는 나라별로 비중의 차이는 있으나 혼용되고 있으며 우리의 경우도 그러하다. 직업공무원제도는 실적주의와 직접적인 관계는 없으며 오히려 계급제가 직업공무원제도와의 연계 가능성이 높다고 볼 수 있다. 대표관료제는 관료의 전문성이나 집행의 효율성 측면에서 우려하는 견해도 나타난다.

15 **인사제도에 대한 설명으로 옳지 않은 것은?** (국가9, 2013)

① 직업공무원제가 성공하려면 우선 공직임용에서 연령 상한제를 폐지하는 것이 필수적이다.

② 대표관료제는 관료들이 출신 집단의 가치와 이익을 대변하리라는 기대에 기반을 둔다.

③ 엽관주의는 국민의 요구에 대한 대응성 향상에 도움이 되는 제도다.

④ 폐쇄형 인사제도는 내부승진의 기회를 개방형보다 더 많이 제공한다.

해설 직업공무원제는 젊고 유능한 인재를 공직에 등용해 오랜 기간 공직을 유지하도록 하는 제도이며, 공직임용에서 연령제한을 폐지하는 것은 젊은 인재 등용을 제한하는 영향을 미칠 가능성이 높다.

16 **실적주의의 주요 구성 요소로 보기 어려운 것은?** (지방9, 2012)

① 공직 취임의 기회 균등 ② 공무원 인적 구성의 다양화
③ 신분 보장 및 정치적 중립 ④ 실적에 의한 임용

해설 공무원 인적 구성의 다양화는 실적주의와는 직접적인 관계가 없다. 오히려 대표관료제나 균형인사정책 등이 이에 해당한다.

정답 11 ④ 12 ④ 13 ② 14 ③ 15 ① 16 ②

17 인사행정제도에 관한 설명 중 적절하지 않은 것은? (지방9, 2013)

① 엽관주의는 정당에의 충성도와 공헌도를 관직 임용의 기준으로 삼는 제도다.
② 엽관주의는 국민의 요구에 대한 관료적 대응성을 확보하기 어렵다는 단점을 갖는다.
③ 행정국가 현상의 등장은 실적주의 수립의 환경적 기반을 제공했다.
④ 직업공무원제는 계급제와 폐쇄형 공무원제, 그리고 일반행정가주의를 지향한다.

해설 엽관주의는 정치적인 기준에 의해 관료를 임용하는 제도이기 때문에 국민의 요구나 의견을 직접적으로 반영하는 임용을 하거나 아니면 정당에 대한 지지 또는 선거를 통한 임용권자의 교체 등을 통해 국민들의 영향력이 발휘될 수 있는 기제가 마련되어 있는 인사제도다.

18 연공주의(seniority system)에 대한 설명으로 옳은 것만을 모두 고르면? (국가9, 2023)

ㄱ. 장기근속으로 조직에 대한 공헌도를 높인다.
ㄴ. 개인의 성과에 따른 적절한 보상을 통해 사기를 높인다.
ㄷ. 계층적 서열구조 확립으로 조직 내 안정감을 높인다.
ㄹ. 조직 내 경쟁을 통해서 개인의 역량 개발에 기여한다.

① ㄱ, ㄴ ② ㄱ, ㄷ
③ ㄴ, ㄹ ④ ㄷ, ㄹ

해설 연공주의는 근무경력에 따른 연공급 보수체계를 강조한다는 점에서 개인의 성과와 보상 간의 괴리가 발생할 수 있으며, 승진이나 보수와 관련한 조직 내 경쟁 유발의 유인이 크지 않다.

19 대표관료제에 대한 설명으로 적절하지 않은 것은? (지방9, 2013)

① 국민의 다양한 요구에 대한 정부의 대응성을 향상시킬 수 있다.
② 현대 인사행정의 기본 원칙인 실적주의를 강화시킨다.
③ 정부관료의 충원에 있어서 다양한 집단을 참여시킴으로써 정부관료제의 민주화에 기여할 수 있다.
④ 장애인채용목표제는 대표관료제의 일종이다.

해설 대표관료제는 사회를 구성하는 다양한 인구구조 및 계층 특성을 반영해 다양한 집단에서 관료를 임용하는 제도라는 점에서 실적 기준과는 뚜렷한 관련성은 상대적으로 떨어지거나 오히려 실적주의 확립을 저해할 수도 있다.

20 **대표관료제(representative bureaucracy)에 대한 설명으로 옳지 않은 것은?** (지방7, 2009)

① 킹슬리(J. D. Kingsley)가 1944년에 처음 사용한 개념이다.
② 임명직 관료집단이 민주적 방법으로 행동하도록 하기 위한 방안으로 도입되었다.
③ 대표관료제는 내부통제를 강화하는 기능을 가지고 있다.
④ 관료들의 객관적 책임을 매우 현실적이라고 주장한다.

해설 대표관료제란 한 사회를 구성하는 사회집단의 각각의 구성 비율에 상응해 관료집단을 구성하기 위한 제도다. 이러한 구성 비율을 유지하기 위해 소외집단을 우대해 임용하거나 쿼터를 부여하는 방식을 적용한다. 이러한 대표관료제는 임용된 대표관료들이 자기 출신집단의 이익을 정책에 반영하고자 하는 노력을 기울일 것이라는 적극적인 대표성을 전제하고 있다. 이러한 적극적 대표성은 객관적이기보다는 주관적인 책임의식이라고 볼 수 있다.

21 **대표관료제와 관련이 적은 것은?** (지방9, 2013)

① 양성평등채용목표제
② 지방인재채용목표제
③ 총액인건비제
④ 장애인 고용촉진제

해설 총액인건비는 대표관료제와 관련이 없이 총액의 범위 안에서 예산 및 인적자원 운용의 효율성과 자율성을 확보할 수 있도록 하는 제도다.

22 **대표관료제 이론이 상정하는 효과를 모두 고른 것은?** (지방7, 2013)

ㄱ. 다양한 집단을 참여시킴으로써 정부관료제를 민주화하는 데 기여한다.
ㄴ. 공무원 신분 보장을 통해 행정의 안정성과 계속성을 확보한다.
ㄷ. 기회 균등 원칙을 보장함으로써 사회적 형평성을 제고한다.
ㄹ. 정당의 대중화와 정당정치 발달에 기여한다.
ㅁ. 국민의 다양한 요구에 대한 대응성을 제고한다.

① ㄱ, ㄴ, ㄷ
② ㄱ, ㄷ, ㅁ
③ ㄴ, ㄷ, ㄹ
④ ㄷ, ㄹ, ㅁ

해설 대표관료제는 다양한 사회계층집단의 공직 참여를 통한 행정의 민주화, 형평성, 대응성을 제고하게 된다.

정답 17 ② 18 ② 19 ② 20 ④ 21 ③ 22 ②

23 **대표관료제에 대한 설명으로 옳은 것은?** (국가9, 2014)

① 행정의 효율성과 효과성 증진을 목표로 하는 제도다.

② 관료들이 출신 집단의 이익과 무관하게 전체적 이익에 봉사할 것이라는 가정에 기반하고 있다.

③ 엄정한 능력에 따른 채용을 통해 관료를 선발한다.

④ 우리나라의 '양성평등채용목표제'는 대표관료제를 반영한 인사제도라 할 수 있다.

해설 대표관료제는 실적이나 능력에 전적으로 기반해 관료를 임용하는 제도가 아니기 때문에 전문성과 능률성이라는 측면에서 우려가 제기되고 있으며, 적극적인 대표성, 즉 대표관료들이 출신 집단의 이익을 반영할 것이라는 전제를 하고 있다.

24 **대표관료제에 대한 설명으로 옳지 않은 것은?** (지방9, 2023)

① 우리나라는 양성채용목표제, 장애인 의무고용제 등 다양한 균형인사제도를 통해 대표관료제의 논리를 반영하고 있다.

② 다양한 집단의 이익을 반영하는 실적주의 이념에 부합하는 인사제도이다.

③ 할당제를 강요하는 결과를 초래하고, 특정 집단에 대한 역차별 문제를 야기할 수 있다.

④ 임용 전 사회화가 임용 후 행태를 자동적으로 보장한다는 가정 하에 전개되어 왔다.

해설 대표관료제는 특정 사회집단의 이익을 정치적으로 반영한다는 점에서 개인의 능력과 실적 중심의 임용을 강조하는 실적주의 원칙과 배치된다.

25 **다음에 제시된 문제 해결 방식이 의미하는 공무원 인사행정제도는?** (지방9, 2012)

> 서울의 과밀은 우수 학생의 서울 집중으로부터 시작된다. '우수 학생 서울 집중 → 엘리트 시험 독점 → 권력 집중 → 취업 기회 창출 → 인구 서울 집중 → 우수 학생 서울 집중'의 순환구조로 서울의 비대화와 지방의 황폐화는 더욱 심각해지고 있다. 세계 최고의 교육열이 이를 가속화해 불균형 발전을 심화시켰다면, 이제 그 교육의 변수를 균형 발전의 지렛대로 원용할 수 있는 슬기를 발휘할 때다. 인재지역할당제는 이러한 생산적 방향 전환에 기여할 수 있는 중요한 제도적 장치다.

① 엽관제 ② 대표관료제

③ 실적제 ④ 직업공무원제

해설 예문은 서울과 지방 간의 사회경제적 격차를 고려한 인재지역할당제를 논의하고 있으며, 특정 지역을 중심으로 집단의 이익을 공무원 임용에 반영한다는 점에서 대표관료제의 사례로 이해된다.

26 **다음 중 여타 인사관리제도와 그 성질이 다른 하나는?** (대구7, 2005)

① 이공계 공직 진출 확대정책 ② 장애인 취업 알선제도

③ 양성평등 채용목표제 ④ 국가유공자 우대제도

해설 국가유공자 우대제도를 제외한 세 가지 인사제도는 대표관료제라는 관점으로 포함될 수 있다.

27 **대표관료제에 대한 설명으로 옳지 못한 것은?** (경기7, 2005)

① 임용할당제는 기회의 평등보다는 결과의 평등에 초점을 둔다고 할 수 있다.

② 실적주의의 도입으로 대표관료제를 실현할 수 있었다.

③ 대표관료제는 역차별을 가져올 수 있다.

④ 출신집단의 이익을 대표하려는 책임 속에서 서로 견제해 내부통제가 강화된다.

해설 대표관료제는 실적주의에 따른 불평등을 해소하기 위해 채택된 제도다.

28 **다음 중앙인사기관의 유형에 대한 설명으로 옳은 것은?** (지방7, 2021)

- 행정수반이 인사관리에 직접적인 책임을 지며, 인사기관의 장은 행정수반을 보좌하여 집행업무를 담당한다.
- 인적자원 확보, 능력 발전, 유지, 보상 등 인사관리에 대한 기능을 부처의 협조 하에 통합적으로 수행한다.
- 인사기관의 결정과 집행의 행위는 행정수반의 승인과 검토의 대상이 된다.

① 정치권력의 부당한 개입을 막아 정치적 중립성과 공직의 안정성을 확보할 수 있다.

② 인사기관의 구성방식을 통해서 인사정책의 일관성을 확보할 수 있다.

③ 합의에 따른 결정방식으로 인사의 공정성을 유지하는 것이 필요하다.

④ 한 명의 인사기관의 장이 조직을 관장하고 행정수반의 지휘 아래 놓이게 된다.

해설 해당 예문은 비독립형 단독제의 중앙인사기관의 특징이며, ①은 독립형의 특징을, ②, ③은 합의제 기관의 특징과 연계된다.

29 **「지방공무원법」상 인사위원회 위원으로 임명되거나 위촉될 수 없는 사람은?** (국가9, 2023)

① 지방의회의원

② 법관·검사 또는 변호사 자격이 있는 사람

정답 23 ④ 24 ② 25 ② 26 ④ 27 ② 28 ④ 29 ①

③ 공무원으로서 20년 이상 근속하고 퇴직한 사람
④ 초등학교 · 중학교 · 고등학교 교장 또는 교감으로 재직하는 사람

해설 「지방공무원법」 제7조 제6항에서 공무원 임용 결격사유를 가진 사람과 정당의 당원, 지방의회 의원을 인사위원으로 위촉할 수 없도록 하고 있으며, 임용 과정의 정치적 중립성 확보를 위한 목적을 고려할 수 있다.

30 개방형 또는 폐쇄형 인사제도에 대한 설명으로 옳은 것은? (국가7, 2021)

① 개방형 인사제도는 외부전문가나 경력자에게 공직을 개방하여 새로운 지식과 기술, 아이디어를 수용해 공직사회의 침체를 막고 행정의 효율성을 높이는 데 유리하다.
② 일반적으로 폐쇄형 인사제도는 직위분류제에 바탕을 두고 있으며, 일반행정가보다 전문가 중심의 인력구조를 선호한다.
③ 개방형 인사제도는 폐쇄형 인사제도에 비해 안정적인 공직사회를 형성함으로써 공무원의 사기를 높이고 장기근무를 장려한다.
④ 폐쇄형 인사제도는 개방형 인사제도에 비해 내부승진과 경력발전을 위한 교육훈련의 기회가 적다.

해설 ② 폐쇄형 인사제도는 계급제에 바탕을 두며, ③ 폐쇄형 인사제도가 안정적인 공직사회 형성에 더욱 유리하며, ④ 내부승진과 경력발전이 강조되면서 교육훈련의 기회도 많은 편이다.

31 공직의 분류에 대한 설명으로 옳지 않은 것은? (지방9, 2013)

① 계급제는 사람을 중심으로, 직위분류제는 직무를 중심으로 공직을 분류하는 인사제도다.
② 직위분류제에 비해 계급제는 인적자원의 탄력적 활용이라는 측면에서 유리한 제도다.
③ 직위분류제에 비해 계급제는 폭넓은 안목을 지닌 일반행정가를 양성하는 데 유리한 제도다.
④ 계급제에 비해 직위분류제는 공무원의 신분을 강하게 보장하는 경향이 있는 제도다.

해설 계급제의 경우 직위분류제에 비해 신분 보장과 경력 발전에 더욱 유리한 제도이며, 직무 중심의 인사관리는 직위나 직무 내용에 따라 신분 보장의 안정성을 저하시킬 가능성도 제기된다.

32 계급제와 직위분류제를 비교한 설명으로 옳지 않은 것은? (국가9, 2013)

① 직위분류제가 계급제보다 직업공무원제도 확립에 더 유리하다.
② 직위분류제가 계급제보다 직무급의 결정에 더 타당한 자료를 제공할 수 있다.
③ 직위분류제가 계급제보다 전문행정가의 양성에 더 유리하다.

④ 계급제가 직위분류제보다 탄력적 인사관리에 더 유리하다.

해설 계급제가 직위분류제보다 연공서열 중심의 인사관리를 통해 장기적인 관점에서 공무원 개인의 경력관리를 유도한다는 점에서 직업공무원제도 확립에 더 유리하다.

33 계급제와 직위분류제에 대한 설명으로 옳지 않은 것은? (지방7, 2022)

① 계급제는 보직 관리 범위를 제한하여 공무원의 시야를 좁게 만드는 측면이 있다.
② 직위분류제는 공무원의 전문성을 강화하고 직무 중심의 동기유발이 가능하다.
③ 계급제는 공무원의 장기근무를 유도하고 직업공무원제도 확립에 유리하다.
④ 직위분류제는 직무 한계와 책임 소재가 명확하다.

해설 계급제는 다양한 보직 경험을 통해 공무원의 시야를 넓게 만드는 장점이 있다.

34 직위분류제에 대한 설명으로 옳은 것을 모두 고르면? (국가9, 2011)

ㄱ. 과학적 관리운동은 직위분류제의 발달에 많은 자극을 주었다.
ㄴ. 직무의 종류, 곤란성과 책임도가 상당히 유사한 직위의 군은 직렬이다.
ㄷ. 조직 내에서 수평적 이동이 용이해 유연한 인사행정이 가능하다.
ㄹ. 사회적 출신 배경에 관계없이 담당 직무의 수행 능력과 지식기술을 중시한다.

① ㄱ, ㄴ ② ㄱ, ㄹ
③ ㄴ, ㄷ ④ ㄷ, ㄹ

해설 직무종류, 곤란도와 책임도가 유사한 직위의 군은 직급에 해당한다. 직위분류제는 전문적인 직무종류와 책임도에 따라 직위에 임용하게 됨에 따라 유연하고 탄력적인 수평적 이동이 어려워진다.

35 직위분류제의 출발에 영향을 미친 것을 모두 고르면? (국가7, 2013)

ㄱ. 과학적 관리론 ㄴ. 종신고용 보장
ㄷ. 보수의 형평성 요구 ㄹ. 실적주의(merit system) 요구

① ㄱ, ㄷ ② ㄴ, ㄹ
③ ㄱ, ㄷ, ㄹ ④ ㄱ, ㄴ, ㄷ, ㄹ

해설 종신고용 보장은 직위분류제를 가져온 요인이라기보다는 오히려 폐쇄적 임용 체제에 가까운 계급제나 직업공무원제도 수립에 영향을 미친 요소로 판단된다. 과학적 관리법, 직무-보수 형

정답 30 ① 31 ④ 32 ① 33 ① 34 ② 35 ③

평성, 실적주의 등은 직위분류제를 가져온 요인으로 볼 수 있다.

36 직위분류제의 주요 개념에 대한 설명으로 옳지 않은 것은? (국가9, 2022)

① '직위'는 한 사람의 공무원에게 부여할 수 있는 직무와 책임을 의미한다.
② '직급'은 직무의 종류가 유사하고 곤란도·책임도가 서로 다른 군(群)을 의미한다.
③ '직류'는 동일 직렬 내에서 담당 분야가 동일한 직무의 군(群)을 의미한다.
④ '직무등급'은 직무의 곤란도·책임도가 유사해 동일 보수를 줄 수 있는 직위의 군(群)을 의미한다.

해설 직급은 직무의 종류도 유사하고 난이도와 책임성도 유사하여 채용과 보수에서 동일하게 다룰 수 있는 직위의 집단이다. 해당 보기는 직렬에 대한 설명이다.

37 '고위공무원단'에 대한 설명으로 옳지 않은 것은? (지방9, 2013)

① 우리나라에서 고위공무원이 되기 위해서는 '고위공무원 후보자 과정'을 이수해야 하고, '역량평가'를 통과해야 한다.
② 미국의 '고위공무원단'제도는 엽관주의적 요소가 혼재되어 있다.
③ 우리나라의 경우 이명박 정부 시기인 2008년 7월 1일에 '고위공무원단'제도를 도입했다.
④ 미국에서는 '고위공무원단'제도를 카터 행정부 시기인 1978년에 공무원제도개혁법 개정으로 도입했다.

해설 우리의 고위공무원단제도 노무현 정부 시기인 2006년 7월부터 시행되기 시작했다. 공무원들의 경쟁력을 제고하기 위해 고위공무원들을 별도로 체계적이고 경쟁적으로 관리하기 위한 제도다. 고위공무원의 성격과 분류 기준은 다소 다르지만 외국의 경우도 유사한 제도들이 도입되어 있다.

38 고위공무원단제도에 대한 설명으로 옳지 않은 것은? (지방9, 2021)

① 역량 중심의 인사관리
② 계급 중심의 인사관리
③ 성과와 책임 중심의 인사관리
④ 개방과 경쟁 중심의 인사관리

해설 기존 1~3급에 해당되는 계급을 고위공무원단으로 전환해 계급에 구애되지 않도록 하고 있다.

39 고위공무원단에 대한 설명으로 틀린 것은? (행자부9, 2005)

① 3급 이상 고위공무원들의 자질 향상과 업무 성취 동기를 부여하기 위한 제도다.
② 계급의 명칭을 유지하기 때문에 계급제적 요소를 받아들이는 것이다.
③ 직무분석을 통한 직무정보는 고위공무원단제도 구축에 활용될 수 있다.

④ 고위공무원들의 신분 보장이 완화될 수 있다.

해설 고위공무원단제도는 1~3급 공무원 중 실·국장급 1,500여 명으로 고위공무원단을 구성해, 계급과 소속에 관계 없이 연공서열이 아닌 실적에 따라 부처 간 자유로운 인사관리를 가능하게 하는 제도로 1978년 미국이 최초로 도입 이후 영국, 호주, 캐나다 등이 도입 시행 중인 제도다. 고위공무원단에 소속된 공무원은 계급제적 요소 대신 경쟁과 성과 중심으로 인사관리가 이뤄진다.

40 **우리나라 고위공무원단제도에 대한 설명으로 옳지 않은 것은?** (지방9, 2011)

① 국가의 고위공무원을 범정부적 차원에서 효율적으로 인사관리하기 위해 도입했다.
② 개방형 임용 방법, 직위공모 방법, 자율임용 방법을 실시한다.
③ 국가공무원으로 보하는 부시장, 부지사, 부교육감 등은 해당되지 않는다.
④ 원칙적으로 직무성과급적 연봉제를 적용한다.

해설 1~3급에 해당하는 공무원이 주를 이루는 고위공무원단에는 일반직·별정직·계약직 공무원 및 특정직 공무원(외무공무원 등)이 포함되며, 국가공무원으로 임명되는 부시장, 부도지사, 부교육감, 기획관리실장 등도 해당된다.

41 **다음 중 특수경력직 공무원이 아닌 것은?** (지방9, 2011)

① 정무직 공무원　② 별정직 공무원
③ 고용직 공무원　④ 특정직 공무원

해설 경력직 공무원에는 일반직과 특정직 공무원이 포함된다.

42 **공직 분류 체계에 대한 설명으로 옳은 것은?** (지방9, 2021)

① 소방 공무원은 특수경력직 공무원에 해당한다.
② 국회 수석전문위원은 일반직 공무원에 해당한다.
③ 차관에서 3급 공무원까지는 특정직 공무원에 해당한다.
④ 경력직 공무원은 실적과 자격에 의해 임용되고 신분이 보장된다.

해설 ① 소방공무원은 경력직 공무원 중 특정직 공무원이며, ② 국회 수석전문위원은 특수경력직 공무원 중 별정직 공무원에 해당한다. ③ 차관은 특수경력직 공무원 중 정무직 공무원에 해당하며, 고위공무원단에는 일반직과 별정직, 특정직이 모두 포함된다.

정답 36 ② 37 ③ 38 ② 39 ② 40 ③ 41 ④ 42 ④

43 **현행 「국가공무원법」상의 용어에 대한 설명으로 정확하지 않은 것은?** (국가9, 2009)

① 직급은 직무의 곤란성과 책임도가 상당히 유사한 직위의 군을 말한다.
② 직위는 한 명의 공무원에게 부여할 수 있는 직무와 책임을 말한다.
③ 직렬은 직무의 종류는 유사하고 그 책임과 곤란성의 정도가 서로 다른 직급의 군을 말한다.
④ 직류는 같은 직렬 내에서 담당 분야가 같은 직무의 군을 말한다.

해설 ①에서 말하는 직위의 군은 등급(grade)을 설명하는 내용이다. 직급이란 직무의 성질 및 난이도, 책임의 정도가 유사해 채용 및 보수 등에서 동일하게 다룰 수 있는 직위의 집단을 의미한다.

44 **우리나라 인사제도에 대한 설명으로 옳지 않은 것은?** (국가9, 2020)

① 인사혁신처는 비독립형 단독제 형태의 중앙인사기관이다.
② 전문경력관이란 직무 분야가 특수한 직위에 임용되는 일반직 공무원을 말한다.
③ 별정직 공무원의 근무상한연령은 65세이며, 일반임기제 공무원으로 채용할 수 있다.
④ 각 부처의 고위공무원을 범정부적 차원에서 효율적으로 관리하고자 고위공무원단 제도를 운영하고 있다.

해설 별정직 공무원의 근무상한연령은 60세로 하되, 비서나 비서관 등의 별정직 공무원은 근무상한연령을 두지 않는다.

45 **우리나라 국가공무원제도에 대한 설명으로 옳지 않은 것은?** (국가9, 2011)

① 현재 시행하고 있는 고위공무원단제도는 일반직 공무원만을 대상으로 하고 있다.
② 계급제를 기본으로 직위분류제적 요소를 가미해 운영하고 있다.
③ 예산의 범위 안에서 기구, 정원, 보수 및 예산에 관한 자율성을 가지되 그 결과에 대해 책임을 지는 총액인건비제를 운영할 수 있다.
④ 결원이 발생했을 때 정부 내 공개모집을 통해 해당 기관 내부 또는 외부의 공무원 중에서 적격자를 임용할 수 있는 공모직위제도를 운영할 수 있다.

해설 고위공무원단에는 일반 경력직뿐만 아니라 별정직, 계약직, 특정직(외무직 등)도 포함된다.

46 **전문경력관제도에 대한 설명으로 옳지 않은 것은?** (국가7, 2022)

① 계급 구분과 직군 및 직렬의 분류를 적용하지 않는다.
② 직무의 특성, 난이도 및 직무에 요구되는 숙련도 등에 따라 가~다 군으로 구분한다.
③ 전직시험을 거쳐 다른 일반직 공무원을 전문경력관으로 전직시킬 수 있으나, 전문경력관을 다른 일반직 공무원으로 전직시킬 수는 없다.

④ 소속 장관은 해당 기관의 일반직 공무원 직위 중 순환보직이 곤란하거나 장기 재직 등이 필요한 특수 업무 분야의 직위를 인사혁신처장과 협의하여 전문경력관직위로 지정할 수 있다.

해설 현행 전문경력관 규정에 따라 전직시험을 거쳐 전문경력관을 일반직 공무원으로 전직시키거나 일반직 공무원을 전문경력관으로 전직 가능하다.

47 직무분석과 직무평가에 대한 설명으로 옳은 것은? (국가7, 2020)

① 직무분석은 직무들의 상대적인 가치를 체계적으로 분류하여 등급화하는 것이다.
② 직무자료 수집방법에는 관찰, 면접, 설문지, 일지기록법 등이 활용된다.
③ 일반적으로 직무평가 이후에 직무 분류를 위한 직무분석이 이루어진다.
④ 직무평가 방법으로 서열법, 요소비교법 등 비계량적 방법과 점수법, 분류법 등 계량적 방법을 사용한다.

해설 ① 해당 보기는 직무평가에 해당하며, ③ 직무분석 이후 직무평가가 이루어진다. ④ 직무평가 방법 가운데 서열법과 분류법은 비계량적 방법, 점수법과 요소비교법은 계량적 방법에 해당한다.

48 직무평가의 방법 중에서 다음의 장점을 가진 방법은? (국가7, 2009)

- 체계적이고 과학적인 방법에 의해 작성된 직무평가기준표를 사용하기 때문에 평가 결과의 타당성과 신뢰성이 인정된다.
- 한정된 평가 요소만을 사용하는 것이 아니라, 분류대상 직위의 직무에 공통적이며 중요한 특징을 평가 요소로 사용하기 때문에 관계인들이 평가 결과를 쉽게 수용한다.

① 서열법 ② 점수법
③ 분류법 ④ 요소비교법

해설 위의 설명은 가장 널리 사용되고 있으며 평가 요소별로 직무와 평가기준표를 비교하면서 직무를 평가하는 점수법에 해당하는 내용이다.

49 직위분류제(position classification)의 장점으로 옳지 않은 것은? (국가7, 2011)

① 행정의 전문화를 유도할 수 있다.
② 직무 중심의 인사행정을 수행할 수 있게 한다.
③ 공무원의 신분 보장과 직업공무원제를 확립하는 데 용이하다.
④ 현직 공무원의 교육훈련 수요를 파악하는 데 기여할 수 있다.

정답 43 ① 44 ③ 45 ① 46 ③ 47 ② 48 ② 49 ③

해설 공무원 신분 보장에 도움이 되거나 직업공무원제에 기여하는 공직분류 제도는 계급제다.

50 직위분류제 분류 구조와 관련된 개념을 바르게 연결한 것은? (지방7, 2013)

> ㄱ. 한 사람의 공무원에게 부여할 수 있는 직무와 책임
> ㄴ. 직무의 종류는 다르지만, 그 곤란성 · 책임 수준 및 자격 수준이 상당히 유사해 동일한 보수를 지급할 수 있는 모든 직위를 포함하는 것
> ㄷ. 직렬 내에서 담당 분야가 동일한 직무의 군
> ㄹ. 직무의 종류가 유사한 직렬의 군

	ㄱ	ㄴ	ㄷ	ㄹ
①	직위	등급	직류	직군
②	직렬	등급	직군	직류
③	직위	직급	직류	직군
④	직렬	직급	직군	직류

해설 ㄱ은 직위, ㄴ은 등급, ㄷ은 직류, ㄹ은 직군을 의미한다.

51 직무평가 방법에 대한 설명으로 ㉠과 ㉡을 바르게 연결한 것은? (국가7, 2011)

> (㉠)에서는 등급기준표를 미리 정해 놓고 각 직무를 등급 정의에 비춰 어떤 등급에 배치할 것인가를 결정해 나간다. 미리 정한 등급 기준이 있다는 점에서 (㉡)과 구분되지만, 양자는 직무를 포괄적으로 취급하고 수량적인 분석이 아닌 개괄적 판단에 의지한다는 점에서 서로 유사하다.

	㉠	㉡
①	분류법	서열법
②	분류법	요소비교법
③	서열법	분류법
④	요소비교법	분류법

해설 비계량적인 직무평가의 방법에 따라 직무의 상대적 가치를 정하는 평가 방식으로 분류법과 서열법이 있으며, ㉠은 기준표와 직무를 비교 평가하는 분류법에 대한 설명이고, ㉡은 직무와 직무를 비교하는 서열법에 대한 설명이다.

52 직무평가 방법에 대한 설명으로 옳지 않은 것은? (국가9, 2023)

① 점수법은 직무를 구성하는 하위 요소별 점수를 합산하여 평가하는 방법이다.

② 분류법은 미리 정한 등급기준표와 직무 전체를 비교하여 등급을 결정하는 비계량적 방법이다.

③ 서열법은 직무의 구성 요소를 구별하지 않고 직무 전체의 중요도를 종합적으로 평가하는 방법이다.

④ 요소비교법은 기준직무(key job)와 평가할 직무를 상호 비교해 가며 평가하는 비계량적 방법이다.

해설 요소비교법은 기준직무와 비교한 상대적 가치를 임금액으로 한다는 점에서 계량적 평가방법으로 분류된다.

53 직위분류제의 특징이 아닌 것은? (지방7, 2023)

① 특정 직무에 대한 능력과 전문성을 갖춘 사람을 임용대상으로 한다.

② 동일직무에 대한 동일보수의 원칙을 반영한 직무급체계가 확립될 수 있다.

③ 개방형 인사제도를 기반으로 운영되며, 공직 내부에서 수평적 이동 시 인사배치의 유연함과 신축성이 있다.

④ 조직개편이나 직무의 불필요성 등으로 직무 자체가 없어진 경우, 그 직무 담당자는 원칙적으로 퇴직의 대상이 된다.

해설 직위분류제는 특정 직무에 대한 전문성으로 인해 수평적 이동 시 인사배치의 유연함과 신축성은 계급제에 비해 낮은 편이다.

54 직위분류제와 관련하여 다음 설명에 해당하는 것은? (국가9, 2020)

- 직무의 곤란성과 책임성을 기준으로 상대적 가치를 결정하는 것이다.
- 서열법, 분류법, 점수법 등을 활용한다.
- 개인에게 공정한 보수를 제공하는 데 필요한 작업이다.

① 직무조사 ② 직무분석 ③ 직무평가 ④ 정급

해설 해당 설명은 직무분석을 바탕으로 직위의 상대적 수준을 결정하는 직무평가에 대한 부분이다.

55 직위분류제의 단점은? (지방9, 2020)

① 행정의 전문성 결여 ② 조직 내 인력 배치의 신축성 부족

③ 계급 간 차별 심화 ④ 직무경계의 불명확성

정답 50 ① 51 ① 52 ④ 53 ③ 54 ③ 55 ②

해설 직위분류제는 행정의 전문성을 제고하고 직무경계를 명확히 하는 장점이 있으며, 계급 간 차별 심화는 계급제의 단점이다.

56 **공무원 임용에 대한 설명으로 옳지 않은 것은?** (지방7, 2023)

① 국가기관의 장은 국가안보 및 보안·기밀에 관계되는 분야를 제외하고 대통령령 등으로 정하는 바에 따라 외국인을 공무원으로 임용할 수 있다.

② 임용시험 성적과 임용 후 근무성적 간의 연관성이 높다면 임용시험의 기준 타당성이 높다고 할 수 있다.

③ 국가기관의 장은 업무의 특성이나 기관의 사정 등을 고려하여 소속 공무원을 대통령령등으로 정하는 바에 따라 통상적인 근무시간보다 짧게 근무하는 공무원으로 임용할 수 있다.

④ 신규 채용되는 공무원의 경우 시보임용을 면제하거나 그 기간을 단축할 수 없다.

해설 기존에 임용 경험이 있는 경우에 시보임용을 면제하거나 해당 기간을 단축할 수 있으며, 신규로 채용되더라도 임기제 공무원으로 채용되는 경우는 시보임용이 면제된다.

57 **우리나라 내부임용제도에 대한 설명으로 옳지 않은 것은?** (국가9, 2011)

① 승급은 같은 계급 또는 등급 내에서 호봉이 높아지는 것을 말한다.

② 전보는 동일한 직급 내에서 보직을 변경하는 것을 말한다.

③ 파면은 연금법상의 불이익은 없으나, 3년 동안 공무원 피임용권을 박탈하는 것을 말한다.

④ 직권면직은 폐직 또는 과원 발생 등의 경우 임용권자가 직권에 의해 공무원의 신분을 박탈하는 것을 말한다.

해설 파면은 공무원에 대한 중징계의 일종으로 퇴직급여액의 1/2이 삭감되는 불이익을 받을 수 있으며 5년 간 공무원에 재임용될 수 없는 중징계다.

58 **「공무원임용시험령」상의 면접시험 평정 요소가 아닌 것은?** (국가9, 2014; 지방9, 2009)

① 공무원으로서의 정신 자세

② 직장인으로서의 대인관계 능력

③ 전문지식과 그 응용 능력

④ 예의·품행 및 성실성

해설 직장인으로서의 대인관계 능력은 「공무원임용시험령」상 면접시험 평정 요소로 보기 어렵다(공무원임용시험령 제5조).

59 **2022년 10월 14일 기준, 「국가공무원법」상 공무원으로 임용될 수 없는 사람은?** (국가7, 2022)

① 2021년 10월 13일에 성년후견이 종료된 甲

② 파산선고를 받고 2021년 10월 13일에 복권된 乙

③ 2019년 10월 13일에 공무원으로서 징계로 파면처분을 받은 丙

④ 2017년 금고형을 선고받고 그 집행유예 기간이 2019년 10월 13일에 끝난 丁

해설 징계로 파면을 받은 지 5년이 지나지 않은 경우는 임용될 수 없으며, 금고형 이상을 선고받은 후 집행유예 기간이 2년이 넘은 경우는 임용 결격사유에 해당하지 않는다.

60 **선발시험의 신뢰성을 검증하는 방법에 해당하지 않는 것은?** (지방7, 2022)

① 하나의 시험유형 내에서 각 문항 간의 상관관계를 종합하여 시험의 일관성을 검증한다.

② 시험성적과 본래 시험으로 예측하고자 했던 기준 사이에 얼마나 밀접한 상관관계가 있는가를 검증한다.

③ 시험을 본 수험자에게 일정한 시간이 지난 뒤, 다시 같은 문제로 시험을 보게 하여 두 점수 간의 일관성을 확인한다.

④ 문제 수준이 비슷한 두 개의 시험유형을 개발하여 동일 통제집단을 대상으로 시험을 보게 한 후 두 집단의 성적 간 상관관계를 분석한다.

해설 본래 시험으로 예측하고자 한 기준과의 상관관계는 시험의 타당성 검증과 관련된다.

61 **우리나라 고위공직자 인사청문제도에 대한 설명으로 옳지 않은 것은?** (국가7, 2009)

① 국무위원 후보자는 국회 인사청문의 대상이다.

② 국회는 임명동의안이 제출된 날로부터 20일 이내에 인사청문을 마쳐야 한다.

③ 국회에 제출하는 임명동의안 첨부서류에는 최근 5년 간의 소득세·재산세·종합토지세의 납부 및 체납 실적에 관한 사항이 포함되어 있다.

④ 인사청문특별위원회 위원장은 인사청문 경과를 국회 본회의에 보고한 후, 대통령에게 인사청문경과보고서를 송부한다.

해설 인사청문경과보고서를 대통령에게 송부하는 주체는 국회의장이다(인사청문회법 제11조).

정답 56 ④ 57 ③ 58 ② 59 ③ 60 ② 61 ④

62 **공무원의 인사이동에 대한 설명으로 옳은 것은?** (국가9, 2020)

① 겸임은 한 사람에게 둘 이상의 직위를 부여하는 것으로 그 대상은 특정직 공무원이며, 겸임 기간은 3년 이내로 한다.

② 전직은 인사 관할을 달리하는 기관 사이의 수평적 인사이동에 해당하며, 예외적인 경우에만 전직시험을 거치도록 하고 있다.

③ 같은 직급 내에서 직위 등을 변경하는 전보는 수평적 인사이동에 해당하며, 전보의 오용과 남용을 방지하기 위해 전보가 제한되는 기간이나 범위를 두고 있다.

④ 예산 감소 등으로 직위가 폐지되어 하위 계급의 직위에 임용하려면 별도의 심사절차를 거쳐야 하고, 강임된 공무원에게는 강임된 계급의 봉급이 지급된다.

해설 ① 겸임 대상에 일반직 공무원도 포함되며, ② 관할을 달리하는 이동은 전입에 해당한다. ④ 강임은 징계처분이 아니라는 점에서 별도의 심사절차가 전제되지는 않는다.

63 **공무원 교육훈련 방법에 대한 설명으로 옳지 않은 것은?** (국가7, 2009)

① 강의(lecture)는 교육 내용을 다수의 피교육자에게 단시간에 전달하는 데 효과적인 방법이다.

② 역할연기(role playing)는 실제 직무 상황과 같은 상황을 실연시킴으로써 문제를 빠르게 이해시키고 참여자들의 태도 변화와 민감한 반응을 촉진시킨다.

③ 감수성훈련(sensitivity training)은 어떤 사건의 윤곽을 피교육자에게 알려주고 그 해결책을 찾게 하는 방법이다.

④ 시뮬레이션(simulation)은 업무 수행 중 직면할 수 있는 어떤 상황을 가상적으로 만들어 놓고 피교육자가 그 상황에 대처해 보도록 하는 방법이다.

해설 감수성훈련은 조직구성원 간의 인간관계, 소통문제, 상호 간의 정서적 적응문제를 해결하기 위해 훈련된 리더에 의해 인지하지 못한 채 자연스럽게 이뤄지는 교육과정이다.

64 **교육훈련은 실시되는 장소가 직장 내인가, 외인가에 따라 직장훈련(On-the-Job Training)과 교육원훈련(Off-the-Job Training)으로 나뉜다. 다음 중 직장훈련의 장점으로 볼 수 없는 것은?** (국가9, 2009)

① 사전에 예정된 계획에 따라 실시하기가 용이하다.

② 상사나 동료 간의 이해와 협동정신을 강화·촉진시킨다.

③ 피훈련자의 습득도와 능력에 맞게 훈련할 수 있다.

④ 훈련으로 구체적인 학습 및 기술 향상의 정도를 알 수 있으므로 구성원의 동기를 유발할 수 있다.

해설 직장훈련의 장점은 실제적인 업무 수행 과정에서 즉시적인 대응과 상호작용을 통해 훈련이 이뤄진다는 데 있으나, 미리 전체 과정을 계획하고 일괄적으로 추진하기에는 한계가 있다.

65 학습조직에 대한 설명으로 옳지 않은 것은? (국가7, 2020)

① 개방체제와 자아실현적 인간관을 바탕으로 새로운 지식을 창출하고자 한다.
② 연결된 체제 간의 상호작용을 이해하고, 이를 효과적으로 활용하기 위한 체계적 사고(systems thinking)를 강조한다.
③ 조직구성원들의 비전 공유를 중시한다.
④ 조직구성원의 합이 조직이 된다는 점에서, 구성원 각자의 개인적 학습을 강조한다.

해설 조직구성원의 적극적 참여를 통해 새로운 지식 창출을 촉진한다는 점에서 공동학습이 강조된다.

66 공무원 평정제도로서 다양한 계급의 평가자가 피평가자를 평가하는 다면평가제도의 장점으로 옳지 않은 것은? (국가7, 2010)

① 입체적·다면적 평가를 통해 평가의 객관성과 공정성을 높일 수 있다.
② 상급자가 직원들을 의식하지 않고 강력하게 업무를 추진할 수 있다.
③ 조직 내 원활한 인간관계를 증진시키려는 동기부여를 통해 업무의 효율성과 상호간 이해의 폭을 높일 수 있다.
④ 계층구조의 완화와 팀워크가 강조되는 새로운 조직 유형에 적합한 평가제도다.

해설 다면평정은 부하 및 동료 등이 평정 주체가 되고 이들과의 인간관계가 평정 결과에 영향을 미칠 수 있다는 점에서 강력한 업무 추진에 방해가 되거나 인기 투표가 될 가능성이 있다는 우려가 제기되기도 한다.

67 평정자인 A팀장은 피평정자인 B팀원이 성실하다는 것을 이유로 창의적이고 청렴하다고 평정했다. A팀장이 범한 오류에 가장 가까운 것은? (국가9, 2010)

① 연쇄효과(halo effect)
② 근접효과(recency effect)
③ 관대화 경향(tendency of leniency)
④ 선입견과 편견(prejudice)

해설 근무평정 과정에서 나타날 수 있는 오류 중 하나인 연쇄효과는 하나의 평정 요소에 대한 판단이 여타 다른 평정 요소에 대한 평가까지 영향을 미치는 경우를 말한다.

정답 62 ③ 63 ③ 64 ① 65 ④ 66 ② 67 ①

68 다음과 같은 상황을 가장 잘 설명하는 근무성적평정 오류는? (국가9, 2009)

> 임용된 이후 단 한번도 무단결근을 하지 않던 어떤 직원이 근무성적평정 하루 전날 무단결근을 하게 되었다. 이로 인해 이 직원은 평정 요소 중 직무수행 태도에 대해 낮은 점수를 받게 되었다.

① 집중화 오류(central tendency error)
② 근접효과로 인한 오류(recency effect error)
③ 연쇄효과로 인한 오류(halo effect error)
④ 선입견에 의한 오류(personal bias error)

해설 근무성적평정이 이뤄지는 시기에 가까운 시점에서 발생한 평정 대상자와 관련된 사건이나 사례가 이후의 근무성적평정이 미치는 영향을 근접효과라고 한다.

69 근무성적평정 시 나타나는 오류에 대한 설명으로 옳지 않은 것은? (노동부7, 2005)

① 근접효과(recency effect)는 평정 대상 기간 중에서 평정 시점에 가장 가까운 실적이나 사건일수록 평정에 더 크게 반영되는 경향이다.
② 연쇄효과(halo effect)란 평정자가 가장 중요시하는 하나의 평정 요소에 대한 평가 결과가 성격이 다른 평정 요소에도 영향을 미치는 것을 말한다.
③ 집중화 경향(central tendency)은 평정 결과가 공개되는 경우에 평정 대상자와 불편한 관계에 놓이는 것을 피하려는 경우에 흔히 발견된다.
④ 집중화 경향(central tendency)을 방지하기 위한 강력한 방법은 상대평가를 반영하는 강제배분법이다.

해설 집중화 경향은 중간 범위의 점수를 주는 심리적 경향을 말한다.

70 근무성적평정 방법과 그 단점에 대한 설명으로 옳지 않은 것은? (지방7, 2012)

① 행태관찰척도법은 도표식 평정척도법이 갖는 등급과 등급 간의 모호한 구분과 연쇄효과의 오류가 나타날 수 있다.
② 중요사건기록법은 평정자인 감독자와 피평정자인 부하가 해당 사건에 대해 서로 토론하는 과정에서 피평정자의 태도와 직무수행을 개선하기 어렵고, 이례적인 행동을 지나치게 강조하게 될 위험이 있다.
③ 강제배분법은 평정자가 미리 정해진 비율에 따라 평정 대상자를 각 등급에 분포시키고, 그 다음에 역으로 등급에 해당하는 점수를 부여하는 역산식 평정을 할 가능성이 높다.

④ 체크리스트평정법은 평정 요소에 관한 평정 항목을 만들기가 힘들 뿐만 아니라, 질문 항목이 많을 경우 평정자가 곤란을 겪게 된다.

해설 중요사건기록법은 특정 사건에 의해 영향을 받을 우려는 있으나 평정자와 피평정자가 동일한 사례에 대해 공통적인 관심과 주의를 통해 의견을 교환함으로써 추후 유사 사례에서 피평정자의 직무수행 방법을 개선할 수 있게 된다.

71 다음의 설명과 근무성적평정 방법을 바르게 연결한 것은? (지방7, 2020)

ㄱ. 피평자들의 성적분포가 과도하게 집중되는 것을 방지하기 위해 등급별로 비율을 정하여 준수하도록 하는 방법
ㄴ. 시간당 수행한 공무원의 업무량을 전체 평정기간동안 계속적으로 조사해 평균치를 측정하거나, 일정 업무량을 달성하는 데 소요된 시간을 계산해 성적을 평정하는 방법
ㄷ. 선정된 중요 과업 분야에 대해서 가장 이상적인 과업수행 행태에서부터 가장 바람직하지 못한 과업수행 행태까지를 몇 개의 등급으로 구분하고, 등급마다 중요 행태를 명확하게 기술하고 점수를 할당하는 방법

	ㄱ	ㄴ	ㄷ
①	강제배분법	산출기록법	행태기준평정척도법
②	강제선택법	주기적 검사법	행태기준평정척도법
③	강제선택법	산출기록법	행태관찰척도법
④	강제배분법	주기적 검사법	행태관찰척도법

해설 강제선택법은 특정한 평가의견을 강제하여 왜곡을 최소화하는 방법이며, 주기적 검사법은 일정 주기별 평균치를 측정한다. 행태관찰척도법은 행태의 관찰빈도를 표시하는 평정방법이다.

72 근무성적평정상의 오류에 대한 설명으로 옳지 않은 것은? (지방9, 2023)

① 평정자가 피평정자를 잘 모르는 경우 집중화 경향이 발생할 수 있다.
② 평정자의 평정기준이 일정하지 않은 경우 총계적 오류(total error)가 발생할 수 있다.
③ 연쇄효과(halo effect)는 초기 실적이나 최근의 실적을 중심으로 평가함으로써 발생하는 시간적 오류를 의미한다.
④ 관대화 경향의 폐단을 막기 위해 강제배분법을 활용할 수 있다.

해설 초기 실적에 따른 첫머리 효과나 최근 실적에 따른 막바지 효과의 오류가 제기되며, 연쇄효과는 한 평가 요소에 대한 평정 결과가 다른 평가 요소에도 영향을 미치는 오류를 의미한다.

정답 68 ② 69 ③ 70 ② 71 ① 72 ③

73 **근무성적평정 방법 중 강제배분법에 대한 설명으로 옳지 않은 것은?** (국가7, 2023)

① 역산식 평정이 불가능하며 관대화 경향을 초래한다.
② 평가의 집중화 경향을 억제화하는 효과가 있다.
③ 평정대상 다수가 우수한 경우에도 일정한 비율의 인원은 하위 등급을 받을 수 있다는 단점이 있다.
④ 등급별 할당 비율에 따라 피평가자들을 배정하는 것이다.

해설 관대화 경향을 극복하기 위해 강제배분법을 활용하며, 등급을 먼저 부여하고 점수를 차후에 부여하는 역산식 평정의 우려는 여전히 제기된다.

74 **다음 설명에 해당하는 근무성적평정 방법은?** (지방7, 2023)

- 다수의 평정 요소와 평정 요소별 수준을 나타내는 등급으로 구성
- 평정 요소별 해당 등급에 표시하는 방법으로 평정대상자 평가
- 평정 요소와 평정등급에 대한 평정자의 자의적 해석 가능

① 도표식 평정척도법 ② 가감점수법
③ 서열법 ④ 체크리스트 평정법

해설 가장 일반적인 평정 방법으로 평정 요소별로 주어진 척도에 따라 평가의견을 표시하는 방식이다.

75 **국내 최고 대학을 졸업했기 때문에 일을 잘했을 것이라고 생각하여 피평정자에게 높은 근무성적평정 등급을 부여할 경우 평정자가 범하는 오류는?** (국가7, 2020)

① 선입견에 의한 오류 ② 집중화 경향으로 인한 오류
③ 엄격화 경향으로 인한 오류 ④ 첫머리 효과에 의한 오류

해설 평정 요소와 긴밀하게 연계될 것이라는 자의적 판단에 의한 평정이 진행될 때 발생하며, 평정 요소 간의 영향관계에 따른 연쇄효과에 의한 오류와는 구분된다.

76 **근무성적평정에 대한 설명으로 옳지 않은 것은?** (지방7, 2022)

① 다면평정법은 상급자, 동료, 부하, 고객 등 다양한 구성원에게 평정에 참여할 기회를 준다.
② 목표관리제 평정법은 참여를 통한 명확한 목표의 설정과 개인과 조직 간 목표의 통합을 추구한다.
③ 강제배분법은 평정치의 편중과 관대화 경향을 막기 위해 등급별로 비율을 미리 정해 놓는다.

④ 도표식 평정척도법은 근무성적을 객관적 사실에 기초하여 평가하므로 평정자의 편견이 개입할 가능성이 작다

해설 도표식 평정척도법은 평정 요소에 대한 평정자의 주관적인 평가의견이 적용될 여지가 크다.

77 근무성적평정 과정상의 오류와 완화방법에 대한 설명으로 옳지 않은 것은?

(국가9, 2021)

① 일관적 오류는 평정자의 기준이 다른 사람보다 높거나 낮은 데서 비롯되며, 강제배분법을 완화방법으로 고려할 수 있다.
② 근접효과는 전체 기간의 실적을 같은 비중으로 평가하지 못할 때 발생하며, 중요사건기록법을 완화방법으로 고려할 수 있다.
③ 관대화 경향은 비공식집단적 유대 때문에 발생하며, 평정 결과의 공개를 완화방법으로 고려할 수 있다.
④ 연쇄효과는 도표식 평정척도법에서 자주 발생하며, 피평가자별이 아닌 평정 요소별 평정을 완화방법으로 고려할 수 있다.

해설 관대화 경향은 개별 평정자의 성향에 따른 요인이 주된 원인으로 작용한다.

78 우리나라 근무성적평정제도의 문제점으로 보기 어려운 것은? (노동부선관위9, 2005)

① 계급제의 전통으로 체계적인 직무분석 없이 목표관리제를 도입·운영하고 있다.
② 평정 결과의 비공개 원칙으로 평정의 공정성과 신뢰성 확보가 불충분하다.
③ 평정제도는 능력 발전보다는 공무원의 통제에 초점을 맞추는 경향을 보인다.
④ 부처별 특성에 입각한 별도의 평가 기준을 추가할 수 없다.

해설 근무성적평정에 대해서는 각 기관의 특성을 고려해 적합한 평가 기준을 활용할 수 있다.

79 다면평가제에 대한 설명으로 옳지 않은 것은? (지방7, 2011)

① 공무원의 국민에 대한 충성심을 강화하는 데 기여할 수 있다.
② 작업집단의 팀워크 발전에 기여할 수 있다.
③ 우리나라에서는 평가자를 행정기관 내부자에 국한한다.
④ 피평가자를 업무 목표의 성취보다 원만한 대인관계 유지에 급급하도록 만들 우려가 있다.

정답 73 ① 74 ① 75 ① 76 ④ 77 ③ 78 ④ 79 ③

해설 다면평가 방식은 경우에 따라 내부 동료나 부하에 한정하지 않고 고객, 즉 공공서비스 이용자인 민원인도 평가자에 포함시킬 수 있다. 평가 결과의 신뢰성 문제로 인해 강제 사항은 아니며 인사 조치에 반영하기보다는 참고자료로 활용하는 데 그치고 있다.

80 공무원 보수제도로서 연봉제에 대한 설명으로 옳은 것은? (지방7, 2011)

① 연봉제 도입을 통해 관료제 내부의 공동체의식이나 팀정신이 향상된다.
② 연봉제는 실적주의 및 직위분류제를 강화시키지만 직업공무원제 및 계급제는 약화시키는 경향이 있다.
③ 우리나라의 경우 연봉액을 1년 단위로 책정해 전액을 매년 1회 일괄해서 지급하는 것이 원칙이다.
④ 우리나라 고위공무원단에 속하는 공무원의 연봉제 수립에 있어서 직무분석이 직무평가보다 더 중요한 기능을 한다.

해설 호봉제가 아닌 연봉제는 경쟁과 성과 지향적인 인사관리 방식으로 조직의 단결이나 안정성을 훼손할 우려가 있다. 연봉제를 실시해도 매월 월급 방식으로 지급한다. 고위공무원단의 경우 성과계약평가제도가 적용되어 직무분석보다는 직무평가가 더 중요하다.

81 욕구 충족과 사기관리 제도의 연결이 옳지 않게 된 것은? (경기9, 2005)

① 생리적 욕구 – 보수 수준 향상
② 사회적 욕구 – 제안 제도 실시
③ 존경 욕구 – 권한위임
④ 자아실현 욕구 – 적절한 승진

해설 제안 제도의 실시는 조직구성원들이 창의적인 의견을 제시함으로써 의사결정 과정에 참여를 유도함으로써 조직에 대한 관심과 영향력 발휘 등을 가져옴에 따라 자아실현적 욕구 충족과 관련이 있다고 볼 수 있다.

82 공무원 보수에 대한 설명으로 옳지 않은 것은? (지방7, 2009)

① 계급제를 채택하고 있는 나라의 경우 수당의 종류가 많은 것이 일반적이다.
② 한국, 영국, 미국에서의 공무원 보수 수준 결정은 주로 대내적 상대성 원칙을 따르고 있다.
③ 우리나라에서는 총액인건비 내에서 조직, 보수제도를 성과 향상을 위한 인센티브제로 활용해 성과 중심의 조직을 운영할 수 있다.
④ 성과급제도는 개인 및 집단이 수행한 작업 성과에 기초해 보수를 차등 지급하는 것을 의미하며, 우리나라에서는 1990년대 후반에 도입되었다.

해설 공무원 보수를 결정하는 방식은 다음의 요소를 고려해 결정한다. 첫째, 납세자의 압력, 둘째, 공적 보수의 모범성, 셋째, 민간부문과의 비교이다. 이 중 우리나라 및 영미 국가는 민간부문과 비교해 결정하는 대외적 비교성을 주요한 고려 요인으로 파악하고 공무원 보수를 결정하는 경향을 보인다.

83 **공무원 보수의 유형에 대한 설명으로 옳지 않은 것은?** (지방9, 2022)

① 직능급은 자격증을 갖춘 유능한 인재의 확보에 유리하다.
② 연공급은 근속연수를 기준으로 하기 때문에 전문기술인력 확보에 유리하다.
③ 직무급은 동일노동에 대한 동일임금이라는 합리적인 보수 책정이 가능하다.
④ 성과급은 결과를 중시하며 변동급의 성격을 가진다.

해설 직능급이 전문기술인력 확보에 유리하며, 연공급은 역량 있는 젊은 인재가 공직에 진출할 수 있는 긍정적인 인센티브로 작용한다.

84 **우리나라 공무원 연금제도에 대한 설명으로 옳지 않은 것은?** (지방7, 2009)

① 공무원 연금제도는 공무원에 대한 사회보장제도의 일환이다.
② 우리나라에서는 1960년에 「공무원연금법」이 제정 공포되었다.
③ 보수후불설(거치보수설)에 따르면 퇴직연금은 공무원의 당연한 권리다.
④ 공무원연금법 적용 대상자에는 선거에 의해 취임하는 공무원을 포함한다.

해설 우리나라의 공무원연금은 정부와 공무원이 균등하게 부담하는 사회보험 원리와 부족액을 재정으로 보완하는 부양 원리가 혼합된 제도 성격을 가지고 있다. 「공무원연금법」 제3조에 따르면 선출직 공무원은 연금 대상에서 제외된다. 연금에는 퇴직금의 일부가 포함되어 있는 후불 임금적 성격도 지니고 있다.

85 **공무원 연금제도에 대한 설명으로 옳지 않은 것은?** (국가7, 2011)

① 우리나라 '공무원연금법'의 적용 대상에는 장관도 포함된다.
② 우리나라의 공무원 연금제도는 기금제(pre-funding system 또는 funded plan)를 채택하고 있다.
③ 기금제는 운용·관리 비용이 적게 든다는 장점이 있다.
④ 기금제를 채택하는 경우 기금 조성의 비용을 정부에서 단독 부담하는 제도를 비기여제(non-contributory system)라 한다.

해설 기금제는 정부가 기금의 운용·관리에 대해 종합적인 책임을 지고 상당한 비용을 부담하게 된다.

86 **2015년 공무원연금 개혁에 대한 설명으로 옳지 않은 것은?** (지방9, 2022)

① 퇴직연금 지급률을 1.7%로 단계적 인하

정답 80 ② 81 ② 82 ② 83 ② 84 ④ 85 ③ 86 ④

② 퇴직연금 수급 재직요건을 20년에서 10년으로 완화

③ 퇴직연금 기여율을 기준소득월액의 9%로 단계적 인상

④ 퇴직급여 산정 기준은 퇴직 전 3년 평균보수월액으로 변경

해설 2015년 공무원연금 개혁의 골자는 기여율 및 부담률의 인상과 지급률의 인하이며, 퇴직급여 산정기준을 퇴직 3년 평균보수월액에서 전체 재직기간 평균 기준소득월액으로 변경한 것은 2009년 12월의 법률 개정을 통해서 진행되었다.

87 총액인건비제도에 대한 설명으로 옳지 않은 것은? (국가7, 2020)

① 정원관리에 대한 각 부처의 자율성 확대를 목표로 한다.

② 김대중 정부에서 중앙행정기관 및 지방자치단체에 처음 도입되었으며, 공공기관으로 확대되었다.

③ 보수관리에 대한 각 부처의 자율성이 확대되었다.

④ 시행기관은 성과 중심의 조직 운영을 위하여 총액인건비제도를 활용할 수 있다.

해설 총액인건비제도는 노무현 정부에서 도입되어 2007년부터 중앙행정기관 및 지방자치단체에 전면 시행되었다.

88 현행 법령상 공무원의 보수 및 연금제도에 대한 설명으로 옳지 않은 것은? (지방7, 2020)

① 호봉 간 승급에 필요한 기간은 1년이며, 직종별 구분 없이 하나의 봉급표가 적용된다.

② 고위공무원단에 속하는 공무원에 대해서는 대통령경호처 직원 중 별정직 공무원을 제외하고 직무성과급적 연봉제를 적용한다.

③ 「공무원연금법」상 퇴직급여에는 퇴직연금, 퇴직연금일시금, 퇴직연금공제일시금, 퇴직일시금이 있다.

④ 군인과 선거에 의하여 취임하는 공무원은 「공무원연금법」상의 공무원에서 제외된다.

해설 2019년 기준으로 기본급과 관련해 직종별로 11개의 봉급표가 적용되고 있다.

89 다음 설명에 해당하는 유연근무제의 유형은? (지방9, 2022)

- 탄력근무제의 한 유형
- 1일 8시간에 구애받지 않음
- 주 3.5~4일 근무

① 재택근무형　② 집약근무형

③ 시차출퇴근형　④ 근무시간선택형

해설 근무시간선택형은 주 5일 40시간을 근무하되 출퇴근 시간을 선택할 수 있는 반면, 집약근무형은 1일 8시간 이상 초과근무를 통해 주 5일 미만으로 40시간 근무를 수행하는 방식이다.

90 다양성 관리(diversity management)에 대한 설명으로 옳지 않은 것은? (국가7, 2021)

① 오늘날 개인의 성격, 가치관의 차이와 같은 내면적 다양성의 중요성이 커지고 있다.
② 다양성 관리란 내적・외적 차이를 가진 다양한 조직구성원을 공평하고 효율적으로 활용하기 위한 체계적인 인적자원관리 과정이다.
③ 균형인사정책, 일과 삶 균형정책은 다양성 관리의 방안으로 볼 수 없다.
④ 대표관료제를 통한 조직 내 다양성 증대는 실적주의와 충돌할 가능성이 있다.

해설 양성평등 및 장애인, 지방・지역인재, 이공계, 저소득층에 대한 특별한 인사관리를 목적으로 하는 균형인사정책은 대표적인 다양성 관리방안이다.

정답 87 ② 88 ① 89 ② 90 ③

응용을 통한 **심화 학습**

01 **인사행정과 인적자원관리의 개념적 비교를 올바르게 설명하지 못한 것은?**

① 인사행정은 1920년대 관리과학을 배경으로 하며, 인적자원관리는 1970년대 전략적 조직관리를 배경으로 한다.
② 조직의 구성 · 유지에 비해, 인적자원관리는 조직목표 달성을 위한 수단으로서 인사관리를 강조한다.
③ 법적 · 정치적 통제에 비해 인적자원관리는 성과 중심 통제를 강조한다.
④ 인적자원관리에서는 동기부여, 역량개발, 성과관리 등이 상대적으로 강조된다.
⑤ 인적자원관리에서는 인사관리의 체계성을 통한 능률성 제고를 강조한다.

해설 체계적 인사관리를 통한 능률성 제고는 전통적인 인사행정의 기준이며, 인적자원관리에서는 환경변화에 대응한 전략적 관리를 통해 효과성 제고를 강조한다(새행정학3.0, pp.381-382).

02 **직업공무원제도의 장점으로 가장 적합한 것은?**

① 행정에 역동성 부여
② 경쟁 유도 가능
③ 환경 변화에 대응한 인력 수급
④ 정치적 중립성 조장
⑤ 공무원의 질적 수준 향상 보장

해설 직업공무원제도는 젊은 인재를 공직에 유치해 일생 동안 명예롭게 공직에 근무하게 하는 제도를 뜻한다. 행정적 안정성과 안정적인 직업공무원제도가 유지되기 위해서는 실적주의보다는 폐쇄적인 계급주의와 일반행정가주의가 적합하다(새행정학3.0, pp.384-385).

03 **다음의 법령과 보고서 중 영국과 미국에서의 실적주의 정착과 관련이 없는 것은?**

① 해치법(Hatch Act)
② 브라운로위원회(Brownlow Commission)
③ 펜들턴법(Pendleton Act)
④ 4년 임기법(Four Year's Law)
⑤ 노스코트-트레벨리언 보고서(Northcote and Trevelyan Reports)

해설 1820년 제정된 4년 임기법은 대통령이 임명하는 공무원의 임기를 대통령과 같이 4년으로 한정함으로써 엽관주의적인 임용을 촉진하는 결과를 가져왔다(새행정학3.0, p.386).

04 **엽관주의 제도의 발전 과정에 대한 설명이 올바르지 못한 것은?**

① 엽관주의는 정치적 신조나 정당 관계를 임용 기준으로 하는 인사제도이며, 정실주의는 인사권자와 개인적인 신임이나 친소 관계 기준으로 공무원을 임용한다.
② 엽관주의는 19세기 초 정치적으로 자유민주주의가 어느 정도 정착된 영국과 미국에서 관료기구와 국민과의 동질성을 확보하기 위한 수단으로 발전했다.
③ 엽관주의는 행정이 복잡화 전문화되는 정치적 · 사회적 환경이 변화됨에 따라 국민의 요구와 민주화에 기여했다.
④ 현대 민주정치 과정에서 정당의 지도자들은 정당에의 충성도를 공직 임명의 기준으로 활용하는 엽관주의가 필요하게 되었다.
⑤ 엽관주의는 1881년 가필드 대통령이 엽관주의 추구자에 의해 암살되면서 쇠퇴의 계기를 맞고, 1883년 펜들턴법의 제정으로 실적주의로 전환되었다.

해설 행정의 복잡화 · 전문화는 실적주의의 시대적 환경이었다(새행정학$_{3.0}$, p.386).

05 **영국 실적주의의 기초가 되었던 계기는?**

① 해치법(Hatch Act)
② 브라운로위원회(Brownlow Commission)
③ 펜들턴법(Pendleton Act)
④ 4년 임기법(Four Year's Law)
⑤ 노스코트-트레벨리언 보고서(Northcote and Trevelyan Reports)

해설 1853년 노스코트-트레벨리언 보고서(Northcote and Trevelyan Reports)와 이를 토대로 제정된 1855년과 1870년의 추밀원령이 실적주의의 제도적 기초를 마련했다(새행정학$_{3.0}$, p.386).

06 **실적주의에 대한 설명으로 옳지 않은 것은?**

① 개인의 능력과 자격 및 적성을 기준으로 관료를 임용하는 제도다.
② 미국의 경우 1883년 펜들턴법(Pendleton Act)의 제정으로 인사제도로 확립되었다.
③ 능력에 따른 적극적인 인사행정을 가능하게 한다.
④ 정치적인 영향력을 배제할 수 있는 임용제도다.
⑤ 공정한 경쟁을 통한 관료 임용을 가능하게 한다.

해설 실적주의는 객관적인 기준에 따른 실적과 자격을 명시하고 공개경쟁이 원칙이기 때문에 이러한 조건을 충족시키지 못한 인사에 대한 적극적인 임용은 어렵게 된다(새행정학$_{3.0}$, pp.386-388).

정답 01 ⑤ 02 ④ 03 ④ 04 ③ 05 ⑤ 06 ③

07 개방형과 폐쇄형 인사제도에 관한 설명으로 올바르지 못한 것은?

① 폐쇄형은 공무원을 장기 근무시키고 관료로 하여금 타성에 빠지거나 무사안일에 안주할 수 있게 하여 특권집단화할 우려가 있다.
② 한국에서의 개방형 직위는 1~3급 공무원을 대상으로 하되 소속 장관별로 20% 범위 내에서 중앙인사기관과 협의해서 정하도록 되어 있다.
③ 개방형 인사제도는 외부 전문가나 경력자에게 공직의 문호를 개방해 행정의 효율성을 높이려는 의도에서 시작되었다.
④ 폐쇄형 인사제도는 공직에의 신규채용이 최하위 계층에서만 허용되며 내부승진을 통해 상위 계층까지 올라갈 수 있는 인사 체제다.
⑤ 폐쇄형은 행정의 일체성과 일관성 및 안정성을 가져오는 데 유리하다.

해설 개방형 직위는 과장급 직위까지 확대되었으며, 1~3급 공무원은 고위공무원단 제도와 연계하여 운영되고 있다(새행정학3.0, p.397).

08 대표관료제에 대한 설명 중 적합하지 않은 것은?

① 사회의 인적・계층적 특성을 반영하여 정부관료제를 구성하는 제도다.
② 행정의 대응성을 높일 수 있는 제도다.
③ 관료들이 그 출신 집단 이익을 초월해 객관적으로 행정을 할 것을 가정한다.
④ 이 제도를 통해 정부정책의 형평성을 유도할 수 있을 것으로 기대한다.
⑤ 킹슬리(J. D. Kingsley)가 대표관료제란 용어를 처음 사용했다.

해설 대표관료제는 관료들이 출신 집단의 이익을 위해 행동할 것을 가정하고 이러한 대표관료제를 통해 행정이 소수집단의 이익을 반영하는 형평성을 제고할 것을 기대한다(새행정학3.0, p.391).

09 2005년부터 추진하고 있는 지방인재 채용목표제에서 5급 공채시험 합격자 중 목표로 삼고 있는 서울특별시를 제외한 지방 소재 학교의 재학생 및 졸업생 비율은?

① 10% ② 15% ③ 20%
④ 25% ⑤ 30%

해설 지방인재채용 목표제에서는 지방인재(서울특별시를 제외한 지역에 소재한 소정의 학교 출신)의 채용비율을 5급은 20%, 7급은 30%로 설정하고 있다(새행정학3.0, p.449).

10 정부에서 추진하고 있는 양성평등 인사정책의 내용으로 적합하지 않은 것은?

① 30%를 양성평등 목표로 설정하고 있다.
② 양성평등 채용목표제는 OECD가 정한 양성평등 지수에 도달할 때까지 계속 실시한다.

③ 양성평등 채용목표제는 5~9급 공채에 모두 적용한다.
④ 출산휴가 및 육아휴직 활성화를 위해 대체인력뱅크제를 실시한다.
⑤ 양성평등 근무를 위해 부분근무공무원제를 추진한다.

해설 양성평등목표제는 2003~2007년까지 5년 한시적 실시로 도입되었으나, 이후 양성평등 지수와 무관하게 계속적인 연장을 통해 윤석열 정부에서는 2027년까지 연장하여 실시된다. 대체인력뱅크제와 부분근무공무원제는 출산휴가 및 육아휴직을 활성화하기 위해 예상되는 대체인력을 사전 모집해 충원하는 제도와 휴직 기간을 전 기간 사용하지 않고 본인의 원하는 경우 일정 시간을 근무할 수 있도록 하는 제도를 말한다(새행정학$_{3.0}$, p.448).

11 **우리나라의 중앙인사기관에 대한 설명 중 틀린 것은?**

① 우리나라의 중앙인사기관은 인사혁신처로 일원화되었다.
② 현재 인사혁신처는 공무원 교육훈련 기능을 담당하고 있다.
③ 공무원 징계에 대한 소청심사 기능을 담당하고 있다.
④ 인적자원의 전문관리자로서 합의제 형태를 띠고 있다.
⑤ 공무원 보수 및 연금과 관련된 업무도 수행한다.

해설 현재 우리의 중앙인사기관은 인사혁신처로 일원화되었다. 인사혁신처는 인사행정에 대한 기본 정책을 수립하고 인사개혁을 인사행정에 관한 기본 정책의 수립 및 인사개혁 총괄, 고위직 공무원 인사심사 채용 및 승진심사, 정부 직무분석 및 성과주의 인사제도 구축, 공무원 교육훈련 실시 및 제도 운용, 공무원 시험계획 수립 및 시험 출제·관리, 국가 인재정보관리 및 정부전자인사 관리시스템 운영, 공무원 징계처분 등에 대한 소청심사 및 결정, 공무원 처우 개선 및 후생복지 등의 업무를 담당하고 있다. 합의제가 아닌 비독립형 단독제다(새행정학$_{3.0}$, p.394).

12 **우리나라 중앙인사기관의 기능이라고 보기 어려운 것은?**

① 인사규칙의 제정 ② 교육훈련 기능 ③ 소청심사 기능
④ 감사 기능 ⑤ 조직개편 기능

해설 현재 인사혁신처는 행정기관의 조직개편이나 기관 신설 등 조직에 관한 기능은 가지고 있지 않다(새행정학$_{3.0}$, pp.392-393).

13 **우리나라 중앙인사기관 기능에 대한 해당하지 않는 것은?**

① 교육훈련 기능 ② 승진심사
③ 공무원 시험계획 ④ 공무원 후생복지
⑤ 각 부처의 자율적 혁신기반 조정

정답 07 ② 08 ③ 09 ③ 10 ② 11 ④ 12 ⑤ 13 ⑤

해설 각 부처의 자율혁신 기반을 조성하고 역량 강화에 관한 업무는 행정안전부의 주요 과제다. 인사혁신처는 인사행정에 대한 기본 정책을 수립하고 인사개혁을 인사행정에 관한 기본 정책의 수립 및 인사개혁 총괄, 고위직 공무원 인사심사 채용 및 승진심사, 정부 직무분석, 성과주의 인사제도 구축, 공무원 교육훈련 실시 및 제도 운용, 공무원 시험계획 수립 및 시험 출제·관리, 국가 인재정보관리 및 정부전자인사 관리시스템 운영, 공무원 징계처분 등에 대한 소청심사 및 결정, 공무원 처우 개선 및 후생복지 등의 업무를 담당하고 있다(새행정학$_{3.0}$, pp.392-393).

14 **인사행정의 책임 소재가 분명하고 신속한 의사결정이 가능하지만 인사행정의 일관성과 계속성이 결여되기 쉬운 조직 형태는?**

① 독립합의형　② 독립단독형　③ 비독립합의형
④ 비독립단독형　⑤ 절충형

해설 비독립단독형은 합의제가 아니기 때문에 책임 소재가 명확하고 신속한 의사결정이 가능하나, 반면 비독립적인 성격으로 임명권자에 의해 책임자에 대한 인사 조치가 이뤄질 경우 인사행정의 일관성이 훼손되기 쉽다(새행정학$_{3.0}$, p.394).

15 **다음의 공직 분류에 따른 공무원에 대한 설명 중 적절하지 않은 것은?**

① 국회의 동의나 정치적 판단에 의해 임명되는 장·차관은 정무직 공무원이다.
② 경찰·교육·소방 공무원은 특정직 공무원이다.
③ 국가정보원 원장과 차장은 정무직 공무원이다.
④ 일반직 공무원 가운데 계급구분이 적용되지 않는 전문경력관을 예외적으로 둔다.
⑤ 법관과 검사, 군인과 군무원 등은 별정직 공무원이다.

해설 개별법의 적용을 받는 특수 업무를 담당하는 교육, 소방, 외무 공무원과 법관과 검찰, 군인과 군무원, 국가정보원 직원 등은 특정직 공무원이다(새행정학$_{3.0}$, pp.402-403).

16 **계급제를 설명하는 내용으로 적절하지 않은 것은?**

① 영국, 독일 등에서 채택하고 있다.
② 공무원 개개인의 능력과 자격을 기준으로 공직을 분류하는 방식이다.
③ 계급 간에 엄격한 구분이 나타난다.
④ 공무원집단을 특정 집단화할 우려가 있다.
⑤ 능력 있는 일반행정가를 육성하기가 어렵다.

해설 계급제는 탄력적인 인사관리가 가능하고 일반행정가로서 여러 부서를 순환하며 근무하는 경험을 제공하기 때문에 다른 부서와의 협력을 가져오는 유능한 일반행정가를 육성할 수 있다(새행정학$_{3.0}$, p.398).

17 다음 중 직위분류제의 장점으로 보기 어려운 것은?

① 인사에 필요한 객관적인 기준을 가질 수 있다.
② 적재적소에 유능한 인재를 임용할 수 있다.
③ 다양한 경험을 통한 개인의 능력 발전이 가능하다.
④ 훈련 수요를 파악할 수 있다.
⑤ 직무급 수립이 용이하다.

해설 직위분류제는 제한된 전문 영역에 한정된 근무로 인해 다양한 경험을 가진 일반행정가를 육성하기에는 한계가 있다. 계급제에서 오히려 일반행정가 육성이 더욱 용이하다(새행정학$_{3.0}$, pp. 398-399).

18 다음 중 직위분류제를 택하지 않은 나라는?

① 미국 ② 독일 ③ 한국
④ 캐나다 ⑤ 필리핀

해설 직위분류제는 주로 미국의 영향을 받은 나라에서 많이 채택하고 있다. 독일은 관료제적인 전통으로 계급제를 택하고 있으며, 우리나라는 계급제와 직위분류제를 혼용하고 있다. 직위분류제가 확실하게 정착되지 않고 형식적으로 운용되고 있으나 승진, 채용 등에서 직위분류제의 요소를 활용하고 있다(새행정학$_{3.0}$, p.398).

19 공무원 시험과 임용에 대한 설명 중 적절하지 않은 것은?

① 시험은 공직 희망자들의 상대적 능력을 가리는 제도를 말한다.
② 타당도는 측정하고자 하는 것을 얼마나 정확하게 측정하는가의 정도를 말한다.
③ 시보공무원은 정규 공무원과 같은 신분 보장이 적용된다.
④ 특별채용은 유능한 인재를 채용할 수 있는 기회를 제공한다.
⑤ 특별채용은 기회 균등의 원칙을 훼손할 가능성이 있다.

해설 시보공무원제도는 공직 후보자의 공직 적격성을 가리고 실무 습득을 통한 훈련 과정이다. 시보공무원은 신분 보장이 없어 임용 취소해도 소청 등 구제 수단을 활용할 수 없다(새행정학$_{3.0}$, p.411).

20 우리나라의 근무성적평정제도에 설명으로 적합하지 않은 것은?

① 근무성적평가제도는 성과계약 등 평가제도의 적용을 받지 않는 5급 이하 공무원만을 대상으로 한다.

정답 14 ④ 15 ⑤ 16 ⑤ 17 ③ 18 ② 19 ③ 20 ④

② 매년 6월 30일과 12월 31일을 기준으로 연 2회 실시하고 있다.
③ 평가자는 평가 실시 이전에 피평가자와의 성과면담을 통해 평가방향을 협의한다.
④ 평가 단위는 평가 결과에 대한 용이한 조정을 위해 직무 유사성이나 직급별 인원 수 등을 고려해 중앙인사기관장이 정한다.
⑤ 평가 등급의 수는 3개 이상으로 하며, 최상위 등급은 상위 20%, 최하위 등급은 하위 10%의 비율을 원칙으로 한다.

해설 근무성적평가는 직급별로 구성한 평가 단위별로 실시하며, 소속 장관이 평가 단위를 정한다(새행정학3.0, p.425).

21 근무성적평정 결과의 오류에 대해 잘못 설명한 것은?

① 총계적 오류는 평정 결과가 언제나 과대 또는 과소 평정되는 현상
② 연쇄효과는 한 평정 요소가 다른 평정 요소에 영향을 미치는 현상
③ 집중화 경향은 평정자가 대부분 중간 점수를 주는 현상
④ 엄격화 경향은 평정 분포가 열등한 쪽으로 치우치는 평정 경향
⑤ 시간적 오류는 쉽게 기억할 수 있는 최근의 실적을 중심으로 평가하는 경향

해설 ①은 규칙적 오류에 대한 설명이다. 총계적 오류는 평정 기준이 일정하지 않아 관대화 경향과 엄격화 경향이 불규칙하게 나타나는 경향을 말한다(새행정학3.0, pp.423-424).

22 다면평가 방식의 단점으로 보기 어려운 것은?

① 인기 투표로 전락 가능
② 상사의 저항감과 불쾌감 발생 가능
③ 계층제의 경직성을 더욱 강화
④ 집단이기주의 발생 가능
⑤ 능력보다는 인간관계 위주로 평가

해설 다면평가 방식은 상하 간, 부서 간, 동료 간 의사 소통을 활발하게 함으로써 계층제의 경직성을 완화하는 긍정적인 효과가 있을 수 있다(새행정학3.0, p.426).

23 승진 기준에 따른 효과에 대한 설명으로 틀린 것은?

① 경력을 주된 승진인사의 기준으로 삼는 것을 연공주의라고도 한다.
② 실적 중심의 승진인사는 외부적 객관성을 확보하기가 용이하다.
③ 경력 중심의 승진인사는 행정의 침체를 가져올 수 있다.
④ 실적 중심의 승진인사는 승진시험의 타당성을 높일 수 있다.
⑤ 경력 중심의 승진인사는 기관장의 부하에 대한 통솔력을 저하시킨다.

해설 실적주의 인사의 경우 객관적 기준이 모호하고 주관성이 개입하기 쉽다는 비판을 받고 있다. 상대적으로 경력 기준은 외부 객관성을 확보할 수 있는 장점이 있다(새행정학3.0, pp.412-413).

24 **고위공무원단에 대한 설명 중 옳지 않은 것은?**

① 고위공무원단은 행정부 국장급 이상 약 1,500여 명의 공무원으로 구성한다.
② 부단체장 등 지방자치단체 공무원은 제외된다.
③ 기존 1~3급 계급을 폐지하고 직무와 직위에 따라 실적 중심의 인사관리를 한다.
④ 직무의 중요도와 난이도 및 성과에 따라 보수를 차등 지급한다.
⑤ 각 부처장관은 소속에 관계 없이 고위공무원단 중에서 적임자를 선발할 수 있다.

해설 고위공무원단은 2006년 7월부터 시행되었으며, 개방과 경쟁 중심의 인사관리제도다. 고위공무원단에는 일반직 및 별정직 공무원 등과 함께, 부단체장과 부교육감 등 지방자치단체 소속 고위공무원도 포함된다(새행정학3.0, p.405).

25 **고위공무원단에 대한 인사관리 방안에 대한 설명이라 보기 어려운 것은?**

① 고위공무원단은 연공서열보다는 실적에 따른 인사를 한다.
② 고위공무원단에 대한 인사는 타부처 공무원과 경쟁하는 직위공모제가 도입된다.
③ 부처에 배치된 다른 부처 고위공무원에 대해서는 소속 장관이 인사관리한다.
④ 고위공무원단의 도입으로 중앙인사기관의 인사심사 대상이 확대된다.
⑤ 고위공무원단은 성과계약 등 평가제도가 적용된다.

해설 고위공무원단의 도입으로 중앙인사기관의 인사심사 대상이 축소되고 계급 단계별 승진심사에서는 고위공무원단 진입 시에만 인사심사가 이뤄진다. 고위공무원단에 대한 부처별 인사자율권 확대를 통해 중앙인사기관의 관여를 완화하고자 한다(새행정학3.0, p.405).

26 **공무원 보수 결정에 영향을 미치는 요인으로 적합하지 않은 것은?**

① 직급 간의 보수 격차를 최소한으로 줄인다.
② 재정력을 고려해 보수 수준을 결정한다.
③ 민간부문과의 비교를 통해 결정한다.
④ 공복으로서 걸맞은 보수 수준을 결정한다.
⑤ 근무 성과 차이에 맞는 보수를 지급해 능률 향상을 유도한다.

해설 직급 간 보수 차이가 너무 크면 불만이 야기되어 적절한 차이를 결정하는 것이 중요하다(새행정학3.0, pp.429-430).

정답 21 ① 22 ③ 23 ② 24 ② 25 ④ 26 ①

27 **보수와 관련된 등급의 폭(호봉)에 대한 설명으로 틀린 것은?**

① 등급의 폭은 등급 내 보수의 차이를 규정하는 것으로 호봉이라고 한다.
② 호봉은 계급제적인 영향으로 나타났다.
③ 등급의 수가 많을수록 호봉 수는 적어진다.
④ 우리나라 정무직에는 호봉이 없다.
⑤ 평균 승진 소요 연수가 짧을수록 호봉 수는 많아진다.

해설 평균 승진 소요 연수가 길수록 호봉 수는 많아진다(새행정학$_{3.0}$, p.432).

28 **공무원 보수 등급 간에 중첩을 두는 이유로 보기 어려운 것은?**

① 동일 등급 내 상하 호봉 간 보수액 차이를 크게 하기 위해
② 등급 수가 너무 많아지는 것을 방지하기 위해
③ 장기근속자를 우대하기 위해
④ 승급효과를 통한 생계비 지원을 위해
⑤ 상위직을 우대하기 위해

해설 보수 등급 간에 중첩을 둠에 따라 장기 근속자를 우대하고, 특히 하위 등급 간에 중첩을 많게 함으로써 하위직에 대한 생계비 지원 효과를 가져온다(새행정학$_{3.0}$, pp.431-432).

29 **우리나라의 공무원 연봉제에 대한 설명으로 적합하지 않은 것은?**

① 연봉제란 연 단위의 계약에 따른 능력 중시형 임금 지급 체계다.
② 1998년 공무원 연봉제가 처음 도입되었다.
③ 2023년 기준으로 성과연봉제를 과장급까지 확대했다.
④ 순수한 연봉제라기보다는 연봉과 연봉 외 급여가 포함된 변형된 연봉제다.
⑤ 정무직의 경우 고정급적 연봉제를 지급하고 있다.

해설 2002년부터 직무성과급적 연봉제를 국장급 이상에 도입하였으며, 2005년에는 과장급까지 확대된 이후, 2017년부터는 5급 공무원에 대해서도 연봉제가 적용되고 있다(새행정학$_{3.0}$, p.434).

30 **2023년 기준으로 다음 중 성과상여금 적용 대상이 아닌 공무원집단은?**

① 일반직 6급 이하
② 경찰공무원 경감 이하
③ 소방공무원 소방경 이하
④ 외무공무원 4등급 이하
⑤ 군인 중령 이하

해설 군인의 경우 성과연봉제 적용대상이 아니라는 점에서 성과상여금은 소장 이하 모든 군인이 성과상여금 적용대상이 된다(새행정학$_{3.0}$, p.434).

31 **다음 중 고위공무원단에 대해 적용되는 역량평가 항목이 아닌 것은?**

① 문제 해결 ② 전략적 사고 ③ 변화관리
④ 고객만족 ⑤ 조정 · 통합

해설 사고 영역의 문제인식이 포함되며, 성과 지향을 포함해 6개 항목으로 구성된다(새행정학$_{3.0}$, p.427).

32 **다음 중 시간선택제 임기제공무원의 임용 분야가 아닌 것은?**

① 고도의 전문지식 · 기술이 요구되는 업무
② 자문 및 보조 등의 직무를 수행하는 업무
③ 공무원의 통상적인 근무시간 또는 근무일 이외에 동질적인 행정서비스의 제공이 계속적으로 요구되는 업무
④ 일정한 자격을 구비한 자는 누구나 업무 수행이 가능한 정형화된 업무로 하나의 직위를 두 사람이 이상이 담당하더라도 지장이 없는 업무
⑤ 행정수요 및 업무량이 특정 기한 이후 소멸할 것으로 예상되는 업무

해설 「공무원 임용규칙」에서는 시간선택제 임기제공무원의 임용 분야를 규정하고 있으며, 행정수요 및 업무량이 특정 근무시간 · 근무일에 집중된 업무가 해당된다(새행정학$_{3.0}$, p.403).

정답 27 ⑤ 28 ⑤ 29 ③ 30 ⑤ 31 ① 32 ⑤

CHAPTER

11

재정관리

객관식으로 행정학 학습

제1절 재정의 기능 및 구성체계

01 일반회계와 특별회계에 대한 설명으로 적절하지 못한 것은?

① 특별회계는 중앙부처 마다 1개씩 가지고 있으며, 규모가 일반적으로 일반회계보다 크다.

② 일반회계는 통제 지향적 원칙을 전제로 운영되는 회계다.

③ 정부 예산이 다양해지면서 특별회계의 수와 규모가 증대되는 경향이 있다.

④ 국가가 특정 자금을 보유·운영할 때 특별회계를 설치할 수 있다.

해설 특별회계는 2021년 기준으로 중앙정부 전체로 20개이며, 일반회계보다 규모가 작다(새행정학3.0, pp.463-465).

02 정부 재정을 관리하는 회계와 기금에 대한 설명으로 올바른 것은?

① 국가에서 특정 자금을 보유·운영할 때만 특별회계를 설치할 수 있다.

② 기금에서 국회 의결 없이 주요 항목 지출 금액의 20% 이내에서 변경이 가능하다.

③ 특별회계 신설로 일반회계 규모는 점진적으로 감소하는 경향이 있다.

④ 기금의 총괄 관리를 위해 「기금관리기본법」이 운용되고 있다.

해설 ② 특별회계를 설치할 수 있는 요건으로는 특정사업 운영과 특정세입과 특정세출 연계 등의 다른 기준도 있다. ③ 20% 이내에서 국회 의결 없이 변경이 가능하다. ④ 특별회계 신설 억제 및 통·폐합, 그리고 일반회계로 통합 운영이 일반적인 경향이다. ⑤ 「기금관리기본법」은 2007년부터 「국가재정법」으로 통합되었다(새행정학3.0, pp.462-463).

정답 01 ① 02 ②

03 **기금에 대한 설명으로 적절하지 못한 것은?**

① 기금은 예산 외로 운영되는 특별재원으로 재정민주주의를 저해할 가능성이 높다.
② 기금운용계획은 국회의 승인을 받아야 한다.
③ 기금재원은 중앙예산부서가 아닌 해당 관리 부처에서 소유하는 것이 원칙이다.
④ 기금은 대통령령이 정하는 바에 따라 사업 운영상 필요할 때 설치하는 자금이다.

해설 기금은 법률에 의거해 설치된다(새행정학3.0, pp.462-463).

04 **예산에 관한 설명으로 틀린 것은?**

① 「국가재정법」 제4조는 일반회계와 구분해 계리할 필요가 있을 때에 법률로써 특별회계를 설치하도록 규정했다.
② 특별회계의 규모가 과도하면 재원배분 구조를 왜곡될 우려가 있고 재정운영에서 일관된 기준을 적용하기 힘들게 된다.
③ 기금은 특별회계와 달리 특정수입과 지출을 연계할 수 없다.
④ 기금은 대통령령이 정하는 바에 따라 변경할 수 있어 예산과 비교해 관리부서의 집행재량이 상대적으로 크다.

해설 기금은 특정수입과 지출의 연계가 가능하다(새행정학3.0, p.462).

05 **조세에 관한 설명으로 틀린 것은?**

① 조세는 현 세대의 의사결정에 대한 재정 부담이 미래 세대로 전가되지 않는다.
② 조세를 통해 투자된 자본시설은 자유재(free good)로 인식된다.
③ 특정 시민을 대상으로 이익을 징수하는 수수료나 수익자부담금과도 차이가 없다.
④ 합의 원칙 내지 임의 원칙으로 확보하는 공기업수입, 재산수입, 기부금과 차이가 있다.

해설 조세는 일반국민을 대상으로 부과한다는 점에서 행정 활동으로부터 이익을 받는 특정 국민을 대상으로 이익의 일부를 징수하는 수수료나 수익자부담금과 구별된다(새행정학3.0, p.466).

06 **의무지출과 재량지출에 대한 설명으로 가장 적절하지 않은 것은?**

① 의무지출은 법률에 따라 지출 의무가 발생하고 법령에 따라 지출 규모가 결정되는 법정지출 및 이자지출을 말한다.
② 의무지출은 예산을 편성하는 중앙정부나 예산을 심의·확정하는 국회가 해당 사업의 근거 법률과 법령을 제·개정하지 않는 이상 임의로 늘리거나 줄이기 어려운 측면이 있다.

③ 재량지출은 지출 의무와 규모가 국회가 심의·확정하는 예산 및 기금운용계획에 따라 결정되는 지출을 말한다.
④ 인건비와 같은 경직성 경비와 국방비는 임의로 늘리거나 줄이기 어렵기 때문에 의무지출에 속한다.

해설 인건비와 같은 경직성 경비와 국방비는 재량지출에 속한다(새행정학3.0, pp.468-469).

제2절 예산결정이론과 재정 과정

07 예산결정이론의 총체주의에 대한 설명 중 잘못된 것은?

① 총체주의는 계량분석을 통한 최적 자원배분을 강조한다.
② 대부분의 예산제도 혁신에서는 총체주의 요소가 많이 도입되었다.
③ 총체주의에서 추구하는 최적 배분은 파레토 최적을 지향한다.
④ 총체주의에서는 합리성을 강조하기 때문에 모든 대안이 아닌 적절한 수준의 대안을 탐색하여 재원을 배분한다.

해설 총체주의에서는 문제를 확인하고 목표를 설정하며, 가능한 모든 대안을 탐색하고 각 대안이 초래할 결과들을 비교해서 정책과 사업에 재원을 배분한다(새행정학3.0, pp.470-471).

08 점증주의적 예산결정 접근의 특성이 아닌 것은?

① 예산 과정의 현실을 인정
② 재정사업의 안정성 측면에서 바람직하지 않음
③ 예산 과정에서 갈등 완화 강조
④ 정치적 합리성

해설 합리주의 접근(총체주의)은 정책의 타당성을 원점에서 재검토하기 때문에 재정사업의 안정성 측면에서 바람직하지 않을 수도 있다(새행정학3.0, p.471).

09 예산원칙에 관한 설명으로 잘못된 것은?

① 예산서는 과목과 구조를 명확하게 작성하고 입법부가 사전에 의결한 사항만 집행이 가능하다.
② 재정수입과 지출을 위한 재원배분은 비교적 엄격한 통제 원칙으로 정확성과 명확성 원칙이 있다.

정답 03 ④ 04 ③ 05 ③ 06 ④ 07 ④ 08 ② 09 ②

③ 정부는 특정 수입과 특정 지출을 직접 연계해서는 안 되며 입법부가 의결한 예산 사업의 목적 외 재원 지출은 금지된다.
④ 회계연도 이후 집행 내역이 당초 예산과 완벽히 일치하지는 않아도 수지의 추계는 가능한 명확해야 한다.

해설 재정수입과 지출을 위한 재원배분은 비교적 엄격한 통제 원칙이 적용되며 통일성과 한계성 원칙이 있다(새행정학3.0, pp.472-473).

10 회계연도에 대한 설명으로 적절하지 못한 것은?

① 예산은 회계연도라고 불리는 한정된 기간에만 효력을 가진다.
② 우리나라에서는 중앙정부와 지방정부의 회계연도는 동일하다.
③ 한 해 동안만 회계연도가 운영되어야 하는 회계연도 독립의 원칙이 있다.
④ 모든 국가의 회계연도는 매년 1월 1일부터 12월 31일까지로 동일하며 예산의 성립 시기와 결산 시점도 동일하다.

해설 회계연도는 국가마다 다르며, 따라서 예산의 성립 시기와 결산 시점 또한 다르다(새행정학3.0, pp.473-474).

11 회계연도에 관한 설명 중 틀린 것은?

① 예산은 행정부의 정부예산안 편성과 국회 심의를 통해 결정되고 행정부가 집행한다.
② 예산은 2년의 주기를 가지고 운영되며 정부는 1년 단위로 예산을 편성한다.
③ 「헌법」 제54조에 따라 국회는 매년 12월 2일까지 다음 연도 정부 예산을 의결해야 한다.
④ 예산은 계획의 의미가 있으며 정부가 사용할 수 있는 공공재원 자체이기도 하다.

해설 ② 예산은 3년의 주기를 가지고 운영된다. t년도에 t년도 예산이 집행되지만, t-1년도 결산이 이루어지고, t+1년도 예산안이 편성된다(새행정학3.0, p.473).

12 예산 절차상 특징에 따른 예산의 유형에 대한 설명으로 적절한 것은?

① 정기국회 심의를 거쳐 확정된 최초의 예산을 본예산이라고 한다.
② 정부가 국회에 제출한 예산안을 변경해 다시 제출하면 추가경정예산이 된다.
③ 추가경정예산은 본예산과 별개로 성립하며 결산 심의 역시 별도로 이뤄진다.
④ 환경 변화를 고려할 때 추가경정예산 편성은 비교적 유연하게 활용된다.

해설 ②는 수정예산이며, 추경예산이란 예산이 국회를 통과한 이후 집행 과정에 다시 제출하는 예산이다. ③ 추경예산은 본예산과 별개로 성립하지만 일단 성립하면 통산하여 전체로 실시된다. ④ 「헌법」 제56조에 추경의 성립 요건을 규정해 엄격히 통제한다(새행정학3.0, p.474).

13 예산 유형에 관한 설명에서 틀린 것으로 짝지어진 것은?

> ㄱ 수정예산: 정부가 예산안을 국회에 제출한 이후 국회 의결 이전에 기존 예산안 내용의 일부를 수정해 다시 제출한 예산안
> ㄴ 추가경정예산: 본예산과 별개로 성립하고 본예산과 분리해 실시
> ㄷ 미국 · 일본 · 영국 · 캐나다는 준예산을 사용, 우리나라는 1960년도 이후부터 잠정예산 사용
> ㄹ 준예산: 국회에서 예산안이 의결될 때까지 전년도 예산에 준해 집행할 권한을 정부에 부여
> ㅁ 잠정예산: 일정 금액에 해당되는 예산의 국고 지출을 허용하는 제도

① ㄱ, ㄴ ② ㄴ, ㅁ ③ ㄷ, ㄹ ④ ㄴ, ㄷ

해설 ㄴ의 추가경정예산은 본예산과 별개로 성립하지만 일단 성립하면 통산해 전체로 실시된다. ㄷ은 준예산과 잠정예산이 바뀌었다(새행정학3.0, p.474).

14 예산이 성립되지 못할 때 사용하는 예산집행 장치의 설명 중 잘못된 것은?

① 전년도 예산을 고려해 예산집행 권한을 정부에 부여한 것이 준예산제도다.
② 가예산제도는 사용 기간이 3개월로 엄격히 제한되어 있다.
③ 의원내각제 국가에서는 잠정예산제도를 많이 활용하는 편이며, 잠정예산제도에서는 최초 4~5개월분에 해당하는 금액의 지출을 허용한다.
④ 우리나라는 1960년도 이후부터 준예산제도를 채택하고 있다.

해설 가예산제도의 사용 기간은 1개월이다(새행정학3.0, p.474).

15 예산편성에 대한 설명으로 가장 적절하지 못한 것은?

① 중앙관서의 장은 매년 전년도 12월 31일까지 5회계연도 이상의 중기사업계획서를 기획재정부장관에게 제출해야 한다.
② 기획재정부장관은 예산안편성지침을 매년 3월 31일까지 중앙관서의 장에게 통보해야 한다.
③ 중앙관서의 장은 그 속관에 속하는 예산요구서를 작성하여 매년 5월 31일까지 기획재정부장관에게 제출해야 한다.
④ 기획재정부장관은 예산요구서에 따라 예산안을 편성하여 국무회의의 심의를 거친 후 대통령의 승인을 얻어 회계연도 개시 120일 전까지 국회에 제출해야 한다.

정답 10 ④ 11 ② 12 ① 13 ④ 14 ② 15 ①

해설 중앙관서의 장은 1월 31일까지 5회계연도 이상의 중기사업계획서를 기획재정부장관에게 제출해야 한다(새행정학3.0, p.474).

16 우리나라의 예산심의 절차에 대한 설명으로 가장 적절하지 못한 것은?

① 국회에 예산안이 제출되면 정부의 시정연설이 있는데, 국무총리가 대독하거나 대통령이 직접 한다.

② 예산안에 대한 상임위원회의 예비심사 절차는 법률안 등 일반안건과 동일하게 이루어진다.

③ 상임위원회의 예비심사가 종료되지 않으면 예산안을 예산결산특별위원회에 회부할 수 없다.

④ 예산결산특별위원회의 실질적인 예산안 심사는 예산안등조정소위원회에서 이루어지게 된다.

해설 상임위원회의 예비심사가 종료되지 않더라도 국회의장은 해당 상임위원회의 예산안을 예산결산특별위원회에 회부할 수 있으며, 의장은 소관 상임위원회에 예비심사 기간을 정할 수 있는데 상임위원회가 이유 없이 그 기간 내에 심사를 마치지 아니한 때에는 바로 예산결산특별위원회에 회부할 수 있다(새행정학3.0, pp.475-476).

17 우리나라의 예산집행에 대한 설명으로 올바른 것은?

① 국회가 승인한 대로 예외없이 엄격하게 예산을 집행해야 한다.

② 예산집행은 국회의 예산안 확정 순간부터 시작된다.

③ 모든 예산은 해당 소관 부처의 지출원인행위가 있어야 집행할 수 있다.

④ 기획재정부에서 각 부처로 국고재원을 배정하는 것을 예산재배정이라고 한다.

해설 ① 예산집행은 국회 승인 내용 준수와 환경 변화에 따른 유연성 확보라는 두 가지 가치의 적절한 조화를 추구하면서 이뤄진다. ② 예산집행은 회계연도 도래 이후 예산배정으로부터 시작된다. ④ 예산재배정은 기획재정부에서 배정받은 예산을 소관 부처에서 하위집행 단위(부서)로 다시 배정하는 것을 지칭한다(새행정학3.0, p.477).

18 결산에 대한 설명으로 잘못된 것은?

① 정부의 예산집행 책임 해제

② 감사원 감사 권한 발동 계기

③ 부당하게 집행된 경비의 무효화

④ 부당한 집행에 대해 책임 요구

해설 부당한 집행에 대해 책임은 요구할 수 있지만 무효화할 수는 없다(새행정학3.0, pp.478-479).

제3절 재정관리제도와 예산제도

19 예산서의 형식에 관한 보기에서 틀린 것은?

① 품목별 예산은 정부 재정지출을 통제해야 할 항목별로 감독하는 데 효과적인 방식이다.

② 품목별 예산은 재원이 사업별로 어떻게 배분되고 적절하게 구성되었는지를 확인하기 어렵다.

③ 프로그램예산제도는 장기적 기획에 따라 정부 지출을 분류하는 제도이다.

④ 프로그램예산에서 중요한 것은 계량분석, 목표설정, 프로그램 규명 등이다.

해설 프로그램예산제도는 프로그램(사업)을 중심으로 예산을 편성하는 제도이다(새행정학$_{3.0}$, p.481).

20 프로그램 예산(program budgeting)제도에 설명으로 잘못된 것은?

① 지출이 지향하는 재화 혹은 서비스에 따라 예산을 유형화한 것이다.

② 1950년대 미국의 성과주의 예산제도와 PPBS에서 적용했다.

③ 산출물에 따라 정부 지출을 분류하는 것이 프로그램 예산의 기본 개념이다.

④ 프로그램 예산제도는 예산편성 단계에서만 활용된다.

해설 프로그램 예산제도는 편성 단계에서 전략적 재원배분 단위가 되며, 총액배분·자율편성 방식의 한도액 설정 단위가 된다. 심의 단계에서 심의 단위, 집행 단계에서 이용 단위, 결산 단계에서 성과평가 단위, 결산보고 단위가 된다. 그리고 성과관리, 발생주의회계, 중기재정계획, 총액배분·자율편성 등의 제도와 직·간접적으로 연계되어 있다(새행정학$_{3.0}$, p.481).

21 정부회계에 대한 설명으로 잘못된 것은?

① 정부회계를 발생주의 복식부기 방식으로 작성함에 따라 미래의 재정에 영향을 미치는 자산과 부채를 체계적으로 인식하게 되었으나, 성과 중심의 정부개혁에 유용한 정보를 제공할 수 없는 한계가 있다.

② 단식부기는 현금이 수입되면 현금출납장에 기재하고 수입에 대한 반대급부 내역은 장부의 비고란에 기재하는 방식으로 직관적으로 이해하기 편하다.

③ 발생주의에서 인정되는 계정 과목으로는 감가상각충당금, 대손충당금 등 자산의 정당한 가치를 반영하기 위한 평가성 충당금 및 관련 비용이 있다.

④ 복식부기는 거래의 이중성에 따라 거래의 인과 관계를 회계장부의 차변과 대변에

정답 16 ③ 17 ③ 18 ③ 19 ③ 20 ④ 21 ①

기록하고 차변의 합계와 대변의 합계를 일치시킨다.

해설 발생주의 복식부기 방식의 정부회계는 성과주의 예산, 성과감사 등 정부 재정사업에서 비용과 성과 개념에 입각한 성과 중심의 정부개혁에 유용한 정보를 제공할 수 있다(새행정학$_{3.0}$, pp. 484-485).

22 **아래 내용에서 틀린 것은 모두 몇 개인가?**

ㄱ. 발생주의 인정 계정 과목에서 손해배상 등의 우발채무, 미지급금·미수금의 채권·채무가 포함된다.
ㄴ. 단식부기에서는 상당액의 부채가 존재해도 현금으로 지출되지 않으면 세입세출 결산서에는 재정이 건전한 상태인 것처럼 결산되었다.
ㄷ. 중앙정부의 재무제표는 재정상태표, 재정운영표, 순자산변동표로 구성된다.
ㄹ. 지방자치단체의 제무제표는 재정상태보고서, 재정운영보고서, 순자산변동보고서로 구성된다.

① 4개 ② 3개
③ 2개 ④ 1개

해설 지방자치단체는 재정상태보고서, 재정운영보고서, 현금흐름보고서, 순자산변동보고서 네 가지로 구성된다(새행정학$_{3.0}$, pp.484-485).

23 **예산제도의 지향 가치와 가장 거리가 먼 개념은?**

① 통제 지향 ② 관리 지향
③ 기획 지향 ④ 고객 지향

해설 바람직한 예산체제는 통제, 관리, 기획, 성과의 네 가지 지향 가치를 실천할 수 있는 수단을 가져야 한다. 예산은 국민의 시각에서 통제되어야 하고, 비용-효과적으로 관리될 수 있어야 하며, 전략적인 정책 기획을 효과적으로 뒷받침해야 하며, 성과를 구체적으로 창출해 결과에 책임져야 한다(새행정학$_{3.0}$, pp.485-487).

24 **통제 지향적인 예산개혁의 정향과 가장 직접적인 관련성이 있는 것은?**

① 사업에 필요한 예산은 주로 전년도 지출 수준과 비교해 정당성이 판단된다.
② 제공되는 공공서비스의 성격과 상대적 중요성에 초점을 맞춘다.
③ 새로운 사업을 개발할 때 의사결정 수단으로 작용한다.
④ 산출과 결과에 대한 성과를 강조한다.

해설 ② 관리 지향, ③ 기획 지향, ④ 결과 지향의 주요 내용이다(새행정학$_{3.0}$, pp.485-487).

25 품목별 예산제도에 대한 설명으로 적절하지 못한 것은?

① 공무원들로 하여금 회계 책임에 민감하도록 엄격한 회계감사를 지원한다.
② 공공부문의 재량적 지출행위를 감소시키는 데 크게 기여했다.
③ 사업의 비용보다는 예산운영 방식에 대한 통제에 초점을 맞춘다.
④ 관리자들이 사업의 방식에 대한 관심이 낮아 예산 변경의 폭이 적은 편이다.

해설 품목별 예산제도에서는 예산운영 방식이나 사업의 성과보다는 투입되는 사업의 '비용'에 대해 초점을 맞춘다(새행정학$_{3.0}$, p.487).

26 품목별 예산제도에 대한 평가로 적절하지 못한 것은?

① 관료와 입법가들에 대한 신뢰에 기반한 개혁 제도이다.
② 근대 예산제도의 형성기에 주어진 역할을 수행한 제도로 평가된다.
③ 품목별로 예산을 구분하면 단순하기 때문에 이해하기가 쉽다.
④ 지출항목을 너무 엄격히 분류해 정부 기능을 이해하기 곤란하다.

해설 품목별 예산제도는 관료와 입법가를 신뢰할 수 없다고 판단하던 시기의 예산관리 장치로서 모든 예산편성의 기초가 되었다(새행정학$_{3.0}$, p.487).

27 성과주의 예산제도(performance budget)에 대한 설명 중 잘못된 것은?

① 예산서에서는 사업의 목적과 목표에 대한 기술서가 포함되어야 한다.
② 주어진 재원 수준에서 성취한 산출물 수준이 성과지표로 표시된다.
③ 예산배정 과정에서 필요한 사업량이 제시되어 예산과 사업의 연계가 가능하다.
④ 업무량에 대한 측정과 사업의 효과성 등의 정보가 부족한 한계가 있다.

해설 성과주의 예산제도는 업무량에 대한 측정(고객 수, 수배자 수 등), 업무가 완료될 경우 효율성(고객당 비용, 수배자당 비용 등), 그리고 사업의 효과성(시민 만족, 대기 시간, 재범률) 등의 정보를 담아야 한다(새행정학$_{3.0}$, p.487).

28 계획예산제도(PPBS)에 대한 설명으로 적절하지 못한 것은?

① 프로그램별로 중장기적인 전략목표 수립과 성과평가를 강조했다.
② 거시경제학의 계량분석 기법들이 예산편성에 본격적으로 도입되었다.
③ 프로그램 예산제도의 핵심은 Planning, Process, Budgeting의 세 가지다.
④ PPBS의 기본 토대는 프로그램 구조다.

정답 22 ④ 23 ④ 24 ① 25 ③ 26 ① 27 ④ 28 ③

해설 PPB의 영문 약자에서 두 번째의 P는 Process가 아니라 Programming이다(새행정학3.0, p.488).

29 **미국의 1960년대 계획예산제도(PPBS)의 성과에 대한 평가 중 적절하지 못한 것은?**

① 상향식 예산 과정의 특성상 재정민주주의 실현에 유용한 제도이다.

② 입법부의 예산심의 권한을 침해했다는 비판이 있었다.

③ 계량분석의 기법의 활용 노력은 강화되었지만 현실적으로 용이하지 않았다.

④ 재원과 사업의 목표, 그리고 성과에 대한 관심을 증대시켰다.

해설 품목별 예산은 상향식 예산과정을 수반하지만 PPBS에서는 반대로 하향식 접근을 선택했다. 품목별 예산과 달리, 부서별로 예산을 배정하는 것이 아니라 정책부문별로 예산이 수직적으로 배분되었다(새행정학3.0, p.488).

30 **목표관리제(MBO)의 주요 내용과 관련성이 적은 것은?**

① 미국 닉슨 대통령

② 부서 목표와 예산의 직접 연계

③ 연방정부의 관리예산처가 핵심 역할 수행

④ 목표 규명과 측정의 용이성

해설 목표관리제도 개혁은 목표의 규명과 측정 때문에 고전했다. 목표들은 모호한 용어로 표현되었고 측정도 쉽지 않았다. 단일 연도에는 달성하기 힘든 목표가 많았고 부서 관리자의 통제 밖에 있거나 책임성 문제가 있는 목표도 있었다(새행정학3.0, p.489).

31 **영기준 예산제도(ZBB)의 설명으로 잘못된 것은?**

① 미국의 재정긴축 국면에서 카터 대통령이 1970년대 중반에 실시한 제도다.

② 모든 지출제안서를 영점 기준에 검토한다는 것이 핵심이다.

③ 우선순위를 설정할 때 주관적 판단을 배제하고 계량모형에 근거한 객관적인 기준을 사용한다.

④ 감축관리를 추진할 때 영기준 예산제도의 의미가 특히 부각된다.

해설 계량모형에 근거한 객관적인 기준을 사용하는 PPBS와 달리 ZBB에서는 우선순위를 설정할 때 의사결정자들의 주관적 판단을 인정했다(새행정학3.0, p.489).

제4절 지방재정

32 지방자치단체의 세입 가운데 자주재원이 아닌 것은?

① 취득세 ② 세외수입
③ 지방교부세 ④ 지방교육세

해설 지방교부세는 용도 제한은 없지만 중앙정부로부터 지원받는 의존재원이다(새행정학3.0, p.497).

33 다음 중 지방세에 해당하지 않는 세목은 무엇인가?

① 종합부동산세 ② 취득세
③ 레저세 ④ 재산세

해설 종합부동산세는 국세로 그 전액이 지방교부세로 편성된다(새행정학3.0, p.498).

34 지방교부세에 대한 설명으로 잘못된 것은?

① 보통교부세는 지출 용도에 제한이 없는 일반재원이다.
② 재정력지수가 1이 넘는 지방자치단체는 보통교부세를 교부받지 못한다.
③ 재원은 내국세의 19.24%에 해당하는 금액과 종합부동산세 전액이다.
④ 「지방재정법」에 근거하고 있다.

해설 지방교부세는 「지방교부세법」에 근거하고 있다(새행정학3.0, pp.497-498).

35 중앙정부가 지방자치단체의 재정력을 조정하는 수단과 관련성이 가장 적은 것은?

① 지방교부세 ② 국고보조금
③ 조정교부금 ④ 교육재정교부금

해설 자치구 조정교부금과 시·군조정교부금은 특별시·광역시와 자치구 간, 그리고 광역시·도와 시·군 기초자치단체 간 수직적 재정불균형 및 기초자치단체 상호 간 수평적 재정불균형을 조정하기 위한 제도이다(새행정학3.0, p.498).

정답 29 ① 30 ④ 31 ③ 32 ③ 33 ① 34 ④ 35 ③

36 우리나라 재정분권에 대한 설명으로 옳지 않은 것은?

① 현재 우리나라의 정부 간 재원배분체계와 수직적 재정관계는 모치다 노부키가 제시한 세 가지 지방재정 기본모델 중에서 '행정적 분권모델'에 해당한다.

② 우리나라 지방재정은 세출분권지수 측면에서는 OECD 국가의 평균을 상당히 상회하는 높은 재정분권 수준을 보이고 있다.

③ 세입분권지수 역시 OECD 국가 평균을 상회하고 있고, 특히 지방세비율이 주요 선진 국가에 비해 높은 수준을 유지하고 있다.

④ 세입 · 세출분권화 수준 간의 큰 격차와 중앙정부와 지방자치단체 간 수직적 재정 불균형이 현재 우리나라가 안고 있는 재정분권 측면에서의 가장 핵심적인 문제라 할 수 있다.

해설 우리나라 세입분권지수는 OECD 국가 평균을 하회하고 있고, 특히 지방세비율이 주요 선진 국가에 비해 낮은 수준을 유지하고 있다. 그 결과 우리나라는 세입분권화와 세출분권화 수준 간의 갭, 즉 수직적 재정불균형이 OECD 국가 평균을 크게 상회하는 높은 수준을 보이고 있다(새행정학$_{3.0}$, pp.499-501).

정답 36 ③

기출 문제를 통한 감각 익히기

01 국세에 해당하는 것으로만 묶은 것은? (국가7, 2018)

㉠ 취득세	㉡ 자동차세	㉢ 종합부동산세
㉣ 인지세	㉤ 등록면허세	㉥ 주세

① ㉠, ㉣　② ㉡, ㉢　③ ㉢, ㉤　④ ㉣, ㉥

해설 ㉢, ㉣, ㉥이 국세에 해당하며, 나머지는 지방세에 해당한다.

02 정부가 동원하는 공공재원에 대한 설명으로 옳지 않은 것은? (국가9, 2019)

① 조세로 투자된 자본시설은 개인이 대가를 지불하지 않는 것으로 인식되어 과다 수요 혹은 과다 지출되는 비효율성 문제가 발생할 수 있다.

② 수익자부담금은 시장기구와 유사한 매커니즘을 통해 공공서비스의 최적 수준을 지향하여 자원배분의 효율성을 제고할 수 있다.

③ 국공채는 사회간접자본(SOC) 관련 사업이나 시설로 인해 편익을 얻게 될 경우 후세대도 비용을 분담하기 때문에 세대 간 형평성을 훼손시킨다.

④ 조세의 경우 납세자인 국민들은 정부 지출을 통제하고 성과에 대한 직접적인 책임을 요구할 수 있다.

해설 국공채는 사회간접자본(SOC) 관련 사업이나 시설로 편익을 얻게 될 경우 후세대도 비용을 분담하기 때문에 세대 간 형평성을 높일 수 있다.

03 머스그레이브(R. A. Musgrave)의 정부 재정 기능의 기본 원칙에 대한 설명으로 옳지 않은 것은? (지방9, 2018)

① 시장실패를 교정하고 사회적 최적 생산과 소비수준이 이루어 지도록 해야 한다.

② 세입 면에서는 차별 과세를 하고, 세출 면에서는 사회보장적 지출을 통해 소외계

정답 01 ④ 02 ③ 03 ④

층을 지원해야 한다.

③ 고용, 물가 등과 같은 거시경제 지표들을 안정적으로 조절해야 한다.

④ 정부에 부여된 목적과 자원을 연계하여 소기의 성과를 거둘 수 있도록 관료를 통제해야 한다.

해설 통제 기능은 머스그레이브가 제시한 기능에 포함되지 않는다.

04 예산과 재정 관리에 대한 설명으로 옳지 않은 것은? (국가9, 2018)

① 우리나라의 예산은 행정부가 제출하고 국회가 심의·확정하지만, 미국과 같은 세출예산법률의 형식은 아니다.

② 조세는 현 세대의 의사결정에 대한 재정 부담을 미래 세대로 전가하지 않는다는 장점이 있다.

③ 성과주의 예산제도의 도입에도 불구하고 품목별 예산제도는 우리나라에서 여전히 활용되고 있다.

④ 추가경정예산은 예산의 신축성 확보를 위한 제도로서, 최소 1회의 추가경정예산을 편성하도록 「국가재정법」에 규정되어 있다.

해설 「국가재정법」상 추가경정예산 횟수에 관한 규정은 없다. 따라서 추가경정예산은 편성하지 않을 수도 있고, 사유에 해당되면 횟수에 제한 없이 편성할 수도 있다.

05 조세지출 예산제도에 대한 설명으로 옳지 않은 것은? (지방9, 2020)

① 세제 지원을 통해 제공한 혜택을 예산지출로 인정하는 것이다.

② 예산지출이 직접적 예산집행이라면 조세지출은 세제상의 혜택을 통한 간접지출의 성격을 띤다.

③ 직접 보조금과 대비해 눈에 보이지 않는 숨겨진 보조금이라고 이해할 수 있다.

④ 세금 자체를 부과하지 않는 비과세는 조세지출의 방법으로 볼 수 없다.

해설 조세지출 예산제도의 형식에는 조세감면, 비과세, 소득공제, 우대세율, 과세이연 등이 있다.

06 통합재정에 대한 설명으로 옳은 것은? (지방9, 2019)

① 일반회계, 특별회계, 기금을 포함한다.

② 통합재정의 기관 범위에 공공기관은 포함되지만, 지방자치단체는 포함되지 않는다.

③ 국민의 입장에서 느끼는 정부의 지출 규모이며 내부거래를 포함한다.

④ 2005년부터 정부의 재정 규모 통계로 사용하고 있으며 세입과 세출을 총계 개념으로 파악한다.

해설 ② 통합재정의 기관 범위에 지방자치단체는 포함되지만, 공공기관은 포함되지 않는다. ③ 통합재정은 순계 개념상의 정부예산총괄표로, 내부거래를 제외하여 작성한다. ④ 우리나라는 1979년부터 정부의 재정 규모 통계로 통합재정을 사용하고 있다. 세입과 세출을 총계가 아닌 순계 개념으로 파악한다.

07 우리나라의 특별회계에 대한 설명으로 옳지 않은 것은? (지방7, 2020)

① 설치근거가 되는 법률을 별도로 정하고 있다.

② 세출예산뿐 아니라 세입예산도 일반회계와 특별회계로 구분한다.

③ 특별회계의 설치요건 중에는 특정한 세입으로 특정한 세출에 충당함으로써 일반회계와 구분하여 회계처리할 필요가 있을 경우도 포함된다.

④ 예산의 이용 및 전용과 마찬가지로 예산 한정성의 원칙이 적용되지 않는다.

해설 특별회계는 예산의 이용 및 전용과 달리 예산 한정성의 원칙이 적용되며, 단일성이나 통일성 원칙의 예외가 된다.

08 특별회계 예산과 기금에 대한 설명으로 옳지 않은 것은? (지방9, 2021)

① 기금은 특정 수입과 지출의 연계가 강하다.

② 특별회계 예산은 세입과 세출이라는 운영 체계를 지닌다.

③ 특별회계 예산은 합목적성 차원에서 기금보다 자율성과 탄력성이 강하다.

④ 특별회계 예산과 기금은 모두 결산서를 국회에 제출하여야 한다.

해설 특별회계 예산은 기금에 비해 합목적성 차원에서 통제를 많이 받으므로 자율성과 탄력성이 약하다.

09 일반회계, 특별회계, 기금에 대한 설명으로 옳지 않은 것은? (지방9, 2022)

① 일반회계는 조세수입 등을 주요 세입으로 하여 국가의 일반적인 세출에 충당하기 위하여 설치한다.

② 특별회계와 기금은 예산총계주의 원칙의 예외이다.

③ 일반회계, 특별회계, 기금 모두 국회로부터 결산의 심의 및 의결을 받아야 한다.

④ 일반회계와 특별회계는 전쟁이나 대규모 재해가 발생한 경우 추가경정예산을 편성할 수 있다.

해설 특별회계와 기금은 예산총계주의의 원칙이 아니라 예산 단일성과 통일성의 원칙에 대한 예외이다.

정답 04 ④ 05 ④ 06 ① 07 ④ 08 ③ 09 ②

10 **「국가재정법」상 추가경정예산안 편성이 가능한 사유에 해당하지 않는 것은?** (국가9, 2021)

① 전쟁이나 대규모 재해가 발생한 경우
② 남북관계의 변화와 같은 중대한 변화가 발생한 경우
③ 경기침체, 대량실업 같은 중대한 변화가 발생할 우려가 있는 경우
④ 경제협력, 해외원조를 위한 지출을 예비비로 충당해야 할 우려가 있는 경우

해설 ④의 경우 「국가재정법」상 추가경정예산의 편성 사유에 해당하지 않는다.

11 **「국가재정법」상 추가경정예산에 대한 설명으로 옳은 것은?** (지방7, 2020)

① 정부는 국회에서 추가경정예산안이 확정되기 전에 이를 미리 배정하거나 집행할 수 있다.
② 새로운 회계연도가 개시될 때까지 국회에서 예산안이 의결되지 못한 때에 편성된다.
③ 법령에 따라 국가가 지급하여야 하는 지출이 발생하거나 증가하여 이미 확정된 예산에 변경을 가할 필요가 있는 경우에 편성할 수 있다.
④ 경기침체 등과 같은 대내·외 여건에 중대한 변화가 발생할 우려가 있어 이미 확정된 예산에 변경을 가할 필요가 있는 경우라도 편성할 수 없다.

해설 ① 정부는 국회에서 추가경정예산안이 확정되기 전에 이를 미리 배정하거나 집행할 수 없다. ② 준예산에 대한 설명이다. ④ 경기침체·대량실업, 남북관계의 변화 등 대내·외 여건에 중대한 변화가 발생하였거나 발생할 우려가 있는 경우 편성할 수 있다.

12 **동일 회계연도 예산의 성립을 기준으로 볼 때 시기적으로 빠른 것부터 순서대로 바르게 나열한 것은?** (국가9, 2022)

① 본예산, 수정예산, 준예산
② 준예산, 추가경정예산, 본예산
③ 수정예산, 본예산, 추가경정예산
④ 잠정예산, 본예산, 준예산

해설 수정예산은 본예산이 국회의 의결을 통하여 성립되기 전에 정부가 편성하여 제출하기 때문에 동일 회계연도 예산의 성립 기준으로 볼 때 수정예산, 본예산, 추가경정예산의 순서가 된다.

13 **부담금에 대한 설명으로 옳지 않은 것은?** (국가7, 2020)

① 특정의 공공서비스를 창출하거나 바람직한 행위를 유도하기 위해 사용된다.
② 수익자 부담의 원칙이 적용된다.
③ 「지방세법」상 지방세 수입의 재원 중 하나이다.

④ 부담금에 관한 주요 정책과 그 운용방향 등을 심의하기 위하여 기획재정부장관 소속으로 부담금심의위원회를 둔다.

해설 부담금은 세외수입으로 지방세와는 구별된다.

14 예산 분류별 장·단점에 대한 설명으로 옳지 않은 것은? (지방7, 2021)

① 예산의 기능별 분류의 단점은 회계 책임이 불명확하다는 점이다.
② 예산의 조직별 분류의 장점은 예산지출의 목적(대상)을 파악하기 쉽다는 점이다.
③ 예산의 기능별 분류의 장점은 국민이 정부 예산을 이해하기 쉽다는 점이다.
④ 예산의 품목별 분류의 단점은 예산집행의 신축성을 저해한다는 점이다.

해설 예산의 조직별 분류는 주체별로 예산을 분류하여 예산지출 목적을 파악하기 어려운 한계가 있다.

15 예산의 분류 방법과 분류 기준을 바르게 연결한 것은? (지방7, 2022)

분류 방법	분류 기준
① 기능별 분류	정부가 무슨 일을 하는 데 얼마를 쓰느냐
② 조직별 분류	정부가 무엇을 구입하는 데 얼마를 쓰느냐
③ 경제 성질별 분류	누가 얼마를 쓰느냐
④ 시민을 위한 분류	국민경제에 미치는 총체적인 효과가 어떠한가

해설 ② 조직별 분류는 누가 얼마를 쓰는가를 보여주는 분류이다. ③ 경제 성질별 분류는 국민경제에 미치는 총체적인 효과가 어떠한가를 보여주는 분류이다. ④ 시민을 위한 분류는 기능별 분류와 같다. 정부가 무엇을 구입하는 데 얼마를 쓰는지를 보여주는 분류는 품목별 분류이다.

16 중앙정부의 지출 성격상 의무지출에 해당하는 것만을 모두 고르면? (국가7, 2022)

ㄱ. 지방교부세
ㄴ. 유엔 평화유지활동(PKO) 예산 분담금
ㄷ. 정부부처 운영비
ㄹ. 지방교육재정교부금
ㅁ. 국채에 대한 이자지출

① ㄱ, ㄴ, ㅁ
② ㄴ, ㄷ, ㄹ
③ ㄱ, ㄴ, ㄹ, ㅁ
④ ㄱ, ㄷ, ㄹ, ㅁ

해설 정부부처 운영비는 의무지출이 아닌 재량지출에 해당한다.

정답 10 ④ 11 ③ 12 ③ 13 ③ 14 ② 15 ① 16 ③

17 **「국가재정법」상 재정건전화에 대한 설명으로 옳지 않은 것은?** (국가7, 2018)

① 국세감면율이란 당해 연도 국세 수입총액 대비 국세감면액 총액의 비율을 말한다.
② 국가의 회계 또는 기금의 국고채무부담행위는 국가채무에 해당한다.
③ 국가가 보증채무를 부담하고자 하는 때에는 미리 국회의 동의를 얻어야 한다.
④ 정부는 국회에서 추가경정예산안이 확정되기 전에 이를 미리 배정하거나 집행할 수 없다.

해설 국세감면율이란 당해 연도 국세 수입총액과 국세감면액 총액을 합한 금액에서 국세감면액 총액이 차지하는 비율을 말한다.

18 **세계잉여금에 대한 설명으로 옳은 것만을 모두 고르면?** (국가9, 2020)

ㄱ. 일반회계, 특별회계가 포함되고 기금은 제외된다.
ㄴ. 적자 국채 발행 규모와 부(−)의 관계이며, 국가의 재정건전성을 파악하는 데 효과적이다.
ㄷ. 결산의 결과 발생한 세계잉여금은 전액 추가경정예산에 편성하여야 한다.

① ㄱ ② ㄷ ③ ㄱ, ㄴ ④ ㄴ, ㄷ

해설 세계잉여금은 세입초과와 세출불용으로 발생하는 것으로 세계잉여금과 적자 국채 발행 규모가 반드시 부(−)의 관계라고 볼 수는 없으며, 세계잉여금으로 국가의 재정건전성을 파악할 수도 없다. 세계잉여금은 「국가재정법」 규정에 따라 법률에 의한 지출과 이월액 공제, 지방교부세 정산, 공적자금 상환기금 출연, 국채 또는 차입금 등 국가채무 원리금 상환, 추가경정예산의 편성, 다음 연도 세입으로 이입 순으로 사용한다.

19 **국가채무에 대한 설명으로 옳지 않은 것은?** (지방9, 2019)

① 기획재정부장관은 국가채무관리계획을 수립하여야 한다.
② 국채를 발행하고자 할 때에는 국회의 의결을 얻어야 한다.
③ 우리나라가 발행하는 국채의 종류에 국고채와 재정증권은 포함되지 않는다.
④ 우리나라의 GDP 대비 국가채무비율은 일본과 미국보다 낮은 상태이다.

해설 우리나라가 발행하는 국채의 종류에는 국고채와 재정증권이 포함된다.

20 **예산결정이론에 대한 설명으로 옳은 것은?** (지방7, 2019)

① 합리모형은 예산상의 편익을 극대화하기 위한 결정방식이지만 규범적 성격은 약하다.
② 예산결정에서 기존 사업에 대한 당위적 예산배분을 제어할 수 있다는 점은 점증

모형의 유용성이다.

③ 단절균형모형을 따르는 예산결정자는 사후후생을 고려하지 않고 최악을 피하는 전략을 사용한다.

④ 다중합리성모형은 정부 예산의 성공을 위해서는 예산 과정 각 단계에서 예산 활동 및 행태를 구분해야 함을 강조한다.

해설 ① 합리모형은 예산상의 편익을 극대화하기 위한 결정방식으로 규범적 성격이 강하다. ② 예산결정에서 기존 사업에 대한 당위적 예산배분을 제어할 수 있다는 점은 합리모형의 유용성이다. ③ 점증모형을 따르는 예산결정자는 사후후생을 고려하지 않고 최악을 피하는 전략을 사용한다.

21 다중합리성 예산모형(multiple rationalities model of budgeting)의 근간이 되는 두 모형에 대한 설명으로 옳지 않은 것은? (국가7, 2020)

① 루빈(I. S. Rubin)의 실시간 예산운영(real-time budgeting) 모형은 세입, 세출, 균형, 집행, 과정 등과 관련한 의사결정 흐름 개념을 활용하고 있다.

② 킹던(J. W. Kingdon)의 의제설정 모형은 정책과정의 복잡하고 불확실한 역동성을 부각시킨다는 점에서 다중합리성 모형의 중요한 모태라고 할 수 있다.

③ 루빈(I. S. Rubin)의 실시간 예산운영(real-time budgeting) 모형에서 다섯 가지의 의사결정 흐름은 느슨하게 연계된 상호의존성을 가지고 있다.

④ 루빈(I. S. Rubin)의 실시간 예산운영(real-time budgeting) 모형에서 예산균형 흐름에서의 의사결정은 기술적 성격이 강하며, 책임성(accountability)의 정치적 특징을 갖는다.

해설 예산집행 흐름에서의 의사결정이 기속적 성격이 강하며, 책임성의 정치적 특징을 가진다.

22 윌다브스키(A. Wildavsky)의 예산행태 유형 중 국가의 경제력은 낮지만 재정 예측력이 높은 경우에 나타나는 행태는? (국가7, 2019)

① 점증적 예산(incremental budgeting)

② 반복적 예산(repetitive budgeting)

③ 세입 예산(revenue budgeting)

④ 보충적 예산(supplemental budgeting)

정답 17 ① 18 ① 19 ③ 20 ④ 21 ④ 22 ③

해설

구분		경제력	
		높음	낮음
재정의 예측가능성	높음	점증예산/선진국	세입예산/선진국 도시정부
	낮음	보충적 예산/대체점증예산	반복예산/후진국

23 **다음 중 예산원칙의 예외를 옳게 짝지은 것은?** (지방7, 2019)

	한정성 원칙	단일성 원칙
①	목적세	특별회계
②	예비비	목적세
③	이용과 전용	수입대체경비
④	계속비	기금

해설 한정성 원칙의 예외로는 이용과 전용, 예비비와 추가경정예산, 이월과 계속비 등이 있다. 단일성 원칙의 예외에는 추가경정예산, 특별회계, 기금 등이 있다.

24 **우리나라 중앙예산기관의 변천에 대한 설명으로 옳지 않은 것은?** (국가7, 2022)

① 국무총리 직속 기획처 예산국이 우리나라에서 처음으로 중앙예산기관의 역할을 담당하였다.

② 1961년 설립된 경제기획원은 수입・지출의 총괄 기능을 담당하였으며, 재무부는 중앙예산기관의 역할을 담당하였다.

③ 김영삼 정부는 1994년 정부조직개편을 통해 경제기획원과 재무부를 재정경제원으로 통합하여 세제, 예산, 국고 기능을 일원화하였다.

④ 현재는 기획재정부 예산실이 중앙예산기관의 역할을 담당하고 있다.

해설 1961년에 설립된 경제기획원은 중앙예산기관의 역할을 담당하였으며, 재무부는 국고수지총괄 기관이었다.

25 **「국가재정법」 및 「지방자치법」상 정부와 지방자치단체의 장은 국회와 지방의회에 회계연도 개시 며칠 전까지 예산안을 제출해야 하는가?** (국가7, 2018)

	정부	광역지방자치단체	기초지방자치단체
①	90일	40일	30일
②	90일	50일	30일
③	120일	50일	40일
④	120일	50일	30일

해설 중앙정부는 회계연도 개시 120일 전(국가재정법 제33조), 광역지방자치단체는 회계연도 개시 50일 전, 기초지방자치단체는 40일 전(지방자치법 제127조)까지 제출하여야 한다.

26 우리나라에서 예산과 법률의 차이에 대한 설명으로 옳은 것은? (국가7, 2019)

① 국회는 발의·제출된 법률안을 수정·보완할 수 있지만, 제출된 예산안은 정부의 동의 없이는 수정할 수 없다.

② 국회에 제출된 법률안은 의결기한에 제한이 없으나, 예산안은 매년 12월 2일까지 예산결산특별위원회의 심사를 마쳐야 한다.

③ 대통령은 국회가 의결한 법률안에 대해 거부권이 있지만, 국회의결 예산에 대해서는 사안별로만 재의요구권이 있다.

④ 일반적으로 법률은 국가기관과 국민에 대해 구속력을 갖지만, 예산은 국가기관에 대해서만 구속력을 갖는다.

해설 ① 국회는 발의·제출된 법률안을 수정·보완할 수 있다. 반면 제출된 예산안은 정부 동의없이 삭감이나 폐지는 가능하나, 금액을 증가하거나 새 비목을 설치할 수 없다. ② 국회에 제출된 법률안은 의결기한에 제한이 없으나, 예산안은 매년 12월 2일까지 본회의의 심사를 마쳐야 한다. ③ 대통령은 국회가 의결한 법률안에 대해 거부권이 있지만, 국회의결 예산에 대해서는 재의요구권이 없다.

27 예산집행에 대한 설명으로 옳지 않은 것은? (국가9, 2019)

① 예산의 재배정은 행정부처의 장이 실무부서에게 지출을 할 수 있는 권한을 부여하는 것을 의미한다.

② 예산의 전용을 위해서 정부부처는 미리 국회의 승인을 받아야 한다.

③ 예비비는 공무원 인건비 인상을 위한 인건비 충당을 목적으로 사용할 수 없다.

④ 사고이월은 집행 과정에서 재해 등의 이유로 불가피하게 다음 연도로 이월된 경비를 말한다.

해설 예산의 이용을 위해서 정부부처는 미리 국회의 승인을 받아야 하나, 전용은 국회의 승인을 받을 필요가 없다.

28 예산의 집행에 대한 설명으로 옳은 것은? (국가9, 2020)

① 기획재정부장관은 각 중앙관서의 장에게 예산을 배정한 때에는 감사원에 통지하여야 한다.

② 기획재정부장관은 반기별 예산배정계획을 작성하여 국회의 심의를 받은 뒤에 예

정답 23 ④ 24 ② 25 ③ 26 ④ 27 ② 28 ①

산을 배정한다.

③ 중앙관서의 장에게 자금을 사용할 수 있는 권한을 부여하는 것을 예산재배정이라고 한다.

④ 기획재정부장관은 매년 2월 말까지 예산집행지침을 각 중앙관서의 장과 국회예산정책처에 통보하여야 한다.

해설 ② 기획재정부장관은 예산배정요구서에 따라 분기별 예산배정계획을 작성하여 국무회의의 심의를 거친 후 대통령의 승인을 얻어야 한다. ③ 중앙관서 장에게 기획재정부장관이 자금을 사용할 수 있는 권한을 부여하는 것은 예산의 배정이라고 한다. ④ 기획재정부장관은 예산집행지침을 매년 1월 말까지 각 중앙관서의 장에게 통보하여야 한다. 참고로 기획재정부장관은 예산안편성지침을 매년 3월 31일까지 각 중앙관서의 장에서 통보하여야 한다.

29 우리나라의 결산에 대한 설명으로 옳지 않은 것은? (국가9, 2018)

① 결산은 한 회계연도의 수입과 지출 실적을 확정적 계수로 표시하는 행위이다.

② 정부는 감사원의 검사를 거친 국가결산보고서를 국회에 제출 하여야 한다.

③ 결산은 국회의 심의를 거쳐 국무회의의 의결과 대통령의 승인으로 종료된다.

④ 각 중앙관서의 장은 회계연도마다 소관 기금의 결산보고서를 중앙관서결산보고서에 통합하여 작성하여야 한다.

해설 결산은 국회의 승인으로 종료된다.

30 우리나라 예산제도에 대한 설명으로 옳지 않은 것은? (국가9, 2021)

① 국회는 정부의 동의 없이 정부가 제출한 지출예산 각 항의 금액을 증가시킬 수 없다.

② 정부가 예산안 편성 시 감사원의 세출예산요구액을 감액하고자 할 때에는 국무회의에서 감사원장의 의견을 구하여야 한다.

③ 정부는 회계연도 개시 전까지 예산안이 의결되지 못한 때에는 전년도 예산에 준해 모든 예산을 편성해 운영할 수 있다.

④ 국회는 감사원이 검사를 완료한 국가결산보고서를 정기회 개회 전까지 심의・의결을 완료해야 한다.

해설 예산안이 회계연도 개시 전까지 예산안이 의결되지 못한 때에는 전년도 예산에 준하여 「헌법」이나 법률로 설치된 기관의 유지비나 법률상 지출 의무가 있는 경비와 계속비에 한하여 국회의 의결없이 지출할 수 있다.

31 예산주기에 비추어 볼 때 2021년도에 볼 수 없는 예산 과정은? (국가9, 2021)

① 국방부의 2022년도 예산에 대한 예산요구서 작성
② 기획재정부의 2021년도 예산에 대한 예산배정
③ 대통령의 2022년도 예산안에 대한 국회 시정연설
④ 감사원의 2021년도 예산에 대한 결산검사보고서 작성

해설 감사원의 2021년도 결산검사보고서는 2021회계연도가 끝난 다음 해인 2022년도에 작성된다.

32 예산의 이용과 전용에 대한 설명으로 옳은 것은? (국가7, 2021)

① 이용은 입법과목 사이의 상호 융통으로 국회의 의결을 얻으면 기획재정부장관의 승인이나 위임 없이도 할 수 있다.
② 기관(機關) 간 이용도 가능하다.
③ 세출예산의 항(項) 간 전용은 국회 의결 없이 기획재정부장관의 승인을 얻어서 할 수 있다.
④ 이용과 전용은 예산 한정성 원칙의 예외로 볼 수 없다.

해설 ① 이용은 국회의 의결을 얻은 후 기획재정부장관의 승인 또는 위임으로 할 수 있다. ③ 세출예산의 항 간의 융통 사용은 이용으로 국회의 의결을 거쳐야 한다. ④ 이용과 전용은 질적 한정성의 예외이다.

33 예산 과정에 대한 설명으로 옳은 것은? (지방9, 2019)

① 예산 과정은 예산편성-예산집행-예산심의-예산결산의 순으로 이루어진다.
② 예산집행의 신축성을 확보하기 위해 예비비, 총액계상제도 등을 활용하고 있다.
③ 예산제도 개선 등으로 절약된 예산 일부를 예산성과금으로 지급할 수 있지만 다른 사업에 사용할 수는 없다.
④ 각 중앙부처가 총액 한도를 지정한 후에 사업별 예산을 편성하고 있어 기획재정부의 사업별 예산통제 기능은 미약하다.

해설 ① 예산 과정은 '예산편성-예산심의-예산집행-예산결산'의 순으로 진행된다. ③ 예산제도 개선 등으로 절약된 예산 일부를 예산성과금으로 지급할 수 있으며 동시에 다른 사업에 사용할 수도 있다. ④ 우리나라는 총액배분·자율편성제를 운영하여, 각 부처의 예산배분의 재량은 확대되었으나 기획재정부의 사업별 예산통제 기능은 유지되고 있다.

정답 29 ③ 30 ③ 31 ④ 32 ② 33 ②

34 **예산집행의 신축성을 유지하기 위한 제도로 옳지 않은 것은?** (국가9, 2022)

① 계속비
② 수입대체경비
③ 예산의 재배정
④ 예산의 이체

해설 예산의 배정과 재배정은 예산집행의 신축성 유지가 아닌 통제 강화를 위한 수단이다.

35 **우리나라의 예산결산특별위원회에 대한 설명으로 옳지 않은 것은?** (지방7, 2020)

① 예산안 및 결산 심사는 제안설명과 전문위원의 검토보고를 듣고, 종합정책질의, 부별 심사 또는 분과위원회 심사 및 찬반토론을 거쳐 표결한다.
② 국회의장이 기간을 정하여 회부한 예산안과 결산에 대하여 상임위원회가 이유 없이 그 기간 내에 심사를 마치지 아니한 때에는 이를 바로 예산결산특별위원회에 회부할 수 있다.
③ 예산안과 결산뿐 아니라 관계 법령에 따라 제출 · 회부된 기금운용계획안도 심사한다.
④ 소관 상임위원회에서 삭감한 세출예산 각 항의 금액을 증가하게 할 경우에 소관 상임위원회의 동의를 받지 않아도 된다.

해설 국회 예산결산특별위원회는 소관 상임위원회에서 삭감한 세출예산 각 항의 금액을 증가하게 하거나 새 비목(費目)을 설치할 경우에는 소관 상임위원회의 동의를 받아야 한다.

36 **준예산에 대한 설명으로 옳지 않은 것은?** (국가7, 2021)

① 예산안이 회계연도 개시일까지 국회에서 의결되지 못한 경우에 활용된다.
② 국회의 의결을 필요로 한다.
③ 법률상 지출 의무를 이행하기 위한 경우에 집행할 수 있다.
④ 이미 예산으로 승인된 사업의 계속을 위해 집행할 수 있다.

해설 준예산은 국회의 의결을 필요로 하지 않는다.

37 **2000년대 초반 도입된 한국의 프로그램 예산제도에 대한 설명으로 옳지 않은 것은?** (지방7, 2018)

① 프로그램 예산제도는 현재 운영되지 않는 제도이다.
② 프로그램 예산분류(과목) 체계는 분야-부문-프로그램-단위사업-세부사업 등으로 구성된다.
③ 프로그램 예산제도 도입 시 비목(품목)의 개수를 대폭 축소함으로써 비목 간 칸막이를 최대한 줄였다.

④ 프로그램 예산제도는 정책과 성과 중심의 예산운영을 위해 설계 · 도입된 제도이다.

해설 프로그램 예산제도는 중앙정부는 2007년, 지방정부는 2008년부터 공식적으로 도입되었다.

38 (가)~(라)에 들어갈 숫자를 바르게 연결한 것은? (지방7, 2021)

- 정부는 재정운용의 효율화와 건전화를 위하여 매년 해당 회계연도부터 (가) 회계연도 이상의 기간에 대한 재정운용계획을 수립하여야 한다.
- 기획재정부장관은 대통령의 승인을 얻은 다음연도의 예산안편성지침을 매년 (나) 월 31일까지 각 중앙관서의 장에게 통보해야 한다.
- 기획재정부장관은 「국가회계법」에 따라 회계연도마다 국가결산보고서를 작성하여 대통령의 승인을 얻어 다음 연도 4월 (다) 일까지 감사원에 제출하여야 한다.
- 예산의 편성 및 의결, 집행, 그리고 결산 및 회계검사의 단계가 일정한 주기로 반복되는 것을 예산주기 또는 예산순기라고 하는데 우리나라의 경우 통상 (라) 년이다.

	(가)	(나)	(다)	(라)
①	10	3	10	1
②	5	3	10	3
③	5	5	20	1
④	10	5	20	3

해설 ① 정부는 5회계연도 이상의 재정운용계획을 수립해야 한다. ② 기획재정부장관은 예산안편성지침을 매년 3월 31일까지 각 중앙관서의 장에게 통보해야 한다. ③ 기획재정부장관은 국가결산보고서를 다음 연도 4월 10일까지 감사원에 제출해야 한다. ④ 우리나라의 예산주기는 통상 3년이다.

39 참여예산제도에 대한 설명으로 옳지 않은 것은? (국가7, 2018)

① 브라질의 포르투 알레그리(Porto Alegre)시는 참여예산제도를 도입한 대표적인 사례다.

② 예산 과정에의 시민참여는 중앙정부와 지방정부 모두 가능하지만, 참여예산제는 주로 지방정부를 대상으로 시행된다.

③ 참여예산제는 과정적 측면보다는 결과적 측면의 이념을 지향한다.

④ 예산 과정의 단계별로 볼 때 예산편성 단계에서의 참여에 초점을 둔다.

정답 34 ③ 35 ④ 36 ② 37 ① 38 ② 39 ③

해설 예산편성 단계에서의 참여에 초점을 둔 참여예산제도는 과정적 측면의 이념을 지향한다.

40 **우리나라 주민참여예산제도에 대한 설명으로 옳지 않은 것은?** (국가7, 2021)

① 주민이 참여할 수 있는 예산의 범위는 「지방재정법」에 규정되어 있다.
② 지방자치단체의 장은 주민참여예산제도를 마련하여 시행해야 할 법적 의무가 있다.
③ 지방자치단체 중 최초로 주민참여예산조례를 제정한 곳은 광주광역시 북구이다.
④ 지방의회 예산심의권 침해 논란이 있다.

해설 주민이 참여할 수 있는 예산의 범위가 「지방재정법」에 규정되어 있지 않다.

41 **주민참여예산제도에 대한 설명으로 옳지 않은 것은?** (지방7, 2019)

① 지방자치단체의 장은 주민참여예산제도를 통하여 수렴한 주민의 의견서를 지방의회에 제출하는 예산안에 첨부하여야 한다.
② 주민참여예산기구의 구성 · 운영과 그 밖에 필요한 사항은 해당 지방자치단체의 조례로 정한다.
③ 2011년 「지방자치법」의 개정으로 모든 지방자치단체가 의무적으로 이행해야 하는 제도가 되었다.
④ 행정안전부장관은 지방자치단체의 재정적 여건을 고려하여 지방자치단체별 주민참여예산제도의 운영을 평가할 수 있다.

해설 2011년 「지방재정법」의 개정으로 모든 지방자치단체가 의무적으로 이행해야 하는 제도가 되었다.

42 **성인지 예산제도에 대한 설명으로 옳은 것은?** (국가7, 2021)

① 2010회계연도 성인지 예산서가 처음으로 국회에 제출되었다.
② 성인지 예산제도의 목적은 여성성을 지원하는 것이다.
③ 1984년 독일에서 처음 도입되었다.
④ 우리나라 성인지 예산제도는 예산사업만을 대상으로 하고 기금사업을 제외한다.

해설 성인지 예산제도는 예산 과정에 있어 남녀평등 구현을 목적으로 하고 있으며, 1984년 호주에서 세계 최초로 도입되었다. 우리나라의 성인지 예산제도는 일반회계와 특별회계의 예산사업뿐만 아니라 기금사업에도 적용된다.

43 **우리나라의 성인지 예산제도에 대한 설명으로 옳지 않은 것은?** (국가9, 2018)

① 정부는 예산이 여성과 남성에게 미치는 효과를 평가하고, 그 결과를 정부의 예산편성에 반영하기 위하여 노력하여야 한다.

② 성인지 예산서는 기획재정부장관이 각 중앙관서의 장과 협의하여 제시한 작성기준 및 방식 등에 따라 여성가족부장관이 작성한다.

③ 성인지 예산서에는 성인지 예산의 개요, 규모, 성평등 기대효과, 성과목표 및 성별 수혜 분석 등의 내용이 포함되어야 한다.

④ 성인지 결산서에는 집행실적, 성평등 효과분석 및 평가 등이 포함되어야 한다.

해설 성인지 예산서는 기획재정부장관이 여성가족부장관과 협의하여 제시한 작성기준 및 방식 등에 따라 각 중앙관서의 장이 작성한다.

44 **재정 · 예산 제도에 대한 설명으로 옳은 것은?** (국가7, 2019)

① 조세지출예산제도는 조세지출의 투명성과 항구성 · 지속성을 제고하는 장점이 있다.

② 통합재정은 일반회계, 특별회계, 기금을 모두 포괄하며, 재정 활동의 전모를 파악할 수 있도록 융자지출을 통합재정수지의 계산에 포함하고 있다.

③ 성인지 예산제도는 각 지출부처가 기획재정부와 여성가족부의 지휘 아래 대부분의 재정사업에 대해 성인지 예산서 · 결산서를 작성하도록 하고 있다.

④ 예비타당성 조사는 대규모 건설사업, 정보화사업, 연구개발사업 등을 대상으로 하며, 교육 · 보건 · 환경 분야 등에는 아직 적용되지 않고 있다.

해설 ① 한 번 만들어진 조세지출은 항구성 · 지속성을 지닌다는 단점이 있다. 조세감면의 구체적인 내역을 예산구조를 통해 밝히므로, 조세지출의 투명성을 제고하는 장점이 있다. ③ 각 지출부처가 기획재정부의 지휘 아래 성평등 기대효과, 성과목표, 성별 수혜분석 등의 재정사업에 대해 성인지 예산서 · 결산서를 작성하도록 하고 있다. ④ 예비타당성 조사는 교육 · 보건 · 환경 분야 등에도 적용된다.

45 **총액배분 · 자율편성제도에 대한 설명으로 옳지 않은 것은?** (지방9, 2018)

① 전략기획과 분권 확대를 예산편성 방식에 도입하기 위해 실시하고 있다.

② 각 중앙부처는 소관 정책과 우선순위에 입각해 연도별 재정 규모, 분야별 · 부문별 지출한도를 제시한다.

③ 지출한도가 사전에 제시되기 때문에 부처의 재정사업에 대한 책임과 권한을 강화할 수 있다.

정답 40 ① 41 ③ 42 ① 43 ② 44 ② 45 ②

④ 부처의 재량을 확대하였지만 기획재정부는 사업별 예산통제 기능을 유지하고 있다.

해설 연도별 재정 규모, 분야별・부문별 지출의 한도제는 중앙예산기관인 기획재정부의 권한이며, 기획재정부에서 정한 지출의 한도 내에서 중앙부처는 자율적으로 예산을 편성한다.

46 **예비타당성 조사에 대한 설명으로 옳은 것은?** (지방9, 2019)

① 기존에 유지된 타당성 조사의 문제점을 보완하기 위해 2013년부터 도입하였다.

② 신규 사업 중 총사업비가 300억 원 이상인 사업은 예비타당성 조사대상에 포함된다.

③ 중앙행정기관의 장은 예비타당성 조사를 실시하고 기획재정부장관과 그 결과를 협의해야 한다.

④ 조사대상 사업의 경제성, 정책적 필요성 등을 종합적으로 검토하여 그 타당성 여부를 판단한다.

해설 ① 예비타당성 조사는 기존 타당성 조사의 문제점을 보완하기 위해 1999년부터 도입하였다. ② 신규 사업 중 총사업비가 500억 원 이상인 사업이 예비타당성 조사대상에 들어간다. ③ 예비타당성 조사를 실시하는 조사주체는 기획재정부장관이다.

47 **다음은 「국가재정법」상 예비타당성 조사에 대한 내용이다. (가)와 (나)에 들어갈 숫자로 옳은 것은?** (지방9, 2022)

> 기획재정부장관은 총사업비가 (가) 억 원 이상이고 국가의 재정지원 규모가 (나) 억 원 이상인 신규 사업으로서 건설공사가 포함된 사업 등에 대한 예산을 편성하기 위하여 미리 예비타당성 조사를 실시하고, 그 결과를 요약하여 국회 소관 상임위원회와 예산결산특별위원회에 제출하여야 한다.

	(가)	(나)
①	300	100
②	300	200
③	500	250
④	500	300

해설 예비타당성 조사는 총사업비가 500억 원 이상이고, 국가의 재정지원 규모가 300억 원 이상인 건설공사가 포함된 사업, 지능정보화 사업, 국가연구개발사업, 기타 보건・복지・교육・노동・문화・관광・환경사업 등의 신규사업을 대상으로 한다.

48 **정부 예산편성에 대한 설명으로 옳지 않은 것은?** (지방7, 2022)

① 국가재정운용계획은 중・장기적 국가비전과 정책 우선순위를 고려한 계획으로

단년도 예산편성의 기본틀이 된다.

② 기획재정부는 예산안 편성 시 사전에 지출한도를 설정하고 각 중앙부처는 그 한도 내에서 예산을 자율적으로 편성한다.

③ 기획재정부는 예비타당성 조사를 실시하여 정치 · 경제적 이해관계가 배제될 수 있도록 예산배분의 타당성을 검토한다.

④ 각 중앙관서의 장은 완성에 2년 이상이 소요되는 사업으로서 대통령령으로 정하는 대규모사업에 대하여는 그 사업규모 · 총사업비 및 사업기간을 정하여 미리 기획재정부장관과 협의해야 한다.

해설 예비타당성 조사는 경제적 타당성 이외에도 정책적 타당성 등을 종합적으로 판단하기 때문에 정치 · 경제적 이해관계를 배제하지 않는다.

49 정부회계에 대한 설명으로 옳지 않은 것은? (지방9, 2022)

① 국가회계는 디브레인(dBrain) 시스템을 통해, 지방자치단체회계는 e-호조 시스템을 통해 처리된다.

② 재무회계는 현금주의 단식부기 회계 방식이, 예산회계는 발생주의 복식부기 방식이 적용된다.

③ 발생주의에서는 미수수익이나 미지급금을 자산과 부채로 표시할 수 있다.

④ 재무제표는 거래가 발생하면 차변과 대변 양쪽에 동일한 금액으로 이중기입하는 복식부기 방식을 채택하고 있다.

해설 재무회계는 발생주의 복식부기 방식이 적용되며, 예산회계는 현금주의 단식부기 회계 방식이 적용된다.

50 정부회계의 기장 방식에 대한 설명으로 옳지 않은 것은? (국가9, 2018)

① 단식부기는 발생주의 회계와, 복식부기는 현금주의 회계와 서로 밀접한 연계성을 갖는다.

② 단식부기는 현금의 수지와 같이 단일 항목의 증감을 중심으로 기록하는 방식이다.

③ 복식부기에서는 계정 과목 간에 유기적 관련성이 있기 때문에 상호 검증을 통한 부정이나 오류의 발견이 쉽다.

④ 복식부기는 하나의 거래를 대차 평균의 원리에 따라 차변과 대변에 동시에 기록하는 방식이다.

해설 단식부기는 현금주의 회계와, 복식부기는 발생주의 회계와 서로 밀접한 연계성을 갖는다.

정답 46 ④ 47 ④ 48 ③ 49 ② 50 ①

51 **중앙정부 결산보고서상의 재무제표로 옳은 것은?** (국가9, 2022)

① 손익계산서, 순자산변동표, 현금흐름표
② 대차대조표, 재정운영보고서, 이익잉여금처분계산서
③ 재정상태표, 재정운영표, 순자산변동표
④ 재정상태보고서, 순자산변동표, 현금흐름보고서

해설 「국가재정법」상 중앙정부의 결산보고서에는 재정상태표, 재정운영표, 순자산변동표가 포함되어 있다.

52 **재정준칙에 대한 설명으로 옳지 않은 것은?** (지방7, 2022)

① 국가채무준칙은 재정건전성을 확보하기 위해 국가채무 규모에 상한선을 설정한다.
② 재정수지준칙은 경기변동과 무관하게 설정되므로 경제 안정화를 오히려 저해할 수 있다.
③ 재정지출준칙은 경제성장률이나 재정적자 규모의 예측에 의존하지 않는다.
④ 재정수입준칙은 조세지출을 우회적으로 활용함으로써 재정건전성이 훼손될 가능성이 있다.

해설 재정지출준칙은 조세지출 등 감세 요인을 통제하여 재정지출의 증가 요인을 억제하여 재정건전성을 확보하기 위한 준칙으로 조세지출을 우회적으로 활용하는 것을 차단할 수 있다.

53 **A 예산제도에서 강조하는 기능은?** (지방9, 2020)

A 예산제도는 당시 미국의 국방장관이었던 맥나마라(R. McNamara)에 의해 국방부에 처음 도입되었고, 국방부의 성공적인 예산개혁에 공감한 존슨(L. B. Johnson) 대통령이 1965년에 전 연방정부에 도입하였다.

① 통제 ② 관리
③ 기획 ④ 감축

해설 계획예산제도(PPBS)는 기획과 예산을 연계시키고 한정된 자원을 합리적으로 배분하기 위해 도입된 제도이다. 통제 기능은 품목별 예산에서, 관리 기능은 성과주의 예산에서, 감축 기능은 영기준 예산에서 강조한 기능이다.

54 **예산제도에 대한 설명으로 옳지 않은 것은?** (국가7, 2022)

① 영기준 예산제도는 예산배분의 관행을 인정하지 않는 제도로서 미국의 민간기업 Texas Instruments에서 처음 시작되었고, 1970년대 미국 연방정부에 도입되었다.

② 계획예산제도는 장기적 계획, 사업, 예산을 연결시키는 제도로서 미국에서 베트남 전쟁, 위대한 사회 프로그램 등 정부 예산이 팽창하던 1960년대에 도입·운영되었다.

③ 성과주의 예산제도는 산출 이후의 성과에 관심을 가지며 예산집행의 재량과 결과에 대한 책임을 강조하는 제도로서 1950년대 연방정부를 비롯해 지방정부에 확산되었다.

④ 품목별 예산제도는 예산을 지출대상별로 분류해 편성하는 통제 지향적 제도로서 1920년대 대부분 미국 연방 부처가 도입하였다.

해설 성과주의 예산제도는 예산집행에 있어서 재량을 부여했다고 보기 어렵다. 예산집행에 있어서의 재량권은 1980년대에 등장한 신성과주의 예산제도라 할 수 있다.

55 예산제도에 대한 설명으로 옳지 않은 것은? (국가9, 2020)

① 품목별 예산제도는 일에 대한 정보를 제공하며, 세입과 세출의 유기적 연계를 고려한다.

② 성과주의 예산제도는 업무량과 단위당 원가를 곱하여 예산액을 산정한다.

③ 계획예산제도는 비용·편익분석 등을 활용함으로써 자원배분의 합리화를 추구한다.

④ 영기준 예산제도는 예산편성에서 의사결정 단위(decision unit) 설정, 의사결정 패키지 작성 등이 필요하다.

해설 품목별 예산제도는 세출통제를 위해 품목 중심으로 예산을 편성하므로 일에 대한 정보를 제공하지 못하며, 세입과 세출의 유기적인 연계를 고려하지 못하는 한계가 있다.

56 1980년대 이후 주요 국가들의 예산개혁에 대한 설명으로 옳은 것은? (국가7, 2019)

① 성과주의 예산제도는 재정사업에 대한 투입보다는 그 결과에 대한 관심을 강조하고 있으나, 정작 성과측정, 사업원가 산정, 성과-예산의 연계 등에서 여전히 많은 난관이 있다.

② 중기재정계획은 단년도 예산의 장점인 안정성과 일관성보다는 재정건전성 등 중장기적 거시 재정목표의 효과적인 추구를 위해 도입되었다.

③ 하향식 예산편성제도는 추계한 예산총량을 전략적 우선순위에 따라 먼저 부문별·부처별로 배분하여 예산의 기술적 효율성(technical efficiency)의 제고를 우선적인 목적으로 한다.

④ 총액배분·자율편성예산제도는 기획재정부가 부문별·부처별로 예산상한을 할당하는 집권화된 예산편성 방식으로, 부처의 사업별 재원배분에 대한 보다 세밀한

정답 51 ③ 52 ④ 53 ③ 54 ③ 55 ① 56 ①

관리 · 통제 필요성에 따라 도입되었다.

해설 ② 안정성과 일관성은 단년도 예산이 아니라 중기재정계획의 장점이다. ③ 총량적 재정규율이나 배분적 효율성의 제고를 우선적인 목적으로 한다. ④ 부처의 사업별 통제 기능은 유지하지만 세밀한 관리 · 통제는 하지 않는다.

57 품목별 예산제도에 대한 설명으로 옳은 것은? (국가9, 2019)

① 지출을 통제하고 공무원들로 하여금 회계적 책임을 쉽게 확보할 수 있는 데 용이하다.

② 미국 케네디 행정부의 국방장관인 맥나마라(R. McNamara)가 국방부에 최초로 도입하였다.

③ 거리 청소, 노면 보수 등과 같이 활동 단위를 중심으로 예산재원을 배분한다.

④ 능률적인 관리를 위하여 구성원의 참여를 촉진한다는 점에서는 목표에 의한 관리(MBO)와 비슷하다.

해설 ② 계획예산제도(PPBS)에 해당하는 내용이다. ③ 성과주의 예산(PBS)을 의미한다. ④ 품목별 예산제도는 능률적인 관리를 강조하지만 구성원의 참여를 촉진하지는 않는다.

58 예산제도의 유형에 대한 설명으로 옳지 않은 것은? (지방7, 2018)

① 품목별 예산제도(LIBS)는 예산집행에 대한 회계책임을 명백히 하고 경비사용을 엄격하게 통제한다.

② 계획예산제도(PPBS)의 주요한 관심 대상은 사업의 목표이나, 투입과 산출에도 관심을 둔다.

③ 목표관리 예산제도(MBO)의 도입 취지는 불요불급한 지출을 억제하고 감축관리를 지향하는 데 있다.

④ 성과주의 예산제도(PBS)에서는 국민과 의회가 정부의 사업 내용과 목적을 이해하는 데 편리하다.

해설 ③ 영기준 예산(ZBB)에 대한 설명이다. MBO는 조직의 효율성을 향상시키고자 하는 관리기법이다.

59 예산제도에 대한 설명으로 옳지 않은 것은? (지방9, 2021)

① 품목별 예산제도는 행정부의 재량권을 확대하기 위해 도입되었다.

② 성과주의 예산제도에서는 사업의 단위원가를 기초로 예산을 편성한다.

③ 계획예산제도에서는 장기적인 기획과 단기적인 예산편성을 연계하여 합리적 예산배분을 시도한다.

④ 영기준 예산제도는 예산을 편성할 때 전년도 예산에 구애받지 않는다.

해설 품목별 예산제도는 행정부의 재량권 남용을 방지하기 위하여 도입되었다.

60 다음 설명에 해당하는 예산제도는? (지방9, 2018)

- 합리적 선택을 강조하는 총체주의 방식의 예산제도이다.
- 조직구성원의 참여가 상대적으로 높은 분권화된 관리 체계를 갖는다.
- 예산편성에 비용 · 노력의 과다한 투입을 요구한다는 비판을 받는다.

① 성과주의 예산제도 ② 계획예산제도
③ 영기준 예산제도 ④ 품목별 예산제도

해설 제시문은 영기준 예산제도에 대한 설명이다.

61 다음의 단점 혹은 한계로 인하여 정착이 어려운 예산제도는? (국가7, 2021)

- 사업구조를 작성하는 것이 어렵다.
- 결정구조가 집권화되는 문제가 있다.
- 행정부처의 직원들이 복잡한 분석 기법을 이해하기 어렵다.

① 품목별 예산제도 ② 성과주의 예산제도
③ 계획예산제도 ④ 영기준 예산제도

해설 계획예산제도(PPBS)는 사업구조의 작성이 어렵고 조직의 최고관리층이 하향적으로 주도하여 집권화도는 문제를 가지고 있으며, 비용 · 편익분석과 같은 복잡한 분석기법을 요구한다.

62 예산제도에 대한 설명으로 옳은 것은? (지방7, 2021)

① 주민참여예산제도는 정부가 지역주민에 대해 비과세, 감면, 공제 등 세제상 각종 유인장치를 통해 간접적 지원을 해주는 제도이다.
② 예비타당성 조사는 총사업비와 국가의 재정지원 규모가 일정 금액 이상인 신규사업 중 특정 요건에 해당하는 경우에 실시하며, 국회가 의결로 요구하는 사업에 대해서도 실시하여야 한다.
③ 예산성과금은 수입이 증대되거나 지출이 절약된 때에 이에 기여한 자에게 지급할 수 있으며 절약된 예산은 다른 사업에 사용할 수 없다.
④ 총사업비 관리제도는 소요 기간에 관계없이 고속도로, 국도 등 일정 규모 이상의

정답 57 ① 58 ③ 59 ① 60 ③ 61 ③ 62 ②

대규모 사업의 경우, 사업 규모・총사업비 및 사업기간 등을 정하여 미리 기획재정부장관과 사전협의할 것을 요구한다.

해설 ① 조세지출제도에 대한 설명이다. ③ 예산성과금으로 절약된 예산은 다른 사업에 사용할 수 있다. ④ 총사업비 관리제도는 소요기간이 2년 이상인 사업으로서 일정 규모 이상의 대규모 사업에 적용된다.

63 지방재정의 구성 요소 중 의존재원의 기능으로 적절하지 않은 것은? (국가7, 2018)

① 지방자치단체에 대한 유도・조정을 통한 국가차원의 통합성 유지

② 지방재정의 안정성 확보

③ 지방재정의 지역 간 불균형 시정

④ 지방자치단체의 다양성과 지방분권화 촉진

해설 의존재원은 지방자치단체의 다양성과 지방분권화를 저해한다.

64 지방재정의 세입항목 중 자주재원에 해당하는 것은? (지방9, 2020)

① 지방교부세 ② 재산임대수입

③ 조정교부금 ④ 국고보조금

해설 지방교부세과 국고보조금은 중앙정부로부터 받는 의존재원이며, 조정교부금은 상위의 지방자치단체로부터 받는 의존재원에 해당한다.

65 지방채에 대한 설명으로 옳은 것은? (국가7, 2018)

① 지방자치단체조합의 장은 지방채를 발행할 수 없다.

② 이미 발행한 지방채의 차환을 위해서 지방자치단체의 장은 지방채를 발행할 수 없다.

③ 제주특별자치도지사는 제주특별자치도의 발전과 관계가 있는 사업을 위하여 필요하면 도의회 의결을 마친 후 외채 발행과 지방채 발행 한도액의 범위를 초과한 지방채 발행을 할 수 있다.

④ 외채를 발행할 경우에는 지방채 발행 한도액 범위더라도 지방의회의 의결을 거치기 전에 기획재정부장관의 승인을 받아야 한다

해설 ① 지방자치단체조합의 장은 지방채를 발행할 수 있다. ② 이미 발행한 지방채의 차환을 위해서 지방자치단체의 장은 지방채를 발행할 수 있다. ④ 외채를 발행할 경우, 지방채 발행 한도액 범위더라도 지방의회의 의결을 거치기 전에 행정안전부장관의 승인을 받아야 한다.

66 지방교부세에 대한 설명으로 옳지 않은 것은? (국가9, 2022)

① 지역 간 재정력 격차를 완화시키는 재정 균등화 기능을 수행한다.
② 보통교부세, 특별교부세, 부동산교부세, 소방안전교부세로 구분한다.
③ 신청주의를 원칙으로 하며 각 중앙관서의 예산에 반영되어야 한다.
④ 부동산교부세는 종합부동산세를 재원으로 하며 전액을 지방자치단체에 교부한다.

해설 국고보조금의 경우 중앙정부가 선정한 사업에 대해 지방자치단체가 신청을 하고 각 중앙관서의 예산에 반영되어야 한다. 반면에, 지방교부세의 경우 지방자치단체의 신청없이 교부한다.

67 지방재정에 대한 설명으로 옳지 않은 것은? (지방9, 2021)

① 재정자립도는 일반회계 세입 중 지방세와 세외수입이 차지하는 비중을 말한다.
② 국고보조금은 지방재정운영의 자율성을 제고한다.
③ 지방교부세는 지역 간의 재정 불균형을 시정하기 위한 제도이다.
④ 지방자치단체는 재해예방 및 복구사업에 경비를 조달하기 위해서 지방채를 발행할 수 있다.

해설 국고보조금은 지방교부세와 달리 특정재원으로 재정상의 통제를 받으므로 지방재정운영의 자율성을 약화시킨다.

68 특별시·광역시의 보통세와 도의 보통세에 공통적으로 속하는 세목만을 모두 고르면? (지방9, 2022)

ㄱ. 지방소득세	ㄴ. 지방소비세
ㄷ. 주민세	ㄹ. 레저세
ㅁ. 재산세	ㅂ. 취득세

① ㄱ, ㄴ, ㄹ
② ㄱ, ㄷ, ㅁ
③ ㄴ, ㄹ, ㅂ
④ ㄷ, ㅁ, ㅂ

해설 특별시·광역시의 보통세는 취득세, 주민세, 자동차세, 담배소비세, 레저세, 지방소비세, 지방소득세이며, 도의 보통세는 취득세, 등록면허세, 레저세, 지방소비세이다.

정답 63 ④ 64 ② 65 ③ 66 ③ 67 ② 68 ③

69 **지방재정조정제도 중 「지방교부세법」에서 규정하고 있지 않은 것은?** (지방9, 2018)

① 소방안전교부세 ② 보통교부세
③ 조정교부금 ④ 부동산교부세

해설 조정교부금은 「지방재정법」에 규정되어 있다.

70 **지방자치단체의 예비비에 대한 설명으로 옳지 않은 것은?** (지방9, 2021)

① 예측할 수 없는 예산 외의 지출에 충당하기 위하여 예산에 계상한다.
② 일반회계의 경우 예산총액의 100분의 1 이내의 금액을 예비비로 계상하여야 한다.
③ 지방의회의 예산안 심의 결과 감액된 지출항목에 대해 예비비를 사용할 수 있다.
④ 재해·재난 관련 목적 예비비는 별도로 예산에 계상할 수 있다.

해설 지방자치단체의 장은 지방의회의 예산안 심의 결과 폐지되거나 감액된 지출항목에 대해서는 예비비를 사용할 수 없다.

71 **다음 사례에 대한 설명으로 옳은 것은?** (지방7, 2020)

> 2013년 환경부는 상수도 낙후지역에 사는 국민이 안심하고 마실 수 있는 수돗물을 공급하기 위해 총사업비 8,833억 원(국비 30%, 지방비 70%)을 들여 '상수관망 최적관리시스템 구축사업'을 추진한다고 발표하였다. 그러나 A시는 상수도 사업을 자체관리하기로 결정하고, 당초 요청하기로 계획했던 국고보조금 56억 원을 신청하지 않았다.

① 만약 A시가 이 사업에 참여하여 당초 요청하기로 계획했던 보조금이 그대로 배정된다면, A시가 부담해야 하는 비용은 총 56억 원이다.
② 상수관망을 통해 공급되는 수돗물과 민간재인 생수가 모두 정상재(normal goods)라고 가정하면, 환경부의 사업 보조금은 수돗물과 생수의 공급수준을 모두 증가시키는 소득효과만을 유발시킨다.
③ 이 사례에서와 같은 보조금은 지역 간에 발생하는 외부효과를 시정하거나 중앙정부의 특정 목적을 달성하기 위해 운영된다.
④ A시가 신청하지 않은 보조금은 일반정액보조금에 해당한다.

해설 ① 중앙정부가 부담하는 비용이 56억 원이다. ② 상수관망 구축사업은 소득효과와 대체효과 모두 유발시킨다. ④ 위 사례의 경우 국비 30%, 지방비 70%와 같은 정률보조금 방식을 사용하고 있다.

72 **오츠(W. E. Oates)의 분권화정리가 성립하기 위한 조건에 대한 설명으로 옳은 것만을 모두 고르면?** (국가7, 2021)

> ㄱ. 중앙정부의 공공재 공급 비용이 지방정부의 공공재 공급 비용보다 더 적게 든다.
> ㄴ. 공공재의 지역 간 외부효과가 없다.
> ㄷ. 지방정부가 해당 지역에서 파레토 효율적 수준으로 공공재를 공급한다.

① ㄱ　　② ㄷ
③ ㄱ, ㄴ　　④ ㄴ, ㄷ

해설 분권화정리는 각 구역에서 사용될 공공재 공급비용이 중앙정부나 해당 지방정부에서 동일하다는 것을 가정한다.

73 **티부(Tiebout) 모형의 전제조건으로 옳지 않은 것은?** (지방9, 2022)

① 시민의 이동성
② 외부효과의 배제
③ 고정적 생산요소의 부존재
④ 지방정부 재정패키지에 대한 완전한 정보

해설 티부 모형은 한 가지 이상의 고정적 생산 요소가 존재한다고 가정한다.

74 **우리나라 지방재정조정제도에 대한 설명으로 옳은 것은?** (지방7, 2021)

① 「지방교부세법」상 지방교부세는 보통교부세, 특별교부세, 부동산교부세 및 소방안전교부세로 구분된다.
② 지방교부세는 중앙정부가 국가 사무를 지방정부에 위임하거나 지방정부가 추진하는 사업 경비의 전부 또는 일부를 보조하거나 지원하기 위한 제도이다.
③ 조정교부금은 전국적 최소한 동일 행정서비스 수준 보장을 위해 중앙정부가 내국세의 일정 비율을 자치단체에 배분하는 것이다.
④ 지방교부세 대비 국고보조금의 비중 증가는 지방재정의 자율성을 강화한다.

해설 ② 국고보조금에 대한 설명이다. ③ 지방교부세에 대한 설명이다. ④ 지방교부세 대비 국고보조금의 비중 증가는 지방재정의 자율성을 약화시킨다.

정답 69 ③ 70 ③ 71 ③ 72 ④ 73 ③ 74 ①

75 **현행 지방세의 탄력세율 제도에 대한 설명으로 옳은 것만을 모두 고르면?**

(지방7, 2022)

> ㄱ. 지방세 일부 세목의 세율에 대해 일정 범위 내에서 지방자치단체가 자율적으로 결정할 수 있다.
> ㄴ. 레저세, 지방소비세는 탄력세율이 적용되지 않는다.
> ㄷ. 조례로 담배소비세, 주행분 자동차세에 대해 표준세율의 50 %를 가감하는 방식과 같이 일정 비율을 가감하는 방식이 주로 활용된다.

① ㄱ ② ㄱ, ㄴ
③ ㄴ, ㄷ ④ ㄱ, ㄴ, ㄷ

해설 탄력세율은 일률적으로 일정비율을 가감하는 방식이라 아니라 법정표준세율에서 일정 비율의 범위 내에서 자율적으로 가감하는 방식이 주로 활용된다.

정답 75 ②

응용을 통한 **심화 학습**

01 우리나라 정부 예산의 성격에 관한 설명 중 올바른 것은?

① 예산 불성립 시에는 가예산제도를 활용하고 있다.
② 세입예산의 금액은 법적인 구속력을 가지지 않는다.
③ 조세법률주의에 대한 포괄적인 예외 조항을 허용한다.
④ 세출예산의 수치는 법률의 형식으로 결정되지 않아 구속력을 갖지 않는다.

해설 ① 예산 불성립 시에는 준예산제도를 활용한다. ③ 조세법률주의에 대한 예외 조항은 거의 없다. ④ 세입과 달리 세출예산은 법적 구속력을 가진다.

02 우리나라 중앙예산기구의 역할에 대한 설명 중 잘못된 것은?

① 중앙정부 각 부처의 성과계획서 작성을 총괄한다.
② 10개년 기준의 국가재정운용계획을 수립하고 있다.
③ 예산편성지침과 부처별 예산 한도액을 지시한다.
④ 기금운용계획서를 국회에 제출한다.

해설 국가재정운용계획은 5개년계획으로 수립되고 있다.

03 회계연도에 대한 기술 중 적절한 것은?

① 모든 국가에서 회계 기간은 1년이다.
② 연도를 구분해 운영하는 것을 '회계연도 개별 운영 원칙'이라고 한다.
③ 우리나라의 지방정부는 재정순기상 중앙정부의 회계연도와 일치시키지 않는다.
④ 특정 기간의 세입 세출은 다른 기간에는 효력이 없다.

해설 ① 2년 이상의 다년도 회계연도를 적용하는 국가도 있다. ② 회계연도 독립의 원칙이다. ③ 우리나라의 지방정부 회계연도는 중앙정부의 회계연도와 일치된다.

정답 01 ② 02 ② 03 ④

04 행정부가 입법부에 제출하는 예산서(안)의 구성 요소가 아닌 것은?

① 예산 총칙
② 세입 · 세출예산
③ 사고이월비
④ 명시이월비

해설 사고이월비 항목은 없다. 계속비는 포함된다.

05 예산의 전통적 원칙을 강화하기 위한 정부의 재정개혁 조치와 거리가 있는 것은?

① 특별회계 규모의 감축
② 기금운용계획서의 국회 제출
③ 총액배분 · 자율편성제도
④ 예산결산위원회 상설화

해설 ③은 부처의 예산편성권과 집행 재량을 확대하기 위한 조치다. 예산의 전통적 원칙은 행정부 예산 과정에 대한 국회의 통제를 강화하는 조치들로 구성된다.

06 특별회계의 성격에 대한 기술 중 잘못된 것은?

① 담당 재정운영 주체의 자율성이 증대되어 재정의 효율성을 높일 수 있다.
② 정부의 전문적인 행정 영역이 많아 최근 적극적으로 활성화되고 있다.
③ 우리나라 중앙정부의 특별회계는 기업특별회계와 기타특별회계로만 구분된다.
④ 특별회계는 일반회계와 기금의 중간 정도에 위치하는 성격을 가진다.

해설 특별회계는 예산 통일의 원칙에 예외이며, 축소해야 한다는 것이 일반적 의견이다.

07 예산의 경제 성질별 분류에 대한 설명 중 적절하지 못한 것은?

① 국민경제의 기본 요소인 소비와 저축 등을 중심으로 예산을 분류한다.
② 재정 충격 지표나 완전고용 예산도 경제적 분류 방식에 속한다.
③ 우리나라는 통합예산 형식에서 수용하고 있다.
④ 소득분배에 미치는 영향과 정책 방향을 체계적으로 제시한다.

해설 소득분배나 산업부문 간 영향효과와 관련된 정보는 제공하지 못한다.

08 예산의 이용 · 전용 · 이체에 대한 설명 중 올바른 것은?

① 예산집행의 신축성을 유지하기 위해 보편적으로 활용하고 있는 규정이다.
② 인건비, 국가배상금 등 당연히 지출할 필요가 있는 경비에 한해 예산총칙에서 예산의 전용을 허용한다.
③ 예산의 전용을 위해서는 예외없이 기획재정부장관의 승인이 필요하다.
④ 예산의 이체는 법령의 제정으로 조직 변동이 있을 때 사용한다.

해설 ① '보편적'인 것이 아니라 예산원칙의 '예외적' 규정이다. ② 예산 이용에 해당한다. ③ 부처 자율성 제고를 위해 일부를 중앙관서장에게 위임한다.

09 「국가재정법」에 명시된 예비비 제도에 대한 설명 중 잘못된 것은?

① 세출예산의 1% 이상은 예비비로 편성해야 한다.
② 예산 한정성의 원칙에 대한 예외 사항이다.
③ 부처별 구분 없이 기획재정부장관이 총괄적으로 관리한다.
④ 예비비를 사용하기 위해서는 국무회의 심의와 대통령의 승인이 필요하다.

해설 「국가재정법」 제22조에서는 세출예산의 1% '이내'에서 예비비를 편성하도록 규정한다.

10 기금과 일반예산에 대한 설명 중 잘못된 것은?

① 기금과 일반예산 모두 국회의 결산 심의를 받아야 한다.
② 기금과 일반예산 모두 국회의 심의·의결로 확정된다.
③ 기금의 운용계획 변경은 국회의 의결 없이 자율적으로 가능하다.
④ 기금과 예산 모두 국회 본회의에서 12월 2일까지 의결되어야 한다.

해설 주요 지출 항목 금액의 20% 이상(금융성 기금은 30%) 변경 시 국회 의결이 필요하다.

11 재정의 국민 경제적 효과를 종합적으로 파악하는 데 유용한 예산제도는?

① 자본예산
② 영기준 예산
③ 조세지출예산
④ 통합예산

해설 IMF 기준에 따라 국민 계정을 통한 통합재정수지를 체계화한다.

12 예산결정을 거시적 결정과 미시적 결정으로 구분할 때 거시적 접근과 관계가 가장 깊은 예산제도는?

① 기획예산제도(PPBS)
② 영기준 예산제도(ZBB)
③ 목표관리(MBO)
④ 품목별 예산제도

해설 PPBS는 중기전략계획에 따라 예산을 총괄적으로 배분하는 하향식 접근의 대표적인 사례다.

정답 04 ③ 05 ③ 06 ② 07 ④ 08 ④ 09 ① 10 ③ 11 ④ 12 ①

13 **자본예산제도에 대한 설명으로 잘못된 것은?**

① 정부의 순자산 상태 변화를 파악하는 데 유익하다.
② 적자재정을 은폐하고 인플레이션을 유발할 가능성이 있다.
③ 세대 간 재원 분담을 적용할 때 효과적이다.
④ 정치인의 선심성 지역구 사업을 최소화할 수 있다.

해설 자본예산은 적자 공채 발행을 정당화시켜 재정건전성을 악화시킬 수 있다. 이에 따라 정치적으로 선심성 낭비 사업도 타당성을 확보할 수 있는 위험 요소가 내재되어 있다.

14 **총체적 예산결정 접근과 가장 밀접한 개념은?**

① 재정민주주의 ② 분절과 형평
③ 참여와 공개 ④ 목표관리와 전략기획

해설 총체적 예산결정에서는 합리적이고 객관적으로 설정된 기준에 따라 전략적으로 목표달성을 위한 자원배분을 강조한다.

15 **점증주의적 예산결정 방법과는 거리가 있는 것은?**

① 선례 중심의 예산 변동 ② 경기 조절에 민감한 예산운용
③ 예산 과정의 예측 가능성 제고 ④ 대안 탐색 비용 절감

해설 점증주의 방식은 전례답습적 경향으로 인해 재정정책 기능을 수행하는 데는 한계가 있다.

16 **사고이월에 해당하지 않는 경비는?**

① 연도 내 지출을 마감하지 못해 부득이 국회에 이월 승인을 받은 경비
② 연도 내 지출원인행위를 하지 못한 부대경비
③ 경상적 경비로서 대통령이 정한 이월 가능 경비
④ 공공사업의 손실보상비로 연도 내 지출하지 못한 경비

해설 ①은 명시이월비이다.

17 **예산집행의 신축성 보장 수단이 아닌 것은?**

① 이용과 전용, 추가경정예산 ② 지출특례, 국고채무부담행위
③ 이월비, 계속비, 회계보고 ④ 예산이체, 전용, 수입특례

해설 회계보고는 통제 장치다.

18 **「국가재정법」에 따른 정부 예산 회계 운영에 대한 내용 중 잘못된 것은?**

① 5년 이상의 기간에 대한 국가재정운용계획을 국회에 제출해야 한다.
② 국세를 감면할 수 있는 총액이 비율로 제한된다.
③ 세계잉여금은 채무 상환에 우선적으로 사용되어야 한다.
④ 총액배정·자율예산제도에 따라 한도 내에서 부처가 소관 예산 규모를 결정한다.

해설 총액배정·자율예산제도를 도입해 개별 부처의 예산편성 자율성은 확대되었다. 하지만, 정부예산안을 국회에 제출할 때는 기획재정부가 종합·조정하는 기존의 기능은 그대로 유지된다.

19 **정부의 예산편성에 관한 내용에서 현행 제도와 다른 것은?**

① 감사원의 세출예산요구액을 감액하고자 할 때는 감사원장 의견을 구해야 한다.
② 독립기관의 예산을 편성할 때 해당 독립기관의 의견을 최대한 존중해야 한다.
③ 예비타당성 조사대상은 기획재정부장관이 직권 선정할 수 없다.
④ 행정안전부장관은 소속 부처 총액계상사업의 세부사업 시행계획과 세부집행 실적을 국회 예산결산특별위원회에 제출해야 한다.

해설 해당 중앙관서장의 신청이 없어도 기획재정부장관이 직권 신청할 수 있다.

20 **우리나라 국회의 예산심의에 대한 설명 중 잘못된 것은?**

① 국회는 예산결정의 주도자는 아니며 오히려 수동적 역할에 그친다.
② 국회 상임위의 심의 결과들이 최종 예산에 대부분 반영된다.
③ 예산결산특별위원회가 상설화되어 예산심의의 전문성이 제고될 수 있다.
④ 예산심의를 위한 예비적인 학습 활동으로서 국정감사가 먼저 시작된다.

해설 우리나라 국회 예산심의 과정에서 상임위원회 심의 결과는 참고사항에 불과하며 예산결산특별위원회의 심의 결과가 대부분 반영된다.

21 **우리나라 국회의 예산 과정에 대한 설명 중 올바른 것은?**

① 국회 상임위원회 심의에서는 소관 부처 예산을 대폭 삭감한다.
② 예산결산특별위원회 심의는 기획재정부장관의 제안 설명으로 시작된다.
③ 예산결산특별위원회는 정기국회 때 한시적으로 운영된다.
④ 기금예산에 대해서도 국회의 승인이 필요하다.

해설 ① 예산심의 결과를 분석하면 국회 상임위원회가 소관 부처의 이익을 대변해 부처 예산을 오히

정답 13 ④ 14 ④ 15 ② 16 ① 17 ③ 18 ④ 19 ③ 20 ② 21 ④

려 증가시키는 경향이 있다. ② 예산결산특별위원회에서 제안 설명은 국무총리가 담당한다. ③ 국회의 예산결산특별위원회는 상설화되어 있다.

22 기획재정부의 총액배분 · 자율편성예산제도에 대한 설명으로서 잘못된 것은?

① 국회 예산심의 과정에서는 부처별 총액 한도가 적용되지 않는다.
② 과거 예산 부풀리기와 대폭식 예산 삭감 사정의 병리가 완화되었다.
③ 주어진 한도 내에서 소관 부처의 예산편성 자율성이 제도적으로 완전히 보장된다.
④ 원칙적으로 부처별 예산 한도는 국가재정운용계획과 연계해서 설정된다.

해설 부처의 의견은 존중하지만 기획재정부 예산실에서 예산사정 작업은 과거와 같이 유지된다.

23 정부회계에서 복식부기가 단식부기보다 유리하다는 근거는?

① 시민들의 예산 참여 용이
② 거래의 자기 검정 기능
③ 항목별 예산지출 관리 용이
④ 국회 예산심의 과정의 간편한 지원

해설 ②를 제외한 나머지는 단식부기의 장점이다.

24 발생주의 복식부기 방식의 정부회계가 가지는 장점이 아닌 것은?

① 대차평균 원리에 따른 자기 검증 기능으로 회계 비리에 대한 내부통제가 용이하다.
② 거래 이중성을 회계 정보화해 모든 계정 변동을 체계적으로 연결할 수 있다.
③ 단식부기를 사용할 때보다 회계관리 경비가 절약된다.
④ 정부 자산에 대한 객관적인 평가를 통해 공공자원관리의 효율화가 가능하다.

해설 회계관리 시스템을 구축하고 운영할 때 단식부기보다 비용이 많이 소요될 수 있다.

25 정부회계에서 현금주의와 비교한 발생주의의 장점으로 적절하지 못한 것은?

① 발생주의를 적용하기 위해서는 회계 공무원의 정직성이 중요하다.
② 사업원가 측정과 성과관리를 위해서는 발생주의가 유리하다.
③ 재무보고 공시를 통한 재정 투명성과 신뢰성을 높일 수 있다.
④ 현금 변동의 발생 시점에 따라 회계를 정리하는 방식이다.

해설 발생주의는 자산의 변동 및 증감의 '실질적인 발생' 사실에 따라 회계를 정리하는 방식이다.

26 결산을 위한 회계감사에 대한 설명 중 잘못된 것은?

① 회계감사의 핵심 초점은 지출의 합법성이다.
② 회계감사를 위한 기본 지침은 국회예산정책처에서 시달한다.
③ 우리나라 회계감사기관은 헌법기관으로 독립성이 보장된다.
④ 회계감사의 대상은 정부회계 기록에 국한한다.

해설 회계감사와 관련된 모든 업무는 감사원에서 수행하고 국회는 결산 승인 기능을 담당한다.

27 예산개혁에 대한 기술 중 올바른 것은?

① 품목별 예산제도는 통제 지향적인 예산개혁을 위한 것이다.
② 관리 지향적 예산개혁을 위해 미국에서는 PPBS가 도입되었다.
③ 예산의 투명성을 제고하기 위해 최근 품목별 예산제도가 강화되고 있다.
④ 목표관리 예산개혁에서는 성과에 대한 구체적 책임을 강조한다.

해설 ② PPBS는 기획 지향적 예산제도다. ③ 최근 예산제도는 결과 지향적 개혁을 위해 품목별 제도의 통제 기능을 완화하고 있다. ④ 결과 지향적 예산개혁의 내용이다.

28 지출통제 예산제도(expenditure control budget)에 대한 설명 중 잘못된 것은?

① 회계 과목을 단순화해 사업별 예산의 총액만 결정하고 집행재량은 확대한다.
② 예산결정 과정을 단순화시켜 의사결정 비용이 줄어든다.
③ 성과관리 체계가 자동적으로 확보 가능해 재정민주주의를 제고한다.
④ 기획재정부의 총액배분·자율편성예산제도도 이 범주에 포함된다.

해설 집행부의 재량이 확대되기 때문에 별도의 성과관리 체계가 필요하며, 시민들의 예산참여를 강조하는 재정민주주의와는 상충되는 측면이 있다.

29 예산제도 개혁과 관련된 기술에서 잘못된 것은?

① 성과 지향적 예산개혁에서는 현금주의 예산회계가 중요시된다.
② 성과주의 예산제도에서는 예산을 사업별·활동별로 분류한다.
③ 영기준 예산제도는 예산 관련 업무 부담 측면에서 부정적으로 평가되었다.
④ 기획예산제도(PPBS)에서는 계량화된 정책평가 기능을 강조한다.

해설 성과 지향적 예산개혁은 발생주의 복식부기 방식의 정부회계 개혁이 함께 추진된다.

정답 22 ③ 23 ② 24 ③ 25 ④ 26 ② 27 ① 28 ③ 29 ①

30 중앙과 지방정부의 재정 기능 분담 관계에서 지방정부가 유리한 기능은?

① 자원배분 기능　② 소득분배 기능
③ 경제성장 기능　④ 경제안정 기능

해설 지방정부는 생활정부로서 주민들의 선호를 좀 더 직접적으로 반영할 수 있어 자원배분의 효율성 영역에서 상대적 우위가 인정된다. 나머지는 중앙정부의 역할 비중이 높은 기능들이다.

31 티부(C. M. Tiebout)의 '발에 의한 투표' 가설에 대한 설명으로 잘못된 것은?

① 지방분권화의 효율성을 주장하는 재정 논리다.
② 주민들은 지역 간 자유로운 이동을 통해 자신이 선호하는 지방정부를 선택한다.
③ 지방정부의 적정 규모 설정에 관한 이론이다.
④ 지방공공재에 대한 주민 선호를 확인할 수 있다고 가정한다.

해설 티부 가설은 주민들이 시장에서 상품을 선택하듯이 이사를 통해 선호하는 지방정부를 선택하기 때문에 지방정부로서는 주민들의 선호에 맞는 '조세-서비스' 패키지를 제공해, 공공재원의 효율적 배분을 달성할 수 있다는 내용이다. 주민들이 선호하는 조세-서비스 패키지를 선택하는 과정에서 지방공공재에 대한 선호가 확인된다. 지방정부의 적정 규모 논의와는 관련성이 적다.

32 정부 정책에서 사용하는 지방재정자립도 지표의 산정 방식은?

① 일반회계 세입에서 지방세의 비율
② 일반회계 세입에서 지방세와 세외수입의 비율
③ 일반회계 및 특별회계 세입에서 지방세와 세외수입의 비율
④ 일반회계 세입에서 지방세와 지방교부세의 비율

해설 재정자립도는 일반회계 세입에서 자주재원의 비율로 계산한다. 자주재원은 지방세와 세외수입으로 구성된다. 자주재원과 지방교부세를 합한 규모를 합해 일반재원이라고 하는데, 지방교부세의 지출 용도에 대한 제한이 없어 재정자율성을 평가하는 대안적인 지표로 활용되기도 한다.

33 국세와 지방세의 특징에 대한 설명으로 잘못된 것은?

① 과세 기초가 지역적으로 균등하게 분포되어 있으면 지방세로 적합하다.
② 중앙정부의 세입은 대부분 국세이지만 지방재정에서 지방세 비중은 낮은 편이다.
③ 국가 목적의 조세 감면은 국세보다 지방세에 더 많이 적용되고 있다.
④ 국세는 수익 비례 원칙을 강조하고 지방세는 능력 상당 원칙에 기초한다.

해설 ④는 반대로 설명되었다.

34 **우리나라의 지방채에 대한 설명으로 잘못된 것은?**

① 지방자치단체에서 대규모 사업을 추진할 때 자주 사용하는 재원이다.
② 지방채를 발행하기 위해서는 지방의회의 승인이 필요하다.
③ 대부분의 지방채는 채권시장에서 모집공채로 발행된다.
④ 지하철을 건설할 때 해외에서 지방채를 발행하기도 했다.

해설 지방채는 국채와 비교할 때 이자율 등 발행 조건이 좋지 않아 시장 소화는 되지 못하고 '매출공채'로 강제 소화된다.

35 **지방재정조정제도 운용의 목적과 거리가 가장 먼 것은?**

① 중앙재정과 지방재정 간 수입조정
② 국가 위임사무 수행을 위한 재정 지원
③ 지방재정의 효율적 운용 유도
④ 지방자치단체 간 재정 수준의 균등화

해설 지방재정조정제도는 정부 간 수직적인 재정조정이 아니라 지방정부 간 수평적 재정조정을 위해 중앙정부가 운용하는 재정조정장치다.

36 **행정안전부가 운용하는 지방재정관리제도에 대한 설명으로 잘못된 것은?**

① 지방자치단체의 사전 예산편성 관리를 위한 지방재정분석·진단제도를 운용한다.
② 지방자치 부활을 시기와 맞물려 중앙정부의 세출관리가 강화되었다.
③ 중기지방재정계획에 포함되지 않은 사업은 원칙적으로 예산에 반영할 수 없다.
④ 300억 원 이상 투자심사 대상사업은 중앙정부의 중앙심사 대상이 된다.

해설 지방재정분석·진단제도는 예산집행 이후 결산 실적으로 운용하는 사후관리제도다.

정답 30 ① 31 ③ 32 ② 33 ④ 34 ③ 35 ① 36 ①

CHAPTER

12

전자정부

객관식으로 행정학 학습

제1절 전자정부의 의의와 발전과정

01 전자정부와 관련된 개념에 관한 설명 중 맞는 것은?

① 우리나라 「전자정부법」에서는 정보화와 전자정부를 각각 정의하고 있다.
② 미국의 IITF는 전자정부를 정보기술을 적용하여 일반국민과 기업에게 제공하는 서비스를 확대하고 서비스의 질을 향상시키는 한편, 정부 행정의 효율성을 높여 나가는 것으로 정의하고 있다.
③ 영국의 녹서에서 전자정부를 공통의 정보통신 기반 위에 하나로 연결된 각종 행정서비스를 언제, 어디서나, 어떤 방법으로든 제공할 수 있는 정부라고 정의한다.
④ 다양한 전자정부의 개념 및 특성 속에는 전자정부 실현을 통해 신속·정확한 대국민 서비스 제공, IT를 활용한 정부업무 효율화 등의 공통점을 내포하고 있다.
⑤ 대부분의 전자정부 관련 교과서에서는 정보화와 전자정부 개념을 명확히 구분하고 있다.

해설 다양한 전자정부의 개념 및 특성 속에는 전자정부의 실현을 통해 '신속·정확한 대국민 서비스 제공', 'IT를 활용한 정부업무 효율화', '업무처리 절차 재설계를 통한 정부혁신 촉진', '보편적 서비스 확대·제공을 통한 사회적 형평성 제고', '생산성 향상을 통한 국가경쟁력 제고'라는 공통점을 내포하고 있다(새행정학$_{3.0}$, p.505).

02 전자정부에 대한 설명으로 잘못된 것은?

① 전자정부가 무엇인가를 정확히 이해하기 위해서는 시스템 구성 요소와 서비스 구성 요소에서 전자정부를 파악할 필요가 있다.
② 전자정부의 시스템 구성 요소는 전자정부 플랫폼 개념도로 구체화되며, 우리나라 정부는 관련 기본계획을 2023년 9월에 수립하였다.
③ 전자정부 플랫폼을 통해 전자정부 서비스의 쉽고 편리한 개발·운영·관리를 클

정답 01 ④ 02 ②

라우드 환경으로 제공하게 된다.

④ UN 전자정부평가에서는 전자정부 발전 정도에 대하여 전자정부 발전지수 및 온라인 참여지수로 수치화한다.

⑤ UN 전자정부평가는 2008년 이후부터는 격년으로 평가하고 있다.

해설 우리나라 정부는 차세대 전자정부 플랫폼 구축을 위한 기본계획을 2017년 9월에 수립하였다(새행정학$_{3.0}$, p.506).

03 **아래 표는 UN의 전자정부 평가 지수를 나타낸 것이다. 틀린 설명을 모두 고르면?**

부문		구성 요소
온라인 서비스 수준	ㄱ. 1단계 착수(Emerging)	정책, 법령, 문서 등을 온라인을 통해 시민 제공, 타부처, 소속기관, 산하기관과 링크, 정부부처의 새소식 및 정보목록 제공
	ㄴ. 2단계 발전(Enhanced)	인터넷 이용자 수, 이동전화 가입자 수, 전화 회선 수, 유선초고속인터넷 가입자 수, 무선초고속인터넷 가입자 수
	ㄷ. 3단계 전자거래(Transactional)	시민들에게 쌍방향 서비스 제공, 거래 완료를 위해 신분 증명을 위한 전자인증 양식 제공, 전자투표, 양식의 다운로드 및 업로드, 온라인 세금납부 서비스 증명/면허/허가 신청 서비스 제공
	ㄹ. 4단계 통합처리(Connected)	공식 웹사이트와 정부부처 · 지방정부 · 비행정기관 웹사이트 등 링크 제공, 민원처리 기한 명시 여부, 공식적인 온라인 참여 기능 제공 여부

① ㄴ, ㄹ ② ㄱ, ㄹ ③ ㄱ, ㄷ
④ ㄷ, ㄹ ⑤ ㄴ

해설 발전(시민에게 발전된 일방향 및 쌍방향 온라인서비스 제공, 민원신청 양식, 비디오 서비스와 다국어 서비스 제공, 부분적으로 비온라인 양식이나 개인정보를 우편 등으로 제공받는 서비스를 온라인으로 신청), 통합처리(Web 2.0 등을 이용, 다부처 통합 서비스, 생애주기를 고려한 맞춤형 서비스 제공, 정책 의사결정에 시민 의견이 반영될 수 있는 온라인 환경 조성)들로 설명할 수 있다(새행정학$_{3.0}$, p.508).

04 **우리나라 전자정부 발전 과정에 관한 설명으로 적절하지 않은 것은?**

① 전자정부의 발전은 행정관리정보시스템(PMIS)의 진화 과정과 궤를 같이해왔다.

② 행정관리정보시스템은 전자자료처리시스템(EDPS), 관리정보시스템(EDPS), 의사결정지원시스템(DSS), 전문가시스템(ES)으로 발전해왔다.

③ 우리나라에서 전자정부가 출발한 시기는 1980~1990년대로 이 시기에 u-Korea 기본계획이 수립, 추진되었다.

④ 2010~2015년 사이에는 주민 중심의 서비스 개발로 특징 지워지는 전자정부 고도화 단계라고 할 수 있다.

⑤ 2016년 이후부터는 지능형 전자정부 단계가 추진되고 있다.

해설 우리나라에서 전자정부가 출발한 시기는 1970~1980년대로 전자정부의 구축 기반을 마련하여 전자정부가 태동한 시기로 볼 수 있으며, 이 시기에 제1차 국가기간전산망사업이 추진되었다 (새행정학$_{3.0}$, pp.508-512).

05 우리나라 전자정부 발전 과정에 관한 설명으로 적절한 것은?

① 1980년대에는 중앙정부 주도로 추진된 정보화의 경직성 완화 필요성이 제기되어 다양성, 현장성 확보를 위해 지방자치단체 주도로 정보화가 추진되었다.

② 전자정부 구현을 더욱 가속화하기 위한 목적으로 1996년 전자정부특별위원회를 구성하여 11대 중점과제를 2002년 말까지 추진하였다.

③ 참여정부(대통령 노무현)는 전자정부 비전, 목표달성을 위해 4대 분야 10대 과제를 선정하여 추진하였다.

④ 제1차~제5차에 이르는 정보화촉진기본계획 및 국가정보화기본계획은 기반시설 구축 중심으로 이뤄져 왔다.

⑤ 2016년 이후부터는 지능형 전자정부 단계가 추진되고 있다. 2017년 3월에 문재인 정부는 전자정부 2020 기본계획을 발표하였다.

해설 ① 1980년대에는 분산적 정보화의 통합관리 필요성 때문에 표준화 등을 위해 중앙정부 주도로 정보화가 추진되었다. ② 전자정부특별위원회는 2001년 구성되었다. ④ 기반시설 구축에 중심을 둔 것은 제4차 정보화촉진기본계획 및 국가정보화기본계획까지이다. ⑤ 전자정부 2020 기본계획은 2016년 5월에 발표하였다(새행정학$_{3.0}$, pp.509-511).

06 지능형 전자정부에 대한 설명으로 잘못된 것은?

① 지능형 전자정부란 지능정보기술을 활용하여 국민 중심으로 정부서비스를 최적화하고 스스로 일하는 방식을 혁신하며, 국민과 함께 국정운영을 실현함으로써 안전하고 편안한 상생의 사회를 만드는 디지털 신정부를 의미한다.

② 전자정부에서는 정책결정에 있어 정부가 주도했다면 지능형 정부에서는 국민이 주도한다는 차이가 있다.

③ 지능형 전자정부는 시스템 측면에서 인공지능, 빅데이터 등의 기술을 활용한 차세대 전자정부 플랫폼 구축을 의미한다.

④ 지능형 전자정부는 국정운영 측면에서 신기술과 인간의 창의성을 접목하여 국민

정답 03 ① 04 ③ 05 ③ 06 ⑤

이 감동하는 서비스를 제공하고, 국민과 함께하는 현명한 국정운영을 지원하는 정부를 의미한다.

⑤ 전자정부 서비스 목표는 질적 · 공감적 서비스를 제공하는 것이었다면 지능형 정부 서비스 목표는 양적 · 효율적 서비스를 제공하는 것이다.

해설 전자정부 서비스 목표는 양적 · 효율적 서비스 제공이었고, 지능형 정부 서비스 목표는 질적 · 공감적 서비스 공동생산이다(새행정학3.0, p.512).

제2절 전자정부와 행정과정 및 서비스의 변화

07 빅데이터에 대한 설명으로 틀린 것은?

① 크기(volume)는 데이터의 물리적 크기며 페타바이트(PB) 규모로 확장된 것도 포함한다.

② 빅데이터는 사진이나 이미지 파일 등 비정형 데이터는 제외한다.

③ 속도(velocity)는 데이터 처리 능력을 말하며 일정한 주기에 맞춰 처리한다는 의미다.

④ 다양성(variety)은 데이터의 형태를 말한다.

해설 빅데이터는 비정형 데이터를 모두 포괄한다(새행정학3.0, p.513).

08 지능정부에 관한 설명으로 가장 적절한 것은?

① 인공지능이란 사고나 학습 등 인간이 가진 지적 능력을 컴퓨터를 통해 구현하는 기술이다.

② 강 인공지능(Strong AI)은 주로 특정 분야에 특화된 형태로 개발되어 인간의 한계를 보완하고 생산성을 높이기 위해 활용된다.

③ 인공지능기술의 발전은 지능정부의 출현을 예고하고 있다. 전자정부와 지능정부의 핵심적 차이는 정책집행에서 인간의 능력이 최소화된다는 점이다.

④ 지능정부는 현실 공간에 축적된 많은 양의 지식과 지능을 사이버 공간에 적용하는 것을 의미한다.

⑤ 정부봇(Govbot)으로 불리는 AI는 정부 내 주변적 업무를 자동화해주는 것으로 강 인공지능(Strong AI)에 속한다.

해설 ② 강 인공지능은 사람처럼 자유로운 사고가 가능한 자아를 지닌 인공지능을 말한다. ③ 전자정부와 지능정부의 핵심적 차이는 의사결정에서 인간의 능력이 최소화된다는 점이다. ④ 사이버 공간에 축적된 지식과 지능을 현실 공간에 적용하는 것이 지능정부이다. ⑤ 현재까지 개발된 인공지능은 모두 '약 인공지능(Weak AI)'에 속한다(새행정학3.0, pp.515-516).

09 행정관리정보시스템(PMIS)에 관한 설명으로 잘못된 것은?

① 지식관리란 조직구성원의 지식과 노하우를 발굴하여 조직 내부의 보편적인 지식으로 공유하고, 활용을 통해 조직 전체의 경쟁력을 향상시키는 관리기법이다.
② 지식관리시스템은 조직 내·외 지식자원을 획득, 축적하고 이를 활용·공유하여 지식자원 가치 극대화를 목적으로 한다.
③ 지식관리시스템에 있어서 문화적 측면, 제도적 측면, 정보기술 차원이 전제된다.
④ 전자인사관리시스템은 정부의 인적자원관리 수준의 향상을 통해 정부경쟁력을 강화하고자 행정안전부에서 개발하여 지방자치단체에 보급이 완료되었다.
⑤ 전자인사관리시스템은 2006년 10월 명칭을 'e-사람'으로 변경하였다.

해설 전자인사관리시스템은 중앙인사위원회에서 개발하여 중앙행정기관에 보급을 완료한 전자적 인사관리시스템이다(새행정학3.0, pp.517-519).

10 정보자원관리 효율화와 관련된 사례에 해당하는 것은?

① 전문가 시스템 ② 국가 DB ③ 문서관리시스템
④ 정보검색시스템 ⑤ 인터넷/인트라넷

해설 정보자원관리 효율화와 관련한 사례로는 국가 DB 구축, 정보기술아키텍처, 표준프레임워크, 국가정보통신서비스, 정부통합전산센터 등이 있다. 다른 보기는 지식관리시스템 구성 요소이다(새행정학3.0, p.521).

11 정보자원관리에 대한 설명 중 틀린 것은?

① 민간기업에서는 1970년대 후반에서 1980년대부터 정보자원관리의 개념을 사용하기 시작하였다.
② 정보자원관리란 정보를 비용이 수반되는 가치 있는 자원으로 인식하여 여러 정보기술들을 기술적·기능적으로 통합하고 정보시스템과 사업목표, 조직목표와의 연계를 강조하는 등 정보의 효율적 관리를 위한 기법이다.
③ 표준프레임워크는 시스템 개발·운영 시 필요한 기본 기능들을 표준화하여 미리 구현해 둔 것으로 개발자가 이를 활용한다.
④ 우리나라 통합전산센터는 대전과 부산, 광주에 위치한 세 개의 센터로 구성되어 있으며 유사시에 대비해 분산 백업이 이뤄지고 있다.

정답 07 ② 08 ① 09 ④ 10 ② 11 ④

⑤ 공공부문의 정보자원관리는 중앙정부, 지방자치단체, 공공기관의 시스템, 콘텐츠, 정보화 인력 등 정보화 관련 인프라 등을 정보자원관리 대상에 포함시키고 있다.

해설 우리나라 통합전산센터는 대전과 광주 두 곳에 구성되어 있으며, 상호 백업이 이뤄지고 있다(새행정학3.0, pp.520-522).

12 전자정부를 통해 제공되는 민원서비스에 관한 설명 중 가장 정확한 것은?

① 생활민원과 관련하여 행정안전부는 2016년부터 '정부24' 서비스를 시작하였다.
② '정부24'에서는 정부의 4대 주요 정책정보 포털과의 연계로, 개별 사이트 방문을 통해 원문자료를 확인할 수 있다.
③ 보건복지부는 '정부24'를 통해 복지서비스의 검색에서 온라인 신청까지 복지정보와 서비스를 제공하고 있다.
④ 세금과 관련해서는 국세청의 '홈텍스'를 통해 제공되는 서비스가 있다.
⑤ 2020년부터 홈텍스를 통해 모바일 신고부터 납부까지 원스톱으로 가능하도록 모바일 세금납부서비스를 제공하고 있다.

해설 ① 기존의 '민원24'를 전면 개편한 '정부24'를 2018년부터 시작했다. ② 정부24에서 정책정보는 개별 사이트에 방문하지 않고도 원문자료를 바로 확인할 수 있다 ③ 대표적인 복지 포털은 '복지로'이다 ⑤ 모바일 세금납부 기능은 2016년부터 홈텍스를 통해 제공하고 있다(새행정학3.0, pp.522-523).

13 스마트시티(smart city)를 설명한 것 중에 틀린 것은?

① 스마트시티는 일반적으로 도시에 ICT · 빅데이터 등 신기술을 접목하여 각종 도시문제를 해결하고, 삶의 질을 개선할 수 있는 도시모델로 정의된다.
② 스마트시티는 글로벌 저성장 추세, 증가하는 도시개발 수요, 첨단 ICT의 발전을 바탕으로 향후 10년 간 가장 빠른 성장이 예상되는 시장으로 평가되고 있다.
③ 스마트시티의 기본 구성 요소는 인프라, 데이터, 서비스이다.
④ 인프라는 정보통신기술이나 공간정보기술을 도시에 적용하고, 데이터 단계에서는 사물인터넷(IoT)을 활용해 도시의 의미 있는 데이터를 모으고 분석한다.
⑤ 유럽 등 선진국에서는 주로 국가경쟁력 강화, 급격한 도시화 문제 해결, 경기부양 등을 목적으로 스마트시티가 추진되고 있다.

해설 ⑤ 선진국에서는 주로 삶의 질 향상, 기후변화 대응, 도시재생 등을 목적으로 스마트시티가 추진되고 있다(새행정학3.0, pp.524-525).

14 **정보공개와 공공데이터 개방에 관한 설명 중 잘못된 것은?**

① 정보공개란 행정기관이 가지고 있는 정보를 외부에 알리는 행위를 말한다.

② 공공데이터 개방이란 공공기관이 공공데이터를 활용할 수 있는 형태로 이용자에게 제공하고, 제공받은 공공데이터를 비영리적으로 이용할 권한을 부여하는 것을 의미한다.

③ 우리나라는 2006년에 '정보공개시스템'을 도입하였고, 2013년 11월에는 「정보공개법」을 개정하여 정보공개에 관한 패러다임에 일대 변화를 가져왔다.

④ 우리나라는 사전정보공표의 원칙을 수립하여 비공개 정보 외 모든 정보를 공표하도록 요구하고 있다.

⑤ 공공데이터의 범위는 공공기관이 직무상 전자적 방식으로 처리·작성·취득해 관리하는 정보나 데이터로 한다.

해설 제공받은 공공데이터를 영리적·비영리적으로 이용할 권한을 부여하는 것이 공공데이터 개방이 갖는 의미에 포함된다(새행정학3.0, pp.526-528).

제3절 전자정부와 정보화의 역기능 관리

15 **정보화의 역기능에 관한 설명으로 틀린 것은?**

① 정보화 역기능은 사회적 질서와 안전을 위협할 수 있는 디지털 위험(digital risk)으로 정의할 수 있다.

② 정보는 공공재 성격이 강한 재화이므로 비대칭성이 발생해서는 안 된다.

③ 정보화는 급변하는 환경에 적응하지 못하는 사람을 양산하여 세대 간 갈등을 증폭시킬 수 있으나 정보의 독점 현상을 저지하는 긍정적 효과도 가져온다.

④ 해킹, 개인정보 유출, 음란물 유통, 게임중독 등 인터넷 과다 사용은 정보를 일방적으로 사용하려는 데서 발생하는 정보화 역기능의 대표적 사례들이다.

⑤ 정보 인프라 구축 시 정보화 역기능을 최대한 고려하여 정보시스템을 설계하는 것이 바람직하다.

해설 정보화는 정보의 독점 현상을 유발하여 빈부의 격차를 벌리는 역기능을 갖는다(새행정학3.0, pp.528-529).

정답 12 ④ 13 ⑤ 14 ② 15 ③

16 **정보 격차 해소에 관한 설명으로 틀린 것은?**

① 정보 격차는 정보 접근과 이용이 여러 사회집단에 동등한 수준으로 진행되지 않는 현상을 말한다.
② 정보 기회는 상대적으로 혜택을 덜 받고 있는 사회계층이 정보기술에 대한 지식을 얻어 사회 내의 다른 계층과 평등하게 되는 기회를 말한다.
③ 정보화 역기능을 방지하려면 조직구성원에 대한 정보윤리 측면의 소양 교육을 강화하는 등의 외부통제를 강화해야 한다.
④ 정보화 역기능 방지 예산은 최고관리자의 관심이 중요하다고 볼 수 있다.
⑤ 정보 격차는 시대적 상황에 따라 변화하는 개념이다.

해설 ③에 대한 설명은 내부통제를 강화하는 내용이다(새행정학3.0, pp.529-530).

17 **웹 접근성 강화에 대한 설명으로 틀린 것은?**

① 웹 접근성은 정보 소외 계층이 일반인과 동일하게 웹사이트의 모든 정보에 접근할 수 있도록 편의를 제공하는 것을 말한다.
② 장애인 및 노인의 인터넷 이용의 핵심은 웹 사용성에서 웹 접근성으로 무게 중심이 이동해야 한다.
③ 사용성은 장애인 · 노인이 인터넷을 직접 활용할 수 있도록 하는데 초점을 둔다.
④ 웹 접근성 향상에 관련된 것으로 표준화, 실태조사, 품질마크 등이 활용되고 있다.
⑤ 우리나라 정부는 정보 소외계층에 대한 평등한 정보 접근 기회를 제공하기 위해 중고 PC 보급운동, 청각 · 언어 장애인을 위한 통신중계서비스 제공 등을 시행하고 있다.

해설 접근성에서 사용성으로 전환되어야 한다고 강조한다(새행정학3.0, pp.529-530).

18 **개인정보보호와 관련된 정보정책에 대한 설명으로 잘못된 것은?**

① 프라이버시(privacy)란 전통적 · 소극적으로는 혼자 있을 권리를 의미하며 천부적 인권과 관련된다.
② 현대적 · 적극적 의미로 프라이버시는 장기정보통제권 개념으로 자신의 정보를 확인하고 정정할 수 있는 청구권적 성격을 가진다.
③ 개인정보란 개인의 사적 영역과 관련된 일체의 정보로, 다른 정보와 용이하게 결합하여 개인을 식별할 수 있는 것을 포함한다.
④ 맞춤형 전자정부 서비스를 지속적으로 고도화하기 위해서는 개인정보의 행정기관 간 공동 활용이 요구된다.

⑤ 우리나라의 「개인정보 보호법」에는 정보 주체의 사생활을 현저히 침해할 우려가 있는 개인정보에 대한 비식별화 처리를 명문화하고 있다.

해설 「개인정보 보호법」에는 정보 주체의 사생활을 현저히 침해할 우려가 있는 개인정보 처리 금지를 명문화하고 있다(새행정학$_{3.0}$, pp.530-532).

정답 16 ③ 17 ② 18 ⑤

기출 문제를 통한 감각 익히기

01 전자정부에 대한 설명으로 옳지 않은 것은? (국가7, 2020)

① 온라인 참여포털 국민신문고는 국민의 고충 민원과 제안을 원스톱으로 접수 및 처리하는 것을 목적으로 한다.

② 디지털예산회계시스템(D-Brain)은 재정업무의 전 과정을 온라인으로 수행하고 재정사업의 현황을 실시간으로 파악할 수 있는 통합재정정보시스템이다.

③ 스마트워크(smart work)란 통신, 방송, 인터넷 등을 통합한 멀티미디어 서비스를 안전하게 제공하는 통합네트워크를 의미한다.

④ 전자정부 2020 기본계획은 「전자정부법」에 따라 2016년부터 2020년까지 5개년 계획으로 수립되었다.

해설 스마트워크란 영상회의 등 정보통신기술을 이용해 시간·장소의 제약 없이 업무를 수행하는 유연근무의 한 유형이다.

02 「전자정부법」상 전자정부 추진에 대한 설명으로 옳지 않은 것은? (지방7, 2021)

① 「고등교육법」상 사립대학은 적용받지 않는다.

② 행정기관 등의 장은 해당 기관의 전자정부의 구현·운영 및 발전을 위한 기본계획을 5년마다 수립하여야 한다.

③ 전자정부의 날이 지정되었다.

④ 필요한 경우 둘 이상의 지방자치단체가 공동으로 지역정보통합센터를 설립·운영할 수 있다.

해설 「고등교육법」상 사립대학도 「전자정부법」의 적용을 받는다.

03 전자정부의 목표와 관련 사업의 관계가 어색한 것은? (국회8, 2006)

① 효율성 제고: 정보통신기술을 이용한 업무절차 재설계

② 지능형 정부: 학습 능력 시스템 구축

③ 대민서비스 개선: 원스톱 서비스

④ 개방성 증진: 인터넷을 통한 행정정보 공개
⑤ 투명성 제고: 전자결재 및 전자문서 유통

해설 전자결재는 행정의 효율성을 제고하기 위한 것이다.

04 전자정부의 등장과 거리가 있는 것은? (국가9, 2006)

① 공공재의 비시장적 특성에 따른 비효율성을 극복하기 위한 정부 재창조
② 성과 중심, 고객 중심 서비스를 제공하기 위한 신공공관리론적 개혁
③ 시장실패에 따른 정부 개입
④ 정부서비스의 수요 민감성과 신속성 부응

해설 전자정부는 정부실패에 대응하기 위한 수단이다.

05 전자정부가 구현되었을 때 기여할 수 있는 장점만으로 구성된 것은? (지방9, 2008)

ㄱ. 국민참여 증진을 통한 민주주의의 발전
ㄴ. 행정의 생산성 향상
ㄷ. 대고객 관계의 인간화 촉진
ㄹ. 행정서비스의 효과적 공급 및 민원인의 비용 절감
ㅁ. 개인정보 및 인권의 보호 강화

① ㄱ, ㄴ, ㄷ ② ㄱ, ㄴ, ㄹ
③ ㄴ, ㄷ, ㄹ ④ ㄴ, ㄹ, ㅁ

해설 전자정부는 개인의 프라이버시 침해와 해킹 등 컴퓨터 범죄로 인권 침해 우려를 발생시키며 대고객 관계에서도 인간 소외 및 정보 격차 현상을 초래할 수 있다.

06 전자정부 구현에 따른 기대효용으로 거리가 먼 것은? (국가9, 2014)

① 정보의 공개와 상호작용을 통한 행정의 신뢰성 확보
② 정보의 집중화를 통한 신속하고 집권적인 정책결정
③ 정보통신기술을 활용한 업무효율성 제고
④ 정부 정보에 대한 시민의 접근성 강화

해설 전자정부가 구현되면 정보를 집중시키는 것이 아니라 정보가 분산 공유되면서 분권적인 정책결정시스템이 확립될 수 있다.

정답 01 ③ 02 ① 03 ⑤ 04 ③ 05 ② 06 ②

07 전자정부 구현의 기대 효용으로 가장 거리가 먼 것은? (경기7, 2001)

① 정보 교류로 인한 행정과 시민 간격의 축소
② 다양한 문서 양식 및 절차의 기계적 통합적 처리로 인한 행정의 슬림화
③ 정부와 국민 간의 파트너십 증진
④ 투입의 다양화로 인한 신속한 정책결정

해설 투입 기능 활성화 및 다양화로 민주적 의사결정에는 기여하나 신속한 정책결정과는 관계가 적다.

08 전자정부의 특징에 대한 설명으로 옳지 않은 것은? (국가7, 2010)

① 전자정부는 정보기술을 이용해 정부활동의 시간적 · 공간적 제약을 축소한다.
② 전자정부는 공개 지향적 정부로서 정부가 보유하고 있는 모든 정보에 대해 접근이 가능하다.
③ 전자정부는 생산성을 높이기 위해 정보기술 집약화를 이룩한 정부다.
④ 전자정부는 대국민 서비스 제공의 효율화를 목표로 한다.

해설 ②의 경우 전자정부는 국민에 대한 정보공개와 공유, 정보접근성을 강조하지만 모든 정보에 대한 접근이 가능한 것은 아니다. 시민 개인의 사생활과 안전 욕구를 존중 · 보호해야 하고, 안보 · 외교 · 국방 등의 일정한 정보는 공개하지 않을 수 있기 때문이다.

09 정보화와 전자정부 등에 대한 설명으로 옳지 않은 것은? (국가9, 2016)

① e-거버넌스는 모범적인 거버넌스를 실현하기 위하여 다양한 차원의 정부와 공공부문에서 정보통신기술의 잠재력을 활용하기 위한 과정과 구조의 실현을 추구한다.
② 웹 접근성이란 장애인 등 정보 소외계층이 웹사이트에 있는 정보에 접근할 수 있도록 편의를 제공하는 것을 말한다.
③ 빅데이터(big data)의 3대 특징은 크기, 정형성, 임시성이다.
④ 지역정보화 정책의 기본 목표는 지역경제의 활성화, 주민의 삶의 질 향상, 행정의 효율성 강화이다.

해설 빅데이터의 3대 특징은 크기, 다양성, 속도이다.

10 전자정부와 지식관리에 대한 설명으로 옳지 않은 것은? (행안부9, 2012)

① 전자정부의 발달과 함께 공공정보의 개인 사유화가 심화되었다.
② 지식관리는 계층제적 조직보다는 학습조직을 기반으로 한다.
③ 전자 거버넌스의 확대는 직접민주주의에 대한 가능성을 높인다.

④ 정보이용 계층에 대한 정보화정책으로써 정보 격차 해소 정책이 중요해졌다.

해설 전자정부의 발달과 함께 공공정보의 개인 사유화가 심화된 것이 아니라 지식의 조직 공동재산화가 촉진되고 있다.

11 행정정보 체계(PMIS)의 특성이라고 볼 수 없는 것은? (경기7, 2002)

① 사전적이고 능동적 자료 수집과 공개
② 단기적인 정보계획의 수립
③ 여론조사 등 시민에 의한 평가
④ 내용 중심의 정보 체계

해설 ①은 공공관계(public relations)와 관련된다. PMIS는 MIS에 비해 단기적 목표와 계획을 추진한다.

12 지식을 암묵지(tacit knowledge)와 형식지(explicit knowledge)로 구분할 경우, 암묵지에 해당하는 것만을 모두 고른 것은? (지방9, 2013)

ㄱ. 업무 매뉴얼	ㄴ. 조직의 경험
ㄷ. 숙련된 기능	ㄹ. 개인적 노하우(know-how)
ㅁ. 컴퓨터 프로그램	ㅂ. 정부 보고서

① ㄱ, ㄴ, ㄷ
② ㄴ, ㄷ, ㄹ
③ ㄷ, ㄹ, ㅁ
④ ㄹ, ㅁ, ㅂ

해설 암묵지(tacit knowledge)는 어떤 유형이나 규칙으로 표현하기 어려운 주관적이고 내재적인 지식으로서 말이나 글로 표현하기 어려운 지식을 말한다. 형식지(explicit knowledge)는 누구나 이해 또는 전달할 수 있는 객관적 지식으로써 말이나 글로 나타낼 수 있는 지식을 말한다.

13 전통적 행정관리와 비교한 새로운 지식행정관리의 특정으로 보기 어려운 것은? (지방9, 2014)

① 공유를 통한 지식가치 향상 및 확대 재생산
② 지식의 조직 공동재산화
③ 계층제적 조직 기반
④ 구성원의 전문가적 자질 향상

해설 계층제적 조직을 기반으로 하는 것은 기존의 전통적 행정관리다. 새로운 지식행정관리는 학습조직을 기반으로 한다.

정답 07 ④ 08 ② 09 ③ 10 ① 11 ① 12 ② 13 ③

14 행정정보화 및 정보 · 지식정책과 관련된 설명으로 옳은 것은 모두 몇 개인가?
(지방7, 2011)

> 가. 지식관리에서는 암묵적 지식(tacit knowledge)을 명시적 지식(explicit knowledge)으로 전환시켜 조직의 지식을 증폭시키는 것이 중요하다.
> 나. 정보재의 속성상 그 생산자는 자신의 소유권을 명확히 하기 어렵다.
> 다. 보편적 정보서비스정책의 준거 중에서 활용 가능성이란 빈부 격차 등 경제적인 이유 때문에 배제되지 않아야 한다는 것을 의미한다.
> 라. 우리나라의 국가정보화 기본계획은 행정안전부장관이 수립한다.
> 마. 정보는 사물이나 사실을 기호로 표시한 것이고, 지식은 정보가 사용자에게 의미 있는 형태로 가공된 결과다.

① 2개 ② 3개 ③ 4개 ④ 5개

해설 활용 가능성이란 개인의 경제적 능력이 아니라 개인의 신체 조건 등 육체적 능력에 관계없이 유연하고 보편적으로 정보서비스를 받을 수 있어야 한다는 것을 의미한다. 사물이나 사실을 기호로 표시한 것은 데이터이고, 데이터가 사용자에게 의미 있는 형태로 가공된 결과는 정보이다.

15 「전자정부법」에서 정의하고 있는 다음의 개념은? (국가9, 2022)

> 일정한 기준과 절차에 따라 업무, 응용, 데이터, 기술, 보안 등 조직 전체의 구성 요소들을 통합적으로 분석한 뒤 이들 간의 관계를 구조적으로 정리한 체제 및 이를 바탕으로 정보화 등을 통하여 구성 요소들을 최적화하기 위한 방법

① 전자문서 ② 정보기술아키텍처
③ 정보시스템 ④ 정보자원

해설 제시문은 「전자정부법」 제2조에서 정보기술아키텍처를 정의한 규정이다.

16 데이터 기반의 과학적 정책 수립을 위하여 빅데이터의 중요성이 커지고 있다. 빅데이터에 대한 설명으로 옳지 않은 것은? (국가7, 2015)

① 빅데이터 부상의 이유로 페이스북(Facebook) · 트위터(Twitter) 등의 소셜네트워크서비스(SNS)의 보급 확대를 들 수 있다.
② 인터넷쇼핑업체인 아마존(Amazon)이 고객 행동 패턴 데이터를 분석하여 상품 추천 시스템을 도입한 것은 빅데이터를 활용한 사례이다.
③ 빅데이터는 비정형적 데이터가 아닌 정형적 데이터를 지칭한다.
④ 빅데이터를 활성화하기 위해서는 개인정보보호 장치가 제도적으로 선행될 필요가 있다.

해설 빅데이터는 데이터의 생성 양, 주기, 형식 등이 기존 데이터에 비해 너무 커, 종래의 방법으로는 수집, 저장, 검색, 분석이 어려운 데이터를 말하며 정형적, 비정형적 데이터를 모두 포함한다.

17 정보통신기술을 활용한 행정개선 사례로 옳지 않은 것은? (국가7, 2017)

① 정부서울청사 등에 스마트워크센터를 설치하여 운영하고 있다.
② 민원서비스를 통합적으로 제공하는 '민원24'를 도입하였다.
③ 정부에 대한 불편사항 제기, 국민제안, 부패 및 공익 신고 등을 위해 '국민신문고'를 도입하였다.
④ 공공기관의 공사, 용역, 물품 등의 발주정보를 공개하고 조달 절차를 인터넷으로 처리하도록 '온나라시스템'을 도입하였다.

해설 공공기관의 공사, 용역, 물품 등의 발주정보를 공개하고 조달절차를 인터넷으로 처리하도록 한 것은 '국가종합전자조달시스템'이다.

18 전자정부 구현사례에 대한 설명으로 옳지 않은 것은? (국가7, 2022)

① 'G2B'의 대표적 사례는 '나라장터'이다.
② 'G2C'는 조달 관련 온라인서비스를 통합적으로 제공하는 것이다.
③ 'G4C'는 단일창구를 통한 민원업무혁신사업으로 데이터베이스공동활용시스템 구축을 내용으로 한다.
④ 'G2G'는 정부 내 업무처리의 전자화를 내용으로 하고 있으며, 대표적 사례로는 '온-나라시스템'이 있다.

해설 G2C는 정부의 대국민 서비스 제공방식을 말하는 것으로 정부24, 국민신문고 등이 대표적이다.

19 행정정보공개에 대한 설명으로 옳지 않은 것은? (지방7, 2012)

① 국민생활에 큰 영향을 미치는 정책정보는 청구가 없더라도 공개해야 한다.
② 유비쿼터스(ubiquitous) 정부의 실현은 행정정보공개제도의 실질적 구현에 긍정적인 영향을 미칠 수 있다.
③ 행정정보공개의 확대는 공무원의 도전적이고 적극적인 행태를 조장한다.
④ 정보공개청구제도는 특정 청구인을 대상으로 한다.

해설 정보공개제도의 확대는 자신의 실책과 무능을 가리기 위해 공무원들이 오히려 소극적인 근무자세로 일관하게 된다는 단점이 있다.

정답 14 ② 15 ② 16 ③ 17 ④ 18 ② 19 ③

20 **우리나라 공공기관의 정보공개제도에 대한 설명으로 옳지 않은 것은?** (국가7, 2022)

① 당시 법률의 구체적 위임은 없었으나 청주시에서 우리나라 최초로 행정정보공개 조례가 제정되었다.
② 청구에 의한 공개도 가능하지만 특정 정보는 별도의 청구 없이도 사전에 공개해야 한다.
③ 비공개 대상 정보를 제외한 모든 정보를 공개 대상으로 하는 네거티브 방식을 취하고 있다.
④ 정보목록은 비공개 대상 정보가 포함된 경우라도 공공기관이 작성, 공개하여야 한다.

해설 「공공기관의 정보공개에 관한 법률」 제8조에서는 정보목록 중 법 제9조 제1항에 따른 비공개 대상 정보가 포함되어 있는 경우에는 해당 부분을 갖추어 두지 아니하거나 공개하지 아니할 수 있도록 규정하고 있다.

21 **다음은 우리나라의 「공공기관의 정보공개에 관한 법률」에 대한 설명이다. 옳은 것으로 짝지어진 것은?** (지방9, 2010)

> ㄱ. 「헌법」상의 '알 권리'를 구체화하기 위해 1996년에 제정되었다.
> ㄴ. 공공기관에 의한 자발적, 능동적인 정보 제공을 주된 내용으로 하고 있다.
> ㄷ. 외국인은 행정정보의 공개를 청구할 수 없다.
> ㄹ. 직무를 수행한 공무원의 성명 · 직위는 공개할 수 있다.
> ㅁ. 공공기관은 부득이한 사유가 없는 한 정보공개 청구를 받은 날부터 10일 이내에 공개 여부를 결정해야 한다.

① ㄱ, ㄴ, ㅁ　　② ㄱ, ㄹ, ㅁ
③ ㄴ, ㄷ, ㄹ　　④ ㄷ, ㄹ, ㅁ

해설 ㉡ 자발적, 능동적 정보 제공이 아닌 청구에 의한 공개를 원칙으로 한다. ㉢ 국내에 거소를 가지고 등록한 외국인은 청구가 가능하다.

22 **행정정보공개의 문제점으로 볼 수 없는 것은?** (서울9, 2005)

① 행정비용의 증가를 초래한다.
② 정보공개 혜택의 불공평성을 초래할 수 있다.
③ 공무원이 업무 수행 시에 소극적이고 위축될 우려가 있다.
④ 공무원의 업무량이 감소된다.
⑤ 행정적 책임을 회피하기 위해 정보를 변조하거나 왜곡할 수 있다.

해설 행정정보공개제도의 도입으로 국민이나 시민은 정보공개 청구를 할 수 있는 공권(公權)을 가지는 데 비해, 정보공개에 따른 공무원의 업무량은 증가하게 된다.

23 행정정보화의 역기능으로 볼 수 없는 것은? (입시, 2001)

① 컴퓨터 마인드를 갖추지 않은 나이 많은 고위계층의 소외감과 하위계층과의 심리적 갈등 유발

② 국민 개개인에 대한 인적·물적 정보가 확보되므로 개인의 프라이버시 침해 우려

③ 정보자원이 관료제의 통제 하에 놓이게 되면 정보 독점 우려

④ 구조화된 의사결정을 컴퓨터가 맡게 됨으로써 중간관리층 축소 우려

⑤ 정보처리 능력에 차이가 있어 조직 간, 중앙·지방 간의 정보 불균형과 갈등 심화

해설 정형적·일상적 업무 또는 구조화된 의사결정을 컴퓨터가 맡게 됨으로써 중간관리층을 축소하게 된다. 리비트(H. Leavitt)와 휘슬러(T. Whisler)에 따르면 종 위에 럭비공을 올려놓은 것과 비슷한 형태가 된다고 한다. 그러나 중간관리층의 축소는 거래비용의 감소와 행정효율화에 기여할 수 있기 때문에 행정정보화의 역기능으로 보기 어렵다.

24 정보 격차에 대한 설명으로 옳지 않은 것은? (국가9, 2017)

① 경제협력개발기구(OECD)는 정보 격차를 '개인, 가정, 기업 및 지역들 간에 상이한 사회·경제적 여건에서 비롯된 정보통신기술에 대한 접근 기회와 다양한 활동을 위한 인터넷 이용에서의 차이'로 정의했다.

② '정보화마을'은 우리나라에서 도농 간 정보 격차 해소를 위해 시행한 지역정보화 정책의 사례이다.

③ 「국가정보화 기본법」은 국가기관과 지방자치단체뿐 아니라 민간기업에 대해서도 정보격차 해소 시책을 마련할 의무를 규정하고 있다.

④ 「장애인차별금지 및 권리구제 등에 관한 법률」은 정보통신·의사소통 등에서의 정당한 편의제공의무에 관한 규정을 두고 있다.

해설 「국가정보화 기본법」은 국가기관과 지방자치단체에 대하여 정보격차 해소 시책을 마련할 의무를 규정하고 있다.

정답 20 ④ 21 ② 22 ④ 23 ④ 24 ③

응용을 통한 **심화 학습**

01 **전자정부의 개념 정의에서 효율성 모델과 민주성 모델에 대한 비교 설명으로 옳지 않은 것은?** (국가7, 2010)

① 효율성 모델의 사회발전관은 기술결정론인 데 반해, 민주성 모델은 사회결정론으로 볼 수 있다.

② 효율성 모델은 국민 편의의 극대화와 정책의 투명화·전문화 과정 등을 통한 정부 내부의 생산성 제고를 꾀하며, 민주성 모델은 행정 과정상의 민주성 증진에 초점을 둔다.

③ 효율성 모델은 전자정부를 광의로 해석한 것이며, 민주성 모델은 협의로 해석한 것이다.

④ 효율성 모델은 행정전산망을 확충하거나 행정민원 해결을 강조하는 데 반해, 민주성 모델은 전자민주주의와의 연계를 중요시한다.

해설 효율성 모델이 전자정부의 대내적인 효율성만을 강조하는 좁은 의미의 전자정부라면, 민주성 모델은 더 넓게 국민과의 관계에서 전자정부를 통해 민주주의를 구현하려는 광의의 입장이다. ①은 맞는 지문이다. 기술결정론이란 공급적 측면을 강조하는 모형으로 전자정부는 IT기술이나 시스템, 네트워크의 발달에 기인한 것이라고 보는 효율성 모델이다. 반면, 사회결정론은 전자정부가 수요적 측면에서 전자정부는 사회의 민주화, 사회문제의 복잡화, 전자민주주의, 인본주의의 요구 등에 기인한 것이라고 보는 민주성 모델이다.

02 **유비쿼터스 정부(u-government)에 대한 설명으로 옳지 않은 것은?** (지방7, 2009)

① 언제 어디서나 개인화되고 중단 없는 정보서비스를 제공함으로써 부가적인 가치를 제공하는 정부다.

② 개인의 관심사, 선호도 등에 따른 실시간 맞춤정보 제공으로 시민참여도가 제고되어 궁극적으로 투명한 정책결정과 행정 처리가 가능해진다.

③ 행정서비스가 추구하는 가치는 고객지향성, 지능성, 실시간성, 형평성 등으로 요약된다.

④ 인터넷 기반 온라인서비스의 강화에 초점을 맞춘 웹(web) 2.0 시대의 미래형 전자정부다.

해설 유비쿼터스 정부(u-government)란 종래의 인터넷을 기반으로 한 초기 전자정부 개념을 뛰어넘어 전자공간과 물리적 공간을 연결시킨 차세대 전자정부 개념이다.

03 유비쿼터스 전자정부에 대한 설명으로 옳은 것만을 모두 고르면? (지방9, 2020)

> ㄱ. 기술적으로 브로드밴드와 무선, 모바일 네트워크, 센싱, 칩 등을 기반으로 한다.
> ㄴ. 서비스 전달 측면에서 지능적인 업무수행과 개개인의 수요에 맞는 맞춤형 서비스를 제공한다.
> ㄷ. Any-time, Any-where, Any-device, Any-network, Any-service 환경에서 실현되는 정부를 지향한다.

① ㄱ, ㄴ ② ㄱ, ㄷ ③ ㄴ, ㄷ ④ ㄱ, ㄴ, ㄷ

해설 제시문 모두 유비쿼터스 전자정부에 관한 설명에 해당한다.

04 행정 및 정책과정에서 정보 활용에 관한 설명 중 틀린 것은?

① 일반행정을 수행하는 데 사용되는 정보는 인사 파일, 업무분담표, 회계장부, 예산서 등 기능에 따라 다양한 정보가 있다.
② 행정기관들은 사회문제에 대한 정보를 많이 축적해 놓으면 문제가 발생했을 때 정확하고 적절하게 대응할 수 있다.
③ 조직의 고위직일수록 정형적 의사결정을 많이 하기 때문에 고급 정보가 필요하다.
④ 대안을 탐색하고 선택하는 단계에서 정책사례 등의 정보가 축적되어 있으면 대안을 정확히 평가할 수 있는 가능성이 높아진다.
⑤ 행정기관에서 정보들은 문서 형태로 존재하고 컴퓨터 파일로도 존재한다.

해설 조직에서는 고위직일수록 비정형적인 의사결정을 많이 하고, 하위직일수록 정형적이며 반복적인 의사결정을 하게 된다.

05 정보화 업무와 관련 인력의 연결이 부적절한 것은?

① 시스템 지향적 업무 – 지식관리 전문가
② 기술 지향적 업무 – 응용 프로그래머
③ 운영 지향적 업무 – 보안 조정자
④ 운영 지향적 업무 – 데이터 통제요원
⑤ 시스템 지향적 업무 – 데이터통신 전문가

정답 01 ③ 02 ④ 03 ④ 04 ③ 05 ⑤

해설 데이터통신 전문가는 기술 지향적 업무에 해당된다.

06 기존 행정관리와 지식 행정관리의 차이에 대한 설명으로 부적절한 것은?

구분	기존 행정관리	지식 행정관리
① 구성원 능력	조직구성원의 경험이 소모	개인의 전문적 자질 향상
② 지식 공유	조직 내 정보 및 지식의 분절	공유를 통한 지식가치 향상
③ 지식 소유	지식의 개인 사유화	지식의 조직 공동 재산화
④ 지식 활용	정보와 지식의 공동 활용	정보와 지식의 중복 활용
⑤ 조직 성격	계층제적 조직	학습조직 기반 구축

해설 기존 행정관리는 정보와 지식의 중복 활용이 정답이다. 지식 행정관리는 정보와 지식의 공동 활용으로 조직의 업무 능력이 향상된다.

07 지식정보사회의 도래와 함께 급속히 진행된 정보화가 조직구조 및 조직 행태에 미친 변화에 대한 설명으로 옳지 않은 것은? (국가9, 2009)

① 지식정보사회의 조직은 수평적으로 연결된 네트워크 구조나 가상조직의 형태를 띠게 되는 경향이 있다.

② 린덴(R. M. Linden)이 정의한 '이음매 없는 조직'의 출현이 확산된다.

③ 지식정보사회의 조직에서는 개인의 역량이 강조되기 때문에 조직의 협력적 행태가 저해된다.

④ 지식정보사회에서는 조직구조의 신축성과 유연성을 좀 더 강조한다.

해설 지식정보사회의 조직에서는 개인의 역량보다는 조직의 협력적 행태가 요구된다.

08 지식정보사회의 조직에 대한 설명으로 옳은 것을 모두 고르면? (지방7, 2009)

ㄱ. 사회적 지식의 활용에 있어 사회적 학습보다 개인과 집단의 활동이 강조된다.
ㄴ. 민영화와 민간위탁이 선호되고 정부는 기획, 조정, 통제, 감독 등 핵심적 기능으로 축소된 공동조직(hollow organization) 형태를 띠게 된다.
ㄷ. 지식정보사회의 조직에서 중시되는 사회적 자본은 사회적 관계에서 거래비용을 감소시켜 준다.
ㄹ. 매트릭스 조직은 일상적인 업무를 보다 신속하고 효율적으로 추진하고자 할 때 유용하다.
ㅁ. 지식정보사회의 네트워크 조직은 과다한 초기 투자 없이 새로운 사업에 진입할 수 있다.

① ㄱ, ㄴ, ㄷ ② ㄴ, ㄷ, ㄹ ③ ㄴ, ㄷ, ㅁ ④ ㄷ, ㄹ, ㅁ

해설 사회적 지식의 경우 개인적 학습보다 사회적 학습이 중시된다. 매트릭스조직은 일상적인 업무보다는 특별한 프로젝트의 수행에 유리하다. 따라서 ㄴ, ㄷ, ㅁ만 옳다.

09 지식관리에 관한 설명으로 틀린 것을 모두 고르면?

ㄱ. 표출지식은 업무 관련 인터넷 사이트, 담당 업무에 대한 주요 보고서, 모범이 될 만한 혁신 사례 등을 들 수 있다.
ㄴ. 잠재지식은 업무 관련 노하우, 고객 접대 방법, 보고 요령과 같은 것이다.
ㄷ. '지식관리'는 주로 지식관리시스템으로 귀결되는 정보기술에 바탕을 둔 개념이다.
ㄹ. '지식경영'이란 경영 전반에 걸친 패러다임으로서 경영 방식을 말한다.

① 0개
② 1개
③ 2개
④ 3개

해설 네 개 지문이 모두 지식관리에 관한 설명이다.

10 전자정부와 지식관리에 대한 설명으로 옳지 않은 것은? (국가9, 2012)

① 전자정부의 발달과 함께 공공정보의 개인 사유화가 심화되었다.
② 지식관리는 계층제적 조직보다는 학습조직을 기반으로 한다.
③ 전자 거버넌스의 확대는 직접민주주의에 대한 가능성을 높인다.
④ 정보 이용 계층에 대한 정보화정책으로써 정보 격차 해소 정책이 중요해졌다.

해설 전자정부의 발달과 함께 공공정보의 개인 사유화가 심화된 것이 아니라 지식의 조직 공동재산화가 촉진되고 있다.

11 지식관리시스템을 성공적으로 구축하고 그 효과를 실현하기 위한 방안과 거리가 먼 것은? (지방9, 2012)

① 지식관리를 위한 제도적인 지원과 문화의 형성
② 통합적이고 수직적인 조직구조의 형성
③ 전문적인 인적자원의 확보
④ 지식관리시스템을 가능하게 하는 통합적 정보기술의 확보

해설 지식관리란 새로운(과업 관련) 지식을 창출하고, 조직 전반에 전파하며, 제품, 서비스, 체계에 지식이 구현되도록 하는 데 전념하는 것을 말한다. 지식관리를 위해서는 수직적인 구조가 아니라 수평적인 구조가 필요하다.

정답 06 ④ 07 ③ 08 ③ 09 ① 10 ① 11 ②

12 우리나라 전자정부 구현을 위한 운영 원칙으로 적당하지 않은 것은?

① 행정기관은 업무를 전자화하고자 하는 경우에는 미리 당해 업무 및 이와 관련된 업무의 처리 과정 전반을 전자적 처리에 적합하도록 혁신해야 한다.

② 행정기관은 특별한 사유가 있는 경우를 제외하고는 행정기관 간에 전자적으로 확인할 수 있는 사항을 민원인에게 확인해 제출하도록 요구해서는 아니 된다.

③ 행정기관은 전자정부 사업을 추진함에 있어서 다른 행정기관이 보유한 행정정보 자원과의 상호 연계 및 공동 이용 등을 통해 중복 투자가 되지 아니하도록 필요한 조치를 해야 한다.

④ 행정기관은 전자정부의 구현에 필요한 기술 개발 및 운영에 있어서 당해 사업이 민간부문이 개발 또는 운영하는 것이 경제성 · 효과성 또는 보안성 측면에서 현저하게 우수하다고 판단되는 경우를 제외하고는 행정기관이 그 개발 및 운영을 직접 해야 한다.

⑤ 행정기관은 수집 · 보유하고 있는 행정정보를 필요로 하는 다른 행정기관과 공동 이용해야 하며, 다른 행정기관으로부터 신뢰할 수 있는 행정정보를 제공받을 수 있는 경우에는 동일한 내용의 정보를 따로 수집해서는 아니 된다.

해설 2001년 제정되어 2007년에 명칭 변경이 된 「전자정부법」 제6조에서 제14조까지를 참조하기 바란다. ④ 행정기관은 전자정부의 구현에 필요한 기술 개발 및 운영에 있어서 당해 사업이 민간부문에 맡길 수 없거나 행정기관이 직접 개발 또는 운영하는 것이 경제성 · 효과성 또는 보안성 측면에서 현저하게 우수하다고 판단되는 경우를 제외하고는 민간부문에 그 개발 및 운영을 의뢰해야 한다.

13 보편적 정보서비스 정책에 대한 설명으로 맞는 것은?

① 요금의 저렴성은 비용 효과적이고 보편적으로 사용 가능하게 하는 것을 의미한다.

② 활용 가능성은 국민들이 장소에 관계없이 정보서비스를 받는다는 것을 의미한다.

③ 접근성은 정보 능력과 신체 조건에 관계없이 정보서비스를 받도록 하는 것이다.

④ 유의미한 목적성은 인터넷 활용 능력을 위해 정부가 교육을 지원한다는 의미다.

⑤ 훈련과 지원은 정보 시스템이 개인 만족이나 성취를 위해 지원되어야 한다는 것이다.

해설 보편적 서비스 정책은 일반적으로 접근성, 활용 가능성, 훈련과 지원, 유의미한 목적성, 요금의 저렴성의 준거를 바탕으로 실행되는 것이 바람직하다. ②는 접근성, ③은 활용 가능성, ④는 훈련과 지원, ⑤는 유의미한 목적성에 대한 설명이다.

정답 12 ④ 13 ①

MEMO

CHAPTER

13

행정윤리

객관식으로 행정학 학습

제1절 행정윤리의 의의와 철학적 기초

01 행정윤리의 특징에 대한 설명으로 적절하지 못한 것은?

① 행정윤리는 공무원에 대한 행정 업무에 국한된 윤리를 의미한다.
② 공무원은 일반국민과는 달리 엄격하고 높은 수준의 윤리의식이 요구된다.
③ 행정윤리는 행정이 추구하는 가치도 포함하는 규범적 개념은 아니다.
④ 행정윤리에서는 공무원이 입안하는 정책의 내용도 윤리적일 것을 요구한다.
⑤ 행정윤리는 역사성과 보편타당성, 그리고 실천성의 가치를 포함한다.

해설 행정윤리를 반부정부패에 국한하지 않고 적극적으로 해석하면 규범적 가치도 포함할 수 있다(새행정학$_{3.0}$, p.537).

02 셀즈닉(P. Selznick)의 '두터운 제도화'에 대한 설명으로 적절하지 못한 것은?

① 공식구조와 비공식적 구조의 결합체로서 행정윤리를 접근한다.
② 사회적 생활양식의 한 부분으로서 제도를 이해한다.
③ 윤리란 특정 시기, 특정 사람들의 의식과 행태를 결정하는 추상적 개념이다.
④ 제도 설계의 중요한 이유는 제도 속에 도덕적 능력을 집어넣을 수 있기 때문이다.
⑤ 윤리적 공무원은 윤리적 의식과 행동을 실천하는 공무원이다.

해설 규범적이고 추상적 속성을 넘어 구체적이고 실질적 의미로서 윤리를 접근한다(새행정학$_{3.0}$, p.537).

03 '더러운 손의 딜레마'에 대한 설명으로 적절하지 못한 것은?

① 공직에 있으면서도 개인적 위상에 비롯된 다양한 갈등상황과 연관된다.
② 공무원은 다수로서의 사회를 위한 선택을 해야 한다.

정답 01 ③ 02 ③ 03 ④

③ '공무원이기 때문에' 어쩔 수 없다는 변명에 해당한다.
④ 개인의 가치관이나 윤리관과 충돌하는 결정은 수용할 수 없다.
⑤ 부도덕한 의사결정이라도 공리주의적 관점에서의 접근 필요성을 의미한다.

해설 개인의 가치관을 희생하고 공무원으로서 공리주의적 결정을 수용한다(새행정학3.0, pp.538-539).

04 행정윤리의 다양한 속성과 관련한 다음의 설명 중 옳지 않은 것은?

① 현대의 청렴성 개념은 청빈의 개념을 넘어 적극적 의미로 확장되고 있다.
② 대응성은 환경의 요구에 얼마나 민감한가를 반영한다.
③ 성실성은 공직에 대한 헌신과 몰입을 강조한다.
④ 책무성은 응답성에 근거한 법적 책무를 의미한다.
⑤ 시민 옴부즈만은 과정 투명성을 제고하기 위한 실천방안이다.

해설 시민 옴부즈만은 부당한 결과의 발생 원인 및 과정의 고발을 통해 결과 투명성을 제고하기 위한 방안이며, 과정 투명성 제고를 위해 민간이 참여하는 의사결정 과정을 구성하거나 업무처리 과정의 온라인 공개 등이 활용된다(새행정학3.0, pp.539-542).

제2절 행정윤리와 공무원 부패

05 공무원 부패에 대한 설명으로 가장 적절하지 못한 것은?

① 관습이나 풍토에 어긋나는 모든 행위도 부패로 규정된다.
② 부패는 공익을 배반하는 행위의 하나다.
③ 사익을 부당한 방법으로 추구하면서 부패가 발생한다.
④ 부패는 법규와 도덕을 위반한 경우 모두에 적용된다.
⑤ 부패 적용 기준에서 모든 사익이 공익과 비교해 바람직하지 않은 것은 아니다.

해설 관습과 풍토의 영역은 명확하지 못하기 때문에 부패로 규정할 수 있는 수준과 정도에 대한 논란이 많이 제기된다(새행정학3.0, p.543).

06 공무원의 부패를 체제론적 입장에서 접근하는 방식은?

① 부패는 개인들의 윤리 의식과 자질 때문에 발생한다.
② 특정한 지배적 관습과 경험적 습성 때문에 부패가 발생한다.
③ 사회의 법과 제도상 결함으로 부패가 발생한다.
④ 부패는 하나의 변수가 아니라 다양한 요인에 의해 복합적으로 나타난다.

⑤ 소규모 집단이 공적 역할을 지배하는 법규를 침해하면서 부패가 시작된다.

해설 ①과 ⑤는 도덕적 접근, ② 사회문화적 접근, ③ 제도적 접근을 설명하고 있다(새행정학3.0, p.544).

07 **행정통제 장치가 미흡해 부패가 발생한다는 인식은 어떠한 관점과 가장 가까운가?**

① 도덕적 접근 ② 사회문화적 접근
③ 제도적 접근 ④ 체제론적 접근
⑤ 공공관리주의적 접근

해설 행정통제를 위한 적절한 제도가 마련되어 있지 않아 예기치 않은 부작용이 발생한다는 관점은 제도적 접근의 전형적 예시다(새행정학3.0, p.544).

08 **사회문화적 원인에서 발생하는 부패로 해석할 수 있는 적절한 사례가 아닌 것은?**

① 사회적 불안정으로 공익보다는 단기적인 개인 이익을 추구하는 사례
② 연고주의적 관행으로 합리적 절차보다는 연고 중심으로 업무를 처리하는 사례
③ 권력의 불균등한 배분으로 인해 인·허가 담당 공무원에게 사례금을 지불하는 사례
④ 국민들의 부패 무관심으로 인해 같은 유형의 부패가 반복되는 사례
⑤ 모호한 법규정으로 인해 담당 공무원이 자의적으로 법규를 적용하는 사례

해설 ⑤는 조직적 수준에서 발생하는 부패 사례다(새행정학3.0, p.544).

09 **금융위기 상황에서 기업 활동의 위축을 방지하기 위해 금융위기가 없다고 언급하는 공직자의 거짓말은 어떠한 부패 유형에 속하는가?**

① 일탈형 부패 ② 체제적 부패 ③ 백색부패
④ 회색부패 ⑤ 흑색부패

해설 ① 개인의 윤리적 일탈에 따른 부패다. ② 부패가 제도처럼 관행화된 경우로 관례로 생각해서 부정적 부패로 인식하지 않는 경우가 많다. ④ 백색부패와 흑색부패의 중간지대에서 발생하는 부패다. ⑤ 공무원이 부당하게 사익을 추가하는 부패로서 백색부패와 반대되는 유형이다(새행정학3.0, p.544-545).

10 **거래 여부에 따른 부패의 형태 중 성격이 다른 하나는?**

① 공금 횡령 ② 공공물품의 사적 소유

정답 04 ⑤ 05 ① 06 ④ 07 ③ 08 ⑤ 09 ③ 10 ④

③ 회계 부정 ④ 뇌물
⑤ 공용시설의 사적 이용

해설 뇌물은 상대방이 있는 거래의 형태를 취하고 있으며, 나머지는 당사자 없이 공무원 개인에 의한 일방적으로 발생하는 비거래형 부패다(새행정학3.0, p.546).

11 여러 가지 부패의 형태 중에서 부패의 발생 원인이 다른 것은?

① 조직 내 인간관계로 인해 동료의 부당한 행정 처리를 눈감아 주는 경우
② 낮은 급여를 보충하기 위해 민원인으로부터 사례비를 수수하는 경우
③ 명절에 선물을 보내주는 하급자에게 인사에서 혜택을 부여하는 경우
④ 수수료 고지서 발급자와 수령자가 동일한 상태에서 발생한 수수료 횡령 사례
⑤ 감사 부서의 감사활동 미흡으로 인해 공공자금을 개인 용도로 사용하는 경우

해설 ②는 개인 수준에서의 부패다. 그런데 사례비 수수가 조직의 관례로 이뤄진다면 이는 조직 수준에서의 부패가 된다. 나머지는 조직 수준에서 발생하는 부패 형태다(새행정학3.0, pp.544-545).

제3절 행정윤리와 이해충돌의 방지

12 다음 중 이해충돌에 대한 설명으로 적절하지 않은 것은?

① 공적으로 부여된 직무수행상의 의무와 개인의 사적 이해의 충돌을 의미한다.
② 직무 관련성의 개념을 통해 구체적이고 명확한 기준이 적용된다.
③ 외견상 이해충돌은 공무원의 사익이 공적의무 수행에 영향을 미칠 가능성이 있는 상태를 의미한다.
④ 잠재적 이해충돌은 공무원이 미래에 공적 책임에 관련되는 일에 연루되는 경우에 발생하는 이해충돌 가능성을 의미한다.
⑤ "누구도 자신의 사건에 대해 판결할 수 없다"는 원칙이 적용된다.

해설 직무 관련성의 개념이 포괄적이라는 점에서 실제 적용 과정에서 논란이 많다. 이해충돌은 발생 시점에 따라 실질적 이해충돌과 외견상 이해충돌, 잠재적 이해충돌의 세 가지 유형으로 구분된다(새행정학3.0, p.547).

13 다음 중 이해충돌 방지와 관련성이 없는 것은?

① 백지신탁 ② 투명성 ③ 직무 관련성
④ 주인-대리인 관계 ⑤ 급행료

해설 급행료는 인·허가 등의 업무 과정에서 발생하는 제도화된 부패의 발생과 관련한 내용이다(새행정학3.0, p.545).

14 **다음 중 이해충돌의 영향과 방지에 대한 설명으로 적절하지 않은 것은?**

① 이해충돌은 직접적인 부패문제로 연결된다는 점에서 적극적 회피가 필요하다.
② 민주주의의 근간인 주인-대리인 관계에서 대리인에 대한 신뢰에 영향을 미친다.
③ 이해충돌을 발생하는 관련 주식이나 재산의 처분은 소극적 회피의 방식이다.
④ 백지신탁은 신탁자가 모르는 이해충돌이 없는 주식으로 변경하는 방안이다.
⑤ 분산신탁은 자산의 포트폴리오 변경을 통해 실질적 영향을 방지한다.

해설 이해충돌이 직접적인 부패로 이어지지 않을 수 있기 때문에 공직자들이 이해충돌의 적극적 회피에 대한 거부가 발생하기도 한다(새행정학3.0, pp.548-551).

제4절 행정윤리의 관리

15 **적극적인 행정윤리를 강조하는 대표적인 법규 혹은 규정은?**

① 공무원 행동강령
② 국가공무원법
③ 공직자윤리법
④ 부패방지권익위법
⑤ 공무원 복무규정

해설 「공무원 행동강령」도 대통령령의 형태로 규정되나, 다른 윤리법들이 부정부패 방지를 위한 소극적 행정윤리에 초점을 맞추는 것에 비해, 행동강령은 적극적인 규범적 측면을 강조한다(새행정학3.0, pp.553-554).

16 **행정윤리와 관련한 강령에 대한 설명으로 적절치 않은 것은?**

① 강령은 속성상 규범성과 실천성을 모두 가진다.
② 윤리강령과 행동강령, 실천강령으로 나눌 수 있다.
③ 행동강령은 자율성을 기본 속성으로 하며, 예방적 기능을 목적으로 한다.
④ 우리나라의 「공무원 행동강령」은 법률로 규정되고 있다.
⑤ 표준 행동강령을 기준으로 개별 기관에서 자율적으로 제정하는 행동강령은 기관 특성을 반영한 실천강령의 성격을 가진다.

해설 우리나라의 「공무원 행동강령」은 대통령령으로 규정되고 있다(새행정학3.0, p.553).

정답 11 ② 12 ② 13 ⑤ 14 ① 15 ① 16 ④

17 **「공직자윤리법」의 규정 내용으로 잘못된 것은?**

① 1급 이상 중앙부처 공무원은 등록된 재산을 공개해야 한다.
② 3급 이상 고위공직자들은 재산을 등록해야 한다.
③ 「공직자윤리법」에서는 주식백지신탁 규정을 적용하고 있다.
④ 공무원이 외국 정부로부터 받은 선물은 신고 즉시 국고에 귀속된다.
⑤ 공직자윤리위원회에서 등록한 재산의 정확성에 대해 심사한다.

해설 재산을 등록해야 하는 고위공직자는 4급 이상의 공무원이다(새행정학3.0, pp.557-558).

18 **「공직자윤리법」에서 규정한 재산등록 대상 공무원이 아닌 것은?**

① 대통령
② 지방의회 의원
③ 헌법재판소 헌법연구관
④ 서울특별시 교육위원
⑤ 소령 이상 장교

해설 재산등록 대상 공무원 가운데 군인은 대령 이상의 장교로 규정하고 있다(새행정학3.0, pp.557-558).

19 **현행 「부패방지권익위법」의 내용으로 적절하지 않은 것은?**

① 대통령 직속기관으로서 부패방지위원회가 설치·운영된다.
② 내부고발자 보호제도를 시행해 보호 및 보상제도를 운영한다.
③ 공공기관의 사무 처리에 대해 국민이 연서로 감사를 청구할 수 있다.
④ 「부패방지권익위법」에 의거한 신고자는 해당 형벌을 감경 또는 면제받을 수 있다.
⑤ 「부패방지권익위법」에서는 행정기관뿐 아니라 정당의 반부패 책무도 규정하고 있다.

해설 부패방지위원회는 대통령 직속기관이며, 청렴위원회로 개편되고, 다시 국민권익위원회로 개편되었다(새행정학3.0, p.558).

20 **다음 중 현행 「공직자의 이해충돌 방지법」에서 규정하고 있지 않은 사항은?**

① 공공기관 직무 관련 부동산 보유·매수 신고
② 주식 및 가상자산 거래내역 신고
③ 가족 채용 제한
④ 퇴직자 사적 접촉 신고
⑤ 이해충돌방지 담당관 지정

해설 재산등록 공개대상자에 대한 주식 및 가상자산 거래내역의 시고는 「공직자윤리법」에서 규정하고 있다(새행정학$_{3.0}$, p.560).

21 **'신뢰적자'로 대표되는 최근의 행정신뢰 위기에 영향을 미치는 요인이 아닌 것은?**

① 신공공관리주의 방식의 공공부문 개혁
② 근검 절약을 강조하는 행정가치
③ 공직에 대한 위신 저하
④ 민간부문 관리 기법의 유입
⑤ 결정론 지향적인 행정환경 변화

해설 근검 절약(economy & efficiency)은 근대 행정의 기본 가치 전제로서 최근의 행정윤리 문제와는 거리가 있다. 효율성과 관련된 최근의 쟁점은 재정 압박과 효율성 가치의 과다한 강조에서 발생하고 있다(새행정학$_{3.0}$, p.562).

22 **'신뢰적자'와 같은 행정의 윤리문제에 영향을 미치는 방향이 다른 것은?**

① 관료들의 수동적 행정개혁
② 효율성 가치 중심의 정부 운영
③ 결과 지향적 정부혁신
④ 정치와 행정의 분리
⑤ 공직에 대한 가치 축소

해설 정치와 행정의 상호작용이 활발해지면 윤리 확보가 힘들어진다. 하지만 정치와 행정이 분리되면 중립적인 행정관리가 용이해 윤리문제를 억제할 수 있다(새행정학$_{3.0}$, p.562).

23 **OECD에서 개발한 윤리기반의 3대 기능은?**

① 통제, 안내, 관리 ② 감독, 관리, 처벌 ③ 통제, 관리, 처벌
④ 통제, 교육, 책임 ⑤ 통제, 책임, 처벌

해설 국가별로 3대 기능의 적용 초점에서 차이가 있다. 미국과 같이 경제와 균형에 치중하는 국가는 통제 기능을, 신뢰의 전통을 가진 북유럽 국가들은 안내와 관리를 강조한다(새행정학$_{3.0}$, p. 563).

24 **윤리적 정부의 특징과 거리가 있는 것은?**

① 투명한 정부 ② 공직의 인식 가치가 높은 정부
③ 신뢰 기반 정부 ④ 인권을 강조하는 정부
⑤ 접근이 비싼 정부

정답 17 ② 18 ⑤ 19 ① 20 ② 21 ② 22 ④ 23 ① 24 ⑤

해설 윤리적 정부에서는 각종 정보 접근 비용이 저렴해야 한다(새행정학3.0, p.563).

제5절 공무원의 복무와 권리

25 공무원의 신분 보장과 관련해 다음 중 옳지 않은 내용은?

① 공무원의 신분을 법률로 보장함으로써 신분상의 안정감을 확보한다.

② 직위해제는 공무원의 신분은 보유하지만 직무수행이 일시적으로 정지된다.

③ 직위분류제에서 직위해제는 및 대기명령 등의 조치는 퇴직과 유사하다.

④ 직제개폐 등에 따른 폐직 또는 과원이 되어 직권면직이 이루어질 때는, 면직 기준을 설정한 후 인사위원회의 심의·의결을 거쳐야 한다.

⑤ 정년퇴직은 강제퇴직의 유형에 해당한다.

해설 직권면직 기준을 설정한 후 임용권자 또는 임용제청권자별로 설치된 직권면직심사위원회의 심의·의결을 거쳐야 한다(새행정학3.0, p.566).

26 징계조치들 중에서 가장 강한 징계처분은?

① 견책 ② 해임 ③ 파면

④ 정직 ⑤ 감봉

해설 파면이 당사자에게 가장 큰 불이익을 주는 징계조치다(새행정학3.0, p.566).

27 공무원단체가 수행하는 기능이라고 보기 힘든 것은?

① 공무원의 집단적 의사를 표시하는 압력단체 기능

② 신규채용자의 적응을 돕는 교육훈련 기능

③ 공무원의 복지 증진을 요구하는 집단 욕구 충족 기능

④ 조직 내 의사소통을 원활하게 하는 행정의 민주화 기능

⑤ 일탈행위를 견제하는 직업윤리 확립 기능

해설 신규채용된 공무원들을 교육하고 훈련하는 것은 전문적인 훈련기관이 담당해야 할 기능이지 공무원단체가 수행하는 기능이라고 보기 어렵다(새행정학3.0, p.570).

정답 25 ④ 26 ③ 27 ②

기출 문제를 통한 **감각 익히기**

01 제도적 책임성(accountability)과 대비되는 자율적 책임성(responsibility)에 대한 설명으로 가장 적합하지 않은 것은? (지방9, 2010)

① 전문가로서의 직업윤리와 책임감에 기초해서 적극적 · 자발적 재량을 발휘해 확보되는 책임

② 객관적으로 기준을 확정하기 곤란하므로, 내면의 가치와 기준에 따르는 것

③ 국민들의 요구와 기대를 정확하게 인식해서 이에 능동적으로 대응하는 것

④ 고객 만족을 위해 성과보다는 절차에 대한 책임 강조

해설 제도적 책임성이란 공식적인 각종 제도와 통제장치를 통해 정부와 공무원들의 임무를 수행하게 하는 타율적이고 수동적인 행정책임을 의미하며, 자율적 책임성이란 공무원이 전문가로서 직업윤리와 책임감에 기반해 자발적인 재량을 발휘해 확보하는 능동적인 책임성을 의미한다. 따라서 자율적 책임성은 주관적인 가치와 기준이 적용되고 국민들의 요구와 의견을 반영하는 노력 등이 이에 해당한다. 법규와 규정에 따른 적절한 절차를 강조하는 것은 제도적 책임성에 해당한다.

02 부패의 유형과 그 예에 대한 설명으로 옳지 않은 것은? (지방7, 2011)

① 회색부패는 금융위기가 심각함에도 불구하고 국가적 동요를 막기 위해 관련 공직자가 문제없다고 거짓말을 하는 것이다.

② 제도화된 부패는 인 · 허가와 관련된 업무에 대한 소위 '급행료'를 지불하는 것이다.

③ 일탈형 부패는 무허가업소를 단속하던 단속원이 금품을 제공하는 특정 업소에 대해 단속을 하지 않는 것이다.

④ 개인부패는 공무원 개인이 직무를 수행하면서 공금을 횡령한 것이다.

해설 회색부패는 법규 위반을 통한 사익 추구와 같은 명백한 부패 유형인 흑색부패와 선의의 거짓말과 같은 백색부패 사이 중간지대에 위치한 부패 유형으로, ①의 내용은 백색부패로 볼 수 있다.

정답 01 ④ 02 ①

03 부패의 원인에 관한 도덕적 접근방법의 입장과 가장 가까운 것은? (지방7, 2020)

① 부패는 관료 개인의 윤리의식과 자질로 인하여 발생한다.

② 부패는 관료 개인의 속성, 제도, 사회문화적 환경 등의 여러 요인이 복합적으로 상호작용한 결과이다.

③ 부패는 현실과 괴리된 법령의 이중적인 규제 기준과 모호한 법규정, 적절한 통제 장치의 미비 등에 의해 발생한다.

④ 부패는 공식적 법규나 규범보다는 관습과 같은 사회문화적 환경에 의해 유발된다.

해설 도덕적 접근은 공무원 부패를 개인 행동의 결과로 보아 개인의 윤리와 자질을 강조한다. ②는 복합적 접근, ③은 제도적 접근, ④는 사회문화적 접근에 해당한다.

04 공직부패의 유형에 대한 설명으로 옳지 않은 것은? (국가7, 2022)

① 인·허가 업무처리 시 소위 '급행료'를 당연하게 요구하는 행위를 일탈형 부패라고 한다.

② 정치인이나 고위공무원이 자신의 권력을 남용해 사적 이익을 추구하는 것을 권력형 부패라고 한다.

③ 공금 횡령, 회계 부정 등 거래 당사자 없이 공무원에 의해 일방적으로 발생하는 부패를 사기형 부패라고 한다.

④ 사회체제에 파괴적 영향을 미칠 잠재성이 있음에도 불구하고, 일부 집단은 처벌을 원하는 반면, 다른 집단은 처벌을 원하지 않는 경우를 회색부패라고 한다.

해설 일탈형 부패는 부정적 관행이나 구조보다 개인적 부패를 의미하며, 해당 내용은 제도화된 부패에 해당한다.

05 제도화된 부패(institutionalized corruption)의 특징이 아닌 것은? (국가7, 2009)

① 부패저항자에 대한 제재와 보복

② 부패행위자에 대한 보호와 관대한 처분

③ 실제로 지켜지지 않는 반부패 행동규범의 대외적 표방

④ 공식적 행동규범을 준수하려는 성향의 일상화

해설 제도화된 부패는 부패행위를 유지하고자 하는 행동이나 제도화된 부패에서 벗어나고자 하는 조직구성원에 대한 은밀한 보복, 형식주의적인 반부패선언 등과 같은 행동으로 지속된다.

06 행정윤리를 벗어나는 행정권 오용행위에 대한 설명으로 옳은 것은? (국가7, 2009)

① '비윤리적 행위'란 공무원들이 고속도로 통행료를 착복하고 영수증을 허위 작성한다든가 또는 공공기금을 횡령하고 계약의 대가로 지불금의 일부를 가로채는 등의

행위를 말한다.

② '부정행위'란 공무원들이 친구 또는 특정 정파에 호의를 베풀거나 자신의 경제적 이익을 위해 어떤 결정을 내리는 행위를 말한다.

③ '입법 의도의 편향된 해석'이란 정부가 환경보호 의견을 무시한 채 관련 법규에서 개발업자나 목재 회사 측의 편을 들어 벌목을 허용하는 등의 행위를 말한다.

④ '실책의 은폐'는 공무원들이 부여된 재량권을 행사하지 않고 적극적인 조치를 취하기를 꺼리는 현상을 말한다.

해설 행정권 오용이란 부정한 행위, 부패한 행위, 비윤리적 행위, 무사 안일한 행위를 모두 포함한다. 통행료 착복행위는 부정부패한 행위이며, 친구에게 호의를 베푸는 행위는 비윤리적인 행위에 해당한다. 실책의 은폐는 자신의 잘못을 의도적 숨기거나 변명하는 행위를 의미한다.

07 백지신탁 제도에 대한 설명으로 옳지 않은 것은? (국가7, 2023)

① 주식백지신탁의 수탁기관은 신탁재산을 관리·운용·처분한 내용을 관할 공직자윤리위원회에 보고하여야 한다.

② 우리나라의 「공직자의 이해충돌 방지법」에는 백지신탁 제도가 규정되어 있지 않다.

③ 공개대상자 및 그 이해관계인이 보유하고 있는 주식의 직무 관련성을 심사·결정하기 위하여 인사혁신처에 주식백지신탁 심사위원회를 둔다.

④ 백지신탁은 이해충돌이 존재하는 주식을 신탁회사에 해당 공직자의 의견을 반영해 이해충돌이 없는 주식으로 변경하는 제도이다.

해설 현행 백지신탁 제도는 「공직자윤리법」에 규정되고 있으며, 백지신탁 계약 체결 이후에 신탁회사는 해당 공직자의 의견을 반영하거나 신탁재산의 관리·운용·처분 등에 대해 공개대상자 및 이해관계자에게 정보를 제공할 의무가 없다.

08 공직자의 이해충돌에 대한 설명으로 옳지 않은 것은? (국가9, 2023)

① 우리나라는 2021년 5월 「공직자의 이해충돌 방지법」을 제정하였다.

② 이해충돌은 그 특성에 따라 실제적, 외견적, 잠재적 형태로 분류할 수 있다.

③ 이해충돌 회피에 있어서는 '어느 누구도 자신이 연루된 사건의 재판관이 되어서는 안 된다'라는 원칙이 적용된다.

④ 「공직자의 이해충돌 방지법」의 위반행위는 감사원, 수사기관, 국민권익위원회 등에 신고할 수 있으나 위반행위가 발생한 기관은 제외된다.

정답 03 ① 04 ① 05 ④ 06 ③ 07 ④ 08 ④

해설 위반행위가 발생한 공공기관 또는 그 감독기관에 대해 신고할 수 있다.

09 「공직자윤리법」상 재산등록에 대한 내용으로 옳은 것은? (국가7, 2023)

① 등록하여야 할 재산이 국채, 공채, 회사채인 경우는 액면가로 등록하여야 한다.
② 혼인한 직계비속인 여성이 소유한 재산은 재산등록 의무자가 등록할 재산에 포함된다.
③ 공직자는 등록의무자가 된 날부터 3개월이 되는 날이 속하는 달의 말일까지 재산등록을 해야 한다.
④ 교육공무원 중 대학교 학장은 재산등록 의무자가 아니다.

해설 ② 혼인한 직계비속인 여성과 외증조부모, 외조부모, 외손자녀 및 외증손자녀는 제외되며, ③ 등록의무자가 된 날로부터 2개월이 되는 날이 속하는 달의 말일까지 등록해야 한다. ④ 교육공무원 중 총장·부총장·대학원장·학장(대학교 학장 포함) 및 전문대학의 장과 대학에 준하는 각종 학교의 장이 포함된다.

10 「국가공무원법」상 공직윤리에 위배되는 행위는? (지방7, 2020)

① 공무원 甲은 소속 상관에게 직무상 관계가 없는 증여를 하였다.
② 공무원 乙은 소속 기관장의 허가를 받아 다른 직무를 겸하였다.
③ 수사기관이 현행범인 공무원 丙을 소속 기관의 장에게 미리 통보하지 않고 구속하였다.
④ 공무원 丁은 대통령의 허가를 받고 외국 정부로부터 증여를 받았다.

해설 공무원은 직무와 관련하여 직접적이든 간접적이든 사례·증여 또는 향응을 주거나 받을 수 없으며, 직무상 관계가 있든 없든 그 소속 상관에게 증여하거나 소속 공무원으로부터 증여를 받아서는 안 된다.

11 행정윤리에 대한 설명으로 옳은 것을 모두 고르면? (국가7, 2009)

ㄱ. 정치와 행정의 상호작용이 활발해지면 행정윤리의 확보가 어려워질 가능성이 높아진다.
ㄴ. 「국가공무원법」, 「공직자윤리법」은 부정부패 방지 등을 위한 구체적이고 적극적인 행정윤리를 강조한다.
ㄷ. 정무직 공무원, 4급 이상 일반직 고위공무원은 재산등록 대상이지만 정부출연기관의 임원은 제외된다.
ㄹ. 공무원의 개인적 윤리 기준은 공공의 신탁(public trust)과 관련된다.
ㅁ. 행정윤리는 공무원이 수행하는 행정 업무와 관련된 윤리를 의미한다.

① ㄱ, ㄴ, ㄷ ② ㄱ, ㄹ, ㅁ ③ ㄴ, ㄹ, ㅁ ④ ㄷ, ㄹ, ㅁ

해설 「국가공무원법」과 「공직자윤리법」은 공직 수행에 있어 불법 부당한 행위를 방지하기 위해 지켜야 할 행동과 하지 말아야 할 행동을 명기해 부정부패 방지를 위한 소극적 윤리를 강조하고 있다. 정부출연기관(현행법상 공기업 및 공직유관단체)의 임원도 재산등록대상에 해당한다.

12 공직윤리 확보를 위한 제도에 대한 설명으로 옳지 않은 것은? (지방7, 2021)

① 국민권익위원회는 공익신고자 등으로부터 보호조치를 신청받은 때에는 바로 공익신고자 등이 공익신고 등을 이유로 불이익조치를 받았는지에 대한 조사를 시작하여야 한다.

② 취업심사 대상자는 퇴직 전 3년 동안 소속하였던 부서의 업무와 밀접한 관련이 있는 기관에 퇴직일로부터 5년 간 취업할 수 없다. 단, 관할 공직자윤리위원회로부터 취업 승인을 받은 경우는 예외로 한다.

③ 재직자는 퇴직공직자로부터 직무와 관련한 청탁 또는 알선을 받은 경우 이를 소속 기관의 장에게 신고하여야 한다.

④ 국민권익위원회는 접수된 부패행위 신고사항을 그 접수일부터 60일 이내에 처리하여야 한다. 단, 신고내용의 특정에 필요한 사항을 확인하기 위한 보완 등이 필요하다고 인정되는 경우에는 그 기간을 30일 이내에서 연장할 수 있다.

해설 취업심사 대상자는 퇴직일로부터 3년 간 취업이 제한되나, 관할 공직자윤리위원회로부터 퇴직 전 5년 동안 소속하였던 부서의 업무와 밀접한 관련성이 없다는 확인을 받거나 취업승인을 받은 때에는 취업할 수 있다.

13 우리나라의 행정윤리에 대한 설명으로 옳은 것만을 모두 고르면? (국가7, 2020)

ㄱ. 「공직자윤리법」상 지방의회 의원은 외국 정부 등으로부터 받은 선물의 신고 의무가 없다.
ㄴ. 우리나라에서는 내부고발자보호제도를 법률로 규정하고 있다.
ㄷ. 「공직자윤리법」에 따르면 총경 이상의 경찰공무원과 소방정 이상의 소방공무원은 재산을 등록해야 한다.
ㄹ. 공무원의 주식백지신탁 의무는 「부패방지 및 국민권익위원회의 설치와 운영에 관한 법률」에 규정되어 있다.

① ㄱ, ㄴ　　② ㄱ, ㄷ
③ ㄴ, ㄷ　　④ ㄷ, ㄹ

해설 ㄱ. 지방의회 의원을 포함한 공무원과 공직유관단체 임직원은 외국으로부터 선물을 받거나 직

정답 09 ① 10 ① 11 ② 12 ② 13 ③

무와 관련해 외국인으로부터 선물을 받으면 기관장에게 신고해야 하며, 신고대상 선물가액은 국내시가로 10만 원 이상이다. ㄹ. 백지신탁 의무는 「공직자윤리법」에 규정되고 있다.

14 **「공직자윤리법」상 재산등록의무자로 옳지 않은 것은?** (지방9, 2022)

① 법관 및 검사
② 소령 이상의 장교 및 이에 상당하는 군무원
③ 총경 이상의 경찰공무원과 소방정 이상의 소방공무원
④ 4급 이상의 일반직 공무원에 상당하는 보수를 받는 별정직 공무원

해설 군인은 대령 이상 이상의 장교가 등록의무자이다.

15 **공직윤리 관련 제도에 대한 설명으로 옳지 않은 것은?** (지방7, 2023)

① 공익신고자의 동의 없이 공익신고자의 인적사항 등을 다른 사람에게 알려주거나 공개할 경우, 징역 또는 벌금 등 법적 제재 대상이 된다.
② 지방공무원이 외국 정부로부터 영예나 증여를 받을 경우에는 소속 지방자치단체장의 허가를 받아야 한다.
③ 「공직자윤리법」을 통해 이해충돌 방지의무를 규정하고 주식백지신탁제도를 도입하였다.
④ 「공직자윤리법」상 재산등록 의무자 모두가 등록재산 공개대상은 아니다.

해설 국가공무원과 마찬가지로 대통령의 허가를 받아야 한다.

16 **「국가공무원법」에 명시된 공무원의 의무에 해당하지 않는 것은?** (국가9, 2021)

① 부패행위 신고의무
② 품위 유지의 의무
③ 복종의 의무
④ 성실 의무

해설 부패행위 신고의무는 「부패방지 및 국민권익위원회의 설치와 운영에 관한 법률」에 규정되어 있다.

17 **우리나라의 행정윤리에 관련한 다음 설명 중 옳지 않은 것은?** (경기9, 2005)

① 「공직자윤리법」에 의해 4급 이상의 일반직인 국가 및 지방공무원과 이에 상당하는 보수를 받는 별정직 공무원은 재산을 등록·공개하고 있다.
② 국민감사청구제를 시행하고 있다.
③ 법관 및 검사에 대해서는 「부패방지권익위법」이 아닌 별도의 법으로 규정하고 있다.
④ 부패행위를 신고한 사람에 대한 내부고발자제도가 시행되고 있다.

해설 「공직자윤리법」에 의한 등록의무자로 법관 및 검사도 포함되며, 현행 「부패방지권익위법」에서도 공공기관에 「정부조직법」에 따른 각급 행정기관과 「법원조직법」에 따른 각급 법원이 포함되고 있다.

18 **국민에 대한 봉사자로서 공직자가 지녀야 할 윤리를 확립할 목적으로 제정된 우리나라의 현행 「공직자윤리법」이 포함하고 있지 않는 내용은?** (지방9, 2013)

① 내부고발자 보호 ② 재산등록 및 공개
③ 선물 신고 ④ 퇴직 공직자의 취업 제한

해설 내부고발자보호제도는 「부패방지 및 국민권익위원회의 설치와 운영에 관한 법률」에 규정되어 있다.

19 **「공직자윤리법」과 그 시행령에 근거해 재산등록 의무를 갖는 공무원이 아닌 것은?** (지방7, 2010)

① 건축·토목·환경·식품위생 분야의 대민 관련 인·허가 담당 지방자치단체 소속 7급 일반직 공무원
② 예산의 편성 및 심사를 담당하는 지방자치단체 소속 7급 일반직 공무원
③ 조세의 부과·징수·조사 및 심사를 담당하는 지방자치단체 소속 7급 일반직 공무원
④ 감사원 소속의 7급 일반직 공무원

해설 「공직자윤리법 시행령」에서는 4급 이상의 일반직 공무원 외에, 조세 및 감사, 인·허가 등 업무특성에 따라 7급 이상 공무원에 대해서도 재산등록 의무를 규정하고 있으나 예산업무는 대상이 아니다.

20 **행정윤리 및 행정통제 제도에 대한 설명으로 옳지 않은 것은?** (지방7, 2013)

① 행정절차법: 국민 권익을 제한하는 처분에 대해 당사자에게 사전 통지해야 한다.
② 내부고발자 보호제도: 조직의 불법행위를 언론이나 국회 등 외부에 알린 조직구성원을 보호한다.
③ 옴부즈만(ombudsman): 행정이 잘못된 경우 해당 공무원에게 설명을 요구하고 필요한 사항을 조사해 그 결과를 민원인에게 알려준다.
④ 백지신탁: 4급 이상 공무원은 이해의 충돌을 막기 위해 보유한 부동산을 수탁기관에 신탁해야 한다.

해설 「공직자윤리법」 제14조는 직무 관련성 있는 주식 등과 같이 이해관계 충돌 가능성이 있는 주식 등에 대해 백지신탁을 하도록 규정하고 있으며, 부동산은 등록대상이지 신탁대상은 아니다.

정답 14 ② 15 ② 16 ① 17 ③ 18 ① 19 ② 20 ④

21 **공무원 신분의 변경과 소멸에 대한 설명으로 옳지 않은 것은?** (국가9, 2022)

① 직권면직은 법률상 징계의 종류로 규정되어 있지 않다.

② 정직은 징계처분의 일종으로, 정직 기간 중에는 보수의 1/2을 감하도록 되어 있다.

③ 임용권자는 사정에 따라서는 공무원 본인의 의사에도 불구하고 휴직을 명해야 한다.

④ 임용권자는 직무수행 능력 부족을 이유로 직위해제를 받은 공무원이 직위해제 기간에 능력의 향상을 기대하기 어렵다고 인정된 때에 직권면직을 통해 공무원의 신분을 박탈할 수 있다.

해설 정직 기간 동안 공무원 신분은 보유하나 직무에 종사할 수 없고 보수는 전액을 감한다.

22 **우리나라 공무원 복무와 징계에 대한 설명으로 옳은 것은?** (국가7, 2023)

① 공무원은 직무상의 관계가 있든 없든 그 소속 상관에게 증여하거나 소속 공무원으로부터 증여를 받아서는 아니 된다.

② 중징계인 파면의 경우, 5년 간 공무원으로 재임용될 수 없으나, 연금급여의 불이익은 없다.

③ 공무원은 어떠한 경우에도 자신의 직무권한을 행사하여 직무 관련자로부터 사적 노무를 제공받아서는 아니 된다.

④ 감봉은 경징계에 해당하며 1개월 이상 3개월 이하 기간 동안 직무에 종사하지 못하고, 보수의 1/3을 삭감하는 처분이다.

해설 해임과 달리 파면 시 연금급여의 최대 50%까지 감액될 수 있으며, 「공무원 행동강령」에서 사적노무 요구가 금지되나 다른 법령 또는 사회상규에 따라 허용될 수 있다. 감봉은 직무 배제와 무관하다.

23 **공무원고충처리에 대한 설명으로 옳지 않은 것은?** (지방7, 2021)

① 5급 이상 공무원 및 고위공무원단에 속하는 일반직 공무원의 고충을 다루는 중앙고충심사위원회의 기능은 소청심사위원회가 관장한다.

② 고충처리대상은 인사·조직·처우 등의 직무조건과 성폭력범죄, 성희롱 등으로 인한 신상문제에 대하여 광범위하게 인정된다.

③ 소청심사위원회의 결정은 처분청에 대한 법적 기속력이 있지만, 고충심사위원회의 결정은 처분청에 대한 법적 기속력이 없다.

④ 고충심사위원회가 청구서를 접수한 때에는 30일 이내에 고충심사에 대한 결정을 해야 하고 그 결정은 위원 과반수의 출석과 과반수의 합의에 의한다.

해설 고충심사위원회의 결정은 위원 5명 이상의 출석과 과반수 합의로 이루어진다.

24 **공무원의 정치적 중립의 정당화 근거로 옳지 않은 것은?** (국가9, 2022)

① 엽관주의의 폐해를 극복하여 행정의 안정성과 전문성을 제고할 수 있다.
② 공무원은 국민 전체의 이익을 위해 공평무사하게 봉사해야 하는 신분이다.
③ 공무원의 정치적 기본권을 강화하여 공직의 계속성을 제고할 수 있다.
④ 공명선거를 통해 민주적 기본질서를 제고할 수 있다.

해설 공무원의 정치적 기본권을 제한하여 행정의 안정성과 전문성을 확보하고자 한다.

25 **「공무원직장협의회의 설립 · 운영에 관한 법률」상 공무원직장협의회에 가입할 수 있는 공무원은?** (국가7, 2013)

① 5급 일반직 공무원
② 특정직 공무원 중 재직 경력 10년 미만의 외무영사 직렬 공무원
③ 5급에 상당하는 별정직 공무원
④ 「국가공무원법」 제66조 제1항 단서에 따라 노동운동이 허용되는 공무원

해설 출제 당시는 5급 이상의 일반직, 별정직 공무원 및 사실상 노무에 종사하는 공무원은 공무원직장협의회 가입대상에서 제외되어 ②만 정답이었으나, 현재는 모두 허용되고 있다. 외무영사 직렬 공무원의 경우에도 10년 미만 경력자에 대해 한정된 규정이 폐지되어 10년 이상도 가능하다. 다만, 여전히 업무지휘 및 감독권을 행사하거나 인사 · 예산 등 특정 업무에 종사하는 공무원은 협의회 가입 대상에서 제외되고 있다.

26 **우리나라 공무원제도에 대한 설명으로 옳은 것만을 모두 고르면?** (국가7, 2023)

ㄱ. 중앙정부 · 지방자치단체 및 그 하부기관에 근무하는 공무원은 직장협의회를 설립할 수 있으며, 하나의 기관에 복수의 협의회 설립이 가능하다.
ㄴ. 휴직은 공무원으로서의 신분을 보유하게 하면서 직무담임을 일시적으로 해제하는 것으로서, 임용권자가 직권으로 휴직을 명하는 직권휴직과 본인의 원에 따라 휴직을 명하는 청원휴직이 있다.
ㄷ. 공무원은 소청심사위원회를 통해 부당하다고 여겨지는 징계에 대한 구제를 신청할 수 있으며, 소청심사위원회의 결정은 처분청과 소청인 모두를 기속한다.
ㄹ. 시보임용기간 중에 있는 공무원이 근무성적 · 교육훈련성적이 나빠서 공무원으로서의 자질이 부족하다고 판단되는 경우에는 면직시킬 수 있다.

① ㄱ, ㄴ　② ㄱ, ㄷ
③ ㄴ, ㄹ　④ ㄷ, ㄹ

정답 21 ② 22 ① 23 ④ 24 ③ 25 ② 26 ③

해설 ㄱ. 직장협의회는 하나의 기관에 단일한 협의회 설립만 가능하며, ㄷ. 소청심사는 공무원의 권리구제를 목적으로 하며 소청심사위원회의 결정은 처분 행정청만을 기속한다.

27 **현행「공무원의 노동조합 설립 및 운영 등에 관한 법률」상 공무원노동조합에 대한 설명으로 옳지 않은 것은?** (지방7, 2011)

① 6급 이하의 일반직 공무원 및 이에 상당하는 별정직·계약직 공무원의 경우 법령에 의해 금지된 자를 제외하고는 노동조합에 가입할 수 있다.

② 정책결정에 관한 사항 등 근무 조건과 직접 관련되지 아니하는 사항은 단체교섭을 할 수 없다.

③ 노동조합 전임자는 임용권자의 동의를 받아 노동조합 업무에만 종사할 수 있다.

④ 단체교섭이 결렬된 경우에 지방공무원노동조합은 해당 지방노동위원회에 조정을 신청할 수 있다.

해설 공무원노조는 단체교섭이 결렬된 경우 중앙노동위원회에 조정 신청을 해야 한다. 출제 당시와 비교해, ① 가입대상으로서 직급에 대한 제한이 폐지되었으며 계약직이 폐지되었으나 해당 보기의 내용이 틀렸다고 볼 수는 없다. ③ 노조 전임자의 노동조합 업무 종사와 관련해 2022년 관련법 개정을 통해 노조로부터 급여수령에 대한 부분이 추가되었다.

28 **공무원의 직위해제에 대한 설명으로 옳은 것은?** (국가9, 2023)

① 직위해제는 공무원 징계의 한 종류이다.

② 직위해제 처분을 받은 공무원은 잠정적으로 공무원 신분이 상실된다.

③ 직무수행 능력이 부족하거나 근무성적이 극히 나쁜 자에 대해서도 직위해제가 가능하다.

④ 직위해제의 사유가 소멸된 경우, 임용권자는 인사위원회의 심의를 거쳐 3개월 이내에 직위를 부여하여야 한다.

해설 ① 직위해제 자체는 징계처분과 구분되며, ② 공무원 신분은 유지된다. ④ 직위해제의 사유가 소멸된 경우에 임용권자는 지체없이 즉시 직위를 부여하여야 한다.

정답 27 ④ 28 ③

응용을 통한 **심화 학습**

01 행정윤리가 강조되어야 하는 근거와 가장 거리가 먼 것은?

① 행정권의 자유재량이 확대되기 때문에
② 행정 생산성 제고를 위해
③ 신뢰적자의 문제 해결을 위해
④ 정치와 행정의 상호작용 증대로 인해
⑤ 지나친 신분 보장으로 외부통제 결여

해설 지나친 행정의 효율성과 생산성을 우선하는 행정 흐름이 행정윤리가 강조되어야 할 근거로 작용하고 있다(새행정학$_{3.0}$, pp.562-563).

02 행정윤리적의 가치에 대한 설명 중 적절하지 못한 것은?

① 행정윤리의 실천을 위해서는 단순히 법령준수뿐 아니라 행정의 질 향상도 포함한다.
② 공무원에게는 일반국민보다 엄격한 윤리규범을 요구한다.
③ 행정윤리는 실천성이 중요하다.
④ 행정윤리는 공무원이 결정하는 정책의 내용까지도 기속한다.
⑤ 행정윤리적 가치는 공무원뿐만 아니라 고객인 민원인에게도 요구된다.

해설 행정윤리는 공무원 신분을 가진 사람이 그의 공적인 행정 업무와 관련해 지켜야 할 가치 기준을 의미한다(새행정학$_{3.0}$, p.537).

03 행정윤리 규정에 대한 설명 중 적절하지 못한 것은?

① 「국가공무원법」은 「공무원 복무규정」에 대해 폭넓게 제시하고 있다.
② 「공직자윤리법」은 내부고발자보호제도를 규정하고 있다.
③ 「공직자윤리법」에 고위공직자의 재산 등록에 대한 내용이 규정되어 있다.
④ 「부패방지권익위법」에서는 국민감사청구제를 규정하고 있다.

정답 01 ② 02 ⑤ 03 ②

⑤ 「공무원 행동강령」은 공무원 청렴 유지와 관련된 구체적 행동 기준을 제시하고 있다.

해설 내부고발제를 규정해 부패행위를 신고한 사람에 대한 적극적 보호와 보상제도를 규정한 법규는 「부패방지권익위법」이다(새행정학3.0, p.558).

04 국민권익위원회에 대한 설명 중 바르지 못한 것은?

① 소극적인 부패방지보다는 국가청렴도 제고라는 적극적 목적을 추구한다.
② 「공직자윤리법」에 근거해 설립되었다.
③ 국민고충처리위원회, 국가청렴위원회 및 국무총리 행정심판위원회가 통합되어 출범했다.
④ 부패방지를 위한 제도 개선, 부패행위의 신고 접수 처리 등의 기능을 수행한다.
⑤ 과거 부패방지위원회가 담당한 업무를 수행하고 있다.

해설 국민권익위원회는 「부패방지 및 국민권익위원회의 설치와 운영에 관한 법률」(2008)에 근거해 설립되었다(새행정학3.0, p.558).

05 공무원 부패에 대한 접근법에 대한 설명 중 적절하지 않은 것은?

① 기능주의적 입장에서는 국가가 발전하면 부패는 사라질 것으로 보았다.
② 사회문화적 접근법은 한 국가의 정치경제적 관행에서 부패의 원인을 찾는다.
③ 제도적 접근법은 법령과 관리기구 정비를 강조한다.
④ 도덕적 접근 입장은 개인의 윤리 의식과 자질이 부패와 밀접한 관련이 있다고 본다.
⑤ 체제론적 접근방법에서는 공무원에 대한 행정통제 체제 구축을 우선한다.

해설 체제론적 접근 입장은 문화적 특성, 제도상 결함, 개인의 행태, 사회구조적 모순 등 다양한 요인에 의해 공무원 부패가 복합적으로 나타난다고 보는 입장이다(새행정학3.0, p.544).

06 공무원 부패의 원인으로 보기 어려운 것은?

① 개인의 성장 배경
② 공무원의 보수 수준
③ 정적인 조직문화
④ 직무 특성
⑤ 복잡한 행정절차

해설 공무원 개인의 성장 배경에서 공무원 부패 원인을 찾는 것은 무리다(새행정학3.0, p.544).

07 공무원 부패의 원인 중 조직 수준의 원인이라고 보기 어려운 것은?

① 연공서열의 중시
② 이해 충돌 영역 관련 직무
③ 모호한 법규정
④ 감시 장치 결여

⑤ 부패에 대한 관용적 태도

해설 나머지 항목들과 달리 ⑤는 사회문화적 수준의 원인으로 볼 수 있다(새행정학3.0, p.544).

08 공무원 부패 유형에 대한 설명 중 적절하지 않은 것은?

① 직무를 수행하면서 금품을 수수하는 것은 개인부패 유형에 해당한다.
② 은행원이 대출 시 커미션을 수수하는 것은 체제적 부패 유형이다.
③ 공무원들이 공모해 횡령이 이뤄졌다면 제도화된 부패 유형으로 분류된다.
④ 공익을 위해 거짓말을 하는 경우를 백색부패 유형이라 한다.
⑤ 뇌물을 주고받음으로써 특혜를 받는 경우를 거래형 부패라고 한다.

해설 ③의 경우는 한 조직이나 기관에 근무하는 여러 공무원이 공모해 조직적으로 부패행위를 저질렀다면 개인부패와 대비해 조직부패로 분류된다(새행정학3.0, pp.544-546).

09 OECD가 제시하는 윤리 기반에 대한 올바른 설명으로 보기 어려운 것은?

① 공무원의 행동을 올바르게 유도할 수 있는 원칙과 수단을 제시했다.
② 윤리 기반은 통제, 안내, 관리 등 세 가지 주요 기능을 수행할 것을 권고한다.
③ 공무원의 바람직한 행동을 유도하고 부정적인 행동을 억제하는 방안을 제시한다.
④ 윤리 기반도 각 나라의 문화적 · 정치적 환경에 따라 달리 적용된다.
⑤ 견제와 균형의 전통이 강한 나라에서는 자율적인 안내와 관리 기능을 강조한다.

해설 OECD의 윤리적 기반에 따른 세 가지 기능 중에 미국과 같이 견제와 균형의 전통이 강한 나라는 통제 기능을, 북유럽처럼 신뢰의 전통이 강한 나라는 안내와 관리 기능을 강조한다(새행정학3.0, pp.563-564).

10 윤리 기반에 기초한 윤리정부의 특성으로 보기 어려운 것은?

① 공직에 특별한 가치를 부여하지 않고 민간부문 직업과 평등하게 인식하는 정부
② 적극적인 정보공개로 누구나 저렴한 비용으로 바라볼 수 있는 투명한 정부
③ 신뢰를 기반으로 하는 정부
④ 정부와 시민사회가 원활하게 상호작용을 하는 정부
⑤ 기본적인 인권을 강조하는 인권 보호적 정부

해설 윤리적 정부는 공직에 어느 직업보다 높은 가치 있는 직업으로 평가한다(새행정학3.0, pp.563-564).

정답 04 ② 05 ⑤ 06 ① 07 ⑤ 08 ③ 09 ⑤ 10 ①

11 **행정윤리를 확보하기 위한 구체적인 방안으로 적절하지 않은 것은?**

① 「정보공개법」의 개정으로 정보에 대한 충분한 접근권을 보장한다.
② '백지신탁' 제도 등 공직자의 이해 충돌 방지를 위한 법제도의 정비가 필요하다.
③ 공직자의 불명확한 재량권을 정비한다.
④ 공직윤리에 대한 체계적인 교육훈련을 강화한다.
⑤ 부실한 기관별 자체감사 시스템 대신 중앙 차원의 통합적 감사 체계를 구축한다.

해설 조직 차원의 내부 윤리관리 시스템의 정비를 위해 기관 내부 자체감사 시스템을 활성화하고 내부 「공무원 행동강령」도 내실화한다(새행정학$_{3.0}$, pp.563-564).

12 **다음 중 OECD 국가들이 택한 윤리정부 구축 방안으로 보기 어려운 것은?**

① 공공부문 개혁을 통한 윤리 기반 시스템의 재정비
② 윤리관리와 공공관리와의 통합 시도
③ 공무원 행동규범의 법제화에 따른 엄격한 통제 강화
④ 공무원의 이해관계와 재산 상태의 공개
⑤ 내부고발자에 대한 보호 절차 마련

해설 OECD 국가들이 행정윤리를 법으로써 강제하는 경향은 매우 약하다. 이는 OECD 국가들의 공공부문 개혁 방향이 신공공관리주의에 입각하고 있기 때문에 법적 구속이나 통제가 신공공관리가 지향하는 자율성과 적극성이라는 가치에 모순되기 때문이다. 그럼에도 불구하고 행정윤리를 「공무원 행동강령」으로 선언하고 실천하고자 하는 움직임은 강하게 나타나고 있다(새행정학$_{3.0}$, pp.563-564).

13 **공무원의 정치적 중립에 대한 설명으로 옳지 않은 것은?**

① 공무원의 정치활동 제한에서 출발했고 강화되고 있다.
② 엽관주의 폐해를 극복하고자 강조되었다.
③ 정치적 전횡에서 공무원을 보호하는 역할도 한다.
④ 정치적 중립의 궁극적 목적은 국민에 대한 공평한 행정이다.
⑤ 행정의 안정성과 전문성 확보를 위해 요구된다.

해설 공무원의 정치적 중립성은 직접적인 정치활동에 대한 엄격한 제한보다는 정치적 영향력으로부터 공무원을 보호하고 행정의 공평성을 확보하고자 전개되었다. 공무원의 정치활동을 제한하는 것은 한계가 있고 점차 완화되는 경향을 보이고 있다(새행정학$_{3.0}$, p.569).

14 **공무원노동조합에 대한 설명 중 옳지 않은 것은?**

① 공무원단체의 가입 조건은 6급 이하의 일반직 공무원으로 제한한다.
② 공무원노동조합은 정치활동을 할 수 없다.

③ 공무원노동조합에게는 사전 공고 후 제한된 태업만을 허용한다.
④ 공무원노동조합은 정책결정에 관한 사항에 대해서는 단체교섭을 할 수 없다.
⑤ 단체교섭이 결렬될 경우 중앙조정위원회에 조정 신청을 할 수 있다.

해설 공무원노조는 파업과 태업 등 업무의 정상적인 운영을 방해하는 일체의 행위를 할 수 없다(새행정학3.0, pp.571-572).

15 공무원에 대한 징계에 대한 설명으로 틀린 것은?

① 징계는 공무원에 대해 교정과 예방의 목적을 동시에 갖는다.
② 법령 위반, 의무 위반, 위신 손상 행위 등이 징계 사유가 된다.
③ 공무원 신분 보장을 위해 징계는 법에 정하는 이유 없이 자의적으로 할 수 없다.
④ 파면은 해임보다 더욱 강한 징계처분이다.
⑤ 불리한 징계를 받은 공무원은 위법·부당한 사항에 한해 소청심사를 제기할 수 있다.

해설 소청심사청구 대상은 위법한 사항에 한하고 부당한 사항에 대한 이의 제기는 고충 상담의 대상이 된다(새행정학3.0, p.568).

16 현행 「공직자윤리법」에 따른 퇴직공직자 취업제한 대상기관이 아닌 것은?

① 자본금과 연간 외형거래액이 일정 규모 이상인 영리 목적의 사기업체
② 외형거래액이 일정 규모 이상인 법무법인, 회계법인, 세무법인
③ 「공공기관운영법」에 따른 시장형 공기업 및 준정부기관
④ 안전감독업무를 담당하는 공직유관단체
⑤ 기본재산이 일정 규모 이상인 사회복지법인

해설 「공공기관운영법」에 따른 시장형 공기업만 취업제한 대상기관에 해당한다(새행정학3.0, p.558).

정답 11 ⑤ 12 ③ 13 ① 14 ③ 15 ⑤ 16 ③

CHAPTER

14

공공정책

객관식으로 행정학 학습

제1절 정책의 의의

01 정책의 개념에 관한 설명 중 틀린 것은?

① 국가기관에 의해 결정된 것이므로 일정한 수준의 합법적 강제력을 부여받는다.
② 정부가 어떤 일도 하지 않기로 한 의사 표시는 정책의 범위에 당연히 포함되지 않는다.
③ 사회문제를 해결하는 수단이다.
④ 정부가 의도적으로, 그리고 체계적으로 사회문제에 개입하려는 일련의 대안과 실행을 전제하고 있다.
⑤ 정책을 문제 해결 수단뿐만 아니라 정치적 이해관계의 관점에서 볼 필요가 있다.

해설 정부가 어떤 일도 하지 않기로 한 의사 표시 등 다양한 범주의 정부 업무를 포함한다(새행정학 3.0, p.579).

02 정책의 성격에 관한 설명으로 적절하지 않은 것은?

① 의도성이란 정책은 특정한 사회문제에 대한 정부의 태도 혹은 의지가 적극적으로 반영된 인위적 계획임을 말한다.
② 정부는 해당 사회문제를 두고 어떤 가치에 근거한 개입이 타당한지 반드시 따져 보아야 한다.
③ 문제 해결 지향성이란 어떤 정책이든 사회문제의 해결을 의도로 생성된다는 점이다.
④ 정책의 가장 중요한 성격은 완벽한 인과관계를 전제로 하는 '이론'이라는 것이다.
⑤ 사회문제에 대응하는 인간은 인지적 한계를 가지고 있어 모든 문제를 파악할 수 없으며 모든 대안을 탐색할 수 없다.

정답 01 ② 02 ④

해설 정책의 가장 중요한 성격은 그것이 오류의 가능성이 있는 '가설'이라는 것이다(새행정학3.0, p.580)

03 정책의 유형에 관한 설명 중 맞지 않는 것은?

① 정책을 기능별로 분류하는 것은 정부기관에서 하는 일에 따라 분류하는 방식이다.
② 분배정책은 국민들에게 권리나 이익, 혹은 서비스를 배분하는 것을 내용으로 한다.
③ 상징정책에서는 로그롤링(log rolling)이나 포크배럴(pork barrel)과 같은 정치적 현상이 나타난다.
④ 규제정책은 법령에서 제시하는 광범위한 기준을 근거로 국민들에게 강제적으로 특정한 부담을 지우는 것이다.
⑤ 재분배정책은 돈이나 재산, 권력, 권리를 많이 소유하고 있는 집단으로부터 그렇지 못한 집단으로 이전시키는 정책이다.

해설 분배정책에서는 로그롤링(log rolling)이나 포크배럴(pork barrel)과 같은 정치적 현상이 나타난다(새행정학3.0, pp.582-583).

04 정책 이해의 목적과 대상에 대한 설명으로 가장 부적절한 것은?

① 정책 및 정책과정에 관한 지식은 정책의 형성과 집행에 대한 체계적이고 경험적인 연구를 의미한다.
② 정책과정에서 사용될 지식은 사회문제 해결을 위해 정책결정자가 활용할 수 있는 정보를 구체적으로 제시하는 연구를 의미한다.
③ 정책에 대한 이해는 기대한 결과에 대한 연구뿐만 아니라 예기치 못한 결과에도 주목해야 한다.
④ 정책에서 예기치 못한 결과가 유발된다면 그것이 비합리적인 것은 아니다.
⑤ 정책에서 예기치 못한 결과에 대한 이해는 해당 정책이 기초한 이론의 타당성을 입증해 주는 역할을 한다.

해설 정책이 의도한 결과에 대한 이해는 해당 정책이 기초한 이론의 타당성을 입증해 주는 역할을 한다(새행정학3.0, pp.585-586).

05 정책 이해의 접근방식에 대한 설명으로 가장 부적절한 것은?

① 규범적 접근은 해당 정책이 의도한 목적 가치에 주목하는 것으로서 정책의 정당성을 구축하기 위한 것이다.
② 정책의 결정에 초점을 둔 실증적 접근에서는 규범적 접근과 같이 정책의 목적 가치에서 출발하는 것이 아니라 정책의 실제에 대한 상세한 기술에서 출발한다.

③ 평균·계량적 접근은 관련된 정책 효과와 원인에 대한 주요 변수를 도출하고, 그에 대한 수치화된 자료를 풍부히 수집해서 이를 평균해 대표치를 계산하고 이를 통해 변수들 간의 관계를 밝히게 된다.

④ 사례연구는 현상에 대한 정확한 기술과 분류를 목적으로 자료를 표준적으로 통합하지 않고 문제 상황을 풍부하게 이해하려고 시도한다.

⑤ 정책에 대한 깊이 있는 이해를 위해서는 정책을 설계하고 정책의 적용을 받는 주체인 인간의 유인구조에 주목해야 한다.

해설 정책의 집행에 초점을 둔 실증적 접근에서는 규범적 접근과 같이 정책의 목적 가치에서 출발하는 것이 아니라 정책의 실제에 대한 상세한 기술에서 출발한다(새행정학3.0, pp.589-591).

제2절 정책결정

06 정책 네트워크와 관련된 내용으로 가장 부적합한 것은?

① 네트워크 분석에서 행위자들 간의 관계는 자원의존성을 토대로 한 교환 관계를 중심으로 하고 있다.

② 미국의 경우 1960년대의 하위정부 모형과 1970년대 후반의 이슈 네트워크 모형을 기원으로 한다.

③ 정책 네트워크 모형은 사회학의 네트워크 분석을 정책분석에 접목하려는 시도다.

④ 이슈 네트워크는 정부부처의 고위관료와 국회의원 중에서 특정 영역에 이해관계나 관심을 가지는 사람들 간의 의사소통 네트워크다.

⑤ 정책 네트워크의 유형화를 시도할 경우 비교적 폐쇄적이고 안정적이며 지속적인 정책공동체와 개방적이고 유동적인 이슈 네트워크로 나눠 볼 수 있다.

해설 이슈 네트워크(issue network)는 정부부처의 고위관료, 의원, 기업가, 로비스트, 학자, 언론인 등을 포함하는, 즉 특정 영역에 이해관계나 관심을 가지는 사람들 간의 의사소통 네트워크다(새행정학3.0, pp.594-596).

07 정책의제 설정에 영향을 미치는 요인에 대한 설명으로 부적절한 것은?

① 문제를 해결하기 위한 정책의 영향이 많은 집단에 영향을 미치거나 정책으로 인한 영향이 중요한 것인 경우 상대적으로 쉽게 정책의제화된다.

② 정책담당자 또는 정책문제를 해결해야 할 정부기관의 입장에서 정책문제의 해결

정답 03 ③ 04 ⑤ 05 ② 06 ④ 07 ③

이 상대적으로 쉽게 인지되는 경우에는 정책의제화가 쉽다.

③ 관례적이거나 일상적인 문제는 정책의제화되기 어렵다.

④ 특정 사회 이슈를 정부에 전달하고 수용하도록 하는 정치제도가 존재하고 원활하게 작동할 경우 상대적으로 정책의제화가 쉽다.

⑤ 국민의 관심 집결도가 높거나 특정 사회 이슈에 대해 정치인의 관심이 큰 경우에는 정책의제화가 쉽게 진행된다.

해설 정책문제가 관례화 혹은 일상화된 것이며 거의 자동적으로 정책의제화된다(새행정학3.0, pp. 597-599).

08 다음 정책대안의 원천들 중에서 성격이 아주 다른 하나는?

① 과거의 정책사례
② 다른 지자체의 정책 성공사례
③ 브레인스토밍
④ 외국 정부의 정책 실패 경험
⑤ 정책이론

해설 과거에 시행해 본 경험도 없고 외국에서는 시행하지 않고 있으며, 그 분야에 대한 이론이나 지식도 체계화된 것이 없는 경우에는 브레인스토밍(brainstorming)과 델파이 방법(delphi method) 같은 주관적 또는 직관적인 방법을 사용하는 수밖에 없다(새행정학3.0, pp.600-601).

09 드로(Y. Dror)의 최적모형에 대한 설명으로 잘못된 것은?

① 정책결정을 위한 자원이 부족하고 상황이 불확실하면 결정자의 직관이나 통찰력에 따라 결정을 내리는 것이 바람직하다.

② 초정책 결정 단계는 정책결정에 대한 정책결정의 단계로서 정책결정 체제를 하나의 전체로서 관리하고 정책결정자의 주된 전략을 결정한다.

③ 정책결정 체제 자체의 개선을 위한 자원의 투입도 정책결정 전체를 위한 자원의 경제적 배분의 입장에서 중요하다.

④ 중요한 정책결정 구조라도 가외성이 있으면 조직의 비능률이 발생하고, 조직의 단순화가 정책비용의 감소를 가져와 정책결정의 최적화를 기할 수 있다.

⑤ 개인들 간의 상호작용의 결과로 나오는 것이 정책이므로 이들 단위 간의 구조에 따라 정책 내용이 달라진다.

해설 드로는 정책결정의 여러 국면들이 중첩적이고 가외적임을 인정하면서 이러한 정책결정 구조의 중첩성이 정책결정의 오류를 방지하고 최적 수준의 정책결정을 보장해 준다고 한다(새행정학3.0, p.605).

10 **증거기반 정책결정에 대한 설명으로 부적절한 것은?**

① 정책이 이념(ideology), 신념(faith), 의견(opinion) 등에 기반하거나 과학적 사실이 부족한 담론(discourse) 등에 의한 정책결정을 지양한다는 의미이다.

② '증거'는 엄밀한 과학적 방법론을 활용한 과학적 지식(scientific knowledge)만을 의미한다.

③ 우리나라는 정보를 활용하는 데 필수 전제조건이 되는 데이터 기반(data infrastructure)은 양호한 편이다.

④ 증거기반 정책결정의 적용이 상대적으로 용이한 분야는 보건정책 분야, 사회복지정책 분야, 교육정책 분야, 형사정책 분야 등이다.

⑤ 증거기반이론이 정책결정 현실을 충분히 반영하지 못하고 있다는 지적이 있다.

해설 ② '증거'는 엄밀한 과학적 방법론을 활용한 과학적 지식(scientific knowledge)을 의미한다는 견해와 과학적 지식뿐만 아니라 전문가의 견해, 정책집행 경험, 정치적 측면의 암묵지, 정책 당사자들의 이해관계 등 정책결정과 관련된 다소 넓은 범위의 정보와 지식이 포함된다는 견해가 대두된다(새행정학3.0, pp.607-608).

제3절 정책집행

11 **나카무라와 스몰우드의 정책집행 유형 중 정책집행자가 정책결정자의 결정권을 장악하고 정책과정 전반을 완전히 통제하는 유형은?**

① 재량적 실험가형 ② 지시적 위임가형 ③ 관료적 기업가형
④ 고전적 기술관료형 ⑤ 협상자형

해설 정책집행자의 재량이 적은 데서 많은 방향으로 '고-지-협-재-관' 순으로 암기하면 편하다(새행정학3.0, pp.614-615).

제4절 정책평가

12 **정책평가의 타당성과 신뢰성에 대한 설명 중 올바른 것은?**

① 신뢰성이란 측정이나 절차가 그것이 목표로 내세운 것을 제대로 달성했느냐 하는 정도를 의미한다.

정답 08 ③ 09 ④ 10 ② 11 ③ 12 ⑤

② 타당성이란 측정 도구가 어떤 현상을 되풀이해서 측정했을 때 얼마나 일관성 있게 측정할 수 있느냐 하는 정도로 파악된다.
③ 외적 타당성은 처치와 결과 사이의 관찰된 관계로부터 도달하게 된 인과적 결론의 적합성 정도를 나타내는 것이다.
④ 내적 타당성은 어떤 특정한 상황에서 내적 타당성을 확보한 정책평가가 다른 상황에도 그대로 적용될 수 있는 정도를 의미한다.
⑤ 내적 타당성이란 조작화된 결과에 대해 찾아낸 효과가 다른 경쟁적인 원인들에 의해서라기보다는 조작화된 처리에 기인된 것이라고 볼 수 있는 정도를 의미한다.

해설 정책 효과가 오직 정책에 기인한 것인지를 의미하는 것이 내적 타당성이다. 외적 타당성은 조작화된 구성 요소 중 우리가 관찰한 효과들이 당초의 연구 가설에 구체화된 그것들 이외에 다른 이론적 구성 요소들에까지도 일반화될 수 있는 정도를 의미한다(새행정학3.0, pp.617-618).

13 정책평가를 위한 실험 방법에 대한 설명으로 옳은 것은?

① 진실험은 실험집단과 통제집단을 이질적으로 구성하는 것이 중요하다.
② 진실험에서는 내적 타당성의 문제가 심각하다.
③ 진실험에서는 실행 가능성의 문제는 없다.
④ 정책평가 연구에서 현실적으로 준실험이 많이 사용되고 있다.
⑤ 실험집단과 통제집단을 서로 이질적인 것으로 구성하기 위해서는 대상들을 이들 두 집단에 무작위적으로 배정해야 한다.

해설 정책평가 연구에서 진실험에 의한 방법이 이상적이기는 하나 여러 가지 문제점 때문에 현실적으로 준실험이 많이 사용되고 있다(새행정학3.0, pp.618-620).

제5절 정책변동과 정책갈등 관리

14 정책변동에 대한 설명으로 부적절한 것은?

① 정책변동은 정책결정 과정에서 정책의 수정과 종결의 형태로 나타날 뿐만 아니라 정책집행의 단계에서도 발생한다.
② 정책혁신은 정부가 새로운 형태의 개입을 결정하는 것을 의미하며 정책집행과 유사하다.
③ 정책유지는 정책의 기본 골격을 그대로 지속시키면서 사업 내용이나 인적・물적 자원의 투입 혹은 정책집행 절차 등을 변경하는 유형을 의미한다.
④ 역사적 신제도주의의 제도 변화 이론 중 단절균형모형(Punctuated Equilibrium)은

제도가 어떤 계기에 의해 급격히 변화하는 이유를 설명하는데, 정책이 급격히 변동하는 상황을 설명하는 데 유용하다.

⑤ 정책지지연합모형은 10년 이상의 기간에 걸쳐 신념 체계에 기초한 지지연합의 상호작용과 정책학습, 정치체제의 변화와 사회경제적 환경 변화로 인해 정책이 변동한다고 본다.

해설 정책혁신은 정부가 새로운 형태의 개입을 결정하는 것을 의미하며 정책결정과 유사하다(새행정학3.0, pp.623-624).

15 정책갈등의 개념과 특징에 대한 설명으로 부적절한 것은?

① 정책갈등은 정부가 시장 또는 시민사회에 개입해 발생하는 가치나 규범 또는 이해관계의 충돌이다.

② 정책으로 인해 혜택을 받는 자와 손해를 보는 자가 발생하게 되며, 이들 간에는 긴장과 대립 혹은 충돌이 발생한다.

③ 민주적 의사소통 체제가 구축되고 개인의 권리 보장에 대한 욕구 표출이 쉬워지면서 정책갈등의 가능성이 감소했다.

④ 정책갈등은 상당히 넓은 범위에서 공개적으로 전개되며, 갈등 과정이 공개적으로 전개되기 때문에 갈등 전개 과정에서 갈등 당사자의 범위를 확정하기가 어렵다.

⑤ 정부는 정책갈등 상황에 직면하면 갈등을 종결시키기 위해 협상과 조정, 그리고 사법적인 판단에 의존하게 된다.

해설 민주적 의사소통 체제가 구축되고 개인의 권리 보장에 대한 욕구 표출이 쉬워지면서 일선 정책과정에 다양한 이해관계자의 의견이 투입될 수 있는 기회가 많아졌다. 이에 따라 거의 모든 정책과정에서 이해관계자가 자신의 주장을 표출할 수 있는 기회를 확대해 정책갈등의 가능성도 함께 증가시켰다(새행정학3.0, pp.625-626).

16 정책갈등의 원인으로 작용하는 유인과 규범에 대한 설명으로 부적절한 것은?

① 유인은 금전적 보전과 함께 재산권의 현재 가치와 미래 가치를 고려한 제도적 보장을 포함하고 있다.

② 유인은 현시점의 경제적 가치 보상뿐만 아니라 미래 가치의 보장을 포함하지만, 명예의 제공이나 정치 권력의 제공 등은 포함되지 않는다.

③ 정책과정에서 유인 제공은 단일 이해관계 집단에 대한 일방적 편익 제공을 목적으로 하는 경우도 있다.

④ 갈등 상황에서 규범은 상대방 행위자의 행동을 예측 가능하게 해주고 상호작용 방법

정답 13 ④ 14 ② 15 ③ 16 ②

과 규칙을 안정적으로 제공해 정책갈등 해소 요인으로 작용하기도 한다.

⑤ 유인을 '이해관계' 혹은 '이익'으로 통칭하기도 하며, 규범은 '가치관', '정체성' 등으로 표현되기도 한다.

해설 유인은 현시점의 경제적 가치 보상뿐만 아니라 미래 가치의 보장, 명예의 제공이나 정치 권력의 제공 등을 포함한다(새행정학$_{3.0}$, pp.626-629).

기출 문제를 통한 감각 익히기

01 정책학의 발전 과정에 대한 설명으로 옳은 것은? (지방7, 2022)

① 드로어(Dror)는 정책결정의 방법, 지식, 체제에 관심을 두어야 한다고 주장하고, 정책결정 체제에 대한 이해와 정책결정의 개선을 강조하였다.

② 정책의제 설정이론은 정책의제의 해결방안 탐색을 강조하며, 문제가 의제로 설정되지 않는 비결정(nondecision making) 상황에 관하여는 관심이 적다.

③ 라스웰(Lasswell)은 정책과정에 관한 지식보다 정책에 필요한 지식이 더 중요하며, 사회적 가치는 분석 대상에서 제외해야 함을 강조하였다.

④ 1950년대에는 담론과 프레임을 통한 문제구조화에 관심이 높아 OR(operation research)과 후생경제학의 기법 활용에는 소홀하였다.

해설 ② 정책의제 설정이론은 무의사결정(nondecision making) 상황에 관하여는 관심이 많다. ③ 라스웰(Lasswell)은 사회적 가치는 분석 대상에서 포함하였다. ④ 1950년대에는 OR(operation research)과 후생경제학의 기법 활용에 관심이 많았다.

02 로위(T. J. Lowi)의 정책 분류와 그 특징을 연결한 것 중 옳지 않은 것은? (지방9, 2014)

① 배분정책 – 재화와 서비스를 사회의 특정 부분에 배분하는 정책으로 수혜자와 비용부담자 간 갈등이 발생한다.

② 규제정책 – 특정 개인이나 집단에 대한 선택의 자유를 제한하는 유형의 정책으로 정책 불응자에게는 강제력을 행사한다.

③ 재분배정책 – 고소득층으로부터 저소득층으로의 소득이전을 목적으로 하기 때문에 계급 대립적 성격을 지닌다.

④ 구성정책 – 정부기관의 신설과 선거구 조정 등과 같이 정부기구의 구성 및 조정과 관련된 정책이다.

해설 배분정책(분배정책)은 "정부가 특정한 개인, 기업체, 조직, 지역사회 등에 공공서비스와 편익을

정답 01 ① 02 ①

배분하는 정책"을 말한다. 배분정책(분배정책)은 수혜자 집단 간에 최소한의 승리감을 안겨줄 수 있는 정책이므로 환경으로부터의 저항보다는 순응도가 매우 높고 갈등도 거의 없어서 정부 당국의 정책에 대한 자율성은 그만큼 크다.

03 **로위(Lowi)의 정책유형 분류에서 강제력이 행위의 환경에 직접적으로 적용되는 것은?** (지방7, 2019)

① 재분배정책(redistributive policy)　② 규제정책(regulatory policy)
③ 구성정책(constituent policy)　④ 분배정책(distributive policy)

해설 재분배정책(redistributive policy)에 대한 설명이다.

구분		강제력의 적용 영역	
		개별적 행위	행위의 환경
강제력의 행사방법	간접적	분배정책	구성정책
	직접적	규제정책	재분배정책

04 **정책의 유형 중에서 정책목표에 의해 일반국민에게 인적 · 물적 자원을 부담시키는 정책은?** (국가9, 2022)

① 추출정책　② 구성정책　③ 분배정책　④ 상징정책

해설 누진세와 사회보장정책은 재분배정책이지만 SOC 건설 등 사회간접자본정책은 분배정책에 해당한다.

05 **로위(Lowi)의 정책유형과 그에 대한 설명으로 옳은 것만을 모두 고르면?** (국가9, 2021)

ㄱ. 규제정책은 특정 개인이나 집단에 대한 선택의 자유를 제한하는 유형의 정책으로 강제력이 특징이다.
ㄴ. 분배정책의 사례에는 FTA협정에 따른 농민피해 지원, 중소기업을 위한 정책자금지원, 사회보장 및 의료보장정책 등이 있다.
ㄷ. 재분배정책은 고소득층으로부터 저소득층으로 소득이전을 목적으로 하기 때문에 계급대립적 성격을 지닌다.
ㄹ. 재분배정책의 사례로는 저소득층을 위한 근로장려금 제도, 영세민을 위한 임대주택 건설, 대덕 연구개발 특구 지원 등이 있다.
ㅁ. 구성정책은 정부기관의 신설과 선거구 조정 등과 같이 정부기구의 구성 및 조정과 관련된 정책이다.

① ㄱ, ㄴ, ㄷ　② ㄱ, ㄷ, ㅁ
③ ㄴ, ㄹ, ㅁ　④ ㄷ, ㄹ, ㅁ

해설 꼼꼼하게 읽어야 오류를 발견할 수 있는데, 정답은 ②이다. ㄴ. 사회보장 및 의료보장정책 재분배정책사례이다. ㄹ. 대덕 연구개발 특구 지원은 분배정책사례이다.

06 **로위(Lowi)가 제시한 구성정책의 사례로 옳지 않은 것은?** (지방9, 2019)

① 공직자 보수에 관한 정책
② 선거구 조정 정책
③ 정부기관이나 기구 신설에 관한 정책
④ 국유지 불하 정책

해설 국유지 불하 정책은 배분정책의 사례이다. 배분정책(distributive policy)은 특정한 개인, 기업체, 조직, 지역사회에 공공서비스와 편익을 배분하는 것이다. 고속도로, 항만, 공항 등 사회간접자본 구축, 수출 특혜 금융, 지방자치단체에 대한 국고보조금 지급, 주택자금의 대출, 택지 분양 등을 예로 들 수 있다.

07 **리플리(Ripley)와 프랭클린(Franklin)의 경쟁적 규제정책에 대한 설명으로 옳지 않은 것은?** (국가7, 2022)

① 국가가 소유한 희소한 자원에 대해 다수의 경쟁자 중에서 지정된 소수에게만 서비스나 재화를 공급하도록 규제한다.
② 선정된 승리자에게 공급권을 부여하는 대신에 이들에게 규제적인 조치를 하여 공익을 도모할 수 있다.
③ 경쟁적 규제정책의 예로는 주파수 할당, 항공노선 허가 등이 있다.
④ 정책집행 단계에서 규제받는 자들은 규제기관에 강하게 반발하거나 저항하기도 한다.

해설 정답은 보호적 규제정책을 설명하고 있는 ④이다.

08 **리플리와 프랭클린(Ripley & Franklin)이 구분한 네 가지 정책유형에 대한 설명으로 옳지 않은 것은?** (지방7, 2018)

① 배분정책(distributive policy) – 정책과정에서 이해당사자들 간에 로그롤링(log-rolling) 또는 포크배럴(pork barrel)과 같은 정치적 현상이 나타나기도 한다.
② 재분배정책(redistributive policy) – 이념적 논쟁과 소득계층 간 갈등이 첨예하게 대립되어 표준운영절차(SOP)나 일상적 절차의 확립이 비교적 어렵다.
③ 경쟁적 규제정책(competitive regulatory policy) – 배분정책적 성격과 규제정책적

정답 03 ① 04 ① 05 ② 06 ④ 07 ④ 08 ③

성격을 동시에 지니고 있고, 규제정책은 거의 대부분 이러한 경쟁적 규제정책에 해당된다.

④ 보호적 규제정책(protective regulatory policy) – 소비자나 일반대중을 보호하기 위해 특정 집단을 규제하므로 규제집행 조직과 피규제집단 간 갈등의 가능성이 높다.

해설 리플리(R. B. Ripley)와 프랭클린(G. A. Franklin)은 정책을 분배정책, 경쟁적 규제정책, 보호적 규제정책, 재분배정책으로 분류했다. ③ 경쟁적 규제정책은 배분정책적 성격과 규제정책적 성격을 동시에 지니고 있다. 하지만 대부분 보호적 규제정책에 해당한다.

09 **로위(Lowi)의 정책 유형에 대한 설명 중 분배정책에 해당하는 것만을 모두 고르면?**

(국가7, 2020)

ㄱ. 정책과정에서 이해당사자들 간의 협상을 통해 비교적 안정적인 연합을 형성한다.
ㄴ. 누진소득세와 같이 이데올로기적인 기반에서 정책결정이 이루어진다.
ㄷ. 로그롤링(log-rolling)이나 포크배럴(pork barrel)과 같은 정치적 현상이 나타난다.
ㄹ. 집단 사이의 갈등 수준이 상당히 높은 편이며, 개인이나 집단의 행위를 통제하기 위하여 정부의 강제력이 직접적으로 동원된다.

① ㄱ, ㄴ
② ㄱ, ㄷ
③ ㄴ, ㄷ
④ ㄷ, ㄹ

해설 ㄴ. 재분배정책, ㄹ. 규제정책을 설명하고 있다.

10 **정책결정요인론 중 도슨과 로빈슨(R. Dawson & J. Robinson)이 주장한 '경제적 자원모형'의 내용으로 옳지 않은 것은?**

(국가9, 2014)

① 소득, 인구 등의 사회·경제적 요인이 정책 내용을 결정한다.
② 정치적 변수는 정책에 단독으로 영향을 미치지 못한다.
③ 정치체제는 환경변수와 정책 내용 간의 매개변수가 아니다.
④ 사회경제적 변수, 정치체제, 정책은 순차적 관계에 있다.

해설 도슨과 로빈슨은 정치체제와 정책의 관계는 허위의 상관관계로서 정치적 변수는 정책에 영향을 미치지 못하는 변수이며, 사회경제적 변수가 허위변수로 작용하고 있다는 것을 입증했다. 이들은 사회경제적 변수, 정치체제, 정책 간의 순차적 관계를 부정하고 사회경제적 변수가 정치체제와 정책 모두에 대해 영향을 미치고 이것이 정치체제와 정책의 허위적 상관관계를 초래했다고 주장했다.

11 **정책결정요인론에 대한 설명으로 옳은 것은?** (국가7, 2022)

① 정책의 내용에 영향을 미치는 요인이 무엇인가를 밝히는 이론으로, 사회경제적 요인의 중요성을 과소평가했다는 비판을 받고 있다.

② 도슨-로빈슨(Dawson-Robinson) 모형은 사회경제적 변수가 정치체제와 정책 모두에 영향을 미친다는 모형으로, 사회경제적 변수로 인해 정치체제와 정책의 상관관계가 유발된다고 설명한다.

③ 키-로커트(Key-Lockard) 모형은 사회경제적 변수가 정책에 직접적으로 영향을 미친다는 모형으로, 예를 들면 경제 발전이 복지지출 수준에 직접 영향을 준다고 본다.

④ 루이스-벡(Lewis-Beck) 모형은 사회경제적 변수가 정책에 영향을 주는 직접효과가 있고, 정치체제가 정책에 독립적 영향을 주지 않는다고 설명한다.

해설 도슨-로빈슨(Dawson-Robinson) 모형은 사회경제적 변수의 중요성을 설명하고 있다.

12 **다국적 기업과 같은 중요 산업조직이 국가 또는 정부와 긴밀한 동맹 관계를 형성하고 이들이 경제 및 산업정책을 함께 만들어 간다고 설명하는 이론은?** (국가9, 2013)

① 신마르크스주의 이론 ② 엘리트이론

③ 공공선택 이론 ④ 신조합주의 이론

해설 조합주의는 국가에서 공인받은 소수의 유력한 이익조직들과 국가 사이에 독점적 이익 표출과 정책순응이 정치적으로 교환되는 이익대표 체계를 의미한다. 문제의 사례는 경제적 이익집단인 기업과 정부의 협력 관계를 시사하므로 신조합주의에 해당된다. 신조합주의는 중요 산업조직들, 특히 다국적기업들이 국가와 긴밀한 동맹 관계를 형성하고 이들이 함께 경제·산업정책을 만들어 낸다고 설명하는 이론이다.

13 **정책 네트워크의 유형 중 하위정부(sub-government)모형에 대한 설명으로 옳지 않은 것은?** (지방9, 2012)

① 상대적으로 자율성과 안정성이 높다.

② 폐쇄적 관계를 강조하고 다른 이익집단의 참여를 배제한다.

③ 행정수반의 관심이 약하거나 영향력이 적은 재분배정책 분야에서 주로 형성된다.

④ 헤클로(H. Heclo)는 이익집단이 늘어나고 다원화됨에 따라 적용의 한계가 있다고 지적한다.

해설 하위정부모형은 비공식적 참여자인 이익집단, 공식적 참여자인 관료조직, 그리고 의회의 상임

정답 09 ② 10 ④ 11 ② 12 ④ 13 ③

위원회 간의 삼자연합(iron triangle)이 각 정책 영역별로 정책의 결정과 집행에 영향을 미친다고 본다. 즉, 하위정부는 비교적 소수의 엘리트들이 협력해 특정한 정책 영역의 정책결정을 지배하는 양태의 정책 네트워크다. 하위정부모형은 대통령과 공공의 관심이 덜하고 일상화 수준이 높은 분배정책 결정 과정을 설명하는 데 유효하게 쓰일 수 있다.

14 **정책 네트워크의 유형별 특징에 대한 설명으로 옳지 않은 것은?** (지방7, 2020)

① 철의 삼각(iron triangle) 모형에서는 이익집단, 관련 행정부처(관료조직), 그리고 의회 위원회가 연합하여 실질적인 정책결정이 이루어진다고 본다.

② 하위정부(subgovernment) 모형은 철의 삼각 모형의 경험적 타당성에 대해 의문을 제기하면서 참여자의 범위를 대폭 확대하였다.

③ 정책공동체(policy community)의 주요 구성원에는 하위정부 모형의 참여자 외에 전문가집단이 포함된다.

④ 이슈 네트워크(issue network)는 정책공동체와 비교할 때 네트워크의 경계가 불분명하여 참여자들의 진입과 퇴장이 쉬운 편이다.

해설 하위정부의 경우에도 철의 삼각과 참여범위는 동일이다. 정책 네트워크 모형은 공식·비공식 참여자들 간의 상호작용 관계를 포괄적이고 체계적으로 분석하기 위한 모형이다. 현실적으로 국가의 정책과정은 행정부, 의회 등 공식적인 참여자들만이 아니라 다양한 집단 간의 상호작용 과정을 통해 이뤄진다. 정책 네트워크에는 참여자와 비참여자를 구분하는 경계가 있다. 미국에서의 정당과 의회 중심의 정책과정 설명이 한계에 부딪히면서 영국에서 등장한 모형이 정책공동체 모형이다. 미국에서의 정책 네트워크가 하위정부, 이슈공동체 등의 정당과 의회 중심이었다면 영국에서의 논의는 정책공동체 중심이었다.

15 **신엘리트이론에 대한 설명으로 옳지 않은 것은?** (국가7, 2018)

① 엘리트들에게 안전한 이슈만을 논의하고 불리한 문제는 거론조차 못하게 봉쇄하는 무의사결정론과 밀접하게 연결되어 있다.

② 모스카(Mosca)나 미헬스(Michels) 등에 의해 대표되는 고전적 엘리트이론과 달리 밀즈(Mills)의 지위접근법이나 헌터(Hunter)의 명성적 접근방법을 도입하였다.

③ 정책결정에 영향을 미치는 정치권력은 두 가지 얼굴이 있다고 주장하며, 이 가운데 하나의 측면만을 고려하는 다원주의를 비판하였다.

④ 엘리트는 정책문제의 정의와 의제설정 과정에서 은밀한 영향력을 행사하기 때문에 실증적 분석방법론의 활용이 어렵다고 주장하였다.

해설 밀즈(W. Mills)나 헌터(F. Hunter)의 초기 미국 엘리트이론이 엘리트에 의한 또 다른 측면의 권력행사를 고려하지 못하였다고 평가하였다. 따라서 유럽의 고전적 엘리트이론과도 다르지만 밀즈나 헌터의 엘리트이론과도 다르다.

16 **㉠, ㉡에 해당하는 권력모형을 옳게 짝지은 것은?** (지방7, 2019)

> (㉠)은 전국적 차원이 아니라 지역사회의 지배구조에 초점을 맞추면서, 소수 엘리트가 강한 응집성을 가지고 정책을 결정하고 정치에 무관심한 일반대중들은 비판 없이 이를 수용한다고 설명한다.
> (㉡)은 정치권력에 두 얼굴(two faces of power)이 있음을 주장하는 입장으로부터 권력의 어두운 측면이 갖는 영향력에 대해 관심을 가지지 않았다는 점을 비판받았다.

	㉠	㉡
①	밀즈의 지위접근법	달의 다원주의론
②	밀즈의 지위접근법	바흐라흐와 바라츠의 무의사결정론
③	헌터의 명성접근법	달의 다원주의론
④	헌터의 명성접근법	바흐라흐와 바라츠의 무의사결정론

해설 ㉠ (헌터의 명성접근법)은 지역사회의 권력구조를 연구한 것으로 지역사회의 명성 엘리트들은 강한 응집성을 가지고 정책을 결정하게 되고, 이러한 결정은 정치에 무관심한 일반대중에 의해 비판 없이 수용되고 있음을 설명하는 이론이다. ㉡ (달의 다원주의론)은 바흐라흐와 바라츠 등 무의사결정을 주장하는 신엘리트론자들로부터 권력의 어두운 측면이 갖는 영향력에 대해 관심을 가지지 않았다는 점을 비판받았다.

17 **정책참여자의 권력관계 모형에 대한 설명으로 옳지 않은 것은?** (지방7, 2020)

① 국가조합주의는 국가가 민간부문의 집단들에 대하여 강력한 주도권을 행사한다고 보는 모형이다.

② 다원주의는 주로 개발도상국가에서 경제개발 과정에서의 이익집단에 대한 통제를 설명하기 위한 이론으로 활용되었다.

③ 사회조합주의는 사회경제체제의 변화에 순응하려는 이익집단의 자발적 시도로부터 생성되었다.

④ 다원주의는 이익집단 간의 영향력 차이를 인정하지만 전반적으로 균형이 유지되고 있다는 입장을 지닌다.

해설 정답은 국가조합주의를 설명하는 ②이다. 국가조합주의는 주로 개발도상국가에서 경제개발 과정에서의 이익집단에 대한 통제를 설명하기 위한 이론으로 활용되었다.

정답 14 ② 15 ② 16 ③ 17 ②

18 정책의제 설정과 관련된 이론과 설명이 바르게 연결된 것은? (국가9, 2014)

A. 사이먼(H. A. Simon)의 의사결정론	B. 체제이론
C. 다원주의론	D. 무의사결정론

ㄱ. 조직의 주의집중력은 한계가 있어 일부의 사회문제만이 정책의제로 선택된다.
ㄴ. 문지기(gate-keeper)가 선호하는 문제가 정책의제로 채택된다.
ㄷ. 이익집단이나 일반대중이 정책의제 설정에 상당한 영향력을 행사한다.
ㄹ. 대중에 대한 억압과 통제를 통해 엘리트들에게 유리한 이슈만 정책의제로 설정된다.

	A	B	C	D
①	ㄱ	ㄴ	ㄷ	ㄹ
②	ㄱ	ㄷ	ㄴ	ㄹ
③	ㄹ	ㄴ	ㄷ	ㄱ
④	ㄹ	ㄷ	ㄴ	ㄱ

해설 ㄱ. 인간은 인지 능력의 한계로 조직의 주의 집중력은 한계가 있어 일부의 사회문제만이 정책의제로 선택된다는 것은 사이먼(H. A. Simon)의 의사결정론(만족모형)이다. ㄴ. 체제 능력상의 한계로 문지기(gate-keeper)가 선호하는 문제가 정책의제로 채택된다는 것은 그들의 이해관계에 반하거나 자신들에게 불리한 투입을 정치적 영향력을 행사해 규제하거나 통제한다. ㄷ. 이익집단이나 일반대중이 정책의제 설정에 상당한 영향력을 행사한다는 것은 다원론에 대한 설명이다. ㄹ. 대중에 대한 억압과 통제를 통해 엘리트들에게 유리한 이슈만 정책의제로 설정된다는 것은 무의사결정론(신엘리트이론)에 해당하는 설명이다.

19 다음은 콥과 로스(Cobb & Ross)가 제시한 의제설정 과정이다. (가)~(다)에 들어갈 유형을 바르게 연결한 것은? (지방7, 2021)

- (가): 사회문제 → 정부의제
- (나): 사회문제 → 공중의제 → 정부의제
- (다): 사회문제 → 정부의제 → 공중의제

	(가)	(나)	(다)
①	동원형	외부주도형	내부접근형
②	내부접근형	동원형	외부주도형
③	외부주도형	내부접근형	동원형
④	내부접근형	외부주도형	동원형

해설 정답은 ④이다.

20 **정책의제 설정 모형에 대한 설명으로 옳지 않은 것은?** (국가7, 2020)

① 내부접근형(inside access model)에서 정부기관 내부의 집단 혹은 정책결정자와 빈번히 접촉하는 집단은 공중의제화하는 것을 꺼린다.

② 동원형(mobilization model)에서는 주로 정부 내 최고 통치자나 고위정책결정자가 주도적으로 정부의제를 만든다.

③ 외부주도형(outside initiative model) 정책의제 설정은 다원화된 정치체제에서 많이 나타난다.

④ 공고화형(consolidation model)은 대중의 지지가 낮은 정책문제에 대한 정부의 주도적 해결을 설명한다.

해설 공고화모형에서는 이미 광범위한 일반대중의 지지가 있는 경우에, 정부는 동원 노력보다는 이미 존재하는 지지를 그대로 공고화해 의제를 설정하기 때문에 정답은 ④이다.

21 **정책의제 설정 과정의 유형에 대한 설명으로 옳지 않은 것은?** (지방7, 2022)

① 내부접근모형에서는 일반시민의 지지를 얻기 위해 관료집단이 주도한 의제가 정부의 홍보활동을 통해 공중의제로 확산된다.

② 동원모형은 정치지도자의 지시에 따라 사회문제가 바로 정부의제로 채택되며, 정부의 힘이 강하고 민간부문이 취약한 후진국에서 자주 볼 수 있다.

③ 외부주도형은 이익집단들에 의해 제기된 문제가 여론을 형성해 공중의제로 전환되며 정부가 외부의 요구에 민감하게 반응하는 정치체제에서 자주 볼 수 있다.

④ 공고화모형에서는 이미 광범위한 일반대중의 지지가 있는 경우에, 정부는 동원 노력보다는 이미 존재하는 지지를 그대로 공고화해 의제를 설정한다.

해설 내부접근모형에서는 공중의제로 확산을 꺼리기 때문에 정답은 ①이다.

22 **무의사결정론에 대한 설명으로 옳지 않은 것은?** (국가9, 2020)

① 정치체제 내의 지배적 규범이나 절차가 강조되어 변화를 위한 주장은 통제된다고 본다.

② 엘리트들에게 안전한 이슈만이 논의되고 불리한 이슈는 거론조차 못하게 봉쇄된다고 한다.

③ 위협과 같은 폭력적 방법을 통해 특정한 이슈의 등장이 방해받기도 한다고 주장한다.

정답 18 ① 19 ④ 20 ④ 21 ① 22 ④

④ 조직의 주의집중력과 가용자원은 한계가 있어 일부 사회문제만이 정책의제로 선택된다고 주장한다.

해설 정답은 다원주의 정책의제설정 모형을 설명하고 있는 ④이다.

23 **정책환경의 불확실성을 극복하는 대처방안 중 소극적인 방법에 해당하는 것은?**

(지방9, 2019)

① 상황에 대한 정보의 획득
② 정책실험의 수행
③ 협상이나 타협
④ 지연이나 회피

해설 ①, ②, ③은 모두 불확실성에 대한 적극적 대처방안이다.

24 **홀렛(Howlett)과 라메쉬(Ramesh)의 모형에 따라 정책의제 설정 유형을 분류할 때, (가)~(라)에 대한 설명으로 옳지 않은 것은?**

(지방9, 2022)

공중의 지지 / 의제설정 주도자	높음	낮음
사회 행위자(societal actors)	(가)	(나)
국가(state)	(다)	(라)

① (가) – 시민사회단체 등이 이슈를 제기하여 정책의제에 이른다.
② (나) – 특별히 의사결정자들에게 접근할 수 있는 영향력 있는 집단이 정책을 주도한다.
③ (다) – 이미 공중의 지지가 높기 때문에 정책이 결정된 후 집행이 용이하다.
④ (라) – 정책결정자가 이슈를 제기하면 자동적으로 정책의제화되기 때문에 성공적인 집행을 위한 공중의 지지는 필요 없다.

해설 (라) 는 동원형 의제설정에 해당하기 때문에 공중의 지지를 얻기 위하여 PR 활동을 한다. 정답은 ④이다.

25 **정책문제의 구조화기법과 설명이 바르게 연결된 것은?**

(국가9, 2014)

A. 경계분석(boundary analysis)
B. 가정분석(assumption analysis)
C. 계층분석(hierarchy analysis)
D. 분류분석(classification analysis)

> ㄱ. 정책문제와 관련된 여러 구조화되지 않은 가설들을 창의적으로 통합하기 위해 사용하는 기법으로 이전에 건의된 정책부터 분석한다.
> ㄴ. 간접적이고 불확실한 원인으로부터 차츰 확실한 원인을 차례로 확인해 나가는 기법으로 인과관계 파악을 주된 목적으로 한다.
> ㄷ. 정책문제의 존속 기간 및 형성 과정을 파악하기 위해 사용하는 기법으로 포화표본추출(saturation sampling)을 통해 관련 이해당사자를 선정한다.
> ㄹ. 문제 상황을 정의하기 위해 당면 문제를 그 구성 요소들로 분해하는 기법으로 논리적 추론을 통해 추상적인 정책문제를 구체적인 요소들로 구분한다.

	A	B	C	D
①	ㄱ	ㄷ	ㄴ	ㄹ
②	ㄱ	ㄷ	ㄹ	ㄴ
③	ㄷ	ㄱ	ㄴ	ㄹ
④	ㄷ	ㄱ	ㄹ	ㄴ

해설 ㄱ. 가정분석(B)에 해당하는 설명이다. ㄴ. 계층분석(C)에 해당하는 설명이다. ㄷ. 경계분석(A)에 해당하는 설명이다. ㄹ. 분류분석(D)에 해당하는 설명이다.

26 정책델파이(policy delphi) 기법에 대한 설명으로 옳지 않은 것은? (국가7, 2021)

① 대립되는 입장에 내재된 가정과 논증을 표면화시키고 명백하게 하기 위하여 노력한다.
② 개인의 판단을 집약할 때, 불일치와 갈등을 의도적으로 강조하는 수치를 사용한다.
③ 정책대안에 대한 주장들이 표면화된 후에는 참가자들로 하여금 비공개적으로 토론을 벌이게 한다.
④ 참가자를 선발하는 과정은 '전문성' 자체보다는 이해관계와 식견이라는 기준에 바탕을 둔다.

해설 정책대안에 대한 주장들이 표면화된 후에는 참가자들로 하여금 공개적으로 토론을 벌이게 한다.

27 조직의 의사결정에 대한 설명으로 옳지 않은 것은? (지방9, 2019)

① 전통적 델파이 기법은 전문가들의 다양성을 고려해 의견일치를 유도하지 않는다.
② 현실의 세계에서는 완벽한 합리성이 아닌 제한된 합리성의 상황에서 의사결정이 이루어진다.
③ 브레인스토밍 과정에서는 타인의 아이디어를 비판하거나 평가하지 말아야 한다.

정답 23 ④ 24 ④ 25 ③ 26 ③ 27 ①

④ 고도로 집권화된 구조나 기능을 중심으로 편제된 조직의 의사결정은 최고관리자 개인이 주도하는 경우가 많다.

해설 정답에 해당하는 ①은 정책델파이 기법에 대한 설명이다. 델파이 기법은 특정 주제에 관한 전문가의 의견을 수렴하여 미래를 예측하는 기법이다.

28 **집단적 문제 해결의 전통적 방법을 수정한 대안과 그 특징을 바르게 연결하지 않은 것은?** (국가7, 2013)

① 델파이 기법(delphi method) – 문제 해결의 아이디어를 제공하는 사람들이 서로 대면적인 접촉을 하지 않고 각각 독자적으로 형성한 판단들을 종합·정리하는 방법이다.

② 브레인스토밍(brain storming) – 참가자들이 될 수 있는 대로 많은 독창적 의견을 내도록 노력해야 하므로, 이미 제안된 여러 아이디어를 종합해 새로운 아이디어를 만들어 내는 편승기법(piggy backing)의 사용을 지양한다.

③ 변증법적 토론(dialectical inquiry) – 두 집단으로 나눠 토론을 하기 때문에 특정 대안의 장점과 단점이 최대한 노출될 수 있다.

④ 명목집단기법(nominal group method) – 개인들이 개별적인 해결 방안을 구상하고 그에 대해 제한된 집단적 토론만 한 다음, 표결로 의사를 결정하는 방법이다.

해설 브레인스토밍(brain storming)에서는 참가자들이 될 수 있는 대로 많은 독창적 의견을 내도록 노력해야 하므로, 이미 제시된 여러 아이디어를 종합해서 새로운 아이디어를 만들어 내는 편승기법(piggy backing)의 사용을 지향한다.

29 **비용 · 편익분석에 대한 내용으로 옳지 않은 것은?** (국가7, 2018)

① 재화에 대한 잠재가격(shadow price)의 측정과정에서 실제 가치를 왜곡할 수 있다.

② 내부수익률(internal rate of return)은 순현재가치를 영으로 만드는 할인율을 말한다.

③ 칼도-힉스기준(Kaldor-Hicks criterion)은 재분배적 편익의 문제를 중시한다.

④ 정책대안이 가져오는 모든 비용과 편익을 측정하려고 하며, 화폐적 비용이나 편익으로 쉽게 측정할 수 없는 무형적인 것도 포함된다.

해설 정답은 ③이다. 칼도-힉스기준(Kaldor-Hicks criterion)은 재분배적 편익보다 효율성의 문제를 중시하는 기법이다.

30 **비용 · 편익분석에 대한 설명으로 옳지 않은 것은?** (지방9, 2020)

① 분야가 다른 정책이나 프로그램은 비교할 수 없다.

② 정책대안의 비용과 편익을 모두 가시적인 화폐 가치로 바꾸어 측정한다.

③ 미래의 비용과 편익의 가치를 현재가치로 환산하는 데 할인율(discount rate)을 적용한다.

④ 편익의 현재가치가 비용의 현재가치를 초과하면 순현재가치(NPV)는 0보다 크다.

해설 정책대안의 비용과 편익을 모두 가시적인 화폐 가치로 바꾸어 측정하기 때문에 분야가 다른 정책이나 프로그램은 비교할 수 있다.

31 비용 · 효과(cost-effectiveness)분석에 대한 설명으로 옳은 것은? (지방7, 2022)

① 정책대안의 비용과 효과는 모두 화폐단위로 측정된다.

② 분석결과는 사회적 후생의 문제와 쉽게 연계시킬 수 있다.

③ 시장가격의 메커니즘에 전적으로 의존한다.

④ 국방, 치안, 보건 등의 영역에 적용할 수 있다.

해설 ①, ②, ③은 비용 · 편익분석에 대한 설명이다. 정답은 ④이다.

32 공공사업의 경제성분석에 대한 설명으로 옳은 것만을 모두 고르면? (국가9, 2021)

ㄱ. 할인율이 높을 때는 편익이 장기간에 실현되는 장기투자사업보다 단기간에 실현되는 단기투자사업이 유리하다.
ㄴ. 직접적이고 유형적인 비용과 편익은 반영하고, 간접적이고 무형적인 비용과 편익은 포함하지 않는다.
ㄷ. 순현재가치(NPV)는 비용의 총현재가치에서 편익의 총현재가치를 뺀 것이며 0보다 클 경우 사업의 타당성을 인정할 수 있다.
ㄹ. 내부수익률은 할인율을 알지 못해도 사업평가가 가능하도록 하는 분석기법이다.

① ㄱ, ㄴ　② ㄱ, ㄹ　③ ㄴ, ㄷ　④ ㄱ, ㄷ, ㄹ

해설 ㄴ. 직접적이고 유형적인 비용과 편익은 반영하고, 간접적이고 무형적인 비용과 편익은 포함한다. ㄷ. 순현재가치(NPV)는 비용의 총현재가치에서 편익의 총현재가치를 뺀 것이며 0보다 작을 경우 사업의 타당성을 인정할 수 있다.

33 경제적 비용 · 편익분석(benefit cost analysis)에 대한 설명으로 옳지 않은 것은? (지방9, 2013)

① 비용과 편익을 가치의 공통 단위인 화폐로 측정한다.

② 장기적인 안목에서 사업의 바람직한 정도를 평가할 수 있는 방법이다.

③ 편익비용비(B/C ratio)로 여러 분야의 프로그램들을 비교할 수 있다.

정답 28 ② 29 ③ 30 ① 31 ④ 32 ② 33 ④

④ 형평성과 대응성을 정확하게 대변할 수 있는 수치를 제공한다.

해설 비용·편익분석은 "공공사업의 경제적 타당성을 알아보기 위한 기법으로 경쟁적인 공공투자 기회의 긍정적인 편익과 이에 필요한 비용을 계량적으로 비교·평가해 가장 경제적이고 합리적인 대안을 선택하는 공공경제학 기법"을 의미한다. 비용·편익분석은 자원배분의 효율성(경제성) 측면만을 분석하기 때문에 형평성이나 대응성을 고려하지 못한다는 한계가 있다.

34 통계적 가설검정의 오류에 대한 설명으로 옳지 않은 것은? (국가7, 2021)

① 제1종 오류는 실제로는 모집단의 특성이 영가설과 같은 것인데 영가설을 기각하는 경우에 발생한다.

② 제2종 오류는 모집단의 특성이 영가설과 같지 않은데 영가설을 기각하지 않는 경우에 발생한다.

③ 제1종 오류는 α로 표시하고, 제2종 오류는 β로 표시한다.

④ 확률 $1-\alpha$는 검정력을 나타내며, 확률 $1-\beta$는 신뢰수준을 나타낸다.

해설 제1종 오류(알파 오류)는 효과가 없음에도 효과가 있다고 잘못 판단한 오류(영가설을 기각한 오류)를, 제2종 오류(베타 오류)는 효과가 있음에도 효과가 없다고 잘못 판단한 오류(영가설을 인정한 오류)를 말한다. 여기에서 영가설(귀무가설)은 효과가 없다는 가설을 말한다. 확률 $1-\alpha$는 신뢰수준(통계치를 믿을 수 있는 신뢰구간)을 의미하며, 확률 $1-\beta$는 검정력(영가설을 기각시킬 수 있는 확률)을 의미한다.

35 혼합주사모형(mixed-scanning model)에 대한 설명으로 옳은 것은? (국가7, 2018)

① 정책결정 과정을 이미 프로그램화되어 있는 특정한 상태를 유지하기 위한 것으로 파악한다.

② 정책의 결정을 근본적 결정과 세부적 결정으로 구분한다.

③ 갈등의 준해결, 문제 중심의 탐색, 불확실성의 회피, 조직의 학습, 표준운영절차(SOP)의 활용 등을 특징으로 한다.

④ 상황 변화에 따른 새로운 정보에 초점을 맞추는 것이 아니라 극히 제한된 투입변수의 변동에 주의를 집중하여 의사결정을 한다.

해설 ①, ④는 사이버네틱스모형, ③은 회사모형에 대한 설명이다.

36 **정책결정모형에 대한 설명으로 옳은 것만을 모두 고르면?** (지방9, 2020)

ㄱ. 만족모형에서는 정책결정을 근본적 결정과 세부적 결정으로 구분한다.
ㄴ. 점증주의모형은 현상유지를 옹호하므로 보수적이라는 비판을 받고 있다.
ㄷ. 쓰레기통모형에서 의사결정의 네 가지 요소는 문제, 해결책, 선택기회, 참여자이다.
ㄹ. 갈등의 준해결과 표준운영절차(SOP)의 활용은 최적모형의 특징이다.

① ㄱ, ㄴ ② ㄱ, ㄹ ③ ㄴ, ㄷ ④ ㄷ, ㄹ

해설 ㄱ. 혼합주사모형에서는 정책결정을 근본적 결정과 세부적 결정으로 구분한다. ㄹ. 갈등의 준해결과 표준운영절차(SOP)의 활용은 회사 모형의 특징이다.

37 **다음에서 제시하는 정책결정모형에 대한 설명으로 옳은 것은?** (지방7, 2021)

- 정책의 본질이 미래 지향적 문제 해결에 있고, 정책결정에서 가치비판적 발전관에 기초한 가치 지향적 행동 추구의 중요성을 고려할 때 매우 중요한 의의가 있다.
- 대안을 선택할 수 있는 기준이 명확해야 한다.
- 기존 정책이나 사업의 매몰 비용으로 인해 현실 적합성이 떨어지는 한계가 있다.

① 시간의 흐름에 따라 환류되는 정보를 분석하여 잘못한 점이 있으면 수정・보완하는 방식이다.
② 문제성 있는 선호(problematic preferences), 불명확한 기술(unclear technology), 일시적 참여자(part-time participants)가 전제조건이다.
③ 갈등을 완전히 해결하지 못하고, 타협을 통한 봉합을 모색한다.
④ 같은 비용으로 최대의 목표산출을 얻을 수 있는 대안을 선택하는 행위를 의미한다.

해설 합리모형에 대한 설명으로서 정답은 ④이다.

38 **정책결정모형에 대한 설명으로 옳은 것은?** (국가7, 2019)

① 쓰레기통모형은 의사결정을 위해서는 문제, 해결책, 참여자의 세 가지 요소가 필요하다고 본다.
② 만족모형은 의사결정자들이 만족할 만하고 괜찮은 해결책을 얻기 위해 몇 개의 대안만을 병렬적으로 탐색한다고 본다.
③ 앨리슨(Allison)모형II는 긴밀하게 연결된 하위 조직체들이 표준운영절차를 통해 상호 의존적인 의사결정을 한다고 본다.

정답 34 ④ 35 ② 36 ③ 37 ④ 38 ④

④ 최적모형에 따르면 정책결정과 관련해 위험최소화전략 대신 혁신전략을 취하는 것은 상위정책결정(meta-policy making)에 해당한다.

해설 ① 쓰레기통모형은 의사결정을 위해서는 문제, 해결책, 참여자, 선택기회의 네 가지 요소가 필요하다고 본다. ② 만족모형은 몇 개의 대안만을 순차적, 서열적으로 탐색한다고 본다. ③ 느슨하게 연결된 하위 조직체들이 표준운영절차를 통해 상호 의존적인 의사결정을 한다고 본다. 정답은 ④이다.

39 **정책결정모형 중에서 점증모형을 주장하는 논리적 근거로 적절하지 않은 것은?**
(국가9, 2014)

① 정치적 실현 가능성
② 정책 쇄신성
③ 매몰비용
④ 제한적 합리성

해설 점증모형은 '현실을 긍정하고 그것보다 약간 향상된 수준에서 결정한다는 현실적 · 실증적 모형'이다. 따라서 점증모형은 급격한 발전과 쇄신의 추구가 곤란하다는 한계가 있다. 정책 쇄신성은 합리모형의 특성이다.

40 **정책결정모형 중 점증모형에 대한 설명으로 옳지 않은 것은?** (지방7, 2022)

① 정책대안을 모두 분석하기보다 한정된 정책대안에 주목한다.
② 시행착오를 반복하면서도 문제를 해결하려는 특성이 있다.
③ 인간의 인지적 한계를 인정하므로 급격한 개혁과 새로운 환경을 반영하는 혁신적 정책결정을 설명하기가 용이하다.
④ 정책결정에서 집단 참여의 합의 과정이 중시되고 목표와 수단이 탄력적으로 상호 조정된다.

해설 ③ 인간의 인지적 한계를 인정하므로 급격한 개혁과 새로운 환경을 반영하는 혁신적 정책결정을 설명하기가 용이하지 않다.

41 **정책결정모형에 대한 설명으로 옳지 않은 것은?** (지방9, 2019)

① 린드블롬(Lindblom)같은 점증주의자들은 합리모형이 불가능한 일을 정책결정자에게 강요함으로써 바람직한 정책결정에 도움을 주지 못한다고 주장한다.
② 사이먼(Simon)의 만족모형은 합리모형에 대한 심각한 도전이자, 인간의 인지능력이라는 기본적인 요소에서 출발했기에 이론적 영향이 컸다.
③ 에치오니(Etzioni)는 합리모형과 점증모형의 단점을 극복하기 위하여 최적모형을 주장하였다.
④ 스타인부르너(Steinbruner)는 시스템 공학의 사이버네틱스 개념을 응용하여 관료제에서 이루어지는 정책결정을 단순하게 묘사하고자 노력하였다.

해설 에치오니는 합리모형과 점증모형의 단점을 극복하기 위하여 혼합탐사모형을 주장하였다. 최적모형은 드로(Y. Dror)가 주장하였다.

42 쓰레기통 모형에 대한 설명으로 옳은 것은? (국가7, 2021)

① 조직구성원의 응집성이 아주 강한 혼란상태에 있는 조직에서 의사결정이 어떻게 이루어지는가를 기술하고 설명한다.

② 불명확한 기술(unclear technology)은 조직에서 의사결정 참여자의 범위와 그들이 투입하는 에너지가 유동적임을 의미한다.

③ 쓰레기통모형의 의사결정 방식에는 끼워넣기(by oversight)와 미뤄두기(by flight)가 포함된다.

④ 문제성 있는 선호(problematic preferences)는 목표와 수단 사이의 인과관계가 명확하지 않음을 의미한다.

해설 옳은 설명을 하고 있는 ③이 정답이다.

43 앨리슨(Allison)모형에 대한 설명으로 옳은 것은? (국가9, 2019)

① 합리적 행위자 모형에서는 국가 전체의 이익과 국가목표 추구를 위해서 개인의 이익을 고려하지 않는 것을 경계하며 국가가 단일적인 결정자임을 부정한다.

② 조직과정모형에서 조직은 불확실성을 회피하기 위하여 정책결정을 할 때 표준운영절차(SOP)나 프로그램 목록(program repertory)에 의존하지 않는다.

③ 관료정치모형은 여러 다양한 문제에 관심을 갖는 다수의 행위자를 상정하며 이들의 목표는 일관되지 않는다.

④ 외교안보문제 분석에 있어서 설명력을 높이기 위한 대안적 모형으로 조직과정모형을 고려하지는 않는다.

해설 ① 합리적 행위자 모형에서는 국가 전체의 이익과 국가 목표 추구를 위해서 개인의 이익을 고려하지 않으며, 국가가 단일적인 결정자임을 전제한다. ② 조직과정모형에서는 정책결정을 할 때 표준운영절차(SOP)나 프로그램 목록(program repertory)에 의존한다. ④ 외교안보문제 분석에 있어서 설명력을 높이기 위한 대안적 모형으로 조직과정모형을 고려한다.

정답 39 ② 40 ③ 41 ③ 42 ③ 43 ③

44 **앨리슨(Allison)모형 중 다음 내용에 초점을 두고 정책결정을 설명하는 것은?**

(지방9, 2021)

> 1960년대 쿠바 미사일 사태에서 미국은 해안봉쇄로 위기를 극복하였다. 정부의 각 부처를 대표하는 사람들은 위기 상황에서 각자가 선호하는 대안을 제시하였다. 대표자들은 여러 대안에 대하여 갈등과 타협의 과정을 거쳤고, 결국 해안봉쇄 결정이 내려졌다. 이는 대통령이 사태 초기에 선호했던 국지적 공습과는 다른 결정이었다. 물론 해안봉쇄가 위기를 해소하는 최선의 대안이라는 보장은 없었고, 부처에 따라서는 불만을 가진 대표자도 있었다.

① 합리적 행위자모형　② 쓰레기통모형
③ 조직과정모형　④ 관료정치모형

해설 관료정치모형을 설며하기 때문에 ④가 정답이다.

45 **표준운영절차(SOP)에 대한 설명으로 옳은 것은?** (지방9, 2018)

① 업무 담당자가 바뀌게 되면 표준운영절차로 인해 업무처리의 연속성을 유지하는 것이 어렵게 된다.
② 표준운영절차는 업무처리의 공평성을 확보하는 데 기여한다.
③ 표준운영절차에 따른 업무처리는 정책집행 현장의 특수성을 반영하기에 용이하다.
④ 정책결정모형 중 앨리슨(Allison) 모형의 Model Ⅰ은 표준운영절차에 따른 의사결정을 가정한다.

해설 ① 담당자가 교체되더라도 표준운영절차에 따라 업무가 수행될 수 있어 일관성과 계속성을 유지하기 용이하다. ③ 매뉴얼과 집행 현장이 다를 경우 정책집행 현장의 특수성을 반영하기 곤란하다. ④ 앨리슨(Allison) Model Ⅱ 모형(조직과정모형)이 표준운영절차에 입각한 의사결정을 가정한다.

46 **사이버네틱스(cybernetics) 의사결정모형에 대한 설명으로 옳지 않은 것은?**

(국가9, 2018)

① 주요 변수가 시스템에 의하여 일정한 상태로 유지되는 적응적 의사결정을 강조한다.
② 문제를 해결하고 목표를 달성하기 위해 정보와 대안의 광범위한 탐색을 강조한다.
③ 자동온도조절장치와 같이 사전에 프로그램된 메커니즘에 따라 의사결정이 이루어진다.
④ 한정된 범위의 변수에만 관심을 집중함으로써 불확실성을 통제하려는 모형이다.

해설 사이버네틱스모형은 문제를 해결하고 목표를 달성하기 위해 정보와 대안의 광범위한 탐색을 강조하는 합리모형을 비판하며 등장했다.

47 정책 네트워크에 대한 설명으로 옳지 않은 것은? (국가9, 2019)

① 정책 네트워크의 참여자는 정부뿐만 아니라 민간부문까지 포함한다.

② 정책공동체(policy community)에 비해서 이슈 네트워크(issue network)는 제한된 행위자들이 정책과정에 참여하며 경계의 개방성이 낮은 특성이 있다.

③ 헤클로(Heclo)는 하위정부모형을 비판적으로 검토하면서 정책 이슈를 중심으로 유동적이며 개방적인 참여자들 간의 상호작용 현상을 묘사하기 위한 대안적 모형을 제안하였다.

④ 하위정부(sub-goverment)는 선출직 의원, 정부관료, 그리고 이익집단의 역할에 초점을 맞춘다.

해설 이슈 네트워크(issue network)에 비해서 정책공동체(policy community)는 제한된 행위자들이 정책과정에 참여하며 경계의 개방성이 낮은 특성이 있다.

48 정책결정모형에 관한 설명으로 옳은 것은? (지방9, 2014)

① 합리모형 – 일반적으로 인간의 제한된 분석 능력을 보완할 수 있는 기능을 포함한다.

② 점증모형 – 정책결정 과정에서 정치적 합리성보다 경제적 합리성을 더욱 중요시한다.

③ 사이버네틱스모형 – 습관적인 의사결정을 설명하는 데 유용하며 반복적인 의사결정 과정의 수정이 환류된다.

④ 쓰레기통모형 – 위계적인 조직구조의 의사결정 과정에 적용되며 정책갈등 상황 해결에 유용하다.

해설 사이버네틱스(cybernetics)모형은 "설정된 목표를 달성하기 위해 정보와 환류 과정을 통해 자신의 행동을 스스로 조정해 나간다고 가정하는 모형"이다. 분석적 모형(합리모형)과 대립되는 적응적·관습적 의사결정모형으로서 인간의 두뇌를 정보와 환류에 의한 제어장치, 즉 cybernetics(인공두뇌학, 인공지능 체계)로 보고 이를 의사결정에 적용한 것이다. 사이버네틱스모형에서는 고차원의 목표가 반드시 사전에 존재하는 것으로 전제하지 않는다. '실내 자동온도 조절장치'처럼 어떤 중요 변수를 바람직한 상태로 유지하고자 하는 끊임없는 비목적적 적응모형이다.

정답 44 ④ 45 ② 46 ② 47 ② 48 ③

49 SWOT분석에 대한 설명으로 옳지 않은 것은? (국가7, 2017)

① 조직 내적 특성과 외부환경의 조합에 따른 맞춤형 대응전략 수립에 도움이 된다.
② 조직 외부환경은 기회와 위협으로, 조직 내부 자원·역량은 강점과 약점으로 구분한다.
③ 다양화 전략은 조직의 강점을 활용하여 위협을 회피하거나 최소화하는 전략이라고 볼 수 있다.
④ 기존 프로그램의 축소 또는 폐지는 약점-기회를 고려한 방어적 전략이라고 볼 수 있다.

해설 ④ 기존프로그램의 축소 또는 폐지는 약점-위협을 고려한 방어적 전략(WT전략: 약점을 최소화하고 위협을 극복)이라고 볼 수 있다.

50 프레스먼(Pressman)과 윌다브스키(Wildavsky)의 성공적인 정책집행에 관한 오클랜드 사례분석의 내용으로 옳지 않은 것은? (지방7, 2021)

① 정책집행에 개입하는 참여자의 수가 적어야 한다.
② 정책집행은 정책결정과 분리되어 독립적으로 수행해야 한다.
③ 정책집행을 위한 프로그램 설계가 단순해야 한다.
④ 최초 정책집행 추진자 또는 의사결정자가 지속해서 집행을 이끌어야 한다.

해설 정책집행은 정책결정과 연계되어야 하기 때문에 ②는 잘못된 설명이다.

51 정책집행의 하향식 접근(top-down approach)에 대한 설명으로 옳은 것만을 모두 고르면? (지방9, 2020)

ㄱ. 집행이 일어나는 현장에 초점을 맞춘다. ㄴ. 일선공무원의 전문지식과 문제 해결 능력을 중시한다. ㄷ. 하위직보다는 고위직이 주도한다. ㄹ. 정책결정자는 정책집행에 영향을 미치는 정치적·조직적·기술적 과정을 충분히 통제할 수 있다.

① ㄱ, ㄴ
② ㄱ, ㄷ
③ ㄴ, ㄹ
④ ㄷ, ㄹ

해설 정답은 ④이다. 하향식 접근(top-down approach)은 ㄷ. 하위직보다는 고위직이 주도한다. ㄹ. 정책결정자는 정책집행에 영향을 미치는 정치적·조직적·기술적 과정을 충분히 통제할 수 있다. ㄱ과 ㄴ은 상향식 접근에 대한 설명이다.

52 **다음은 정책순응을 확보하기 위한 수단과 그 특징에 대한 설명이다. (가)~(다)에 들어갈 말을 바르게 연결한 것은?** (국가7, 2022)

> • (가) : 일선 집행관료는 큰 저항을 하지 않으나 정책에 의해 피해를 입는 대상집단은 의도적으로 불응의 핑계를 찾으려 한다.
> • (나) : 도덕적 자각이나 이타주의적 고려에 의해 자발적으로 순응하는 사람들의 명예나 체면을 손상시키고 사람의 타락을 유발할 수 있다.
> • (다) : 불응의 형태를 정확하게 점검 및 파악하기 어려운 경우가 많다는 약점이 있다.

	(가)	(나)	(다)
①	도덕적 설득	유인	처벌
②	도덕적 설득	처벌	유인
③	유인	도덕적 설득	처벌
④	처벌	유인	도덕적 설득

해설 도덕적 설득, 유인, 처벌에 대해 설명하고 있는 정답은 ①이다.

53 **정책집행에 대한 연구방법 중 상향적 접근방법(bottom-up approach 또는 backward mapping)에 대한 설명으로 옳지 않은 것은?** (국가9, 2010)

① 분명하고 일관된 정책목표의 존재 가능성을 부인하고, 정책목표 대신 집행문제의 해결에 논의의 초점을 맞춘다.

② 집행의 성공 또는 실패의 판단 기준은 '정책결정권자의 의도에 얼마나 순응했는가'가 아니라 '일선 집행관료의 바람직한 행동이 얼마나 유발되었는가'다.

③ 말단 집행 계층부터 차상위 계층으로 올라가면서 바람직한 행동과 조직 운용 절차를 유발하기 위해 필요한 재량과 자원을 파악한다.

④ 일선 집행관료의 재량권을 축소하고 통제를 강화한다.

해설 ④는 정책집행의 하향적 접근방법(top-down)의 특징에 해당한다.

정답 49 ④ 50 ② 51 ④ 52 ① 53 ④

54 **립스키(Lipsky)의 '일선관료제'에서 일선관료들이 처하는 업무환경의 특징으로 옳지 않은 것은?** (국가9, 2022)

① 자원의 부족
② 일선관료 권위에 대한 도전
③ 모호하고 대립되는 기대
④ 단순하고 정형화된 정책 대상집단

해설 정답은 ④이다. 일선관료들은 모호하고 대립적인 기대들이 존재하는 업무환경 때문에 정책목표를 달성할 수 없는 경우가 많다.

55 **립스키(M. Lipsky)의 일선관료제(Street-Level Bureaucracy) 이론에 대한 설명으로 옳은 것은?** (국가9, 2018)

① 일선관료는 고객에 대한 고정관념(stereotype)을 타파함으로써 복잡한 문제와 불확실한 상황에 대처한다.
② 일선관료가 업무를 수행하는 기관에 대한 고객들의 목표기대는 서로 일치하고 명확하다.
③ 일선관료는 집행에 필요한 자원이 부족할 경우 대체로 부분적이고 간헐적으로 정책을 집행한다.
④ 일선관료는 계층제의 하위에 위치하기 때문에, 직무의 자율성이 거의 없고 의사결정에 있어서 재량권의 범위가 좁다.

해설 ① 일선관료는 고객에 대한 고정관념으로 인해 단순화와 정형화를 통해 복잡한 문제와 불확실한 상화에 대처한다. ② 일선관료가 업무를 수행하는 기관에 대한 고객들의 목표기대는 서로 모순되고 불명확하다. ④ 일선관료는 계층제의 하위에 위치하지만, 직무의 자율성이 높고 의사결정에 있어서 재량권의 범위가 넓다.

56 **버먼(Berman)의 '적응적 집행'에 대한 설명으로 옳은 것은?** (지방9, 2018)

① 미시집행 국면에서 발생하는 정책과 집행조직 사이의 상호 적응이 이루어질 때 성공적으로 집행된다.
② 거시적 집행구조는 동원, 전달자의 집행, 제도화의 세 단계로 구분된다.
③ '행정'은 행정을 통해 구체화된 정부프로그램이 집행을 담당하는 지방정부의 사업으로 받아들여지는 것을 의미한다.
④ '채택'은 지방정부가 채택한 사업을 실행사업으로 변화시키는 것을 의미한다.

해설 ② 동원, 전달자의 집행, 제도화는 미시적 집행구조이다. ③ 채택에 대한 설명이다. ④ 채택이 아니라 미시적 집행 단계에 대한 설명이다.

57 **정책집행 연구 중 상향적 접근방법(bottom-up approach)으로 옳은 것만을 모두 고르면?** (지방9, 2022)

> ㄱ. 엘모어(Elmore)의 후방향적 집행연구
> ㄴ. 사바티어(Sabatier)와 매즈매니언(Mazmanian)의 집행과정 모형
> ㄷ. 립스키(Lipsky)의 일선관료제
> ㄹ. 반 미터(Van Meter)와 반 호른(Van Horn)의 집행연구

① ㄱ, ㄷ ② ㄱ, ㄹ ③ ㄴ, ㄷ ④ ㄴ, ㄹ

해설 ㄱ. 엘모어(Elmore)의 후방향적 집행연구와 ㄷ. 립스키(Lipsky)의 일선관료제 연구는 상향식 접근방법의 대표적인 모형이다.

58 **정책집행의 접근방법에 대한 설명으로 옳은 것은?** (국가7, 2020)

① 하향식 접근방법에서는 정책목표의 신축적 조정이 효과적인 정책집행을 가져온다고 하였다.

② 사바티어(Sabatier)와 매즈매니언(Mazmanian)은 상향식 접근방법의 대표적인 모형을 제시하였다.

③ 엘모어(Elmore)가 제안한 전방향적 연구(forward mapping)는 상향식 접근방법과 유사하다.

④ 고긴(Goggin)은 통계적 연구설계의 바탕 위에서 이론의 검증을 시도하는 제3세대 집행 연구를 주장하였다.

해설 ①~③은 모두 반대로 설명하고 있고, 정답은 ④이다.

59 **나카무라(Nakamura)와 스몰우드(Smallwood)의 정책결정자와 정책집행자의 관계 유형 중 다음 설명에 해당하는 것은?** (국가9, 2019)

> • 정책집행자는 공식적 정책결정자로 하여금 자신이 결정한 정책목표를 받아들이도록 설득 또는 강제할 수 있다.
> • 정책집행자는 목표를 달성하기 위한 수단을 획득하기 위해 정책결정자와 협상한다.
> • 미국 FBI의 국장직을 수행했던 후버(Hoover) 국장이 대표적인 예이다.

① 지시적 위임형 ② 협상형
③ 재량적 실험가형 ④ 관료적 기업가형

정답 54 ④ 55 ③ 56 ① 57 ① 58 ④ 59 ④

해설 ④ 관료적 기업가형에 대한 설명이다.

60 나카무라(Nakamura)와 스몰우드(Smallwood)의 정책결정자와 정책집행자의 관계에 따른 정책집행의 유형에 대한 설명으로 옳지 않은 것은? (국가9, 2022)

① '고전적 기술자형'은 정책결정자가 구체적인 목표를 설정하면, 정책집행자는 그 목표를 지지하고 목표달성을 위한 기술적인 수단을 강구하는 역할을 담당한다고 본다.

② '재량적 실험형'은 정책결정자가 추상적인 목표를 설정하면, 정책집행자는 정책결정자를 위해 목표와 수단을 명확하게 하는 역할을 담당한다고 본다.

③ '관료적 기업가형'은 정책집행자가 목표와 수단을 강구한 다음 정책결정자를 설득하고, 정책결정자는 정책집행자가 수립한 목표와 수단을 기술하는 역할을 담당한다고 본다.

④ '지시적 위임형'은 정책결정자가 구체적인 목표와 수단을 설정하면, 정책집행자는 정책결정자의 지시와 위임을 받아 정책 대상집단과 협상하는 역할을 담당한다고 본다.

해설 ④는 '지시적 위임형'이 아니라 협상형이다.

61 살라몬(Salamon)의 정책 수단 유형 중 직접 수단에 해당하는 것은? (국가7, 2021)

① 사회적 규제
② 보조금
③ 조세지출
④ 공기업

해설 살라몬(L. M. Salamon)은 정책 수단을 행정활동을 정부가 직접 하는지, 아니면 제3자 또는 민관이 공동으로 하는지에 따라 직접 수단과 간접 수단으로 구분하였다. 사회적 규제(①), 보조금(②), 조세지출(③)은 간접 수단이나, 공기업(④)과 경제적 규제, 직접대출, 정부소비는 직접 수단이다.

62 정책 수단에 대한 설명으로 옳지 않은 것은? (지방7, 2019)

① 비덩(Vedung)은 정책도구를 규제적 도구(sticks), 유인적 도구(carrots), 정보적 도구(sermons) 등으로 유형화한다.

② 권위(authority)에 기반을 둔 정책 수단은 예측가능성이 높기 때문에 사회적 위기 상황에 적합한 수단이다.

③ 정책 수단의 선택은 정치적인 성격을 가지며, 특히 이념적으로 지향하는 가치는 정책 수단의 선택에 핵심적인 영향을 미친다.

④ 살라몬(Salamon)에 따르면, 공적 보험은 공공기관을 전달체계로 활용한다는 점에

서 직접적인 정책 수단이다.

해설 ④ 살라몬(L. M. Salamon)에 따르면, 사회적 규제, 대출보증, 계약, 보조금, 조세지출, 바우처, 손해책임법, 사용료·과징금, 그리고 공적 보험은 공공기관을 전달체계로 활용한다는 점에서 간접적인 정책 수단이다.

63 다음 설명에 해당하는 정책집행 모형을 제시한 학자는? (국가7, 2022)

- 효과적인 정책집행을 위해 갖추어야 할 조건으로서 정책결정의 내용은 타당한 인과이론에 바탕을 두어야 하며 정책내용으로서 법령은 명확한 정책지침을 가지고 있어야 한다.
- 집행과정에서 발생할 수 있는 변수들을 미리 예견할 수 있도록 해 주는 체크리스트로서의 기능을 한다는 장점이 있다.
- 정책집행 현장의 일선관료들이나 대상집단의 전략 등을 과소평가하거나 쉽게 파악할 수 없다는 단점이 있다.

① 사바티어(Sabatier)와 마즈매니언(Mazmanian)
② 린드블럼(Lindblom)
③ 프레스만(Pressman)과 윌다브스키(Wildavsky)
④ 레인(Rein)과 라비노비츠(Rabinovitz)

해설 정답은 ①이다. 하향적 집행모형의 대표적인 내용 설명이다.

64 다양한 이해관계가 충돌하는 복잡한 정책 상황에서 정책중재자의 중요성은 더욱 높아져 가고 있다. 정책중재자에 대한 설명으로 옳지 않은 것은? (지방7, 2012)

① 다원주의 정책 상황에서 상대적으로 더 필요한 정책행위자다.
② 갈등 상황에 있는 정책 이해관계자들의 상호 정책학습을 촉진하는 역할을 한다.
③ 강력한 권위를 바탕으로 이해관계자들에게 압력을 가하는 중재 방식을 사용하기도 한다.
④ 정부는 공식적 권위를 지닌 정책중재자로서 가장 민주적인 역할을 한다.

해설 정책중재자(policy broker)란 정책목표를 달성하는 것보다 체계 안정성에 더 많은 관심을 기울이는 행위자를 말하는 것으로 정책지지연합들 간의 경쟁적인 전략이나 갈등을 줄여 타협점을 찾아가도록 만드는 역할을 한다. 정책중재자는 보통 정책 결정권을 가진 입법부나 정부 공무원들이 하며 때로는 이익집단이나 중립적인 시민단체들이 그 역할을 수행하기도 한다. 정부는 공식적 권위를 지닌 정책중재자이지만 민주적인 중재자라 할 수는 없다. 민주적인 중재자란 정부보다는 다원화된 사회에서 활동을 보장받는 시민단체 등을 일컫는다.

정답 60 ④ 61 ④ 62 ④ 63 ① 64 ④

65 **정책옹호연합모형(advocacy coalition framework)에 대한 설명으로 옳지 않은 것은?** (지방9, 2021)

① 외적인 환경변수를 정책과정과 연계함으로써 정책변동을 설명한다.

② 정책학습을 통해 행위자들의 기저 핵심 신념(deep core beliefs)을 쉽게 변화시킬 수 있다.

③ 옹호연합 사이에서 정치적 갈등 발생 시 정책중개자가 이를 조정할 수 있다.

④ 옹호연합은 그들의 신념 체계가 정부 정책에 관철되도록 여론, 정보, 인적자원 등을 동원한다.

해설 기저 핵심 신념(deep core beliefs)을 쉽게 변화시킬 수 없다. 정답은 ②이다. 사바티어(P. A. Sabatier)의 정책옹호연합모형이란 일반적으로 정책지지연합모형으로 알려져 있는 정책집행모형이다. 이는 정책과정을 고전적 집행관과 달리 기본적으로 정책학습에 의해 정책이 변동되는 과정으로 이해하기 때문에 정책집행모형이라기보다는 정책학습모형의 성격이 강하다.

66 **다음 특징을 가진 정책변동모형은?** (지방9, 2019)

- 분석단위로서 정책하위체제(policy sub-system)에 초점을 두고 정책변화를 이해한다.
- 신념체계, 정책학습 등의 요인은 정책변동에 영향을 준다.
- 정책변동 과정에서 정책중재자(policy mediator)가 중요한 역할을 한다.

① 정책흐름(Policy Stream) 모형

② 단절적 균형(Punctuated Equilibrium) 모형

③ 정책지지연합(Advocacy Coalition Framework) 모형

④ 정책패러다임 변동(Paradigm Shift) 모형

해설 정책지지연합모형은 정책을 둘러싼 지지연합들이 ① 외부요인, ② 내부요인, ③ 정책학습으로 인해 재편성될 수 있으며, 이렇게 재편성된 지지연합으로 인해 정책변동이 발생한다고 분석하는 모형이다.

67 **정책평가의 논리에서 수단과 목표 간의 인과관계에 대한 설명으로 옳은 것만을 모두 고르면?** (지방9, 2020)

ㄱ. 정책목표의 달성이 정책 수단의 실현에 선행해서 존재해야 한다.
ㄴ. 특정 정책 수단 실현과 정책목표 달성 간 관계를 설명하는 다른 요인이 배제되어야 한다.
ㄷ. 정책 수단의 변화 정도에 따라 정책목표의 달성 정도도 변해야 한다.

① ㄱ ② ㄷ ③ ㄱ, ㄴ ④ ㄴ, ㄷ

해설 인관관계 추론의 조건으로서 정답은 ④이다.

68 **정책평가를 위한 조사설계의 유형 중 진실험설계(true experimental design)에 해당하는 것은?** (지방7, 2020)

① 단절적 시계열설계(interrupted time-series design)
② 통제집단 사전사후측정설계(pretest-posttest control group design)
③ 비동질적 통제집단설계(non-equivalent control group design)
④ 단일집단 사전사후측정설계(one group pretest-posttest design)

해설 실험집단과 통제집단의 동질성을 확보하여 정책효과를 측정하는 방법은 통제집단 사전사후측정설계(pretest-posttest control group design)이다.

69 **정책평가방법 중 자연실험(natural experiment)에 대한 설명으로 옳지 않은 것은?** (지방7, 2018)

① 자연실험은 준실험(quasi-experiment)이 아닌 진실험(true experiment)에 가까운 실험설계 방식이다.
② 자연실험에서는 사회실험에 비해 비용 문제나 윤리적 문제 때문에 어려움을 겪을 가능성이 적다.
③ 자연실험에서 실험 여건은 자연적인 충격(shock)뿐만 아니라 급격한 정책이나 제도변화에 의해서도 형성된다.
④ 독립변수와 종속변수가 서로 영향을 주고받는 동시적 관계에 있을 때 이를 통제하기 위한 수단으로 자연실험을 이용할 수 있다.

해설 ① 자연실험은 실험집단과 통제집단의 동질성을 확보하지 않기 때문에 준실험에 가까운 실험설계 방식이다.

70 **정책평가에서 내적 타당성에 대한 설명으로 옳지 않은 것은?** (지방9, 2019)

① 준실험설계보다 진실험설계를 사용할 때 내적 타당성의 저해 요인이 다양하게 나타난다.
② 정책의 집행과 효과 사이에 존재하는 인과관계의 추론이 가능한 평가가 내적 타당성이 있는 평가이다.
③ 허위변수나 혼란변수를 배제할 수 있다면 내적 타당성을 높일 수 있다.

정답 65 ② 66 ③ 67 ④ 68 ② 69 ① 70 ①

④ 선발요인이나 상실요인을 통제하기 위해서는 무작위배정이나 사전측정이 필요하다.

해설 진실험설계보다 준실험설계를 사용할 때 내적 타당성의 저해 요인이 다양하게 나타난다.

71 정책평가의 일반적인 절차를 순서대로 바르게 나열한 것은? (국가7, 2021)

> ㄱ. 정책평가 대상 확정
> ㄴ. 평가 결과 제시
> ㄷ. 인과모형 설정
> ㄹ. 자료 수집 및 분석
> ㅁ. 정책목표 확인

① ㄱ → ㅁ → ㄷ → ㄹ → ㄴ
② ㅁ → ㄱ → ㄷ → ㄴ → ㄹ
③ ㅁ → ㄱ → ㄷ → ㄹ → ㄴ
④ ㅁ → ㄷ → ㄱ → ㄹ → ㄴ

해설 정책평가는 일반적으로 정책목표의 확인, 평가대상 및 기준의 설정, 인과모형의 설정, 연구설계, 자료의 수집 및 분석, 평가 결과의 제시 및 환류의 과정을 거친다.

72 정책평가를 위한 측정도구의 타당성과 신뢰성에 대한 설명으로 옳지 않은 것은? (국가9, 2020)

① 타당성은 없지만 신뢰성이 높은 측정도구가 있을 수 있다.
② 신뢰성이 없지만 타당성이 높은 측정도구는 있을 수 없다.
③ 신뢰성은 측정도구의 타당성을 담보할 수 있는 충분조건이다.
④ 타당성이 없는 측정도구는 제1종 오류를 범하는 원인이 될 수 있다.

해설 신뢰성은 측정도구의 타당성을 담보할 수 있는 충분조건이 아니라 필요조건이다.

73 측정의 타당성에 대한 설명으로 옳은 것은? (지방7, 2012)

① 추상적 개념과 측정지표 간의 일치 정도를 구성 개념 타당성이라 한다.
② 어떤 개념의 측정지표와 이미 타당성이 검증된 다른 기준과의 상관성 정도를 내용 타당성이라 한다.
③ 측정지표가 지표의 모집단을 대표하고 있는 정도를 기준타당성이라 한다.
④ 같은 개념을 상이한 측정 방법으로 측정했을 때, 그 측정값 사이의 상관관계의 정도를 차별적 타당성이라 한다.

해설 측정의 타당도에는 기준타당도, 내용타당도, 구성타당도가 있으며 1950년대 이전까지만 해도 기준타당도와 내용타당도가 중시되었으나 오늘날 측정이론에서는 추상적 개념의 구성타당도가 매우 중시되고 있고, 이를 검증하기 위한 방법도 크게 발전하고 있다. 구성적 타당도(구성 개념의 타당성)이란 연구에 사용된 이론적 구성 개념과 이를 측정하는 측정도구나 수단 간의 일치 정도를 나타내는 개념으로 구성 개념의 타당성이 확보되려면 측정도구들이 수렴적 타당성(convergent validity)과 차별적 타당성(discriminant validity)이 높아야 한다. ② 내용타당성이 아니라 기준타당성에 관한 설명이다. ③ 기준타당도가 아니라 내용타당도를 설명하는 지문이다. 내용타당도란 측정지표(문항)가 지표의 모집단을 대표하고 있는 정도를 말하며 논리적 타당성이라고도 부른다. ④ 차별적 타당성이 아니라 수렴적 타당성을 설명하는 지문이다.

74 정책실험에서 내적 타당성을 위협하는 요인 중 다음 설명에 해당하는 것은?

(지방9, 2021)

사전측정을 경험한 실험 대상자들이 측정 내용에 대해 친숙해지거나 학습효과를 얻음으로써 사후측정 때 실험집단의 측정값에 영향을 주는 효과이며, '눈에 띄지 않는 관찰' 방법 등으로 통제할 수 있다.

① 검사요인　　② 선발요인
③ 상실요인　　④ 역사요인

해설 검사요인 혹은 측정요인이다.

75 정책 평가의 내적 타당성과 외적 타당성에 대한 설명으로 옳은 것은? (국가7, 2018)

① 역사요인, 성숙요인, 회귀요인은 모두 외적 타당성 저해 요인이다.
② 준실험이 갖는 약점은 주로 외적 타당성보다는 내적 타당성에 관한 것이다.
③ 실험대상자들이 실험의 대상으로 자신들이 관찰되고 있다는 사실을 알게 되어 평소와는 다른 행동을 함으로써 발생하는 효과는 내적 타당성의 저해요인이다.
④ 정책집행과 정책효과 사이의 인과관계를 정확히 파악할 수 있는 평가는 외적 타당성을 갖추었다고 볼 수 있다.

해설 ① 외적 타당성이 아니라 모두 내적 타당성 저해요인이다. ③ 호손효과(실험직전 반응효과)에 대한 설명으로 외적 타당성 저해요인이다. ④ 실험의 정확도에 관한 설명으로 내적 타당성에 대한 설명이다.

정답 71 ③ 72 ③ 73 ① 74 ① 75 ②

76 **사회실험에 대한 설명으로 옳은 것만을 모두 고르면?** (지방7, 2021)

ㄱ. 자연과학의 실험실 실험과는 달리 상황에 따라 통제집단(control group) 또는 비교집단(comparison group) 없이 진행할 수 있다.
ㄴ. 진실험 방법을 활용하여 사회실험을 진행하면 호손효과(Hawthorne Effect)를 방지할 수 있다는 점이 가장 큰 장점이다.
ㄷ. 아직 검증되지 않은 정책 프로그램에 대규모 투자를 하기 전에 그 결과를 미리 평가해 보는 것이 중요한 목적 중 하나이다.
ㄹ. 실험집단과 비교집단을 무작위 배정(random assignment)할 수 없어 집단 간 동질성 확보가 불가능하면, 준실험(quasi-experiment) 방법을 채택하여 진행할 수 있다.

① ㄱ, ㄴ ② ㄱ, ㄹ
③ ㄴ, ㄷ ④ ㄷ, ㄹ

해설 사회실험의 기본논리는 실험실 실험과 동일하다. 정답은 ④이다.

77 **실험설계에 대한 설명으로 옳지 않은 것은?** (국가7, 2020)

① 특정 정책의 효과성 판단을 위한 인과관계 입증에 활용될 수 있다.
② 진실험(true experiment)과 준실험(quasi-experiment)의 차이는 실험집단과 통제집단의 무작위배정에 의한 동질성 확보 여부이다.
③ 회귀-불연속 설계나 단절적 시계열 설계는 과거 지향적(retrospective)인 성격을 갖는 진실험설계(true experiment)에 해당된다.
④ 짝짓기(matching)를 통하여 제3의 요인에 관하여 실험집단과 통제집단을 동등화 시킬 수 있다.

해설 회귀-불연속 설계나 단절적 시계열 설계는 준실험설계에 해당된다.

78 **정책평가와 관련하여 실험결과의 외적 타당성을 저해하는 요인으로 옳지 않은 것은?** (국가9, 2021)

① 연구자의 측정기준이나 측정도구가 변화되는 경우
② 표본으로 선택된 집단의 대표성이 약할 경우
③ 실험집단 구성원 자신이 실험대상임을 인지하고 평소와 다른 특별한 반응을 보일 경우
④ 실험의 효과가 크게 나타날 것으로 예상되는 집단만을 의도적으로 실험집단에 배정하는 경우

해설 외적 타당성은 평가 결과의 일반화 가능성을 의미하는데, ①은 측정요인으로서 내적 타당성 저

해 요인이다.

79 **정책변수에 대한 설명으로 옳은 것만을 모두 고르면?** (국가9, 2020)

ㄱ. 매개변수 – 독립변수의 원인인 동시에 종속변수의 원인이 되는 제3의 변수
ㄴ. 조절변수 – 독립변수와 종속변수 간에 상호작용 효과를 나타나게 하는 제3의 변수
ㄷ. 억제변수 – 독립변수와 종속변수 간에 상관관계가 없는데도 있는 것으로 나타나게 하는 제3의 변수
ㄹ. 허위변수 – 독립변수와 종속변수 모두에게 영향을 미치며 이들 사이의 공동변화를 설명하는 제3의 변수

① ㄱ, ㄷ ② ㄱ, ㄹ ③ ㄴ, ㄷ ④ ㄴ, ㄹ

해설 ㄱ. 매개변수는 독립변수의 결과인 동시에 종속변수의 원인이 되는 제3의 변수이다. ㄷ. 허위변수가 독립변수와 종속변수 간에 상관관계가 없는데도 있는 것으로 나타나게 하는 제3의 변수이다.

80 **정책평가의 내적 타당성을 저해하는 요인들 중 외재적 요인은?** (지방9, 2014)

① 선발요인 ② 역사요인
③ 측정요인 ④ 도구요인

해설 외재적 요인은 실험집단과 통제집단을 구성할 때 발생하는 오류다. 이에 해당하는 것으로 선발요인(selection, 선정효과)이 있다. 선발요인(selection, 선정효과)은 “실험집단과 통제집단을 구성할 때 두 집단에 서로 다른 개인들을 선발해 할당함으로써 오게 될지도 모르는 편견”을 말한다.

81 **정책평가에서 내적 타당성에 대한 설명으로 옳지 않은 것은?** (국가7, 2019)

① 역사요인은 외부환경에서 발생하여 사전 및 사후 측정값이 달라지게 만드는 어떤 사건을 말한다.
② 성숙효과는 실험 대상자들이 사전측정의 내용에 대해 친숙하게 되어 사후 측정값이 달라지는 것이다.
③ 상실요인은 정책집행 기간에 대상자 일부가 이탈하여 사전 및 사후 측정값이 달라지는 것과 관련이 있다.
④ 선발요인은 실험집단 및 통제집단에 대한 무작위 배정과 사전측정을 통해 어느 정도 통제할 수 있다.

정답 76 ④ 77 ③ 78 ① 79 ④ 80 ① 81 ②

해설 ②는 측정요인에 대한 설명이다. 성숙효과는 평가에 동원된 집단구성원들이 정책의 효과와는 관계없이 스스로 성장함으로써 나타날 수 있는 효과를 말한다.

82 다음 사례에서 제시된 '경쟁가설'과 관련한 정책평가의 내적 타당성 위협요인은?

(지방7, 2020)

> 정부는 ○○하천의 수질오염을 방지하기 위해 주변 모든 공장에 폐수정화시설을 의무적으로 갖추도록 하는 정책을 시행했다. 1년 후 정부는 정책평가를 통해 ○○하천의 오염정도가 정책실시 이전보다 훨씬 낮게 나타났다는 결과를 발표했다. ○○하천의 수질개선은 정책의 효과라는 정부의 입장에 대해, A교수는 "○○하천이 깨끗해진 것은 정책 시행기간 중 불경기가 극심하여 많은 공장들이 문을 닫았고, 정책평가를 위한 오염수준 측정 직전에 갑자기 비가 많이 왔기 때문"이라는 경쟁가설을 제기했다.

① 역사요인　　② 검사요인
③ 선발요인　　④ 상실요인

해설 정답은 역사요인을 설명하고 있는 ①이다.

83 정책의 효과를 확인하기 위한 평가설계에 대한 설명으로 옳은 것만을 모두 고르면?

(국가7, 2022)

> ㄱ. 동일 정책 대상집단에 대해 정책집행을 기준으로 여러 번의 사전, 사후측정을 하여 정책효과를 추정하는 '단절적 시계열설계'는 준실험설계 유형 중 하나이다.
> ㄴ. 내적 타당성을 위협하는 역사요인은 정책집행 기간이 상대적으로 길고 정책대상이 사람일 때 주로 나타나며 시간의 경과 때문에 발생하는 조사 대상집단의 특성변화가 정책의 효과에 혼재되어 나타나는 경우를 말한다.
> ㄷ. 정책실험을 할 수 없는 경우, 통계분석 기법을 이용해서 정책효과의 인과관계를 추론하는 것을 비실험적 정책평가설계라고 하며 회귀분석이나 경로분석 등이 있다.

① ㄱ　　② ㄱ, ㄷ　　③ ㄴ, ㄷ　　④ ㄱ, ㄴ, ㄷ

해설 ㄴ은 역사요인이 아니라 성숙요인에 대한 설명이다.

84 정책평가 방법에 대한 설명으로 옳지 않은 것은? (지방9, 2014)

① 진실험설계는 정책을 집행하는 실험집단과 집행하지 않는 통제집단을 구성하되, 두 집단이 동질적인 집단이 되도록 한다.

② 정책의 실험 과정에서 실험 대상자와 통제 대상자들이 서로 접촉하는 경우에는

모방 효과가 나타날 수 있다.

③ 준실험설계는 짝짓기(matching) 방법으로 실험집단과 통제집단을 구성해 정책영향을 평가하거나, 시계열적인 방법으로 정책영향을 평가한다.

④ 준실험설계는 자연과학 실험과 같이 대상자들을 격리시켜 실험하기 때문에, 호손효과(Hawthorne effect)를 강화시킨다.

해설 자연과학 실험과 같이 대상자들을 격리시켜 실험하기 때문에, 호손효과(Hawthorne effect)를 강화시키게 되는 것은 준실험이 아니라 진실험설계다.

85 「정부업무평가 기본법」상 우리나라 정부업무평가제도에 대한 설명으로 옳지 않은 것은? (국가9, 2022)

① 특정평가는 국무총리가 중앙행정기관과 공공기관을 대상으로 국정을 통합적으로 관리하기 위한 목적을 갖는다.

② 국무총리 소속 하에 심의·의결기구로서 정부업무평가위원회를 둔다.

③ 지방자치단체의 자체평가에 있어서 행정안전부장관은 평가 관련 사항에 대하여 지방자치단체를 지원할 수 있다.

④ 자체평가는 중앙행정기관 또는 지방자치단체가 소관 정책 등을 스스로 평가하는 것을 말한다.

해설 정답은 ①이다.

86 「정부업무평가 기본법」상 정부업무평가제도에 대한 설명으로 옳지 않은 것은? (국가7, 2019)

① 공공기관도 정부업무평가의 대상에 포함된다.

② 중앙행정기관뿐만 아니라 지방자치단체도 자체평가를 실시하여야 한다.

③ 재평가는 이미 실시된 평가의 결과, 방법 및 절차에 관하여 그 평가를 실시한 기관 외의 기관이 다시 평가하는 것이다.

④ 국가위임사무에 대하여 평가가 필요한 경우에는 행정안전부장관이 중앙행정기관의 장과 함께 특정평가를 실시할 수 있다.

해설 특정평가는 국무총리가 중앙행정기관을 대상으로 국정을 통합적으로 관리하기 위하여 필요한 정책 등을 평가하는 것이다.

정답 82 ① 83 ② 84 ④ 85 ① 86 ④

87 「정부업무평가 기본법」상 정책평가제도에 대한 설명으로 옳지 않은 것은?

(국가9, 2019)

① 지방자치단체의 장은 정부업무평가시행계획에 기초하여 자체평가계획을 매년 수립하여야 한다.

② 국무총리는 2 이상의 중앙행정기관 관련 시책, 주요 현안시책, 혁신관리 및 대통령령이 정하는 대상부문에 대하여 특정평가를 실시하고, 그 결과를 공개하여야 한다.

③ 중앙행정기관 또는 지방자치단체의 소속기관이 행하는 정책은 정부업무평가의 대상에 포함된다.

④ 정부업무평가위원회는 위원장 1인과 14인 이내의 위원으로 구성한다.

해설 ④ 「정부업무평가 기본법」상 정부업무평가위원회는 위원장 2인을 포함한 15인 이내의 위원으로 구성한다.

88 정부에서 실시하고 있는 분석 및 평가제도에 대한 설명으로 옳은 것만을 모두 고르면?

(지방9, 2018)

ㄱ. 규제영향분석 – 「행정규제기본법」상 규제를 신설 · 강화할 때, 규제를 받는 집단과 국민이 부담해야 할 비용과 편익도 비교 · 분석해야 한다.
ㄴ. 지방공기업평가 – 「지방공기업법」에 근거를 두고 있으며, 원칙적으로 지방자치단체장이 실시하되 필요 시 행정안전부장관이 실시할 수 있다.
ㄷ. 정부업무평가 – 「정부업무평가 기본법」상 국무총리는 중앙행정기관의 자체평가 결과에 대해 필요 시 정부업무 평가위원회의 심의 · 의결을 거쳐 재평가를 할 수 있다.
ㄹ. 환경영향평가 – 2003년 「환경영향평가법」에 처음으로 근거가 명시된 후 발전해 온 평가제도이다.

① ㄱ, ㄷ ② ㄱ, ㄹ ③ ㄴ, ㄷ ④ ㄴ, ㄹ

해설 ㄴ. 행정안전부장관이 필요하다고 인정하는 경우에는 지방자치단체의 장으로 하여금 경영평가를 하게 할 수 있다. ㄹ. 「환경영향평가법」상 환경영향평가는 1977년 도입되었다.

89 호그우드(Hogwood)와 피터스(Peters)의 정책변동에 대한 설명으로 옳지 않은 것은?

(국가7, 2018)

① 정책혁신은 기존의 조직과 예산을 활용하여 이전에 관여한 적이 없는 새로운 정책 분야에 개입하는 것이다.

② 정책종결은 현존하는 정책을 완전히 소멸시키는 것으로 정책 수단이 되는 사업과 지원 예산을 중단하고 이들을 대체할 다른 수단을 결정하지 않은 경우이다.

③ 과속차량 단속이라는 목표를 변경하지 않고 기존에 경찰관이 현장에서 직접 단속하는 수단을 무인 감시카메라 설치를 통한 단속으로 대체하는 것은 정책승계 중 선형적(linear) 승계에 해당한다.

④ 정책유지는 현재의 정책을 기본적으로 유지하면서 정책 수단의 부분적인 변화만 이루어지는 경우를 말한다.

해설 정책혁신은 관련정책이나 활동은 물론 이를 담당하는 조직이나 예산이 전혀 없는 "무(無)"상태에서 새로운 정책을 만드는 것이다. 정답은 ①이다.

90 호그우드(Hogwood)와 피터스(Peters)가 제시한 정책변동의 유형에 대한 설명으로 옳지 않은 것은? (지방9, 2022)

① 정책혁신은 기존의 조직이나 예산을 기반으로 새로운 형태의 개입을 결정하는 것이다.

② 정책승계는 정책의 기본 목표는 유지하되, 정책을 대체 혹은 수정하거나 일부 종결하는 것이다.

③ 정책유지는 기존 정책의 기본 골격을 유지하면서 정책 수단의 부분적인 변화만 이루어지는 것이다.

④ 정책종결은 다른 정책으로의 대체 없이 기존 정책을 완전히 중단하는 것이다.

해설 정책혁신은 기존의 조직이나 예산을 기반으로 하지 않고 새로운 형태의 개입을 결정하는 것이다.

91 정책변동에 대한 설명으로 옳지 않은 것은? (국가9, 2020)

① 킹던(Kingdon)의 정책흐름이론에 따르면 정책변동은 정책문제의 흐름, 정치의 흐름, 정책대안의 흐름이 결합하여 이루어진다.

② 무치아로니(Mucciaroni)의 이익집단 위상변동모형에서 이슈맥락은 환경적 요인과 같이 정책의 유지 혹은 변동에 영향을 미치는 정책요인을 말한다.

③ 실질적인 정책내용이 변하더라도 정책목표가 변하지 않는다면 이를 정책유지라 한다.

④ 정책목표를 달성하기 위한 전반적인 정책 수단을 소멸시키고 이를 대체할 다른 정책을 마련하지 않는 것을 정책종결이라 한다.

해설 정답은 정책승계를 설명하고 있는 ③이다.

정답 87 ④ 88 ① 89 ① 90 ① 91 ③

응용을 통한 **심화 학습**

01 정책에 관한 설명으로 적절하지 않은 것은?

① 정책설계는 사회문제의 해결을 위해 정책목표를 설정하는 과정이다.
② 정책은 정부의 사업계획, 정부방침, 법령 등으로 표현된다.
③ 규제정책에서는 정책의 불응자에게 강제력을 행사한다.
④ 정책 효과는 정책목표 달성의 결과를 나타내는 상태 변화를 의미한다.
⑤ 정책 수단은 정책의 실질적 내용으로서 정책의 중요한 구성 요소다.

해설 정책설계(policy design)란 정책목표 달성을 위한 정책 수단을 조합하는 일련의 과정으로 정책 집행 과정과 관련된다.

02 정책의 유형에 관한 설명 중 맞는 것은?

① 분배정책의 편익배분 과정에서 다툼이 있어 정책결정이 불가능한 경우가 많다.
② 규제정책은 정책 유형 중 가장 많은 영역을 차지하고 있다.
③ 누진소득세는 가난한 사람들에게 혜택이 가도록 하는 분배정책의 일종이다.
④ 상징정책은 정부기관의 신설이나 변경과 관련된 정책을 말한다.
⑤ 추출정책은 국민 전체의 자긍심을 높이기 위한 정책이다.

해설 정책 수단은 크게 규제나 지원, 그리고 설득 방식으로 나눠 볼 수 있는데 규제 영역이 가장 많은 비중을 차지하며, 규제는 권리 제한 의무 부과를 수반하기 때문에 규제 대상집단의 저항이 많고 갈등이 심한 편이다.

03 정책결정요인론의 주요 내용과 평가에 관한 설명 중 틀린 것은?

① 1950년대 미국의 경제학자들이 정책 내용은 사회경제적 요인이 결정한다고 주장했다.
② 인구밀도와 가구 소득 등이 시정부의 지출에 가장 큰 영향을 미친다고 주장했다.
③ 1960년대 도슨과 로빈슨과 같은 정치학자들은 사회복지정책을 좌우하는 것이 소득 수준과 같은 사회경제적 변수가 아니라 정당 간 경쟁이라는 정치적 변수라고 주장했다.

④ 정책결정요인론은 정책환경의 중요성을 부각시켰다는 점이 인정된다.

⑤ 소득 수준과 같은 변수는 정치 체제가 동원 가능한 자원의 규모를 좌우하는 변수이므로 장기적으로 정책의 변화를 가능하게 하는 중심축이라고 할 수 있다.

해설 도슨과 로빈슨(R. E. Dawson & J. A. Robinson)의 연구 결과에 의하면 정당 간 경쟁이 치열할수록 사회복지비는 증가하지만, 이것은 도시화, 산업화, 소득이라는 사회경제적 변수가 작용했기 때문에 나타난 것이라고 한다. 따라서 정치학자인 이들도 사회복지정책을 좌우하는 것은 정당 간 경쟁이라는 정치적 변수가 아니라 소득 수준과 같은 사회경제적 변수라는 주장을 하게 되었다.

04 정책 네트워크와 관련된 내용으로 가장 부적합한 것은?

① 네트워크 분석에서 행위자들 간의 관계는 자원의존성을 토대로 한 교환관계를 중심으로 하고 있다.

② 미국의 경우 1960년대의 하위정부 모형과 1970년대 후반의 이슈 네트워크 모형을 기원으로 한다.

③ 영국의 경우 정당과 의회 중심의 정책과정 설명이 한계에 부딪히면서 등장했다.

④ 이슈 네트워크(issue network)는 정부부처의 고위관료와 국회의원 중에서 특정 영역에 이해관계나 관심을 가지는 사람들 간의 의사소통 네트워크다.

⑤ 정책 네트워크의 유형화를 시도할 경우 비교적 폐쇄적이고 안정적이며 지속적인 정책공동체와 개방적이고 유동적인 이슈 네트워크로 나눠 볼 수 있다.

해설 이슈 네트워크(issue network)는 정부부처의 고위관료, 의원, 기업가, 로비스트, 학자, 언론인 등을 포함하는, 즉 특정 영역에 이해관계나 관심을 가지는 사람들 간의 의사소통 네트워크다.

05 정책의제 설정에 관한 설명으로 적절하지 않은 것은?

① 사회문제 중에서 정책문제로 채택되는 것을 정책의제 설정이라고 한다.

② 체제적 의제는 공중의제라고 할 수 있다.

③ 정책의제란 정책 담당자가 공식적으로 다루기로 결정한 정책문제다.

④ 사회문제 중에서 정부가 개입이 필요한 문제가 정책문제로 채택되어야 한다.

⑤ 외부 주도에 의해 정책문제의 정부 귀속화가 이뤄지는 경우는 채택된 정책문제다.

해설 외부 사람들의 주도에 의해 정책문제의 정부 귀속화가 이뤄지는 경우는 강요된(pressed) 정책문제다. 정부 내의 정책결정자들에 의해 정부의제화가 주도되고 공공관계(Public Relations)를 통해 사회로 확산되는 경우에는 채택된(chosen) 정책문제다.

정답 01 ① 02 ② 03 ③ 04 ④ 05 ⑤

06 **무의사결정(non-decision making)의 설명으로 적절하지 않은 것은?**

① 바크라흐와 바라츠가 잠재집단의 개념을 이용한 것이다.
② 정책결정자의 지배적 가치에 대한 도전을 억압하고자 할 때 발생한다.
③ 정책대안의 범위 · 내용을 한정시켜 상징에 그치는 대안이 채택되도록 하기도 한다.
④ 문제를 기각 · 방치해 결과적으로 정책대안을 마련하지 않는 경우도 많다.
⑤ 특정 쟁점이 '결정'을 위한 고려 대상이 되지 못한다.

해설 ① 무의사결정론은 바크라흐(P. Bachrach)와 바라츠(M. Baratz)에 의해 신엘리트이론의 일종으로 주장되었다. 잠재집단이론은 정책결정자들이 잠재집단(potential group)을 염두에 두기 때문에 소수의 특수이익이 정책을 지나치게 좌우하지는 못한다는 다원주의의 이익집단론으로서 트루먼과 벤틀리(D. Truman & A. Bentley)가 주장한 것이다.

07 **정책분석의 특징으로 볼 수 없는 것은?**

① 정책결정에 관한 지식과 정책결정 과정에 필요한 지식을 창출하는 활동이다.
② 사실 문제만을 분석한다.
③ 학제적 접근을 시도한다.
④ 현실적 문제를 해결할 수 있는 처방적 정보를 산출한다.
⑤ 가치문제도 분석한다.

해설 행태주의의 주류 사회과학방법론에서는 가치와 사실을 분리해 실증적 연구 대상인 사실만 그 연구 대상으로 삼지만, 후기행태주의를 배경으로 하는 정책분석에서는 정책분석가와 정책결정자의 가치판단이 들어간 처방적 접근이 이뤄지는 것이 불가피하다.

08 **중앙부처의 어떤 국(局)은 델파이 기법을 활용해 앞으로 20년 간의 한국의 통일 여건을 전망하고 이를 참고해 통일정책의 기본 방향을 모색하려고 한다. 델파이 절차에 관한 설명 중 옳지 않은 것은?**

① 관련 전문가 30명을 선정했다.
② 전문가의 익명성을 보장했다.
③ 개개인의 응답 결과를 분석하고 분석 결과는 델파이집단에게 알려주었다.
④ 전문가들의 전문성을 존중해 한 차례에 걸쳐 응답하게 했다.
⑤ 전문가 의견을 종합 분석해 가능한 한 통계 처리를 한 후 보고서를 작성했다.

해설 델파이 기법은 분석 결과를 델파이집단에게 알려주고 반복적으로 응답하게 하는 의견 수렴과 환류를 중시한다.

09 **비용 · 편익분석에 관한 설명 중 옳지 않은 것은?**

① 비용과 편익이 화폐가치로 측정 가능해야 한다.
② 순현재가치가 0보다 큰 사업은 경제적 타당성이 있다.
③ 내부수익률이 큰 사업일수록 경제적 타당성이 크다.
④ 편익 대 비용의 비율이 1보다 큰 사업은 경제적 타당성이 있다.
⑤ 비용 · 편익분석에 근거한 경제적 타당성은 사업 결정에 절대적인 요인이다.

해설 경제적 타당성은 사업 결정에 중요 요인이기는 하지만, 현실에는 정치적 요인이 훨씬 중대한 영향을 미치기도 한다.

10 **정책 수단이 효과가 없는데 채택하는 오류는?**

① 제1종 오류 ② 제2종 오류 ③ 제3종 오류
④ 비체계적 오류 ⑤ 체계적 오류

해설 정책분석 오류의 유형은 메타 오류 또는 근본적인 오류로서 정책문제의 정의와 목표설정을 잘못해 정책 수단을 잘못 선택하는 제3종 오류), 정책 수단이 효과가 없는데 채택하는 제1종 오류, 그리고 정책 수단이 효과가 있는데 채택하지 않는 제2종 오류가 있다.

11 **정책분석 과정에서 제3종 오류(meta-error)란?**

① 정책문제를 잘못 인지하는 것
② 정책 결과에 대해 잘못 평가하는 것
③ 정책 수단이 효과가 없는데 채택하는 것
④ 정책 수단이 효과가 있는데 채택하지 않는 것
⑤ 대안의 결과를 잘못 예측하는 것

해설 정책분석에서 제3종 과오(meta-error)란 근본적인 과오로서 정책문제 자체를 잘못 인지하는 것이다. 던(W. Dunn)은 이러한 제3종 과오를 막기 위해서는 "정책문제의 구조화를 통한 문제의 정확한 인지와 정의"가 필요하다고 주장했다.

12 **다음 정책대안의 원천들 중에서 성격이 아주 다른 하나는?**

① 과거의 정책사례 ② 관련된 사람들의 가치에 대한 판단
③ 브레인스토밍(brainstorming) ④ 외국이나 다른 지방자치단체의 경험
⑤ 이론을 바탕으로 한 모형 설정

해설 과거에 시행해 본 경험도 없고 외국에서는 시행하지 않고 있으며, 그 분야에 대한 이론이나 지

정답 06 ① 07 ② 08 ④ 09 ⑤ 10 ① 11 ① 12 ③

식도 체계화된 것이 없는 경우에는 브레인스토밍(brainstorming)과 델파이 방법(delphi method) 같은 주관적 또는 직관적인 방법을 사용하는 수밖에 없다.

13 **다음은 각 정책결정모형의 특성을 설명한 것이다. 올바르게 연결된 것은?**

① 합리모형 – 초합리성 고려
② 만족모형 – 인간의 전능성
③ 최적모형 – 제한된 합리성
④ 점증모형 – 정치적 합리성
⑤ 회사모형 – 조직화된 무질서 상태

해설 점증모형은 정치적 합리성을 바탕으로 한정된 대안만 검토한다. 쓰레기통모형은 조직화된 무질서 상태에서 의사결정을 설명하는 모형이다. 회사모형은 많은 조직은 각 단위사업 부서별로 준독립적인 운영이 이뤄지는 경우가 많은데 이런 조직에선 다른 부서 상황을 고려하면서 조직 전체의 목적을 극대화하는 결정을 하는 상황을 전제로 한다.

14 **점증주의의 특징에 대한 설명으로 옳지 않은 것은?**

① 개인의 후생함수로부터 사회후생함수를 도출해 낸다.
② 의사결정자는 대안들에 대한 한계가치를 중심적으로 고려한다.
③ 의사결정자는 대안 선정을 먼저 하고 그 대안에 따라 목표를 정의한다.
④ 대안 선정 과정은 연속적 비교 과정이다.
⑤ 이해집단 간의 합의를 통해 결론을 도출한다.

해설 ①은 합리모형과 관련된다. ③은 목표와 수단의 상호의존성을 설명하고 있다.

15 **정책집행 연구 중 하향적 접근방법에 대한 설명으로 잘못된 것은?**

① 정책이란 상위 부서 결정자들이 만들어서 집행 담당자에게 내리는 지침이다.
② 정책과 집행 사이의 완전한 인과관계를 보장해 줄 수 있는 조건을 충분히 고려한다면 집행의 실패가 일어나지 않게 된다고 생각한다.
③ 적응적 집행(adaptive implementation)을 중요하게 생각한다.
④ 집행 과정의 법적 구조화가 중요하다.
⑤ 정책 중심의 접근방법이다.

해설 버만(P. Berman)의 적응적 집행(adaptive implementation)은 하나의 정책과 그 정책이 처한 제도적 상황 간의 원활한 관계를 바탕으로 정책을 수정하고 구체화해 채택하는 과정을 확립하는 것으로 상향적 접근에 해당한다.

16 **정책을 성공적으로 설계하기 위한 주요 구성 요소가 아닌 것은?**

① 분명한 정책목적
② 적절한 인과모형

③ 합리적 정책변동 ④ 집행 체계를 마련할 주체
⑤ 바람직한 정책 수단

해설 정책설계를 성공적으로 완성하기 위해서는 정책집행 단계에서 사업 집행 방법을 구체화하고, 집행 체계를 마련할 주체를 정하며, 나아가 상향적 집행방법이나 하향적 집행방법 또는 양자 혼합 형태 중 하나를 선택해 시행해야 한다.

17 정책의 성공적 집행요인에 대한 설명으로 틀린 것은?

① 분배정책의 경우 안정된 집행 관행을 마련하는 것이 가능하다.
② 규제정책의 경우 집행 과정에서 많은 갈등이 발생한다.
③ 지방자치제의 실시로 많은 사업들을 지방정부가 직접 집행하게 되면서 하향적 접근방법이 요구되고 있다.
④ 하향적 접근방법을 주장하는 학자들은 세밀한 감독과 통제를 통한 집권화된 계층적 구조를 강조한다.
⑤ 상향적 접근방법의 입장에서는 하급기관에 더 많은 권력을 부여하려는 분권화된 구조를 더 중요시한다.

해설 지방자치제의 실시로 많은 사업을 지방정부가 직접 집행하게 되면서 정책의 집행 측면에서도 하향적 접근방법의 인식을 탈피하고 새로운 정치적 상황을 고려한 현지 적응적 집행전략으로 방향을 수정할 필요가 대두되고 있다.

18 정책집행이 중요한 이유에 관한 설명 중 틀린 것은?

① 정책집행에서는 추상적 정책을 실현할 수 있도록 용어를 새롭게 해석한다.
② 정책의 집행이란 정책문제를 해결해 목표 상태로 가는 것이다.
③ 현실 속에서 문제와 직면해서 이를 바람직한 목표 상태로 만들기 위해 사람과 물자를 동원하고 돈을 쓰는 것은 정책형성이다.
④ 정책집행의 단계는 일반국민과의 직접적인 접촉이 가장 빈번한 단계다.
⑤ 정책의 집행은 정책을 결정하거나 수정하는 측면을 내포하고 있다.

해설 현실 속에서 문제와 직면해 이를 바람직한 목표 상태로 만들기 위해 사람과 물자를 동원하고 돈을 쓰는 것은 정책집행이다.

19 나카무라(R. T. Nakamura)와 스몰우드(F. Smallwood)의 정책결정자와 집행자 사이의 관계 유형 중 정치 · 행정이원론과 관계 깊은 것은?

① 고전적 기술자형 ② 지시적 위임형 ③ 협상형

정답 13 ④ 14 ① 15 ③ 16 ⑤ 17 ③ 18 ③ 19 ①

④ 재량적 실험형 ⑤ 관료적 기업가형

해설 고전적 기술자형(classical technocrats)에서는 정책결정자와 정책집행자를 엄격히 구분한다. 정책결정자는 구체적인 정책목표와 세부 정책 내용까지 결정한다. 그리고 하위 정책집행자들은 활동을 엄격히 통제한다. 정책집행자들은 결정자들에 의해 만들어진 정책 내용과 목표를 받아들여 이를 실천하기 위한 활동을 한다.

20 정책집행 연구의 접근방법에 대한 설명 중 올바른 것은?

① 하향적 접근방법은 정책 중심의 접근방법 또는 정책집행자의 관점이다.
② 상향적 접근방법은 정책과 집행 사이의 완전한 인과관계를 보장해 줄 수 있는 조건을 충분히 고려한다면 집행의 실패가 일어나지 않게 된다고 본다.
③ 상향적 접근방법은 집행 과정의 법적 구조화가 중요하다는 사실을 발견했다.
④ 상향적 접근방법은 집행자들의 전문적인 경험을 최대한 이용할 수 있도록 한다.
⑤ 버만(P. Berman)은 하향적 접근방법에 입각해서 적응적 집행 개념을 도입했다.

해설 상향적 접근방법(bottom-up approach)은 정책집행이 통제나 순응을 무조건 추구하기보다는 집행자로 하여금 그들의 전문적인 경험을 최대한 이용할 수 있도록 해야 한다는 것이다.

21 사업의 목표와 그것을 달성하기 위한 수단이 추상적이어서는 안 되고, 목표나 수단들이 상호 모순되거나 대립되지 않아야 한다는 것을 의미하는 개념은?

① 소망성 ② 명확성 ③ 일관성
④ 적합성 ⑤ 적절성

해설 명확성이란 사업의 목표와 그것을 달성하기 위한 수단이 추상적이어서는 안 되고, 목표나 수단들이 상호 모순되거나 대립되지 않고 명확해야 한다는 것을 의미한다.

22 정책집행에 영향을 미치는 요인에 대한 설명 중 맞는 것은?

① 분배정책의 경우는 대상집단이 주로 수혜자들이고 집행과 관련된 집단들 간의 갈등이나 반대가 비교적 높다.
② 사업계획의 일관성이란 사업의 목표와 그것을 달성하기 위한 수단이 추상적이어서는 안 된다는 것이다.
③ 사업계획의 소망성이란 정책의 목표와 수단 간의 우선순위가 분명하고, 이러한 우선순위가 시간의 경과에도 크게 변함이 없음을 의미한다.
④ 하향적 접근방법을 주장하는 학자들은 세밀한 감독과 통제를 통한 집권화된 계층적 구조를 강조한다.
⑤ 국회는 집행의 성과에 별다른 영향을 미치지 못한다.

해설 하향적 접근방법을 주장하는 학자들은 세밀한 감독과 통제를 통한 집권화된 계층적 구조를 강조하는 반면, 상향적 접근방법의 입장에서는 하급기관에 더 많은 권력을 부여하려는 분권화된 구조를 더 중요시하고 있다. 한편 대통령이나 국회와 같은 정책결정기관은 집행에 필요한 각종의 자원(인력, 예산, 권한 등)을 지원해 줄 수 있으며, 집행 담당자들을 감독 통제할 수 있기 때문에 집행의 성과에 아주 큰 영향을 미친다.

23 정책평가의 주체에 대한 설명으로 타당하지 않는 것은?

① 외부의 전문가를 현실감이 없는 것으로 여기게 되면 내부평가가 선호된다.
② 중립적인 입장이 강조되면 내부평가가 선호된다.
③ 평가의 적절성 확보를 위해 내부평가가 더 선호된다.
④ 평가 결과의 효용성을 높이기 위해서는 평가자가 그 결과를 정치적 상황에 맞게 재해석하는 데 적극적인 역할을 해야 한다.
⑤ 외부인은 대안을 마련하는 데 현실의 제약을 넘어 자율적으로 할 가능성이 높다.

해설 객관성 확보를 중시해 중립적인 입장이 강조되면 외부평가가 선호된다.

24 정책평가의 목적으로 타당하지 않은 것은?

① 목표가 얼마나 잘 충족되었는가를 파악하기 위해
② 성공과 실패의 원인을 구체적으로 제시하기 위해
③ 정치적 지지를 확보하기 위해
④ 효과성을 증진시키기 위해 여러 기법을 사용하는 실험 과정으로 유도하기 위해
⑤ 프로그램의 성공을 위한 원칙을 발견하기 위해

해설 그 밖에 정책평가는 대안적 기법을 상대적인 성공을 위한 근거에서 더 향상된 연구를 위한 기초를 마련하기 위해, 그리고 목표달성을 위해 사용된 수단과 하위 목표들을 재규정하기 위해 사용한다.

25 정책평가의 유형에 관한 설명 중 틀린 것은?

① 형성적 평가는 사업계획을 형성 및 개발하는 과정에서 수행되는 평가다.
② 총괄적 평가는 정책이 집행된 후에 과연 그 정책이 당초 의도했던 목적을 달성했는지의 여부를 판단하는 활동이다.
③ 총괄적 평가는 엄밀히 말하자면 공평성 평가라고 할 수 있다.
④ 영향평가는 정책의 목표대로 대상집단에 영향을 주었는지를 평가하는 것이다.
⑤ 포괄적 평가는 과정평가와 영향평가를 모두 포함하는 평가다.

정답 20 ④ 21 ② 22 ④ 23 ② 24 ③ 25 ③

해설 총괄적 평가는 엄밀히 말하자면 정책효과성 평가라고 할 수 있다.

26 **정책평가의 타당성에 대한 설명으로 부적합한 것은?**

① 타당성이란 측정이 목표로 내세운 것을 제대로 달성했느냐 하는 정도를 의미한다.
② 구성적 타당성은 처리, 결과, 모집단 및 상황들에 대한 이론적 구성 요소들이 성공적으로 조작화된 정도를 의미한다.
③ 통계적 결론의 타당성은 정책의 결과가 존재하고 제대로 조작되었다고 할 때 그 효과를 찾아낼 만큼 충분히 연구설계가 이뤄진 정도를 의미한다.
④ 내적 타당성은 조작화된 결과에 대해 찾아낸 효과가 다른 경쟁적인 원인들에 의해서라기보다는 조작화된 처리에 기인된 것이라고 볼 수 있는 정도를 의미한다.
⑤ 외적 타당성은 조작화된 구성 요소 가운데에서 우리가 관찰한 효과들이 당초의 연구 가설에 구체화된 그것들을 객관화할 수 있는 정도를 의미한다.

해설 외적 타당성이란 조작화된 구성 요소 가운데에서 우리가 관찰한 효과들이 당초의 연구 가설에 구체화된 그것들 이외에 다른 이론적 구성 요소에까지도 일반화될 수 있는 정도를 의미한다.

27 **정책평가 설계의 내적 타당성을 저해하는 요인에 해당하지 않는 것은?**

① 모방효과
② 정책 내용의 누출
③ 상실 요소
④ 호손효과
⑤ 통계적 회귀 요소

해설 호손효과는 자신이 실험 대상에 속했다는 생각 때문에 평소와 다른 행동을 보이는 것으로 외적 타당도의 저해 요인이다. 인위적인 실험환경에서 얻은 결과를 일반화하기 어려운 현상을 의미한다.

28 **내적 타당성을 위협하는 내재적 요소들 중에서 문서 작성 능력 테스트 전 1회의 측정에서 극단적인 점수를 얻은 것을 기초로 개인들을 선발하게 되면, 다음의 측정에서 그들의 평균 점수는 덜 극단적인 방향으로 이동하게 되는 것을 의미하는 것은?**

① 선발효과
② 상실 요소
③ 회귀인공 요소
④ 성숙효과
⑤ 모방효과

해설 통계적 회귀요인이라고도 한다.

29 실험 직전에 시행한 1회의 측정 결과를 토대로 극단적인 측정값을 가지는 사람으로 실험집단을 구성할 때 내적 타당성의 저해요인은?

① 통계적 회귀요인 ② 측정요인 ③ 역사적 요인
④ 도구요인 ⑤ 선발과 성숙의 상호작용

해설 회귀인공요인(regression artifact)은 실험직전 반응 결과를 토대로 집단을 구성할 때 실험 기간 중에 구성원들이 평소의 자신의 모습으로 돌아가게 되는 속성을 말한다.

30 정책평가의 타당성을 저해하는 요인에 관한 설명으로 잘못된 것은?

① 역사적 요소란 연구 기간 동안에 일어난 사건으로 측정이 부정확해지는 것이다.
② 측정 요소란 실험 직전의 측정 결과가 평소와 다를 때, 이들이 실험이 진행되는 동안 원래의 상태로 돌아가게 되면 측정이 왜곡된다는 것이다.
③ 실험 조작의 반응효과는 실험 결과를 일반화하기 어려운 현상을 의미한다.
④ 실험 조작과 측정의 상호작용은 실험 측정이 피조사자의 실험 조작에 대한 감각에 영향을 주어 측정 결과를 왜곡하는 현상을 말한다.
⑤ 내적 타당성이란 처치와 결과 사이의 관찰된 관계로부터 도달하게 된 인과적 결론의 적합성 정도를 의미한다.

해설 ②는 회귀인공요인에 해당한다. ③의 실험 조작의 반응효과란 호손효과를 말하는 것으로, 인위적인 실험환경에서 얻은 결과를 일반화하기 어려운 현상을 의미한다.

31 내부평가와 외부평가에 대한 설명 중 올바른 것은?

① 내부 요원을 불신하고 외부 요원을 신뢰해도 내부평가가 바람직하다.
② 외부 전문가를 고지식하고 현실감이 없는 것으로 판단하면 내부평가가 선호된다.
③ 정책과 무관한 평가자를 참여시키는 것은 공공의 신뢰를 저하시킬 가능성이 높다.
④ 평가의 객관성 향상을 위해서는 내부평가가 선호된다.
⑤ 연구 결과에 입각해서 제안을 하려 할 때 항상 외부 요원이 더 호소력이 있다.

해설 외부의 전문가를 너무 고지식하고 현실감이 없는 것으로 여기게 되면 현실감 있고 실현 가능성이 높은 내부평가가 선호된다.

정답 26 ⑤ 27 ④ 28 ③ 29 ① 30 ② 31 ②

32 **유인과 규범관계의 정책갈등 유형 중에서 행위자의 입장에서 규범 순응이 장기적으로 호혜성을 보장해 주지만, 규범 일탈행위의 적발 가능성이 낮다면 단기적인 유인을 취하고 이익을 확보하려는 기회주의적 행동이 발생하는 유형으로 적절한 것은?**

		유인의 제공	
		강함	없거나 약함
규범	강함 혹은 공식제도화	I 협력형 정책갈등	II 소극적 정책갈등
	없거나 약함	III 적극적 정책갈등	IV 혼란형 정책갈등

① Ⅰ ② Ⅱ

③ Ⅲ ④ Ⅳ

해설 II 유형은 소극적(passive) 정책갈등으로서 이 유형에서는 규범이 강하거나 공식제도화되어 있으면서도 유인이 약하거나 없는 상황이다. 행위자의 입장에서 이 상황은 규범순응이 장기적으로 호혜성을 보장해 주지만, 규범 일탈행위의 적발 가능성이 낮다면 단기적인 유인을 취하고 이익을 확보하려는 기회주의적 행동이 발생한다.

정답 32 ②

MEMO

CHAPTER

15

공공서비스

제1절 공공서비스의 의의와 유형
제2절 공공서비스의 공급 방식
제3절 공공서비스 공급의 혁신
제4절 공공서비스의 성과관리

객관식으로 행정학 학습

제1절 공공서비스의 의의와 유형

01 공공서비스의 개념에 대한 설명으로 적절하지 못한 것은?

① 정부가 국민에게 공급하는 모든 형태의 생산물을 의미한다.
② 신고전학파 경제학에서 말하는 재화와 서비스 개념과는 다른 것이다.
③ 정부는 공공서비스의 생산과 공급을 동시에 책임져야 한다.
④ 민간기업이 생산하더라도 정부보조금이 지급되면 공공서비스에 속한다.

해설 정부의 역할은 소비자인 시민들에 대해 일정 수준의 공공서비스가 안정적으로 공급되는 영역에서 책임지는 것이다. 생산부문까지 반드시 정부가 책임져야 할 필요성은 약해졌고 가장 효율적인 생산 주체를 선택할 수 있다(새행정학3.0, p.642).

02 사회서비스에 관한 설명으로 틀린 것은?

① 돌봄을 중심으로 하는 사회서비스는 개인에 대한 생활서비스에 초점을 맞춘다.
② 사회서비스는 도로 건설과 같은 집합적 서비스로 가치재보다 공공재에 속한다.
③ 보편적 사회서비스는 복지국가 접근이 아닌 사회투자정책 관점에서 강조되고 있다.
④ 공공서비스의 소비자는 비경합성, 비배제성에 해당된다.

해설 사회서비스는 공공재보다 가치재에 속한다(새행정학3.0, p.638).

03 공공서비스의 공급에 정부가 적극 개입해야 하는 것은 소비에서 무임승차 문제가 발생하기 때문이다. 무임승차의 근본적인 이유는?

① 비배제성과 경합성
② 비배제성과 비경합성
③ 배제성과 비경합성
④ 배제성과 경합성

정답 01 ③ 02 ③ 03 ②

해설 정당한 가격을 지불하지 않아도 소비에서 배제할 수 없고(비배제성), 특정 사람이 소비를 해도 다른 사람의 소비 수준(규모)에 영향을 미치지 않는(비경합성) 특징 때문에 이기적인 시장의 소비자는 공공서비스를 소비할 때 가격을 지불하지 않고 무임승차하게 된다(새행정학$_{3.0}$, pp. 640-642).

04 **사바스(E. S. Savas)는 소비에서 경합성과 배제성을 기준으로 공공서비스를 네 가지 유형으로 구분했다. 여기에 속하지 않는 것은?**

① 시장재
② 공유재
③ 집합재
④ 클럽재

해설 클럽재(club goods) 뷰캐넌(J. Buchanan)이 사용한 용어로서 고속도로와 같이 비경합적 성격이 있지만, 사용자가 많아져 혼잡해지면 개인의 편익이 줄어들어 서로 경합관계가 발생하는 경우를 지칭한다(새행정학$_{3.0}$, pp.640-642).

05 **소비에서 배제성은 강하지만 경합성이 약한 공공서비스는?**

① 고속도로
② 가로등
③ 여름철 백사장
④ 대학교육

해설 ① 통행료를 지불하지 않으면 소비에서 배제되지만 일단 진입을 하면 정상적인 경우 누구나 동일한 속도를 유지한다. ②는 경합성과 배제성이 모두 약한 순수공공재다. ③은 배제성은 약하지만 피서객이 몰리면 경합성이 강하다 ④는 배제와 경합이 가능한 민간재다(새행정학$_{3.0}$, pp. 640-642).

06 **'공유재의 비극' 현상이 발생하는 공공서비스에 속하지 않는 경우는?**

① 천연자원
② 희귀동물
③ 등대
④ 지하수

해설 공유재는 경합성은 있으나 배제성이 없는 공공서비스다. 등대는 경합성과 배제성 모두 약한 집합재에 속한다(새행정학$_{3.0}$, pp.640-642).

07 **요금재 성격을 가진 공공서비스에 대한 설명으로 적절한 것은?**

① 요금재는 경합성은 있지만 배제성이 없는 공공서비스다.
② 요금재를 정부가 공급하는 이유는 자연독점으로 인한 시장실패 때문이다.
③ 요금재에서 정부실패가 발생해도 민간기업의 참여는 매우 제한적이다.
④ 지하수, 국립공원, 해저광물 등이 대표적인 사례다.

해설 ① 요금재는 요금을 통해 배제가 가능하다. ② 상수도 등과 같은 요금재는 생산에서 규모 경제로 인한 자연독점 성격이 있다. ③ 요금재에서는 정부실패 문제가 제기되어 민영화와 민간위탁

등 민간기업의 적극 참여가 개방되어 있다. ④ 요금재가 아닌 공유재다(새행정학3.0, pp.640-642).

08 아래 보기의 빈 칸에 들어갈 단어 중 잘못된 것은?

		비경합성	
		경합적	비경합적
비배제성	배제 가능	Ⅰ	Ⅱ
	배제 불가능	Ⅲ	Ⅳ

① Ⅰ은 소비자 보호 측면에서 서비스의 안전과 규격 등의 규제를 선호하지 않는다.
② Ⅱ은 전기, 가스, 상하수도, 도로 등과 같은 사회기반시설 등이 속한다.
③ Ⅲ은 천연자원이나 희귀 동식물, 녹지, 국립공원, 하천, 공공시설이 속한다.
④ Ⅳ은 과소 공급과 과다 공급의 쟁점을 야기하므로 원칙적으로 정부에서 공급한다.

해설 소비자 보호 측면에서 서비스의 안전과 규격 등을 규제하기 위해 집단적 대응이 요청되고 있다(새행정학3.0, pp.640-642).

제2절 공공서비스의 공급 방식

09 민간위탁의 장점이 아닌 것은?

① 공공서비스 공급의 책임성
② 업무량에 따른 탄력적 대응
③ 공공서비스의 질적 수준 개선
④ 전문기술과 지식의 활용

해설 민간위탁은 행정기관이 갖고 있는 약점을 보완하고, 민간이 갖고 있는 장점을 극대화하고자 하는 것이다. 그런데 민간위탁을 받은 기관은 행정기관이 아니기 때문에 당초부터 행정기관과 같은 책임있는 관리가 쉽지 않다(새행정학3.0, p.645).

10 공공서비스의 수혜자의 선택 범위를 확대해 시장효율성을 제고하기 위한 목적으로 활용되는 민간위탁 방식은?

① 자원봉사
② 보조금
③ 자조활동
④ 이용권(바우처)

해설 이용권(voucher) 방식은 공공서비스의 생산을 민간부문에 위탁하면서 시민들의 서비스 구입 부담을 완화시키기 위해 금전적 가치가 있는 구입증서를 제공하는 것을 말한다. 시민들은 이용권을 활용해 서비스 제공 기관을 자유롭게 선택할 수 있다(새행정학3.0, p.647).

정답 04 ④ 05 ① 06 ③ 07 ② 08 ① 09 ① 10 ④

11 사회서비스 공급에서 전통적인 공급자 방식에 대한 설명으로 적합하지 않은 것은?

① 지역 실정에 따른 다양한 지침에 따라 비영리민간기관이 서비스를 제공한다.
② 취약계층에 대해 사회복지서비스가 안전하게 전달될 수 있는 장점이 있다.
③ 지역 내 복지기관이 없으면 사회서비스가 제공되지 못하는 사각지대가 발생한다.
④ 전문가주의(professionalism) 전제에서 공급자의 판단이 상대적으로 중요하다.

해설 전통적인 공급자 방식은 중앙정부가 설정한 표준 지침에 따라 비영리 복지기관들이 저소득 취약계층에게 우선적으로 사회복지서비스를 제공하는 것이다(새행정학3.0, pp.648-650).

12 시장과 수요자 중심의 사회서비스 공급 방식에 대한 설명으로 잘못된 것은?

① 사회서비스의 욕구와 내용에 대한 판단에서 이용자의 의견 비중이 높다.
② 이용자에게 바우처를 지급해 서비스를 구매하게 하는 시장 방식을 사용한다.
③ 서비스 제공자와 이용자의 담합에 따른 바우처 부정 사용 문제가 우려된다.
④ 재정긴축 국면에서 복지 축소를 위한 대표적인 재정혁신 정책이다.

해설 신사회위기 국면에서 정부의 역할을 확대하면서 비용-효과적인 사회서비스 전달 체계 구축을 위한 최근의 새로운 시도다(새행정학3.0, pp.650-651).

제3절 공공서비스 공급의 혁신

13 공공서비스 공급을 둘러싼 가치 변화의 내용으로 가장 적절한 것은?

① 사회 정의와 형평성 실현을 위한 정부의 적극적 역할 요구
② 재정적자 문제 해결을 위한 적극적인 정부 수익 사업 추진
③ 잠재적 세입 기반 확대를 통한 조세 증대와 사용자 부담금 축소
④ 표준화된 공공서비스 형태에서 다양한 시장상품으로 전환

해설 ① 사회 정의와 형평성 가치가 전통적인 공공서비스 가치인데, 최근에는 효율과 생산성 가치를 상대적으로 강조한다. ② 재정적자로 인해 공공서비스 혁신이 추진되기는 하지만 원칙적으로 직접적인 재정수입 증대를 위한 수익사업을 지향하는 것은 아니다. ③ 기존의 획일적인 공공서비스 형태를 시장상품과 같이 다양하게 생산하면서 수요자의 수요와 편익에 초점을 맞추는 사용자 부담금의 비중이 높아졌다. 조세를 통한 공공서비스 공급은 조세 저항의 대표적인 사례인 미국 캘리포니아 주의 '제안13(Proposition 13)' 이후 상대적 비중이 낮아졌다(새행정학3.0, pp.651-652).

14 **정부혁신 수단으로서 고객만족 경영 기법에 대한 설명으로 적합하지 않은 것은?**

① 공급자 중심의 공격적 마케팅을 지향한다.
② 고객만족 극대화를 목표로 하는 마케팅 지향적 경영 방식이다.
③ 신공공관리주의의 맥락에서 추진되는 것이다.
④ 제품의 기획 단계부터 소비자의 선호를 파악하는 데서 출발한다.

해설 고객만족 경영기법은 궁극적인 경영 활동의 목표를 시장점유율이나 원가 절감과 같은 단기 목표가 아닌 고객만족에 초점을 맞춘다. 제품의 기획 단계에서부터 소비자들이 어떤 상품을 원하는 것인가를 파악하는 데서 출발한다. 고객만족 경영기법을 행정에 도입하면, 공급자 위주의 공급 방식을 소비자 위주 또는 국민 본위의 공급 방식으로 개편할 수 있다(새행정학3.0, p.653).

15 **총체적 품질관리(TQM)에 대한 설명으로 적절하지 않은 것은?**

① '총체적'이란 수요 파악에서 만족도까지 모든 과정의 품질을 관리한다는 것이다.
② '품질'은 주민의 기대 부응을 넘어 기대를 초과하는 수준의 품질을 지향한다.
③ '관리'는 지속적인 품질 개선으로 조직 역량을 유지 · 개선하는 활동이다.
④ TQM에서는 품질관리를 위해 계층제조직을 선호한다.

해설 TQM에서는 계층제조직보다는 탄력적이며 구성원 전체의 참여와 권한 및 책임 부여를 통해 조직 내 인간관계를 원활하게 하고 사기를 진작시킨다(새행정학3.0, pp.653-655).

제4절 공공서비스의 성과관리

16 **공공서비스 성과에 대한 다음 설명 중 가장 적절하지 않은 것은?**

① 공공서비스의 공급과 성과평가는 경제적, 정치적 측면에서 접근이 가능하다.
② 투입이란 생산 과정에서 사용된 것들의 명세를 지칭한다.
③ 과정은 업무 부담 혹은 업무 처리 과정에 초점을 맞추는 성과지표를 말한다.
④ 결과란 산출물이 창출한 조직환경에서 직접적인 변화를 의미하는 것으로 공공부문에서 특히 성과물 측정이 용이하다.

해설 기업의 경우 수익률, 성장률, 시장점유율 등과 같이 성과물 측정이 용이하나, 공공부문에서는 성과물을 식별하기가 모호한 경우가 많다(새행정학3.0, pp.657-658).

정답 11 ① 12 ④ 13 ④ 14 ① 15 ④ 16 ④

기출 문제를 통한 **감각 익히기**

01 사바스(E. S. Savas)가 구분한 네 가지 공공서비스 유형과 내용의 연결이 옳지 않은 것은? (국가7, 2015)

① 요금재(toll goods) - 대가를 지불하지 않는 소비자를 배제할 수 없다.
② 집합재(collective goods) - '무임승차'의 문제가 생길 수 있다.
③ 시장재(private goods) - 경합성과 배제성을 동시에 갖는 서비스이다.
④ 공유재(common pool goods) - 과잉소비의 문제가 발생할 수 있다.

해설 요금재는 배제성과 비경합성을 띠는 것으로 대가를 지불해야 하는 재화이다. 따라서 대가를 지불하지 않는 소비자를 배제할 수 있다.

02 공공서비스에 대한 설명으로 옳지 않은 것만을 모두 고른 것은? (국가7, 2014)

ㄱ. 무임승차자 문제가 발생하는 근본 원인으로는 비배제성을 들 수 있다.
ㄴ. 정부가 공공서비스의 생산부문까지 반드시 책임져야 할 필요성은 약해지고 있다.
ㄷ. 전형적인 지방공공서비스에는 상하수도, 교통관리, 건강보험 등이 있다.
ㄹ. 공공서비스 공급을 정부가 담당해야 하는 이유로는 공공재의 존재 및 정보의 비대칭성 등이 있다.
ㅁ. 전기와 고속도로는 공유재의 성격을 가지는 공공서비스이다.

① ㄱ, ㄷ ② ㄱ, ㅁ
③ ㄴ, ㄹ ④ ㄷ, ㅁ

해설 옳지 않은 것은 ㄷ, ㅁ이다. ㄷ. 상하수도, 교통관리는 전형적인 지방공공서비스에 해당하고, 재분배정책에 해당하는 건강보험은 중앙 정부가 수행하는 서비스에 해당한다. ㅁ. 전기와 고속도로는 배제성과 비경합성을 특징으로 하는 요금재에 해당하는 공공서비스이다.

03 정부의 규모와 역할에 대한 행정이론의 설명으로 옳지 않은 것은? (국가9, 2017)

① X-비효율성은 과열된 경쟁에서 나타나는 정부의 과다한 비용발생을 의미한다.
② 지대추구이론은 규제나 개발계획과 같은 정부의 시장 개입이 클수록 지대추구행

태가 증가하고 그에 따른 사회적 손실도 증가한다고 주장한다.

③ 거래비용이론에서는 당사자 간의 협상 및 커뮤니케이션 비용과 계약의 준수를 감시하는 비용도 거래비용으로 포함한다.

④ 대리인이론은 주인-대리인 사이에 정보비대칭성이 있고 대리인이 기회주의적으로 행동하는 경우 역선택(adverse selection) 문제가 발생할 수 있다고 주장한다.

해설 X-비효율성은 독점으로 인해 나타나는 정부의 비효율성을 의미한다.

04 외부효과를 교정하기 위한 방법에 대한 설명으로 옳지 않은 것은? (국가9, 2015)

① 교정적 조세(피구세: Pigouvian tax)는 사회 전체적인 최적의 생산수준에서 발생하는 외부효과의 양에 해당하는 만큼의 조세를 모든 생산물에 대해 부과하는 방법이다.

② 외부효과를 유발하는 기업에게 보조금을 지급하여 사회적으로 최적의 생산량을 생산하도록 유도한다.

③ 코우즈(R. Coase)는 소유권을 명확하게 확립하는 것이 부정적 외부효과를 줄이는 방법이라고 주장했다.

④ 직접적 규제의 활용 사례로는 일정한 양의 오염허가서(pollution permits) 혹은 배출권을 보유하고 있는 경제주체만 오염물질을 배출할 수 있게 허용하는 방식이 있다.

해설 일정한 양의 오염허가서 혹은 배출권을 보유하고 있는 경제주체만 오염물질을 배출할 수 있게 허용하는 방식은 간접적 규제에 해당한다.

05 경합성과 배제성을 고려할 때 공공재(public goods)에 가장 가까운 것은? (국가9, 2014)

① 국립도서관 ② 고속도로
③ 등대 ④ 올림픽 주경기장

해설 등대는 비배제성과 비경합성을 특징으로 하는 공공재에 해당한다.

06 정부실패의 요인에 해당하지 않는 것은? (지방7, 2017)

① 공공서비스에서의 비용과 편익의 분리

② 경제 활동에 영향을 주는 외부불경제(external diseconomy)

정답 01 ① 02 ④ 03 ① 04 ④ 05 ③ 06 ②

③ 비공식적 목표가 공식적 조직목표를 대체하는 현상

④ 의도하지 않은 파생적 외부효과

해설 경제활동에 영향을 주는 외부불경제는 정부실패가 아닌 시장실패의 요인이다.

07 **재화를 배제성과 경합성 여부에 따라 네 가지 유형(A~D)으로 분류할 경우, 유형별 사례를 모두 바르게 짝지은 것은?** (지방7, 2018)

배제성 여부 / 경합성 여부	배제성	비배제성
경합성	A	B
비경합성	C	D

	A	B	C	D
①	구두	해저광물	고속도로	등대
②	라면	출근길 시내도로	일기예보	상하수도
③	자동차	공공낚시터	국방	무료TV방송
④	냉장고	케이블TV	목초지	외교

해설 A. 사적재(구두), B. 공유재(해저광물), C. 요금재(고속도로), D. 공공재(등대)에 해당한다.

08 **시장실패와 정부실패에 대한 설명으로 적절하지 않은 것은?** (지방9, 2016)

① 시장실패는 시장기구를 통해 자원배분의 효율성을 달성할 수 없는 경우를 의미한다.

② 비배제성과 비경합성을 가진 공공재의 존재는 시장실패의 주요 원인 중 하나이다.

③ X-비효율성으로 인해 시장실패가 야기되어 정부의 시장 개입 정당성이 약화된다.

④ 정부실패는 시장실패에 대응하는 개념으로 행정서비스의 비효율성을 야기한다.

해설 X-비효율성으로 인해 정부실패가 야기되므로 정부의 시장 개입을 줄여야 하는 요인이 된다.

09 **큰 정부론과 작은 정부론의 논쟁에 대한 설명으로 옳지 않은 것은?** (지방9, 2014)

① 작은 정부론은 민영화의 확대를 주장하지만, 또다른 시장실패를 유발할 수 있다는 점에서 네트워크 거버넌스의 필요성이 제기되기도 한다.

② 공공재는 시장에서 적절하게 제공되지 못하므로 정부가 제공해야 한다는 주장은 시장에 대한 정부의 개입을 강조한다.

③ 작은 정부론은 정부의 개입이 초래하는 대표적 정부실패의 사례로 독점으로 인해

발생하는 X-비효율성을 제시한다.

④ 큰 정부론자는 "비용과 편익이 괴리되어 시장실패가 발생하는 경우, 정부가 시장에 개입해야 한다"라고 주장한다.

해설 비용과 편익의 괴리는 정부실패의 요인에 해당하므로, 이를 해결하기 위해서는 작은 정부를 지향해야 한다.

10 다음 보기 내용의 시장실패에 대한 설명으로 옳지 않은 것은? (지방9, 2015)

> 한 마을에 적당한 크기의 목초지가 있었다. 그 마을에는 열 가구가 오순도순 살고 있었는데, 각각 한 마리의 소를 키우고 있었고 그 목초지는 소 열 마리가 풀을 뜯는 데 적당한 크기였다. 소들은 좋은 젖을 주민들에게 공급하면서 튼튼하게 자랄 수 있었다. 그런데 한 집에서 욕심을 부려 소 한 마리를 더 키우면서 문제가 시작되었다. 다른 집들도 소 한 마리, 또 한 마리 등 욕심을 부리기 시작하면서 목초지는 풀뿌리까지 뽑히게 되었고, 결국 소가 한 마리도 살아갈 수 없는 황폐한 공간으로 바뀌고 말았다.

① 위에서 나타나는 시장실패의 주된 요인은 무임승차자 문제이다.

② 보기의 사례에 나타난 재화는 배제불가능성과 함께 소비에서의 경합성을 특징으로 한다.

③ 보기의 사례는 '공유지의 비극(tragedy of the commons)'에 대한 설명이다.

④ 이러한 시장실패를 해결하기 위한 방법의 하나는 재화의 재산권을 명확히 하는 것이다.

해설 제시문은 '공유지의 비극'에 대한 설명이다.

11 공공서비스 공급 방식에 대한 설명으로 옳은 것은? (국가7, 2012)

① 집합재는 원칙적으로 민간위탁 방식으로 공급해야 할 서비스이다.

② 요금재는 독점이익의 왜곡을 방지하기 위해 주로 일반행정 방식이나 책임경영 방식이 활용되어 왔고 민간기업의 참여가 활성화되어 있지 않다.

③ 민간위탁 방식 중 면허 방식은 공공서비스에 대한 요건을 구체적으로 명시하기 곤란하거나 서비스가 기술적으로 복잡하고 서비스의 목표를 어떻게 달성할 것인지가 불확실한 경우에 사용된다.

④ 공유재의 비극을 해결하기 위해 고전적 공유재 모형이 제시한 전형적인 대안들은 공유재산을 사유화하는 방식이었다

정답 07 ① 08 ③ 09 ④ 10 ① 11 ④

해설 공유재의 비극을 해결하기 위하여 고전적 공유재모형은 공유재를 사유화하여 시장재처럼 소유권을 명확히 하는 사유재산권확립(예: 소유권의 설정과 세금 징수, 사용권의 설정과 사용료 징수) 장식을 제시하였다. 그 후 행정국가에 들어와서는 정부가 공유자원의 이용을 적절히 제한하는 정부규제(예: 낚시면허제) 방식이 활용되었다.

12 **공공서비스의 공급 주체 중 정부부처 형태의 공기업에 해당하는 것은?** (국가9, 2019)

① 한국철도공사 ② 한국소비자원
③ 국립중앙극장 ④ 한국연구재단

해설 국립중앙극장은 문화형 책임운영기관으로, 정부부처 형태의 공기업(정부기업)에 해당한다. 한국철도공사는 준시장형 공기업, 한국소비자원, 한국연구재단은 위탁집행형 준정부기관이다.

13 **지방정부의 행정서비스 공급체계 및 방식에 대한 설명으로 옳지 않은 것은?** (국가9, 2018)

① 정부의 직접적 공급이 아닌 대안적 서비스 공급체계(Alternative Service Delivery: ASD)는 생활쓰레기 수거, 사회복지사업 운영, 시설 관리 등의 분야에 적용되고 있다.
② 과잉생산과 독점 등이 야기한 공공부문 비효율의 해결책으로 계약 방식을 통한 서비스 공급이 도입되고 있다.
③ 사용자부담 방식의 활용은 재정 부담의 공평성 제고에 기여한다.
④ 사바스(E. S. Savas)가 제시한 공공서비스 공급유형론에 따르면, 자원봉사(voluntary service) 방식은 민간이 결정하고 정부가 공급하는 유형에 속한다.

해설 사바스가 제시한 공공서비스 공급유형론에 따르면, 자원봉사 방식은 민간이 결정하고 공급하는 유형에 속한다.

14 **공공서비스 공급주체의 유형과 예시를 바르게 연결한 것은?** (국가9, 2017)

① 준시장형 공기업 – 한국방송공사
② 시장형 공기업 – 한국마사회
③ 기금관리형 준정부기관 – 한국연구재단
④ 위탁집행형 준정부기관 – 한국소비자원

해설 한국방송공사는 「공공기관의 운영에 관한 법률」에 의해 공공기관으로 지정이 불가능하다. 한국마사회는 준시장형 공기업에 해당한다. 한국연구재단은 위탁집행형 준정부기관이다.

15 **최근 쓰레기 수거와 같이 전통적으로 정부의 고유 영역으로 간주되어온 서비스를 민간에 위탁하는 경우가 있는데, 그 목적이라고 보기 힘든 것은?** (국가9, 2015)

① 행정의 효율성 향상
② 행정의 책임성 확보
③ 경쟁의 촉진
④ 작은 정부의 실현

해설 민간위탁은 시장의 원리를 강조하여 책임성, 형평성을 저하시킨다.

16 **공공서비스 제공 시 사용료 부과 등 수익자 부담의 원칙을 적용할 때 발생할 수 있는 현상은?** (국가9, 2013)

① 공공서비스의 불필요한 수요를 줄일 수 있다.
② 누진세에 비해 사회적 형평성 제고 효과가 크다.
③ 일반 세금에 비해 조세저항을 강하게 유발한다.
④ 비용 · 편익분석이 곤란하게 되어 경제적 효율성을 저하시킨다.

해설 ② 수익자 부담의 원칙은 사회적 형평성을 저해시킨다. ③ 비용과 수익이 바로 연계되기 때문에 (자신이 이익을 얻은 만큼만 비용을 부담) 조세 저항이 줄어든다. ④ 비용과 수익으로 인한 편익이 명확해지기 때문에 비용 · 편익분석이 용이해지고, 효율성을 기할 수 있다.

17 **민간위탁(contracting out)에 대한 설명으로 옳지 않은 것은?** (지방7, 2022)

① 정부가 제공하는 서비스를 민간부문에 맡기고 비용을 지불하는 방식이다.
② 비영리단체는 민간위탁의 대상이 되지 않는다.
③ 정부의 직접공급에 비해 고용과 인건비의 유연성 확보가 용이하다.
④ 대표적인 예로는 쓰레기수거업무나 도로건설업무가 있다.

해설 비영리단체는 정부와의 계약을 통해 사무를 위탁받는 대상이 된다.

18 **「책임운영기관의 설치 · 운영에 관한 법률」상 책임운영기관에 대한 설명으로 옳지 않은 것은?** (국가9, 2019)

① 책임운영기관은 기관장에게 재정상의 자율성을 부여하고, 그 운영성과에 대해 책임을 지도록 하는 행정기관의 특성을 갖는다.
② 소속 책임운영기관에 두는 공무원의 총 정원 한도는 총리령으로 정하며, 이 경우

정답 12 ③ 13 ④ 14 ④ 15 ② 16 ① 17 ② 18 ②

고위공무원단에 속하는 공무원의 정원은 부령으로 정한다.

③ 소속 책임운영기관 소속 공무원의 임용시험은 기관장이 실시함을 원칙으로 한다.

④ 기관장의 근무기간은 5년의 범위에서 소속 중앙행정기관의 장이 정하되, 최소한 2년 이상으로 하여야 한다.

해설 소속 책임운영기관에 두는 공무원의 총 정원 한도는 대통령령으로 정하며, 이 경우 공무원의 종류별, 계급별 정원과 고위공무원단에 속하는 공무원의 정원은 총리령 또는 부령으로 정하되, 대통령령으로 정하는 바에 따라 통합하여 정할 수 있다.

19 우리나라의 행정정보공개제도에 대한 설명으로 옳지 않은 것은? (국가9, 2014)

① 국정에 대한 국민의 참여와 국정 운영의 투명성 확보를 목적으로 한다.

② 중앙행정기관의 경우 전자적 형태의 정보 중 공개대상으로 분류된 정보는 공개청구가 없더라도 공개하여야 한다.

③ 정보의 공개 및 우송 등에 드는 비용은 실비 범위에서 청구인이 부담한다.

④ 정보공개 청구는 말로써도 할 수 있으나 외국인은 청구할 수 없다.

해설 정보공개 청구는 말로써 할 수 있으며, 외국인도 정보공개를 청구할 수 있다.

20 민간부문의 자율성을 높이고 그 역할을 확대하는 민간화(privatization) 방법과 거리가 먼 것은? (지방7, 2016)

① 진입규제 강화

② 바우처 제공

③ 정부계약(contracting out) 활용

④ 공동생산(co-production)

해설 민간화는 진입규제와 같은 정부규제를 완화하는 것과 관계있다.

21 총체적 품질관리(Total Quality Management)에 대한 설명으로 옳은 것만을 모두 고르면? (국가9, 2020)

ㄱ. 고객의 요구를 존중한다.
ㄴ. 무결점을 향한 지속적 개선을 중시한다.
ㄷ. 집권화된 기획과 사후적 통제를 강조한다.
ㄹ. 문제 해결의 주된 방법은 집단적 노력에서 개인적 노력으로 옮아간다.

① ㄱ, ㄴ　② ㄱ, ㄷ

③ ㄴ, ㄹ　④ ㄷ, ㄹ

해설 TQM은 사후적 통제가 아닌 사전적이고 예방적인 통제를 강조한다. TQM은 집단 전체의 성과를 중시하는 품질관리기법으로 개인별 분업이나 경쟁보다는 집단적 노력을 통한 품질 향상을 추구한다.

22 **민간투자사업자가 사회기반시설 준공과 동시에 해당 시설 소유권을 정부로 이전하는 대신 시설관리운영권을 획득하고, 정부는 해당 시설을 임차 사용하여 약정기간 임대료를 민간에게 지급하는 방식은?** (지방9, 2020)

① BTO(Build-Transfer-Operate)
② BTL(Build-Transfer-Lease)
③ BOT(Build-Own-Transfer)
④ BOO(Build-Own-Operate)

해설 BTL은 민간사업자가 시설을 건설하고 준공 후 소유권을 정부로 즉시 이전하는 대신, 정부는 민간사업자로부터 시설을 임차하여 약정기간 동안 임대료를 지급하는 민자유치 방식을 말한다.

23 **지방공공서비스 공급과 관련된 설명으로 옳지 않은 것은?** (지방7, 2013)

① 영국에서는 의무경쟁입찰제도가 최고가치 정책으로 전환되었다.
② 사바스(E. S. Savas)의 분류에 따르면, 계약 · 허가 · 보조금 등은 지방정부가 공급을 결정하고 민간부문이 생산을 담당하는 공급 유형에 속한다.
③ 니스카넨(W. Niskanen)의 예산극대화 모형에 따르면, 관료들의 행태 때문에 지방정부의 예산 규모가 사회적으로 효율적인 수준보다 더 커질 수 있다.
④ 시민공동생산 논의는 시민과 지역주민을 정규 생산자로 파악하는 데에서 출발한다.

해설 공동생산에서는 시민들을 정규 생산자가 아니라 공동생산자 내지는 프로슈머로 규정한다.

24 **새로운 공공서비스 공급 방식으로 제시된 BTO(Build-Transfer-Operate)와 BTL(Build-Transfer-Lease)에 대한 설명으로 옳지 않은 것은?** (국가9, 2012)

구분	BTO 방식	BTL 방식
㉠ 실제 운영의 주체	민간	정부
㉡ 운영 시 소유권	정부	민간
㉢ 투자비 회수 방법	사용료	임대료
㉣ 소유권 이전 시기	준공	준공

정답 19 ④ 20 ① 21 ① 22 ② 23 ④ 24 ②

① ㄱ　　② ㄴ
③ ㄷ　　④ ㄹ

해설 BTO와 BTL은 민간이 건설해 그 시설의 소유권을 정부에 넘긴 이후에 운영이 이뤄지기 때문에 두 경우 모두 운영 기간 중 그 시설의 소유권은 정부에 있다.

25 **공공서비스 제공 시 사용료 부과 등 수익자 부담의 원칙을 적용할 때 발생할 수 있는 현상은?** (국가9, 2013)

① 공공서비스의 불필요한 수요를 줄일 수 있다.
② 누진세에 비해 사회적 형평성 제고 효과가 크다.
③ 일반 세금에 비해 조세 저항을 강하게 유발한다.
④ 비용·편익분석이 곤란하게 되어 경제적 효율성을 저하시킨다.

해설 ① 수익자 부담주의는 이용자에게 이용료 또는 사용료를 징수하는 제도로서, 이용자에게 비용부담을 시키면 꼭 필요한 사람들만 이용하게 되므로 불필요한 수요를 줄일 수 있는 장점이 있다. ② 수익자 부담주의는 같은 금액을 징수하므로 사회적 형평성 제고 효과가 없으며, 오히려 저소득층의 사용을 제약하므로 사회적 형평성은 저하된다. ③ 수익자가 부담하는 응익주의를 토대로 하므로 저항이 없다. ④ 사용료가 계량화되어 표현되므로 비용·편익분석이 용이하다.

26 **공공재와 행정서비스에 관한 설명으로 적절하지 않은 것은?** (지방9, 2012)

① 비배제성과 비경합성으로 인해 무임승차(free-riding)가 발생하기 쉽다.
② 시장실패의 발생가능성은 정부 개입을 합리화하는 정당성을 제공한다.
③ 문화행사와 같이 사회구성원에게 일정 수준까지 공급되어야 바람직하다고 판단되는 것이다.
④ 공동체를 유지하기 위한 국방은 일반적으로 정부가 공급한다.

해설 ③은 가치재에 대한 설명이다. 가치재(merit goods)는 국민들이 고루 소비할 수 있게 만들어 주는 것이 바람직하다는 견지에서 정부가 생산해 공급하는 재화나 서비스를 말한다. 문화행사의 경우 공공재의 성격은 약하다.

27 **민간위탁 방식에 대한 설명으로 옳지 않은 것은?** (지방9, 2012)

① 자조활동(self-help) 방식은 서비스의 생산과 관련된 현금지출에 대해서만 보상받고 직접적인 보수는 받지 않으면서 공익을 위해 봉사하는 사람들을 활용하는 것이다.
② 보조금 방식은 민간조직 또는 개인이 제공한 서비스 활동에 대해 정부가 재정 또는 현물을 지원하는 것이다.
③ 바우처(voucher) 방식은 공공서비스의 생산을 민간부문에 위탁하면서 시민들의

구입 부담을 완화시키기 위해 금전적 가치가 있는 쿠폰(coupon)을 제공하는 것이다.

④ 면허 방식은 민간조직에게 일정한 구역 내에서 공공서비스를 제공하는 권리를 인정하는 것이다.

해설 ①은 자원봉사(volunteer) 에 대한 설명이다. 자조(self-help)는 공공서비스의 수혜자와 제공자가 같은 집단에 소속되어 서로 돕는 형식으로 활동하는 경우를 의미한다.

정답 25 ① 26 ③ 27 ①

응용을 통한 심화 학습

01 공공재의 과소 공급과 과다 공급에 대한 설명으로 적절하지 않은 것은?

① 조세와 소비 간의 연계가 불분명하기 때문에 과다 공급된다.
② 조세에 대한 부정적 인식으로 인해 공공재는 과소 공급된다.
③ 정치적 계약이나 협상으로 인해 공공재는 과다 공급된다.
④ 공공서비스의 편익에 대한 투표자의 무지 때문에 과소 공급된다.

해설 조세와 소비 간의 연계가 불분명하면 세금 납부 정당성이 확보되기 어려워 공공서비스는 과소 공급될 수 있다.

02 다음 중 성격이 다른 공공서비스는 무엇인가?

① 하수도
② 전기
③ 고속도로
④ 치안

해설 하수도와 전기, 그리고 고속도로는 요금을 통해 배제가 가능한 준공공재인 반면에, 치안은 비경합성과 비배제성을 가진 순수공공재라 할 수 있다.

03 공유재의 비극(tragedy of commons)에 대한 설명으로 적절하지 않은 것은?

① 소비의 배제는 불가능하지만 경합성은 있는 준공공재(공유재)에 대한 시장실패를 설명하는 사례이다.
② 공유재는 공동체 전체의 관점에서는 사회적 편익이 있지만 개인의 입장에서 암묵적으로 형성되는 공공의 질서를 준수하면 상대적으로 손해가 된다.
③ 개인은 공공의 이익을 인지해도 자신의 이익을 먼저 추구하기 때문에 공유재가 적정하게 관리되지 못하게 된다.
④ 자원을 개인이 계속 사용해도 규모 축소와 혼잡 문제는 발생하지 않는다.

해설 공유자원은 시장가격을 지불하지 않아도 소비에서 배제되지는 않지만 자원 총량이 한정되어 있어 소비의 경합성이 발생한다.

04 **공공서비스 공급 모형에서 주장하는 바와 같이 국가가 공공서비스를 공급해야 하는 경우와 가장 거리가 먼 것은?**

① 공동사회 유지를 위한 치안 서비스
② 계량적으로 성과측정이 가능하고 가격에 따라 재화의 분배가 가능한 서비스
③ 시장실패가 발생하는 서비스
④ 시장에 의한 공급에 따라 공공성 문제가 발생하는 서비스

해설 민간과 같이 계량적으로 성과측정이 가능하고 가격에 따른 재화의 분배가 가능한 서비스의 경우에는 공공이 아닌 민간에서 수행할 필요가 있다.

05 **민간위탁과 관련하여 가장 적절하지 않은 것은?**

① 민간위탁을 위해 직무분석 및 평가가 필요하다.
② 민간위탁은 시장의 기능을 활용할 수 있다.
③ 민간위탁을 통해 민간이 서비스를 제공하면 서비스의 공신력이 제고된다.
④ 민간위탁을 통해 정부 기능을 조정할 수 있다.

해설 시장의 이윤 동기를 추구하는 민간부문이 공공서비스 공급을 담당하면 정부가 직접 공급할 때와 비교해 상대적으로 공신력이 떨어진다고 해석되고 있다. 하지만 현실 상황에 따라 결과는 달라질 수도 있다. 다만, 행정학의 일반적 논리에서는 공신력 저하가 우려되는 것으로 정리된다.

06 **민간위탁의 방식으로 가장 적절하지 않은 것은?**

① 계약 방식은 민간조직에게 일정한 구역 내에서 공공서비스를 제공하는 권리를 인정하는 방식이다.
② 구입증서 방식은 시민들의 서비스 구입 부담을 완화시키기 위해 금전적 가치가 있는 쿠폰을 제공하는 방식이다.
③ 보조금 방식은 민간조직 또는 개인의 서비스 제공 활동에 대해 재정 또는 현물로 지원하는 방식이다.
④ 자원봉사자 방식은 서비스의 생산과 관련된 현금 지출에 대해서만 보상받고 직접적인 보수는 받지 않는 방식이다.

해설 민간기업에게 권리를 인정하는 것은 면허 방식(license)이다.

정답 01 ① 02 ④ 03 ④ 04 ② 05 ③ 06 ①

07 TQM의 특징으로 가장 적절하지 않은 것은?

① 고객 지향　　② 결과 지향
③ 양 중시　　④ 개방적 접근

해설 TQM은 MBO와 같이 양을 중시하는 것이 아니라 질을 중시한다.

08 시민헌장제도와 관련하여 가장 적절하지 않은 것은?

① 서비스의 내용 불이행 시 조치와 보상 구체화
② 정보공개와 정중한 도움을 받을 권리
③ 조직 운영의 표준화 · 구체화를 통한 비용 절감
④ 순수공공재 부분은 제외하고 있다.

해설 시민헌장제도는 민간위탁이 곤란한 순수공공재 영역에서 혁신을 위해 적극으로 도입되고 있다.

09 다음 중 지표의 성격이 다른 것은?

① 사업비 지출액　　② 사업비 절감액
③ 공사 진척률　　④ 민원해결 건수

해설 사업비 절감액, 공사 진척률, 민원해결 건수는 과정 지표이며, 사업비 지출액은 투입 지표이다.

10 시장실패와 정부실패에 대한 설명으로 가장 적절하지 않은 것은?

① 시장은 서로 다른 개인과 기업 사이의 수요 · 공급 법칙에 따라 외부적 거래의 흐름을 조정하는 자원배분 장치다.
② 시장실패를 야기하는 요인으로는 공공재의 존재, 편익과 비용 주체의 분리, 자연독점, 분배의 불공평 문제, 정보의 비대칭성 등이 있다.
③ 정부실패는 질 낮은 행정서비스나 관료주의 행태의 만연과 같은 행정 및 정책 수행 능력 등도 포괄한다.
④ 정부실패를 야기하는 요인으로는 공공조직의 내부성(internalities), X-비효율성, 파생적 외부효과, 지대추구행위 등이 있다.

해설 편익과 비용 주체의 분리, 분배의 불공평 문제는 시장실패가 아닌 정부실패 요인에 가깝다.

정답 07 ③　08 ④　09 ①　10 ②

MEMO

CHAPTER

16

정부규제

객관식으로 행정학 학습

제1절 정부규제의 의의와 유형

01 정부규제의 속성에 대한 기술 중 잘못된 것은?

① 규제의 '강제성'에는 법규를 통해 정부가 일반국민에 대해 직접적으로 명령・제약을 가하는 것에 국한하는 것이 타당하다.
② 규제는 공식적인 정부규칙에만 국한되지 않는다.
③ 국가 법체계에서 규범의 효력은 상위법이 우선이지만 그 적용은 하위법이 우선이기 때문에 「헌법」이나 법률과 같은 상위법보다는 시행령, 시행규칙, 행정규칙 등이 민간에 미치는 영향이 크다.
④ 규제는 동태적 관점에서 이해해야 한다.
⑤ 도입 당시에는 정책목표를 해결하는 최적 수단이었던 규제가 시간이 지나면서 오히려 일반국민에게 강력한 불이익을 초래할 수도 있다.

해설 규제의 '강제성'에는 법규를 통해 정부가 일반국민에 대해 직접적으로 명령・제약을 가하는 것과 직접적인 제약은 아니더라도 지원금 배분에 병행한 규제적 성격의 조건 제시를 통해 수혜집단의 행위를 정부 의도에 따라 유도하는 것이 있다. 정부로부터 보조금을 받지 못하면 심각한 어려움에 처하는 중소기업이 정부가 제시한 지원 조건을 따를 수밖에 없는 경우가 많다(새행정학3.0, p.666).

02 정부규제와 재정의 관계에 대한 기술 중 잘못된 것은?

① 규제와 재정은 정부의 중요한 정책 수단이다.
② 규제가 법률과 명령과 같은 규칙의 제정과 적용을 통해 이뤄진다면 재정은 조세 징수로 조성된 공공재원을 민간에 배분하는 방식으로 이뤄진다.
③ 규제와 재정이라는 정부활동의 두 방식은 상호 대체성이 낮다.
④ 규제는 재정정책에 비해 경제적 효율성 측면에서 열등하다.

정답 01 ① 02 ③

⑤ 농민 보호를 위해 농산물에 최저가격제와 같은 가격규제를 실시하면 높은 가격으로 농산물을 구매할 수밖에 없는 소비자의 입장에서는 바람직한 정책이라 할 수 없다.

해설 규제와 재정이라는 정부활동의 두 방식은 상호 대체성이 높다. 정부는 동일한 정책 목적을 달성하기 위해 재정을 선택할 수도 규제를 선택할 수도 있으며 경우에 따라서는 이들 두 방식을 모두 선택할 수도 있다(새행정학.3.0, p.667).

03 **정부규제의 유형에 대한 설명 중 잘못된 것은?**

① 규제는 동일한 사회문제 해결에 대해서도 해결할 수단, 관리 방식, 최종 성과를 대상으로 설계될 수 있는데, 이들을 각각 수단규제, 관리규제, 성과규제로 일컫는다.

② 수단규제는 정부의 목표를 달성하기 위해 필요한 기술이나 행위에 대해 사전적으로 규제하는 것이다.

③ 성과규제는 규제가 의도한 최종 산출물을 강조한다는 측면에서 산출규제라고도 한다.

④ 관리규제는 수단과 성과가 아닌 과정을 규제하는 것이다.

⑤ 성과규제는 성과달성 정도를 정하고 이를 확인해야 하는 관리규제를 적용하기 어려울 때 적합하다.

해설 관리규제는 성과달성 정도를 정하고 이를 확인해야 하는 성과규제를 적용하기 어려울 때 적합하다(새행정학.3.0, pp.667-670).

04 **규제의 개입 범위 따른 정부규제의 유형에 대한 설명 중 잘못된 것은?**

① 규제는 개입의 범위에 따라 네거티브 규제와 포지티브 규제로 구분된다.

② 네거티브 규제는 '원칙 허용', '예외 금지'를 의미하는 것이다.

③ 포지티브 규제는 '원칙 금지', '예외 허용'을 의미하는 것이다.

④ 포지티브 규제가 네거티브 규제에 비해 피규제자의 자율성을 더 보장해 준다는 측면에서 바람직하다고 평가받고 있다.

⑤ 네거티브 규제는 '~할 수 없다', 혹은 '~가 아니다'의 형식을 띤다.

해설 네거티브 규제가 포지티브 규제에 비해 피규제자의 자율성을 더 보장해 준다는 측면에서 바람직하다고 평가받고 있다. ② 네거티브 규제는 '원칙 허용', '예외 금지'를 의미하는 것으로 '~할 수 없다', 혹은 '~가 아니다'의 형식을 띤다. ③ 포지티브 규제는 '원칙 금지', '예외 허용'의 형태를 띠는 방식으로 '~할 수 있다' 혹은 '~이다'의 형식을 띤다(새행정학.3.0, pp.669-670).

제2절 정부규제의 효과

05 규제정치이론은 규제가 유발하는 비용과 편익을 중심으로 한 정치적 상황과 그 원인에 관심을 갖는다. 여기서 규제로부터 감지되는 비용과 편익의 분포에 따라 네 가지 유형의 정치경제적 상황이 유발되는데, 이에 대한 설명으로 잘못된 것은?

① 고객정치는 규제의 비용은 상대적으로 작고 이질적인 불특정 다수인에게 부담되지만 편익이 크고 동질적인 소수에 귀속되는 상황에서 나타난다.

② 이익집단정치는 규제로부터 예상되는 비용과 편익이 모두 소수의 동질적인 집단에 국한되고 쌍방이 조직적인 힘을 바탕으로 이익 확보를 위해 첨예하게 대립하는 상황이다.

③ 대중정치는 규제에 대한 감지된 비용과 편익이 쌍방 모두 이질적인 불특정 다수에게 미치지만 개개의 기업 혹은 개인으로 보면 그 크기는 작은 경우다.

④ 기업가정치는 규제에 대한 감지된 비용은 좁게 집중되어 있지만 감지된 편익은 넓게 분산되어 있다.

⑤ 낙태 규제의 편익, 즉 인권 존중은 특정 집단만의 것이 아닌 보편적인 것이어서 개인이 느끼는 편익은 작고 비용은 특정 집단이 현저히 많은 부담을 져야 하는 것이 아니어서 분산되는 경우는 기업가정치의 전형적인 사례다.

해설 낙태 규제의 편익, 즉 인권 존중은 특정 집단만의 것이 아닌 보편적인 것이어서 개인이 느끼는 편익은 작고 비용은 특정 집단이 현저히 많은 부담을 져야 하는 것이 아니어서 분산되는 경우는 대중정치의 전형적인 사례다(새행정학3.0, pp.672-673).

06 정부규제의 재분배 효과에 대한 설명 중 잘못된 것은?

① 조세가 초래하는 비용이 잘 보이지 않기 때문에 규제에 비해 조세는 국민들의 저항이 상대적으로 덜한 경우가 많다.

② 교차보조는 각각 다른 시장이어서 요금의 차이가 당연히 발생해야 함에도 불구하고 공공요금이란 이름으로 특정 재화에 대한 가격이 자율적으로 변할 수 없도록 묶어놓는 경우 발생한다.

③ 시장경쟁에서 승리가 아니라 정부가 규제를 통해 특정 집단에 배타적인 혜택을 부여하게 되면 이들은 다른 집단에 비해 더 많은 혜택을 가질 수 있는 경우를 지대라고 한다.

④ 오염이 없는 세상의 실현과 같은 고도로 강화된 규제지침을 설정해 놓으면 집행

정답 03 ⑤ 04 ④ 05 ⑤ 06 ①

자원이 한정된 정부는 오히려 그에 대한 규제를 거의 못하게 되는 현상을 규제의 역설이라고 한다.

⑤ 규제로 인한 경쟁의 감소는 생산자와 노동자에게 적정 수준보다 많은 수익을 얻게 한다.

해설 규제가 초래하는 비용이 잘 보이지 않기 때문에 조세에 비해 규제는 국민들의 저항이 상대적으로 덜한 경우가 많다(새행정학3.0, pp.674-676).

제3절 정부규제의 개혁

07 다음 중 규제영향분석에 대한 설명으로 잘못된 것은?

① 규제영향분석은 새롭게 만들어지거나 현존하는 규제의 사회적 편익과 비용을 점검하고 측정하는 체계적인 의사결정 도구다.

② 규제영향분석은 1970년대 이후 세계의 여러 국가에서 도입했으며, OECD에서도 회원국들에게 규제영향분석의 채택을 적극적으로 권고하고 있기도 하지만, 우리나라는 아직 도입하지 못하고 있다.

③ 규제영향분석은 정부가 합리적인 의사결정을 할 수 있도록 정보를 제공한다.

④ 규제영향분석은 정치적 이해관계의 조정과 수렴의 기회를 제공한다.

⑤ 규제영향분석은 관료에게 규제비용에 대한 관심과 책임성을 갖도록 유도한다.

해설 우리나라에서도 1998년 규제개혁위원회를 통한 신설·강화 규제심사에 규제영향분석을 중요한 항목으로 포함시켰다(새행정학3.0, pp.680-681).

제4절 정부규제 관리의 실제

08 다음 중 우리나라 정부규제개혁 체계에 대한 설명으로 잘못된 것은?

① 국무총리 직속의 규제개혁위원회가 신설·강화 규제에 대한 심사와 기존 규제에 대한 개혁 기능을 포괄적으로 가지고 있다.

② 규제개혁위원회 사무국은 국무조정실 내 규제개혁실에 있다.

③ 정부의 규제개혁 업무는 신설·강화 규제심사와 기존 규제 중 불합리한 것에 대한 개혁으로 나뉜다.

④ 정부 각 부처는 규제심사를 위해 신설되거나 강화된 규제에 대한 규제영향분석서를 규제개혁위원회에 제출해야 한다.

⑤ 정부 각 부처는 규제심사를 위해 기존 규제개혁을 위해서는 매년 규제개혁 추진 계획을 규제개혁위원회에 제출해야 한다.

해설 대통령 직속의 규제개혁위원회가 신설·강화 규제에 대한 심사와 기존 규제에 대한 개혁 기능을 포괄적으로 가지고 있다(새행정학$_{3.0}$, pp.681-682).

09 다음 중 우리나라 신설·강화 규제심사제도에 대한 설명으로 잘못된 것은?

① 규제개혁위원회의 규제심사는 법제처장의 입법예고가 이뤄진 법령안에 대해 이뤄진다.

② 국가 또는 지방자치단체가 특정한 행정 목적을 실현하기 위해 국민의 권리를 제한하거나 의무를 부과하는 것으로서 법률·대통령령·총리령·부령 등에 규정되는 사항이 포함된 법령안을 추진하고자 하는 때에는 규제영향분석서 등을 첨부해 규제개혁위원회의 규제심사를 받아야 한다.

③ 규제개혁위원회의 규제심사를 거친 안은 내용을 보완해 소관 중앙행정기관의 법령안 원안으로 확정한다.

④ 규제개혁위원회의 규제심사는 정부제출 법안과 의원입법 법안에 대한 입법 과정에서 필수적으로 거쳐야 하는 과정이다.

⑤ 규제심사는 정부입법에 대해서만 적용되고 의원입법은 대상에서 제외된다.

해설 규제개혁위원회의 규제심사는 정부제출 법안에 대한 입법 과정에서 필수적으로 거쳐야 하는 과정이다(새행정학$_{3.0}$, pp.682-685).

10 다음 중 우리나라 신설·강화 규제심사 기준에 대한 설명으로 잘못된 것은?

① 규제심사는 규제의 필요성, 규제 대안 검토, 비용·편익분석과 비교, 규제 내용의 적정성과 실효성 검토 등을 중심으로 단계적으로 이뤄진다.

② 규제의 필요성을 입증하기 위해 정부는 규제의 신설이나 강화를 통해 해결하려는 문제가 등장한 배경과 경위를 구체적으로 진술해야 한다.

③ 규제대안의 검토와 비용·편익분석을 위해 반드시 복수의 규제대안을 설계할 필요는 없다.

④ 규제대안이 설계되면 비용·편익분석을 통해 규제로 인한 편익이 규제에 따라 발생하는 비용보다 충분히 큰 것인지를 고려해야 한다.

⑤ 규제에 대한 비용·편익분석이 이뤄진 후에는 해당 규제가 집행에 있어 문제가 없는지 점검해야 한다.

정답 07 ② 08 ① 09 ④ 10 ③

해설 규제대안의 검토와 비용·편익분석을 위해 반드시 복수의 규제대안을 설계하고 이들 간의 효과를 분석해 최적의 규제대안을 채택하는 과정을 거쳐야 한다(새행정학3.0, pp.683-685).

11 다음 중 포괄적 네거티브 규제 전환 방식으로서 입법 방식의 변화에 대한 설명으로 부적절한 것은?

① 네거티브 리스트 방식은 규제로 인하여 제한되는 권리나 부과되는 의무는 한정적으로 열거하고 그 밖의 사항은 원칙적으로 허용하는 규정 방식이다.

② 포괄적 개념 정의는 서비스와 제품의 인정 요건·개념 등을 장래의 신기술 발전에 따른 새로운 서비스와 제품도 포섭될 수 있도록 하는 규정 방식이다.

③ 유연한 분류체계는 서비스와 제품에 관한 분류 기준을 장래의 신기술 발전에 따른 서비스와 제품도 포섭될 수 있도록 유연하게 정하는 규정 방식이다.

④ 사후평가관리 방식은 신기술서비스·제품과 관련하여 출시 전에 권리를 제한하거나 의무를 부과하지 아니하고 필요에 따라 출시 후에 권리를 제한하거나 의무를 부과하는 규정 방식이다.

⑤ 입법 방식의 변화는 기존 규제로 인해 신기술이나 신제품의 시장 출시가 지연되고 있는 경우, 기존 규제의 개선 이전에도 우선 시장에 출시할 수 있도록 해 주는 임시적인 조치를 포괄하고 있다.

해설 ⑤ 규제 샌드박스는 기존 규제로 인해 신기술이나 신제품의 시장 출시가 지연되고 있는 경우, 기존 규제의 개선 이전에도 우선 시장에 출시할 수 있도록 해 주는 임시적인 조치를 포괄(행정규제기본법 제19조의3)하고 있다(새행정학3.0, pp.686-687).

12 다음 중 우리나라 규제개혁 프로그램에 대한 설명으로 잘못된 것은?

① 「행정규제기본법」 제20조에 근거해 규제개혁위원회는 매년 중점적으로 추진할 규제 분야나 특정한 기존 규제를 선정해서 정비지침을 작성해 중앙행정기관에 통보한다. 이 경우 중앙행정기관은 규제정비 지침에 근거해 규제정비 계획을 수립해 규제개혁위원회에 제출하고 정해진 기간까지 정비를 끝내야 한다.

② 규제일몰제는 「행정규제기본법」 제8조의 규제의 존속 기한의 명시에 근거한 것이다.

③ 규제등록제는 「행정규제기본법」에 의해 시행되는 것으로 행정기관의 장은 자신이 관장하는 규제에 대해 규제개혁위원회에 등록해야 한다.

④ 한시적 규제유예 조치는 도입 당시 국내외적으로 유례가 없는 규제개혁 프로그램이었기 때문에 국민이나 기업의 불합리한 규제 부담을 줄여주는 규제개혁의 한 수단이었음에도 불구하고 도입되지 못했다.

⑤ 중소기업 규제차별화는 대기업과 중소기업 간의 규제 부담 비용에 차이가 있을

수밖에 없다는 아이디어에서 출발한 프로그램이다.

해설 한시적 규제유예 조치는 도입 당시 국내외적으로 유례가 없는 규제개혁 프로그램으로 인정되었다. 한시적 규제유예는 국민이나 기업의 불합리한 규제 부담을 줄여주는 규제개혁의 한 수단이다(새행정학$_{3.0}$, pp.685-688).

정답 11 ⑤ 12 ④

기출 문제를 통한 감각 익히기

01 **정부규제(행정규제)에 대한 설명으로 옳은 것만을 모두 고르면?** (국가9, 2014)

ㄱ. 정부규제는 파생적 외부효과를 해결한다는 장점이 있다.
ㄴ. 경제적 규제에서는 피규제산업에 의한 규제기관의 포획 현상이 나타날 수 있다.
ㄷ. 리플리와 프랭클린(R. Ripley & G. Franklin)은 규제정책의 유형을 경쟁적 규제와 보호적 규제로 구분했다.
ㄹ. 시장 유인적 규제는 규제 효과를 담보할 수 있다는 장점이 있으나 기업에 불필요한 비용 부담을 주는 단점이 있다.

① ㄱ, ㄴ ② ㄴ, ㄷ ③ ㄴ, ㄹ ④ ㄷ, ㄹ

해설 ㄱ. 정부규제는 파생적 외부효과를 초래해 정부실패를 가져올 수 있다. ㄹ. 시장 유인적 규제는 명령지시적 규제에 비해 규제 효과를 담보할 수 없고, 소비자에 불필요한 비용 부담을 준다는 단점이 있다.

02 **규제는 해결할 수단, 관리 방식, 최종 성과를 대상으로 설계될 수 있는데, 이들을 각각 수단규제, 관리규제, 성과규제라고 한다. 그 사례를 바르게 연결한 것은?** (국가7, 2016)

ㄱ. 식품안전을 위해 그 효용이 부각되는 위해요소중점관리 기준(Hazard Analysis Critical Control Point: HACCP)을 지킬 것을 요구하는 것
ㄴ. 인체건강을 위해 개발된 신약에 대해 부작용의 허용 가능한 발생 수준을 요구하는 것
ㄷ. 환경오염을 방지하기 위해 기업에 특정한 유형의 환경 통제 기술을 사용할 것을 요구하는 것

	수단규제	관리규제	성과규제
①	ㄱ	ㄴ	ㄷ
②	ㄱ	ㄷ	ㄴ
③	ㄷ	ㄴ	ㄱ
④	ㄷ	ㄱ	ㄴ

해설 ㄱ. 관리규제: HACCP 준수 요구, ㄴ. 성과규제: 발생 수준 요구, ㄷ. 수단규제: 기술 사용 요구

03 **정부규제에 대한 설명으로 옳은 것만을 모두 고르면?** (국가9, 2019)

ㄱ. 포지티브(positive) 규제가 네거티브(negative) 규제보다 자율성을 더 보장해준다.
ㄴ. 환경규제와 산업재해규제는 사회규제의 성격이 강하다.
ㄷ. 공동규제는 정부로부터 위임을 받은 민간집단에 의해 이뤄지는 규제를 의미한다.
ㄹ. 수단규제는 정부의 목표를 달성하기 위해 필요한 기술이나 행위에 대해 사전적으로 규제하는 것을 의미한다.

① ㄱ, ㄴ　　② ㄷ, ㄹ
③ ㄱ, ㄴ, ㄷ　　④ ㄴ, ㄷ, ㄹ

해설 ㄱ. 네거티브(negative) 규제가 포지티브(positive) 규제보다 자율성을 더 보장해준다.

04 **규제의 유형에 대한 설명으로 옳지 않은 것은?** (지방9, 2018)

① 리플리와 프랭클린(Ripley & Franklin)은 보호적 규제와 경쟁적 규제로 구분하고 있다.
② 경제규제는 주로 시장의 가격 기능에 개입하고 특정 기업의 시장 진입을 배제하거나 억압하는 방식으로 작동된다.
③ 포지티브 규제는 네거티브 규제보다 피규제자의 자율성을 더 보장한다.
④ 자율규제는 피규제자가 스스로 합의된 규범을 만들고, 이를 구성원들에게 적용하는 형태의 규제방식이다.

해설 ③은 설명이 반대로 되어 있다.

05 **정부규제를 사회적 규제와 경제적 규제로 나눌 경우 경제적 규제의 성격이 가장 강한 것은?** (지방9, 2017상반기)

① 진입규제　　② 환경규제
③ 산업재해규제　　④ 소비자안전규제

해설 ②, ③, ④는 사회적 규제이다. 정답은 ①이다.

정답 01 ② 02 ④ 03 ④ 04 ③ 05 ①

06 **다음은 윌슨(J. Q. Wilson)의 규제정치 유형에 대한 설명이다. 각 유형별 사례를 바르게 짝지은 것은?** (지방9, 2014)

> ㄱ. 정부규제로 인해 발생되는 비용은 상대적으로 이질적인 불특정 다수집단에 부담되나, 그 편익은 매우 크며 동질적인 소수집단에게 귀속되는 상황
> ㄴ. 정부규제로 인해 감지된 비용과 편익이 쌍방 모두 이질적인 불특정 다수에게 미치기 때문에 개개인으로 보면 그 크기가 작은 상황
> ㄷ. 규제로부터 예상되는 비용과 편익이 모두 소수의 동질적인 집단에 국한되고, 쌍방이 모두 조직적인 힘을 바탕으로 이익 확보를 위해 첨예하게 대립하는 상황
> ㄹ. 피규제집단에는 비용이 좁게 집중되지만, 규제로 인한 편익이 일반 시민을 포함해 넓게 분포되는 상황

	ㄱ	ㄴ	ㄷ	ㄹ
①	수입규제	음란물규제	한·약규제	원자력발전규제
②	원자력발전규제	수입규제	한·약규제	음란물규제
③	한·약규제	원자력발전규제	수입규제	음란물규제
④	수입규제	한·약규제	음란물규제	원자력발전규제

해설 ㄱ. 고객의 정치 상황으로서 수입규제, 의사·변호사·약사 등 각종 직업면허, 택시사업 인가 등의 경제적 규제가 대표적인 사례다. ㄴ. 대중정치 상황으로서 음란물 규제, 낙태규제·사회적 차별 규제 등이 대표적 사례다. ㄷ. 이익집단정치 상황으로서 한·약분쟁, 의약분업정책에서 의사와 약사의 대립, 중소기업 간의 대립 등이 대표적인 사례다. ㄹ. 기업가 정치 상황으로서 환경오염규제, 원자력발전규제, 위해물품규제 등의 사회적 규제가 대표적인 사례다.

07 **윌슨(J. Q. Wilson)의 규제정치 유형과 예시를 연결한 것으로 옳지 않은 것은?** (지방9, 2018)

① 고객정치 – 농산물에 대한 최저가격 규제
② 이익집단정치 – 신문·방송·출판물의 윤리규제
③ 대중정치 – 낙태에 대한 규제
④ 기업가정치 – 식품에 대한 위생규제

해설 신문·방송·출판물의 윤리규제는 대중정치의 사례에 해당한다. 정답은 ②이다.

08 **윌슨(J. Q. Wilson)의 규제정치 유형 중 다음 설명에 해당하는 것은?** (국가9, 2022)

> 정부규제로 발생하게 될 비용은 상대적으로 작고 이질적인 불특정 다수에게 부담된다. 그러나 편익은 크고 동질적인 소수에 귀속된다. 이런 상황에서 상당한 이익을 얻을 수 있는 소수집단은 정치조직화하여 편익이 자신들에게 제도적으로 보장될 수 있도록 정치적 압력을 행사한다.

① 대중정치 ② 고객정치
③ 기업가정치 ④ 이익집단정치

해설 ② 고객정치가 정답이다.

09 **다음 사례에 가장 부합하는 윌슨(J. Q. Wilson)의 규제정치 유형은?** (국가7, 2017)

> A시와 검찰은 지난해부터 올 2월까지 B상수원 보호구역 내 불법 음식점 70곳을 단속해 7명을 구속기소하고 12명을 불구속기소하는 한편 45명을 벌금 500만~3천만 원에 약식기소했다. 이에 해당 유역 8개 시・군이 참여하는 '특별대책 지역 수질보전정책협의회' 상인대표단은 11일 "B상수원 환경정비구역 내 휴게・일반음식점 규제・단속은 형평성이 결여되었다"며 중앙정부 차원의 해결책을 요구했다.

① 고객정치 ② 대중정치
③ 이익집단정치 ④ 기업가정치

해설 정답이 ②로 발표되었다. 그런데 연구자가 보기에는 윌슨의 규제정치 유형에 따르면 비용을 집중 부담하는 상인대표단이 있기 때문에 ④ 기업가정치로 판단된다.

10 **정부규제에 대한 설명으로 옳지 않은 것은?** (지방7, 2021)

① 종합편성 채널의 운영권을 부여하고, 이를 확보한 방송사에 대한 규제는 리플리와 프랭클린(Ripley & Franklin)의 보호적 규제정책을 시행한 것으로 볼 수 있다.
② 네거티브 규제(negative regulation)는 포지티브 규제(positive regulation)보다 자율성을 적극적으로 부여한다는 측면에서 피규제자가 선호하는 방식이다.
③ 우리나라는 신기술과 신산업을 육성하기 위하여 규제 샌드박스 제도를 도입하였다.
④ 윌슨(J. Q. Wilson)의 규제정치이론에 따르면, 대체로 경제적 규제는 고객정치의 상황으로 분류되며 사회적 규제는 기업가정치의 상황으로 분류된다.

해설 ① 경쟁적 규제정책에 대한 설명이다.

정답 06 ① 07 ② 08 ② 09 ④ 10 ①

11 다음 설명에 해당하는 정책현상은? (지방9, 2016)

> 어떤 하나의 규제가 시행된 결과, 원래 규제설계 당시에는 미리 예기하지 못한 또 다른 문제점이 나타나게 되면 규제기관은 그 문제의 해결을 위해 또 다른 규제를 하게 됨으로써 결국 규제가 규제를 낳는 결과를 초래한다.

① 타르 베이비 효과(Tar-Baby effect)
② 집단행동의 딜레마
③ 규제의 역설(regulatory paradox)
④ 지대추구행위

해설 정답은 ①이다. ② 집단행동의 딜레마는 공통의 이해관계가 걸려 있는 문제를 구성원이 스스로 해결하지 못하는 현상으로 누구도 자신의 노력을 자발적으로 제공하지 않으려는 현상이다. ③ 규제의 역설은 규제를 하게 됨으로써 의도하지 않은 부작용이 초래되는 현상을 말한다. ④ 지대추구행위는 정부의 시장 개입으로 인해 발생되는 사회적 비용을 설명하는 이론이다.

12 정부규제에 대한 설명으로 옳지 않은 것은? (지방7, 2016)

① 「행정규제기본법」은 규제 법정주의를 규정하고 있다.
② 규제개혁위원회는 위원장 2명을 포함한 20명 이상 25명 이하의 위원으로 구성한다.
③ 규제영향분석이 필요한 이유 중 하나는 관료에게 규제비용에 대한 관심과 책임성을 갖도록 유도한다는 점이다.
④ 정부의 규제정책을 심의·조정하고 규제의 심사·정비 등에 관한 사항을 종합적으로 추진하기 위하여 국무총리 소속으로 규제개혁위원회를 두고 있다.

해설 ④ 규제개혁위원회는 대통령 소속이다.

13 규제영향분석에 대한 설명으로 옳지 않은 것은? (지방9, 2017하반기)

① 규제의 경제·사회적 영향을 과학적으로 분석해 타당성을 평가한다.
② 정치적 이해관계의 조정과 수렴의 기회를 제공한다.
③ 규제가 초래할 사회적 부담에 대해 책임성을 가지도록 유도한다.
④ 규제의 비용보다 규제의 편익에 주안점을 둔다.

해설 규제영향분석은 규제로 인하여 얻는 편익보다 규제비용부담의 경감에 더 주안점을 두어야 한다. 정답은 ④이다.

정답 11 ① 12 ④ 13 ④

응용을 통한 **심화 학습**

01 정부규제를 설명한 것으로 옳지 않은 것은?

① 진입규제는 시장 경쟁을 제한하는 속성을 띠고 있다.
② 미국에서 경제적 규제는 사회적 규제에 비해 역사가 길다.
③ 사회적 규제는 기업 활동에 추가적인 부담을 초래한다.
④ 경제적 규제에서는 피규제산업에 의한 규제기관의 포획 현상이 일어날 수 있다.
⑤ 복지국가에서 사회적 규제는 무조건적으로 강화되어야 한다.

해설 복지국가에서도 사회적 규제는 합리적으로 강화되어야 한다. ② 미국의 역사를 중심으로 보면 경제적 규제는 1800년대 철도산업의 독과점 횡포를 막기 위한 독립규제위원회의 등장으로 시작되지만, 사회적 규제는 1906년 식품의약국(FDA)의 설치 등으로 소비자를 보호하고자 하는 목적에서 시작되었다. ③ 환경규제, 사회적 차별에 대한 규제 등 사회적 규제는 기업활동에 추가적인 부담을 초래한다.

02 정부의 목표를 달성하기 위해 필요한 기술이나 행위에 대해 사전적으로 규제하는 것은?

① 성과규제 ② 수단규제
③ 산출규제 ④ 관리규제

해설 수단규제는 정부의 목표를 달성하기 위해 필요한 기술이나 행위에 대해 사전적으로 규제하는 것이다.

03 규제의 개입 범위 따른 정부규제의 유형에 대한 설명 중 잘못된 것은?

> A. 대기업은 프랜차이즈 사업에 진출할 수 없다.
> B. 대기업은 프랜차이즈 사업에 진출할 수 있다.

① 규제는 개입의 범위에 따라 네거티브 규제와 포지티브 규제로 구분된다.
② A는 네거티브 규제로서 '원칙 허용', '예외 금지'를 의미하는 것이다.

정답 01 ⑤ 02 ② 03 ④

③ B는 포지티브 규제로서 '원칙 금지', '예외 허용'을 의미하는 것이다.

④ 포지티브 규제가 네거티브 규제에 비해 피규제자의 자율성을 더 보장해 준다는 측면에서 바람직하다고 평가받고 있다.

해설 네거티브 규제가 포지티브 규제에 비해 피규제자의 자율성을 더 보장해 준다는 측면에서 바람직하다고 평가받고 있다. 네거티브 방식으로 규제설계를 하게 되면 대기업은 프랜차이즈 사업 이외에는 다른 모든 사업에 진출할 수 있게 되지만, 후자와 같이 포지티브 방식으로 규제설계를 하면 대기업은 프랜차이즈 사업만 할 수 있고 그 밖의 사업에는 진출하지 못하게 되기 때문에 당연히 네거티브 규제가 포지티브 규제보다 피규제자에 더 많은 자율성을 보장하게 된다.

04 다음 중 규제 자체를 '법령대로만(Going by the Book)' 적용하려는 현상은 무엇인가?

① 규제의 획일성
② 규제의 경직성
③ 법규주의
④ 형식주의

해설 규제의 획일성과 경직성 때문에 발생되는 규제집행의 불합리성을 법규주의(legalism)라 한다.

05 규제의 개입 범위에 따른 정부규제의 유형에 대한 설명 중 타당하지 않은 것은?

① 규제는 개입의 범위에 따라 네거티브 규제와 포지티브 규제로 구분된다.

② 네거티브 규제는 '원칙 허용', '예외 금지'를 의미하는 것으로 '~할 수 없다', 혹은 '~가 아니다'의 형식을 띤다.

③ 포지티브 규제는 '원칙 금지', '예외 허용'을 의미하는 것으로 '~할 수 있다' 혹은 '~이다'의 형식을 띤다.

④ 포지티브 규제가 네거티브 규제에 비해 피규제자의 자율성을 더 보장해 준다는 측면에서 바람직하다고 평가받고 있다.

해설 네거티브 규제가 포지티브 규제에 비해 피규제자의 자율성을 더 보장해 준다는 측면에서 바람직하다고 평가받고 있다.

06 규제기관이 규제 대상에게 포획(regulatory capture)되는 원인으로 적절하지 않은 것은?

① 완전한 정보
② 자원의 비대칭성
③ 갈등의 회피 유인
④ 외부신호 의존 성향

해설 ①에서 규제 대상기업에 유리하도록 가공되고 침해된 정보가 규제 포획의 원인이 된다.

07 **아래 윌슨(J. Q. Wilson)의 규제정치 상황에 대한 설명으로 가장 옳지 못한 것은?**

구분		감지된 비용	
		넓게 분산	좁게 집중
감지된 편익	넓게 분산	Ⅰ	Ⅱ
	좁게 집중	Ⅲ	Ⅳ

① 위 모형에서는 규제행정기관은 특수이익집단을 위해 봉사하는 존재라는 가정에서 출발한다.

② Ⅰ의 경우 대중정치모형으로서 정책선도자가 중요한 역할을 하는 경우가 많다.

③ Ⅱ의 경우 기업가정치모형으로서 편익을 기대할 수 있는 집단이 잘 조직되어 있지 못하고 정치적 활동도 미약한 집단행동의 딜레마가 발생한다.

④ Ⅲ의 경우 고객정치모형으로서 여기서 고객이란 정부규제의 수혜자를 의미한다.

해설 규제정치모형은 규제에 관한 공익이론과 사익이론을 싸잡아 비판하면서 규제로 인해 누가 편익을 보고 누가 손해를 입는지 규제의 차등적 효과를 분석하고 있다.

08 **규제정치이론은 규제가 유발하는 비용과 편익을 중심으로 한 정치적 상황과 그 원인에 관심을 갖는다. 여기서 규제로부터 감지되는 비용과 편익의 분포에 따라 네 가지 유형의 정치경제적 상황이 유발되는데, 대중정치 상황에 대한 사례로 가장 적절한 것은?**

① 진입규제 ② 가격규제

③ 낙태규제 ④ 환경규제

해설 윌슨(J. Q. Wilson)의 규제정치이론에 따르면, 낙태 규제의 편익, 즉 인권 존중은 특정 집단만의 것이 아닌 보편적인 것이어서 개인이 느끼는 편익은 작고 비용은 특정 집단이 현저히 많은 부담을 져야 하는 것이 아니어서 분산되는 경우는 대중정치의 전형적인 사례다.

09 **우리나라 정부규제 체계와 가장 거리가 먼 것은?**

① 환경부 ② 대통령 직속의 규제개혁위원회

③ 대통령 직속의 원자력안전위원회 ④ 국무조정실

해설 ③에서 「원자력안전위원회의 설치 및 운영에 관한 법률」 제3조에 따라 원자력 안전에 관한 업무를 수행하기 위해 국무총리 소속으로 원자력안전위원회를 둔다. ④ 규제개혁위원회 사무국은 국무조정실 소속 규제조정실에 있다.

정답 04 ③ 05 ④ 06 ① 07 ① 08 ③ 09 ③

10 규제영향분석에 관한 설명으로 잘못된 것은?

① 중앙행정기관의 장은 규제영향분석의 결과를 기초로 규제의 대상・범위・방법 등을 정하고 그 타당성에 대해 자체심사를 해야 한다.

② 중앙행정기관의 장은 규제영향분석을 하는 경우에는 반드시 계량화된 자료를 사용해야 한다.

③ 중앙행정기관의 장은 규제영향분석서를 입법예고 기간 동안 국민에게 공표해야 하고, 제출된 의견을 검토해 규제영향분석서를 보완하며, 의견을 제출한 자에게 제출된 의견의 처리 결과를 알려야 한다.

④ 중앙행정기관의 장은 규제영향분석서의 작성지침에 따라 규제영향분석서를 작성하는 경우 그 작성에 관여한 국장・과장 또는 이에 상당하는 공무원의 인적 사항을 명시해야 한다.

해설 중앙행정기관의 장은 규제영향분석을 하는 경우에는 가능한 한 계량화된 자료를 사용해야 한다. 다만, 자료의 계량화가 불가능한 경우에는 서술적인 방법을 사용할 수 있다. 「행정규제기본법」 제7조와 「행정규제기본법 시행령」 제6조를 참조하기 바란다.

11 다음 중 우리나라 신설・강화 규제심사제도에 대한 설명으로 옳은 것은?

① 규제개혁위원회의 규제심사는 중앙행정기관의 장의 입법예고가 이뤄진 법령안에 대해 이뤄진다.

② 국가는 특정한 행정 목적을 실현하기 위해 국민의 권리를 제한하거나 의무를 부과하는 것으로서, 법률・대통령령・총리령・부령 등에 규정되는 사항이 포함된 법령안을 추진하고자 하는 때에는 규제영향분석서 등을 첨부해 규제개혁위원회의 규제심사를 받아야 한다. 다만, 지방자치단체의 경우에는 그러하지 아니하다.

③ 규제개혁위원회의 규제심사를 거친 안은 그대로 소관 중앙행정기관의 법령 원안으로 확정한다.

④ 규제심사는 정부입법에 대해서만 적용되고 의원입법은 대상에서 제외된다.

해설 규제개혁위원회의 규제심사는 정부제출 법안에 대한 입법 과정에서 필수적으로 거쳐야 하는 과정이다.

12 다음 중 우리나라 신설・강화 규제심사 기준에 대한 설명으로 가장 옳은 것은?

① 규제심사는 단계적으로 이뤄질 필요는 없다.

② 규제의 필요성을 구체적으로 입증할 필요는 없다.

③ 규제대안의 검토와 비용・편익분석을 위해 반드시 복수의 규제대안을 설계해야 한다.

④ 규제대안이 설계되면 비용 · 편익분석을 통해 규제로 인한 편익이 규제에 따라 발생하는 비용보다 더 큰지 여부는 그렇게 중요한 사항이 아니다.

해설 규제대안의 검토와 비용 · 편익분석을 위해 반드시 복수의 규제대안을 설계하고 이들 간의 효과를 분석해 최적의 규제대안을 채택하는 과정을 거쳐야 한다.

13 다음 중 포괄적 네거티브 규제 전환 방식으로서 규제 샌드박스에 대한 설명으로 부적절한 것은?

① 규제 신속 확인제도는 시장 행위자가 제품 출시 등에 직면하여 발생하는 규제의 불확실성을 제거해 주기 위해 신기술 · 신산업 관련 규제 존재 여부와 내용을 문의하면 30일 이내에 회신받을 수 있도록 하는 것이다.

② 임시 허가는 혁신적인 신제품이 시장 출시를 앞두고 관련 규제가 해당 신기술이나 신서비스가 적용된 제품에 적용하는 것이 곤란하거나 맞지 않는 경우, 또는 해당 신기술이나 신서비스가 적용된 제품에 대해 명확히 규정되어 있지 않아 어려움을 겪는 경우에 임시 허가를 통해 제품 출시를 허용하고 2년 이내에 법령 정비를 의무화한 제도이다.

③ 실증특례는 관련 법령의 모호성이나 불합리성 혹은 금지규정의 존재로 인해 신제품이나 신서비스의 사업화가 제한적일 경우, 일정한 조건 하에서 기존 규제의 적용을 배제한 실증 테스트가 가능하도록 한 제도이다.

④ 실증특례의 경우에도 임시 허가와 같은 방식으로 최대 4년 이내에 법령 정비를 통해 정식 허가를 통한 시장 출시를 의무화하고 있으며, 만약 법령 정비가 그 이상 지연될 경우 시장 출시가 불가능한 단점이 있다.

해설 임시허가는 만약 2년 이내에 관련 법령 정비가 완결되지 않을 때에는 2년을 연장할 수 있도록 하여 최대 4년 이내에 법령 정비를 완료하여 정식 허가를 취득하도록 한 제도이다. ④ 실증특례의 경우에도 임시 허가와 같은 방식으로 최대 4년 이내에 법령 정비를 통해 정식허가를 통한 시장 출시를 의무화하고 있으며, 만약 법령 정비가 그 이상 지연될 경우 임시 허가를 통한 시장 출시도 가능하다(새행정학3.0, pp.686-687).

정답 10 ② 11 ④ 12 ③ 13 ④

CHAPTER

17

정부의 혁신

객관식으로 행정학 학습

제1절 정부혁신의 의의

01 시대별 정부와 행정의 역할 및 관점 중 가장 적절하지 않은 것은?

① 야경국가에는 정부는 질서 유지 등 소극적인 역할만을 담당하고, 개인의 자유는 최대한으로 보장하는 것을 강조하였다.

② 20세기 후반 복지국가에서는 사회복지 프로그램이 확대되고, 사회복지 분야의 재정지출 확대로 정부의 역할이 강화되었다.

③ 1980년대 이후 신자유주의에서는 복지병과 스태그플레이션에 대한 정부의 역할이 한계가 있었다.

④ 최근 더 나은 정부(better government)에서는 시민의 삶의 질 개선에 실질적으로 기여하기 위해서 공급자인 정부의 관점에서 정부의 역할을 강조하고 있다.

해설 최근에는 단순히 큰 정부냐 작은 정부냐, 혹은 정부의 적극적 역할이냐 혹은 소극적 역할이냐의 이분법적 관점보다는, 국민의 관점에서 정부의 역할을 강조한 '더 나은 정부(better government)'가 강조되고 있다(새행정학$_{3.0}$, pp.693-694).

02 혁신과 개혁에 대한 설명으로 가장 적절하지 않은 것은?

① 혁신(innovation)은 새로운 것의 창조를 의미하며, 과거의 익숙한 것으로부터의 단절 및 창조적 파괴를 뜻한다.

② 개혁(reform)은 기존에 존재하였던 것을 다른 모습으로 만드는 것을 의미한다.

③ 개혁이 기존의 것과의 연속이 전제되어 있다면, 혁신은 기존의 것과의 단절 및 창조라는 점에서 상대적으로 변화의 폭과 정도가 크다고 할 수 있다.

④ 개혁이 기존의 구조와 질서, 조직, 행태 등에 대한 문제 인식에서 출발하지만, 혁신은 그렇지 않는 점에서 차이가 있다.

정답 01 ④ 02 ④

해설 혁신과 개혁은 모두 동일하게 기존의 구조와 질서, 조직, 행태 등에 대한 문제 인식에서 출발한다는 점에서, 혁신과 개혁은 문제 인식의 정도에 의하여 그 차이가 결정된다고 할 수 있다(새행정학$_{3.0}$, p.694).

03 정부혁신의 의의에 대한 설명으로 가장 적절하지 않은 것은?

① 혁신의 대상이 정부이며, 동시에 정부에 의한 혁신을 의미한다.
② 최근에는 정부혁신의 범위를 정부 및 외부의 관계까지 확장하여 보고자 한다.
③ 정부혁신은 다양한 영역에서 추진되고 있지만, 사실상 정부혁신의 영역과 대상에는 일정한 한계가 있다.
④ 정부 중심의 닫힌 혁신이 시민 중심의 '열린 혁신'으로 전환되고 있다.

해설 정부혁신은 다양한 영역에서 추진되고 있다는 점에서, 사실상 정부혁신의 영역과 대상에는 한계가 없다. 조직의 개편에서부터 정부 운영과 관련한 가치의 혁신에 이르기까지 다양하다(새행정학$_{3.0}$, pp.694-695).

04 정부혁신의 내용과 성과에 대한 설명으로 가장 적절하지 않은 것은?

① 정부혁신의 내용을 조직개편 중심의 하드웨어 개혁과 일하는 방식 혹은 정부 기능의 개선 중심의 소프트웨어 개혁으로 구분할 수 있다.
② 조직개편 중심의 하드웨어 개혁은 이해관계의 변화가 명확하게 드러난다.
③ 일하는 방식 개선 등의 소프트웨어 개혁은 하드웨어 개혁에 비해 상대적으로 덜 민감하게 반응하며 덜 혁신적인 것으로 받아들인다.
④ 정부혁신의 많은 성과들은 단기간에 걸쳐서 나타나기 때문에 혁신에 따른 성과를 명확하게 측정할 수 있다.

해설 정부혁신의 많은 성과들은 장기간에 걸쳐서 나타난다는 점에서 정부혁신의 본질적 어려움이 존재한다. 활동 자체가 성과인 경우네는 즉시 그 결과를 확인할 수 있지만, 활동과 성과가 분리되어 발생하는 경우에는 성과를 직접적으로 확인하는 데 일정한 시간이 소요된다(새행정학$_{3.0}$, pp.698-700).

05 정부혁신 맥락의 구분이 나머지 셋과 다른 것은?

① 정치적 여건 ② 학계의 흐름
③ 경제적 여건 ④ 공무원의 경험

해설 정부혁신의 맥락(context)은 정부혁신이 이루어지는 환경, 여건, 상황 등 현실적 조건이다. 따라서 정부혁신의 맥락은 정부혁신 과제의 선정, 추진 과정, 그리고 성과 산출에 이르기까지 혁신 전 과정에 영향을 미친다. 외부 맥락은 정치적 여건, 경제적 여건, 국민적 기대감, 학계의 흐름으로 구성되어 있으며, 내부 맥락은 집권자 특성, 행정기관 특성, 공무원의 경험으로 구성되어 있다(새행정학$_{3.0}$, pp.700-701).

제2절 정부혁신의 전략

06 정부혁신이 가지는 일반적 특징에 대한 설명으로 잘못된 것은?

① 정부와 행정을 일정한 방향으로 인위적으로 변화시키는 것이기 때문에 환경에 대한 소극적 적응과 구분된다.
② 정치 · 사회 · 심리적인 과정이다.
③ 강한 추진력으로 일시적인 개혁 과정으로 진행된다.
④ 개혁의 성공 여부가 불확실한 동태적 · 의식적 과정이다.

해설 행정개혁은 일시적이지 않은 계속적인 과정으로 지속적 노력이 필요하다(새행정학3.0, pp.704-705).

07 정부혁신의 구조와 전략에 대한 설명으로 가장 적절하지 않은 것은?

① 정부혁신의 구조는 정부혁신에 참여하고 있는 다양한 주체들이 상호작용하는 틀을 의미하며, 좁게는 정부혁신이 추진되고 있는 정부 내의 운영체계를 의미한다.
② 참여적 정부혁신의 강조로 정부 외부의 많은 전문가들이 정부혁신체계에 참여하여 충분한 주도권을 행사하고 있다.
③ 정부 내부의 주도자(공무원) 중심 추진체계 또는 외부 주도자(전문가, 국민) 중심 추진체계로 구분할 수 있다.
④ 공식적 정부부처와는 구별되는 별도의 조직을 활용하는 경우와 기존 정부 내에 존재하는 특정 조직(부처 등)를 활용하는 경우로 구분할 수 있다.

해설 참여적 정부혁신의 강조로 정부 외부의 많은 전문가들이 정부혁신체계에 참여하였다. 그러나 현실적으로 이들은 정부혁신구조에서 충분한 주도권을 행사하지 못한다. 정부혁신에 대한 주도권이 외견상 외부에 있는 듯하지만, 실질적인 주도권은 여전히 공직사회에 있기 때문이다(새행정학3.0, pp.706-707).

08 정부혁신에 대한 저항과 극복에 대한 설명으로 가장 적절하지 않은 것은?

① 정부혁신에 대한 공직사회의 저항은 직접적으로 나타나지 않고 간접적으로 나타나는 것이 일반적이다.
② 혁신 추진 주체가 제시한 정부혁신의 목표에 대해서 동의를 하지 않거나 혹은 목표의 모호성 등을 지적하면서 공무원들은 정부혁신에 소극적으로 대응한다.
③ 정부혁신에 소극적이거나 저항하는 경우 불이익을 부과하거나 혹은 제재를 하는

정답 03 ③ 04 ④ 05 ④ 06 ③ 07 ② 08 ④

강제적 관리 방법을 사용할 수 있다.

④ 상징을 활용하는 저항 관리 방법은 정부혁신의 저항에 대하여 명시적으로 관리하기보다는 제도의 설계를 통하여 저항을 관리하는 방법이다.

해설 혁신에 소극적이거나 저항할 경우 불이익이 발생하며, 반대로 혁신에 적극적으로 참여할 경우 보상이 이루어지는 제도의 설계와 운영으로 저항을 관리하는 방식이다. 이러한 방식은 정부혁신의 저항에 대하여 명시적으로 관리하기보다는 제도의 설계를 통하여 저항을 관리한다(새행정학$_{3.0}$, pp.708-710).

제3절 한국의 정부혁신

09 김대중 정부의 정부혁신 내용으로 적절하지 않은 것은?

① 신공공관리주의 접근을 적용해 전반적인 공공부문 개혁을 시도했다.

② 정부혁신추진위원회 등과 같은 혁신 기구들을 설치하면서 공공부문에 대한 전반적인 개혁을 추진하였다.

③ 공무원 인력을 감축하고 민간위탁을 통한 아웃소싱을 확대하였다.

④ 노무현 정부와 달리 전자정부를 강하게 추진하지는 않았지만 국민에게 쉽게 체감되는 정부혁신을 추진한 의의가 있다.

해설 김대중 정부와 노무현 정부 모두 전자정부를 일관되게 강조하였다. 하지만 김대중 정부와 노무현 정부 모두 시스템 중심의 혁신은 많은 성과에도 불구하고 국민에게 쉽게 체감되기 어렵다는 한계도 있다(새행정학$_{3.0}$, pp.714-715).

10 노무현 정부의 정부혁신 내용으로 적절하지 않은 것은?

① 김대중 행정부의 행정개혁에서 추구했던 기본 가치와 방향을 대폭 전환했다.

② 정책별로 로드맵을 작성해 국정과제를 관리했다.

③ 성과 중심 행정체제 구축을 위해 국무총리실 주관의 정부업무성과평가체계를 강화하였다.

④ 「국가재정법」을 제정해 성과주의 재정운용을 명시적으로 선언했다.

해설 참여, 균형, 분권, 사회투자로 대표되는 노무현 정부에서도 신공공관리주의 혁신은 지속되었다(새행정학$_{3.0}$, p.715).

11 **이명박 정부와 박근혜 정부의 정부혁신 내용으로 적절하지 않은 것은?**

① 이명박 정부는 중앙정부 부처의 수를 대폭 감소시키는 전형적인 작은 정부와 신공공관리론에 의한 정부혁신을 추진하였다.

② 박근혜 정부는 이명박 정부의 신공공관리론적 행정개혁 패러다임 위에 소통과 협치 등을 강조하는 뉴거버넌스적 행정개혁 패러다임을 강조하였다.

③ 박근혜 정부는 인터넷을 기술적 기반으로 국민이라는 집단 중심의 패러다임인 '정부3.0' 추진 기본계획을 수립·발표하였다.

④ 박근혜 정부는 '국민 모두가 행복한 대한민국'이라는 비전을 위해 수요자 맞춤형 서비스 제공과 일자리·신성장 동력 창출 등을 제시하였다.

해설 '정부2.0'이 인터넷을 기술적 기반으로 국민이라는 집단 중심의 패러다임이라면, '정부3.0'은 스마트 모바일 기술의 기반 위에 국민 개개인에 대응하면서 개방과 소통, 협력을 중시한다고 강조하였다(새행정학$_{3.0}$, pp.715-716).

12 **문재인 정부의 정부혁신 내용으로 적절하지 않은 것은?**

① 국민 주도적 정부혁신을 강조하였다.

② 국민이 체감하는 정부혁신을 강조하였다.

③ 정부혁신의 가장 궁극적인 목적을 국민의 삶을 변화시키는 데 두었다.

④ 「헌법」과 경제적 가치의 하위 가치라 할 수 있는 사회적 가치를 강조하였다.

해설 사회적 가치는 사회·경제·환경·문화 등 모든 영역에서 공공의 이익과 공동체의 발전에 기여할 수 있는 가치로서, 헌법적 가치이자 경제적·환경적·문화적 가치를 포괄하는 상위 가치라고 할 수 있다(새행정학$_{3.0}$, pp.716-719).

제4절 정부혁신의 바람직한 방향

13 **정부혁신의 바람직한 방향으로 적절하지 않은 것은?**

① 국민이 체감하는 혁신　　② 협력적 혁신

③ 큰 혁신　　④ 분석과 데이터에 근거한 혁신

해설 작은 혁신과 큰 혁신의 조화 속에서 정부혁신이 추진되어야 한다. 큰 규모의 혁신이 절대적으로 필요한 경우가 있지만 이것이 정부혁신의 모든 것이 될 수는 없다(새행정학$_{3.0}$, pp.722-725).

정답　09 ④　10 ①　11 ③　12 ④　13 ③

기출 문제를 통한 감각 익히기

01 행정개혁의 접근방법에 대한 설명으로 옳지 않은 것은? (국가9, 2015)

① 사업(산출) 중심적 접근방법은 행정활동의 목표를 개선하고 서비스의 양과 질을 개선하려는 접근방법으로 분권화의 확대, 권한 재조정, 명령계통 수정 등에 관심을 갖는다.

② 과정적 접근방법은 행정체제의 과정 또는 일의 흐름을 개선하려는 접근방법이다.

③ 행태적 접근방법의 하나인 조직발전(Organizational Development: OD)은 의식적인 개입을 통해서 조직 전체의 임무 수행을 효율화하려는 계획적이고 지속적인 개혁활동이다.

④ 문화론적 접근방법은 행정문화를 개혁함으로써 행정체제의 보다 근본적이고 장기적인 개혁을 성취하려는 접근방법이다.

해설 행정개혁의 접근방법 중 구조 중심적 접근방법에 해당하는 내용이다.

02 행정개혁에 대한 저항을 극복하는 전략 및 방법에 관한 설명으로 옳은 것은? (국가7, 2021)

① 경제적 손실 보상, 임용상 불이익 방지는 규범적·사회적 전략이다.

② 개혁지도자의 신망 개선, 의사전달과 참여의 원활화, 사명감 고취는 공리적·기술적 전략이다.

③ 교육훈련과 자기계발 기회 제공은 규범적·사회적 전략이다.

④ 개혁 시기 조정은 강제적 전략이다.

해설 ①과 ④는 공리적·기술적 전략이다. ②는 규범적·사회적 전략이다.

03 1990년대 이후부터 2000년대 초반까지 영·미 등 주요 선진국 행정개혁의 특징과 거리가 먼 것은? (국가7, 2012)

① 시장원리의 도입을 통한 행정서비스 공급의 효율성 향상을 꾀한다.

② 책임성 향상에 대한 요구가 증가함에 따라 내부관리에 대한 규제를 보다 강화한다.

③ 자원배분의 기준으로서 투입보다는 성과를 중시한다.

④ 책임성과 효율성을 동시에 강조한다.

해설 ② 1990년대 이후부터 2000년대 초반까지 영미등 주요 선진국의 행정개혁은 신공공관리에 입각하여 전개되었다. 즉, 내부규제를 완화하고 권한 위임을 통해 관리자의 자율성을 향상시켜서 성과를 통한 책임성을 확보하는 방향으로 행정개혁이 이루어졌다.

04 역대 정부의 조직개편에 대한 설명으로 옳지 않은 것은? (지방7, 2017)

① 김대중 정부는 대통령 소속의 중앙인사위원회를 신설하고, 내무부와 총무처를 행정자치부로 통합하였다.

② 노무현 정부는 국무총리 소속의 국정홍보처를 신설하고, 행정자치부 산하에 소방방재청을 신설하였다.

③ 이명박 정부는 기획예산처, 국정홍보처, 정보통신부, 해양수산부, 과학기술부 등을 다른 부처와 통・폐합하였다.

④ 박근혜 정부는 행정안전부를 안전행정부로 개편하고, 식품의약품안전청을 식품의약품안전처로 개편하였다.

해설 국정홍보처는 김대중 정부 때 신설되었다가 2008년 「정부조직법」 개정에 따라 문화체육관광부로 개편되었다.

05 2016년 이후 정부조직의 변화에 대한 설명으로 옳지 않은 것은? (지방9, 2019)

① 중소기업, 벤처기업 등에 관한 사무를 관장하는 중소벤처기업부를 신설하였다.

② 행정안전부의 외청으로 소방청을 신설하였다.

③ 국가보훈처가 차관급에서 장관급으로 격상되었다.

④ 한국수자원공사에 대한 관할권을 환경부에서 국토교통부로 이관하였다.

해설 ①, ②, ③은 문재인 정부의 조직개편 내용이다. 2018년 6월에 물관리 기능이 환경부로 일원화되면서 한국수자원공사는 소속이 국토교통부에서 환경부로 이관되었다.

06 신공공관리 또는 거버넌스와 같은 새로운 행정개혁에 대한 개념이 등장한 배경이라고 보기 어려운 것은? (행자부9, 2003)

① 자유민주주의 국가의 대의정치 체제를 더욱 공고히 하기 위해 등장했다.

② 독점적인 행정지배 체제 대신에 네트워크 체제나 파트너십이 공동체 운영의 형태로 나타났기 때문이다.

정답 01 ① 02 ③ 03 ② 04 ② 05 ④ 06 ①

③ 세계화와 정보화가 급속하게 진행되는 과정에서 등장했다.

④ 공공부문 개혁 과정에서 정부, 기업, 시민단체 등 주요 사회 주체들의 관계가 중요하게 대두되었기 때문이다.

해설 성과와 경쟁을 강조하는 신공공관리론이나 사회의 다양한 행위 주체들 간의 상호 협력을 강조하는 거버넌스이론은 기존 대의제 원리를 공고히 하기보다는 대의제의 한계를 극복하거나 보완하기 위한 시도로 보아야 할 것이다.

07 **각국에서 단행한 행정개혁의 내용으로 적절한 것은?** (노동부9, 2005)

① 미국의 기업가적 정부모형에서 조직구조의 급격한 개편 방식은 강조되지 않았다.

② 넥스트 스텝(Next Steps)은 미국에서 추진한 행정개혁의 추진 프로그램이다.

③ 영국의 신공공관리주의는 신좌파의 사고에 기초한 개혁모형이다.

④ 영국에서 개혁의 주된 담당기관은 NPR(National Performance Review)이었다.

해설 신공공관리주의는 신좌파(New Left)가 아니라 신우파(New Right)의 이념적 입장에 기초한 개혁모형이다. 국정성과관리팀(Natiolnal Performance Reveiew)은 미국의 행정개혁 주도 조직이다. 넥스트 스텝 프로그램(Next Steps Porgrams)은 책임운영기관을 작동한 영국의 개혁 프로그램이다. 오스본과 게블러(D. Osborne & T. Gaebler)가 주장하는 기업가적 정부 방식은 관리 방식의 개선에 초점이 맞춰져 있지 조직개편과 같은 조직구조의 변화를 강조하지는 않았다.

08 **1980년대 이후 주요 국가들의 행정개혁으로 적절한 설명은?** (노동부9, 2005)

① 신공공관리주의에 따라 추진된 행정개혁 추진체제에는 공통적으로 정부, 시민단체, 의회, 민간기업 등 다양한 국가 구성원들의 적극적 참여가 활발히 이뤄졌다.

② 1980~1990년대에 영국과 뉴질랜드에서는 정부의 기능을 정책 기능과 집행 기능을 분리해 정책 기능을 담당하는 기관을 책임운영기관으로 전환해 왔다.

③ 신공공관리주의에 근거해 추진된 행정개혁들은 정부 기능의 대표적인 원리로서 기업가적 정부·촉매적 정부를 강조했다.

④ 1990년대 미국은 NPR(National Performance Review)을 중심으로 하여 행정개혁을 추진하면서 산출과 성과 중심의 행정보다는 투입의 최소화와 절차상의 합법성을 강조했다.

해설 행정개혁을 추진한 선진 외국들의 경우 신공공관리주의 자체가 내부관리에 초점이 맞춰져 있기 때문에 다양한 사회구성원들의 참여보다는 주로 내부, 특히 재무성을 중심으로 하는 예산, 재무 및 인사관리 중심의 행정 내부 혁신이 이뤄진 바 있다. 책임운영기관의 경우 정책결정기관과 정책집행기관과의 분리가 이뤄졌으며, 서비스 전달기관인 정책집행기관을 책임운영기관으로 전환했다. 미국의 NPR을 중심으로 한 성과관리는 엄격한 투입 통제보다는 결과와 성과 중심의 관리체계를 강조했다.

09 신공공관리이론의 기초인 신자유주의에 관한 설명이 아닌 것은? (강원9, 2005)

① 신자유주의란 케인스 경제학 이후 지지받아 온 복지국가 사상이 비효율, 저성장, 도덕적 해이 등과 같은 한계에 대한 비판적 대안으로 모색된 1990년대 서구 자본주의 우파 정권의 통치 노선이 되었다.

② 유럽 우파 정권이 추진한 통치철학으로 미국 레이건 행정부의 신연방주의와 함께 신자유주의 기반이 되었다.

③ 1990년대에 집권한 유럽의 좌파 정권들은 우파 정권들의 신자유주의 정책을 표방하는 '제3의 길(The Third Way)'도 나타났다.

④ 신자유주의는 정부 역할의 강화, 노동의 유연화 등을 추구한다.

해설 1980년대 서구 자본주의 경제위기와 재정위기, 정부에 대한 불신 등을 극복하기 위해 경쟁적 시장 질서를 강조하는 정치 이념으로 등장했고, 1990년대에는 서구 자본주의 국가들의 공공부문 개혁 방향을 이끌었던 신공공관리주의의 이념적 기반으로 작동했다. 따라서 당연히 정부 역할의 축소와 시장 역할의 강조, 경쟁과 유연한 노동시장 등을 주장하고 있다.

10 정부혁신의 일반적 특징으로 옳지 않은 것은? (국가7, 2012)

① 행정을 인위적 · 의식적 · 계획적으로 변화시키려는 것이므로, 개혁 주도자들에 의해 계획적이고 전략적으로 추진되어야 한다.

② 조직관리의 기술적인 속성과 함께 권력 투쟁, 타협, 설득이 병행되는 정치적 · 사회심리적 과정으로, 행정 내부에서만 이뤄지는 것이 아니라 행정 외부의 정치 세력들과 상호 연결되어 있다.

③ 반드시 의도한 결과만을 초래하는 것이 아니라 의도하지 않는 결과를 초래할 수도 있으며, 부작용과 저항, 나아가 개혁의 실패까지도 나타날 수 있다.

④ 생태적 속성을 지닌 비연속적 과정으로, 새로운 개혁 조치들이 개혁집단에 의해 주도되어 집행되는 제도로서 정착되기 위해서는 단기 집약적인 노력이 필요하다.

해설 정부혁신은 환경과의 관계하에서 이뤄지고 있으며, 지속적인 상호작용에 의해 영향을 받기 때문에 일시적이거나 단기에 완성되기는 어렵고 오히려 장기적이고 계속적인 노력이 요구된다.

11 행정개혁 수단 가운데 테일러(F. W. Taylor)의 과학적 관리법 내용을 가장 잘 반영하고 있는 것은? (지방7, 2012)

① 다면평가제(360-degree appraisal)
② 성과상여금제(bonus pay)
③ 고위공무원단제(Senior Civil Service)
④ 목표관리제(MBO)

정답 07 ① 08 ③ 09 ④ 10 ④ 11 ②

해설 테일러(F. W. Taylor)의 과학적 관리법은 시간과 동작연구를 수행함으로써, 중간관리층의 책임을 강조해 명확한 직무분석과 직무 내용에 따른 인력 배치, 직무수행 절차 등의 명시 등을 통해 성과 기준을 제시하고 성과목표 달성 여부에 따른 차별화된 성과급 지급을 강조했다. 따라서 테일러의 과학적 관리법과 관련된 행정개혁 내용으로는 성과상여금제(bonus pay)를 들 수 있다.

12 **1990년대 이후부터 2000년대 초반까지 영 · 미 등 주요 선진국 행정개혁의 특징과 거리가 먼 것은?** (국가7, 2012)

① 시장 원리의 도입을 통한 행정서비스 공급의 효율성 향상을 꾀한다.
② 책임성 향상에 대한 요구가 증가함에 따라 내부관리에 대한 규제를 좀 더 강화한다.
③ 자원배분의 기준으로서 투입보다는 성과를 중시한다.
④ 책임성과 효율성을 동시에 강조한다.

해설 영미 등 주요 선진 자본주의 국가에서 1990년대 이후부터 진행되어온 정부혁신 움직임은 흔히 신공공관리라고 불리며, 이러한 신공공관리론적 행정개혁은 시장의 효율성을 강조해 시장 원리의 공공부문 적용을 강조했다. 경쟁과 성과를 강조하는 한편 기존 투입 요소 등에 대한 통제관리보다는 성과를 강조하는 관리 방식을 채택했다.

13 **신공공관리적 행정개혁의 문제점, 성과 및 과제에 대한 설명으로 옳지 않은 것은?** (지방7, 2010)

① 시장 유사기제의 적용에 따른 문제점으로 민간위탁은 독과점의 폐해를 야기할 수 있다.
② 분권화와 권한 이양에 따른 문제점으로 정책 기능과 집행 기능 간 기능 분담의 적절성 확보가 어렵다.
③ 공공부문의 책임성, 합리성 및 민주성 확보에 기여할 수 있다.
④ 신공공관리적 개혁의 효과성에 상대적으로 중요성이 높은 변수를 개발해 개혁 수단으로 적용한다면 적실성이 높아질 수 있다.

해설 신공공관리론적 행정개혁은 시장의 효율성을 강조해 시장 원리의 공공부문 적용을 강조했다. 경쟁과 성과를 강조하는 한편 기존 투입 요소 등에 대한 통제관리보다는 성과를 강조하는 관리 방식을 채택했다. 따라서 집행 과정에서의 자율성을 부여하고 분권화 움직임이 나타나기도 한다. 반면에, 시장 중심적 경쟁과 효율성을 강조하는 경향으로 정부정책이나 행정의 공공성, 정부 책임성, 형평성 등에서 한계를 드러내기 쉽다.

14 **정부실패 및 행정개혁에 대한 설명으로 부적절한 것은?** (지방7, 2013)

① 내부성 문제는 정부실패를 초래할 수 있다.
② 경쟁적 환경을 조성해 정부실패 문제를 완화할 수 있다.

③ 뉴거버넌스적 접근은 공공부문과 민간부문 간 협력을 중시한다.

④ 신공공관리적 개혁은 경제적 효율성과 민주주의 책임성을 제고한다.

해설 신공공관리적 행정개혁의 움직임은 경제적 효율성을 확보하는 데 기여하지만, 반면 민주주의 책임성과는 직접적인 관계는 없으며 오히려 훼손시킬 가능성이 크다.

정답 12 ② 13 ③ 14 ④

응용을 통한 **심화 학습**

01 **1980년대 영미의 정부개혁이 등장하게 된 배경으로 보기 어려운 것은?**

① 국가적인 경제위기를 극복하기 위해
② 생산 양식 변화에 따른 정부 역할 변화에 대응하기 위해
③ 신우파의 정치 세력의 등장으로
④ 복지서비스의 지속적인 확대를 위해

해설 영미의 경우 1960년과 1970년대 지속적으로 확대되어온 정부 역할, 특히 복지서비스 확대에 대한 반작용으로 나타났다고 할 수 있다. 따라서 복지서비스의 축소 내지는 민영화를 위한 정부개혁이 이뤄지게 되었다.

02 **행정개혁을 추진하는 일반적인 계기에 대한 설명 중 가장 적절하지 않은 것은?**

① 국제적 표준의 변화
② 행정 내부로부터 자발적인 반성
③ 새로운 정치 세력의 등장
④ 조직 간의 갈등

해설 행정개혁의 경우 내부에서의 자발적인 반성이나 스스로의 요구가 계기가 되어 진행되는 가능성은 매우 희박하다고 볼 수 있다.

03 **다음의 행정개혁 조치 중에서 구조적 접근방법과 가장 거리가 먼 것은?**

① 전자결재 시스템 도입
② 계층 수의 축소
③ 일선기관의 의사결정 권한 강화
④ 참모 직위의 신설

해설 전자결재 시스템의 도입은 구조적 접근방법이라기보다는 새로운 기술의 도입으로 기술적 접근방법이라고 할 수 있다.

04 **다음의 행정개혁 조치 중에서 인간관계론적 접근방법과 가장 거리가 먼 것은?**

① 제안 제도 도입
② 감수성 훈련
③ 정기적인 사기조사(morale survey)
④ 정원 조정

해설 정원 조정은 통솔 범위의 조정으로 일종의 구조적 접근방법에 가깝다. 인간관계론적 접근방법 중의 하나는 개혁의 초점을 인간에게 두고 목표관리나 제안제도와 같이 조직구성원이 주요 의사결정에 참여시키거나 상호 간에 의사소통을 할 수 있는 관리기법을 도입하는 경우를 말한다.

05 행정개혁 접근방법에 대한 설명으로 올바르지 못한 것은?

① 분권화 전략은 명령과 책임구조를 명확하게 할 수 있다.
② 관리과학, OR 등 기술적 접근방법은 업무수행 과정에서의 능률성 제고를 통한 업무 성과 향상을 추구한다.
③ 인간관계론적 접근방법은 권위주의적인 행정문화 하에서는 적용하기 어렵다.
④ 기술적 접근방법은 기술 활용 능력이 부족한 조직에 우선적으로 적용한다.

해설 기술 활용 능력이 부족하면 기술적 접근방법을 적용하기 곤란하다.

06 행정개혁 과정에 대한 올바른 설명이 아닌 것은?

① 개혁 필요성에 대한 공유가 우선적으로 전제되어야 한다.
② 실천력 있는 개혁안이 필요한 경우 외부 전문가 활용이 바람직하다.
③ 구성원의 복지를 증대하기 위해서는 내부 의견을 가능한 많이 수렴한다.
④ 개혁 추진 속도도 상황에 따라 조절할 필요가 있다.

해설 실천력 있는 현실적 대안을 마련하려면 가능한 내부자에 의존하는 것이 바람직하고 외부 전문가의 경우는 좀 더 객관적이고 과감한 개혁안을 작성할 가능성이 높다.

07 행정개혁의 저항에 대한 정확한 설명으로 볼 수 없는 것은?

① 개혁에 대한 저항이 나타나는 것은 불가피하다.
② 저항은 개혁으로 인해 불이익을 받거나 지위가 상실된다고 느낄 경우 발생한다.
③ 행정기관의 고객집단도 개혁에 저항할 수 있다.
④ 개혁 내용이 분명해 기득권 침해가 명확할수록 저항 가능성이 높아진다.

해설 개혁 내용이 불명확하면 조직구성원은 자신의 신분과 지위, 그리고 불이익에 대한 불안감이 가중되어 개혁에 대한 저항이 더욱 크게 나타날 가능성이 높다.

08 개혁에 대한 저항을 극복하는 방안에 대한 설명으로 적절하지 않은 것은?

① 저항에 대해 정확히 진단한 후 적합한 저항 극복 수단을 강구한다.
② 개혁의 당위성과 예상되는 성과를 공유하는 것을 규범적 방법이라고 한다.
③ 이해관계자들을 개혁 과정에 참여시키는 방법을 공리적 방법이라고 한다.
④ 지나친 기득권 침해에 대한 보상은 개혁의 의미를 퇴색시킬 수 있다.

해설 이해당사자들을 개혁 과정에 참여시켜 이해와 협조를 구하는 유형을 규범적 방법이라고 한다.

정답 01 ④ 02 ② 03 ① 04 ④ 05 ④ 06 ② 07 ④ 08 ③

09 우리나라에서 정무차관과 사무차관을 도입한 행정제도 개편이 있었던 시기는?

① 제1공화국
② 제2공화국
③ 제3공화국
④ 제4공화국

해설 제2공화국 정부는 정무차관제와 사무차관제를 도입한 경험이 있다.

10 발전행정 체제의 기틀을 마련했다고 평가받는 행정개혁이 이뤄졌던 시기는?

① 제1공화국
② 제2공화국
③ 제3공화국
④ 제4공화국

해설 경제개발계획의 기획과 추진을 위한 기구 확대와 능률성 위주의 행정개혁이 이뤄진 시기는 제3공화국 때다.

11 「공직자윤리법」을 제정해 공무원 재산등록제를 처음 실시한 시기는?

① 제4공화국
② 전두환 행정부
③ 김영삼 행정부
④ 김대중 행정부

해설 전두환 행정부 때 사회정화운동을 실시하고, 연장선상에서 「공직자윤리법」을 제정해 공무원재산등록제를 처음으로 시행했다.

12 각 행정부별 개혁추진 기구가 바르지 못하게 짝지어진 것은?

① 전두환 행정부 – 서정쇄신추진위원회
② 노태우 행정부 – 행정개혁위원회
③ 김영삼 행정부 – 행정쇄신위원회
④ 김대중 행정부 – 정부혁신위원회

해설 서정쇄신추진위원회는 제4공화국 때 운영되었다.

13 김대중 행정부 행정개혁의 특징과 거리가 먼 것은?

① 위기관리를 위한 개혁 조치였다.
② 정부와 시장 양 부문에 대한 개혁을 동시에 추진했다.
③ 중앙정부뿐만 아니라 공기업과 산하기관에 대한 개혁도 추진되었다.
④ 국민 생활에 연관된 행정제도와 관행 개선에 치중했다.

해설 김대중 행정부의 행정개혁은 국민 생활에 밀접한 연관이 있는 개혁 조치보다는 상대적으로 행정 내부관리에 관한 개혁 조치들이 주를 이뤘다. 김영삼 행정부에서 국민생활에 연관된 규제완화, 민원제도 개선 등을 행정쇄신위원회를 중심으로 광범위하게 추진된 바 있다.

14 **역대 정부의 개혁 추진 기구들에 대한 설명 중 적절하지 않은 것은?**

① 전두환 정부는 사회정화위원회를 운영해 전반적인 사회정화운동을 전개했다.
② 노태우 정부는 행정개혁위원회라는 공식적 행정개혁 기구를 출범시켰다.
③ 김영삼 정부는 행정쇄신위원회를 상설적인 행정개혁 집행기구로 구성했다.
④ 김대중 정부에서는 기획예산처 내 정부개혁실이 핵심적인 개혁기구로 작동했다.

해설 행정쇄신위원회는 상설적인 개혁 집행기구가 아니라 명망가 중심으로 구성된 대통령 자문기구적 성격을 띤 기구였다. 상설적인 집행기구로는 김대중 정부의 기획예산처 정부개혁실을 들 수 있다.

정답 09 ② 10 ③ 11 ② 12 ① 13 ④ 14 ③

『행정학 학습』 대표 저자: 김준현
공저자: 김창수 · 서재호 · 윤성일 · 이민호

행정학 학습

펴낸날 제1판 제1쇄 2025년 1월 15일
지은이 김준현 · 김창수 · 서재호 · 윤성일 · 이민호
펴낸이 임춘환
펴낸곳 도서출판 **대영문화사**
주소 (본사) 사무실: 경기도 고양시 일산서구 주화로 70
우신프라자 307호 (㉾ 10387)
(본사) 물류센터: 경기도 고양시 일산서구 덕산로
107번길 68-50 (㉾ 10205)
등록 1975년 12월 26일 제3-16호
전화 (031) 913-3062, (031) 914-3884~5
팩스 (031) 913-3839
홈페이지 http://www.dymbook.co.kr

ISBN 978-89-7644-966-5

값 34,000원